国家出版基金项目
NATIONAL PUBLICATION FOUNDATION

城镇化背景下传统村落文化的传承问题研究：

达斡尔民族村的调查

于学斌 著

黑龙江美术出版社

图书在版编目（CIP）数据

城镇化背景下传统村落文化的传承问题研究：达斡尔民族村的调查 / 于学斌著. -- 哈尔滨：黑龙江美术出版社，2023.3

ISBN 978-7-5593-7442-4

Ⅰ. ①城… Ⅱ. ①于… Ⅲ. ①达斡尔族—民族文化—研究—中国 Ⅳ. ① K282.2

中国版本图书馆 CIP 数据核字 (2021) 第 082553 号

CHENGZHENHUA BEIJINGXIA CHUANTONG CUNLUO WENHUA DE CHUANCHENG WENTI YANJIU:DAWO ER MINZU CUN DE DIAOCHA

城镇化背景下传统村落文化的传承问题研究：达斡尔民族村的调查

出版策划：金海滨

出版策划：于　丹

著：于学斌

策划顾问：李　旭

责任编辑：颜云飞

装帧设计：许新宇　孙　曼　郃婧文

出版发行：黑龙江美术出版社

地　　址：哈尔滨市道里区安定街 225 号

邮政编码：150016

发行电话：（0451）84270524

经　　销：全国新华书店

印　　刷：哈尔滨博奇印刷有限公司

开　　本：889mm × 1194mm　1/16

印　　张：24

字　　数：339 千字

版　　次：2023 年 3 月第 1 版

印　　次：2023 年 3 月第 1 次印刷

书　　号：ISBN978-7-5593-7442-4

定　　价：118.00 元

目 录

绪　　论 /001

一、村落文化 /001

二、传统村落文化及特点 /003

三、传统村落文化研究的学术史梳理 /005

四、达斡尔族村落文化研究状况 /008

五、达斡尔族村落文化研究的重要性 /010

第一章　达斡尔族村屯的形成及特点 /011

一、达斡尔族源流、分布及变迁 /011

二、达斡尔族村屯名称的来历 /017

三、村屯分布的地理环境特色 /026

第二章　村民及其社会组织 /028

一、哈拉和莫昆 /028

二、村屯与哈拉莫昆的关系 /035

三、家庭及家庭生活 /044

四、亲属及其亲属称谓制度 /052

第三章　农耕生产及技术 /063

一、农耕生产的历史 /063

二、主要农作物及农耕时间表 /069

三、耕作工具及耕作技术 /073

第四章　牧业生产及其技术 /085

一、牧业发展的历史 /085

二、牲畜的种类和放牧方式 /088

第五章　渔猎业的技能和习俗 /094

一、狩猎生产 /094

二、捕捞生产 /101

第六章　家庭手工和副业生产 /109

一、手工及手工技能 /109

二、副业生产 /133

第七章　生活空间及物质消费文化 /144

一、生活空间：达斡尔族村屯 /144

二、以礼俗为中心的居住习俗 /161

三、饮食文化 /166

四、服饰文化 /185

五、交通工具 /194

第八章　婚丧嫁娶：最受重视的人生礼仪 /200

一、婚礼：两性结合 /200

二、葬礼和祭奠 /224

第九章　节日庆典：欢乐、祥和、祈福纳吉 /233

一、腊月期间的年俗 /233

二、腊月三十 /238

三、三十下晚儿布图喔日克 /241

四、大年初一阿涅 /244

五、正月期间的年俗 /246

六、二月二龙抬头 /253

七、五月节 /255

八、中秋节 /256

九、其他节日 /257

十、传统节日的传承 /259

第十章　体育游戏 /261

一、游戏 /261

二、竞技类体育 /267

三、棋类游戏 /272

四、体育游戏的功能 /275

第十一章　民间口承文学 /278
一、说唱文艺：乌钦 /278
二、民间故事 /280
三、传说 /286
四、神话 /291
五、民歌 /293
六、口承文学的价值 /300

第十二章　具有杂糅性的信俗 /303
一、神灵崇拜和祭祀活动 /303
二、崇信萨满 /317
三、求雨仪式 /325
四、巫术 /332
五、达斡尔族俗信的特征 /336

第十三章　城镇化对传统村落文化的影响 /341
一、传统村落文化失去了赖以存在的基础 /342
二、传统村落文化遭到破坏 /344

第十四章　传统村落文化保护和传承 /348
一、传统村落文化的当代价值 /349
二、村落物质文化遗产的静态保护 /351
三、非物质文化遗产的活态传承 /355
四、生产性保护和传承 /359
五、嵌入式传承：村落景观的再塑 /361

结束语 /366
主要参考文献 /370
后记 /372
作者简介 /374

绪 论

村落，又称乡村、农村，东北称为屯子、屯落，目前村落、屯落、农村、乡村都成为热词，自从党的十八大提出乡村振兴战略以来，乡村受到全社会的广泛关注。随着乡村振兴战略的一步步推进，乡村的现状和发展、乡村的现实和愿景都成为人们要了解的主要问题，这一问题自然引起了学术界的广泛关注，对乡村的研究成为新的热点。

村落文化是相对于城镇文化而提出来的概念，其乡土性文化特性使其和城镇文化有着很大的不同。这是我们民族的根文化，是我们民族一切文化的基础，也是我们文化持续发展的动力。随着现代化的发展，传统村落文化式微，如何安放问题是我们当前必须面对的也是必须解决的问题。

一、村落文化

关于村落文化有多种界定，学科的不同、研究方向的不同给村落文化下的定义也有不同的侧重。有些学者注重精神文化，李银河认为："所谓村落文化是相对于都市文化而言的，它指的是以信息共有为其主要特征的一小群人所拥有的文化（包括伦理观念和行为规范）。"① 车裕斌认为："所谓村落文化，简单地说就是村落居民在长期的生活实践中总结形成并共同遵循的一整套生存理念与行为规则。这套理念与规则通过宗教、文艺、契约、建筑、山水等形式表现出来，并通过这些形式

① 李银河：《论村落文化》，《中国社会科学》1993 年第 5 期。

实现对村民生活理念的强化以及行为的引导与约束。村落文化的核心，就是村落在千百年的发展历史中，不断继承、扬弃、创新的村落建设思想、秩序和规则。”[①]有些学者的定义侧重物质方面的内涵，认为村落文化就是传统的民居。有些学者则侧重时代性，认为古村落才是村落文化。

村落文化是一个全息的文化系统，是村民在长期历史发展过程中所创造的物质财富和精神财富的总和。村落文化是生活文化，包含着村民生活的各个方面，在物质层面，村落文化是食物、民居、家具、交通运输工具、生产工具、生活用具的总和；在精神方面表现为村民的文艺活动、工艺美术的成就及体验、生产生活的技能和技艺、宗教信仰；在社会组织方面表现为村民组成的各个集团，由小到大分别有家庭、家族、氏族或宗族，也有根据生产生活需要组成的小型组织，以及各级组织所遵守的规则规矩等习惯法。村落是文化的空间和场域，一切文化都是在村落的空间和场域内由村民共同创造的。

村落是农耕文明的产物，是依附于耕地而形成的聚落形态。村落既是生活空间，满足人们起居、饮食、休憩、婚恋、生儿育女、娱乐等基本生存需求，又是生产空间，在这里既从事手工作业、家务活、园田种植、家畜饲养等劳动，也为大田作业、渔猎生产、牧业生产做准备工作。村落也是一种组织形式，该组织或者以血缘结合在一起，或者以地缘结合在一起。

村落的主体是人，人是村落的主人，是村落的缔造者、建造者、维护者。人作为群体动物，它以一定的方式结合在一起。生活在村落中的人是村落文化的创造者，每一种文化都浸透着他们的智慧和辛苦。村民也是村落文化的享用者，他们利用自己创造的文化生存和发展。村民也是村落文化的传承者，一方面他们继承、享用着先世的文化，同时也有责任和义务一代代往下传承村落文化。因此村落文化是流动的、活态的，它体现在日常生活中人们的交流、互动之中，呈现出生机勃勃的活力

① 车裕斌，曾方，秦杰：《村落景观空间意象及其文化价值——以龙游县三门源古村落为例》，《广西民族大学学报》（哲学社会科学版）2016 年第 6 期。

和动力。

村落文化是一体的。从存在形态看，村落文化有物质和精神、物质和非物质、有形和无形之别，不过他们是一个有机的整体，互为依托，互为表里。

二、传统村落文化及特点

传统村落文化是相对现代村落文化而言提出的概念，是在传统农耕生产方式基础上、以亲缘、地缘为纽带而形成的文化。传统村落是传统村落文化存在的物质基础，传统村落在，则传统文化便在，而村落失去了传统，传统村落文化便不存在了。如何区分传统和现代，以什么为界标？主要看村落文化的根基是什么，传统村落是基于传统农耕文化建立起来的，村落中的一切物质景观皆是建立在当地自然环境的基础上创造出来的，就地取材是基本原则。现代村落则是基于现代科技、现代工业、现代交通运输、现代贸易繁荣基础上建立起来的，村落中的物质景观突破了地域物质条件的限制，大量工业品应用于村落景观建设中。传统村落信息传播手段为口耳相传，教育的方式为家庭教育和社会教育，而现代村落信息传播手段则是网络、电话、广播、电视、文字等，教育方式以学校教育为主。传统村落社会组织是自组织发挥着主要作用，现代社会则是他组织是村屯的主要管理机构。

传统和现代的分界点在哪？因各国进入现代的步伐各不相同，所以分界点也不同。仅就我国而言，学术界也有不同的看法，有人以 1840 年为界，1840 年以前的村落文化称为古代村落文化，1840 年以后称为现代村落文化。有人以 1980 年为界，以前称为传统，而称 1980 年以后为现代村落文化，2012 年住房城乡建设部、文化部、国家文物局、财政部印发的《传统村落评价认定指标体系（试行）》中便持此观点。有人认为以民国为界，民国以前即 20 世纪初叶以前的村落为传统村落，“传统村落是指民国以前建村，传承了较长的历史沿革，至今仍为人们提供服务的，以农业文明特有的环境与资源条件为空间基础，以农业生产生活方式及其政治经济社会结构为主体形态。以农耕社会的生活观念、价值尺度、民俗风习、文化心理、审美态度等为人文精神的村落聚落形态。”①

笔者倾向“1980年”说，但是同时笔者也认为，1980年不是绝对的时间分割点，仅仅是个临界点，从1980年开始，我们国家加速了现代化步伐，随着经济水平的提高，国家科技能力迅猛发展，我国逐步进入现代社会，由此而形成现代和传统的分野。但是直至现在我们的村落也没有完全进入现代村落，许多传统文化的因子仍然夹杂在现代村落之中。

相对于现代村落文化，传统村落文化具有以下一些基本特点。（1）传统村落文化是当地自然生态环境的产物，自然环境中的山山水水、一草一木直接塑造了村落的类型、村落的样式、格局、建筑的材质，也直接影响和制约着人们的生活方式，日出而作日入而息、脸朝黑土背朝青天。而现代村落文化突破了自然环境的制约。（2）传统村落文化是传统农耕文化的产物，农耕文化的基本特点是定居，农耕生产塑造了村落的特点和生活方式，出于便于农耕生产的考虑村落紧邻耕地。村落之中有着许多农耕生产的设施、设备，如场院、牲畜棚圈、农具和粮仓等。（3）传统村落文化自成体系。传统村落是自我封闭的，尽管有同外界交流，但是外界文化的渗入必须同村落自有的文化相融合，每一种文化的吸收过程都有一个排斥、接受、认可到最后融入的过程。而现代村落文化则是一个开放的系统，兼收并蓄，文化呈现多元性、丰富性，突破了地域和民族的界限。（4）传统村落文化结构稳定。传统村落文化是一种模式化的文化，有着稳定的内核，无论是物质的还是非物质的、无论是显性的还是隐性的都表现出结构稳定的特点，规律性强。而现代村落文化则打破了这种稳定的社会结构，村落结构呈现出原子化状态。（5）传统村落文化群体性强。村落中生活方式具有一致性，反对出格，每一种生活方式都是在各个家庭中反复复制、克隆。如果有违背集体性的行为方式，则要受到群体的谴责，甚至是责罚。而现代村落文化则呈现个性化，每个人、每个家庭都是一个独立的文化个体，

①上海交通大学城市科学研究院：《再不保护就悔之莫及了—长三角“中国传统村落调查报告”》，《光明日报》2015年2月27日第5版。李枝秀：《传统村落“空心化”的原因分析与治理策略》，《老区建设》2015年第8期。

村落中的人呈现出不同的生活方式。（6）传统村落文化都是约定俗成的文化。传统村落文化的基本特点是无文字传承，是不成文的习惯法。现代村落文化多数是文字传承的，以法律、法规为基本的生活要义。（7）传统村落文化具有可印象性和可识别性。“可印象性”和“可识别性”是美国城市设计大师就城市特点提出的概念，事实上，村子也具有“可印象性”和“可识别性”的特点，由于传统村落是以自然环境为基础建立的，所以每个村落都有鲜明的地域性和民族性，一村一貌，一村一景。

三、传统村落文化研究的学术史梳理

对村落的研究有较长的历史，作为农业大国，村落文化是中国文化的底色和基础性文化，了解中国、认识中国不能不了解中国的农村、农业、农民。从人类学诞生之日起，对村落文化的研究就未曾停止，中外学者均有很大建树，积累了大量的民俗志、民族志资料，也产生了许多理论和方法。村落的调查和研究是中国人类学的传统，并取得了突出的成绩。

中国村落文化的研究由传教士明恩溥开启先河，明恩溥1872年来华，在山东恩县（今分属平原、夏津、武城三县）传教25年，他热衷于采风，由于他会说中文且在中国乡村生活时间久，因此，他对中国北方农村很了解，根据自己所见，在1899年撰写了《中国乡村生活》，描述了北方地区的乡村生活，内容涉及乡村的结构、乡村的建筑、乡村中的男人、女人和孩子、乡村的婚丧嫁娶、乡村的生产和生活、乡村的节日、乡村的教育、乡村的信仰等等各个方面。

卜凯在任金陵大学教授期间进行了五年的村落调查，走访了中国7省17县2866个农家，在此基础上写出了《中国农家经济》一书，认为，制约农村发展的基本因素是人口过剩。

库尔普在任庐江大学教授期间对广东潮州凤凰村进行调查，在据此调查写出的《华南的乡村生活：广东凤凰村的家族主义社会学研究》一书中提出了对中国各地乡村社区要分别进行调查研究的主张，他把中国的家族分成五种类型，即宗教的家族、自然的家族、经济的家族、血缘的家族，在书中他提出了静态和动态相结合的村落研究方法。

1907年日本在大连设置的“南满洲铁道株式会社”是日本在满洲进行政治、经济、军事等方面侵略活动的指挥中心，下设的满铁调查部是为侵华搜集情报的调查机构，调查重点是农村，目前发现的满铁调查报告和文章有10514种，日本将这部分资料在1981年以《中国农村惯习调查》为名由东京岩波书店正式出版，共计6册。该书的序总结了满铁调查的特点：“关于家族构成的实态调查，也不单单着眼于家族的构成人员数，居住状况及其他外在的构成，它关注的是家族内部的权威关系及规范意识，通过习惯法等调查，了解中国社会的性质，这是本调查的特点。”被各国学者公认为是了解和研究20世纪上半叶中国乡村的重要资料[①]，后世的许多日本、美国的学者都是依据该资料研究中国的村落文化，突出的成果有日本中生胜美的《中国村落的权利结构和社会变迁》、佐佐木卫的《近代中国的社会和民众文化》、石田浩的《中国农村水经济结构的研究》、美国学者黄宗智的《华北的小农经济和社会变迁》、杜赞奇的《文化、权利与国家——1900—1942年的华北农村》等。

此外，凯恩、狄特摩尔、白克令、弗里德曼、甘布尔、兰姆森、布朗、葛学溥等西方学者对中国乡村生活都进行了较为详细的记录和深入的研究。

我国人类学、社会学学科建立之初就注重村落研究。我国的人类学研究受功能学派影响至深，1935—1936年功能学派代表人物之一拉德克利夫·布朗来中国燕京大学讲学，在这里他提出对中国乡村生活进行社会学调查的建议，他认为“在中国研究，最适宜于开始的单位是乡村，因为大部分中国人都住在乡村里；而且乡村是足够小的社区。”在研究内容和研究方法上，布朗建议乡村社区研究要包括三个部分：一是共时性或横向研究；二是乡村社区外部关系的研究；三是逆时性或变迁研究。[②]吴文藻是我国人类学社会学民族学的开拓者，也是中国社会学、人类学

---

①朱宇：《中国乡域治理结构：回顾与前瞻》，黑龙江人民出版社，2006年，第11页。

②［美］拉德克利夫·布朗：《社会人类学方法》，夏建中译，华夏出版社，2002年，第182-183页。

和民族学本土化、中国化的最早提倡者和积极实践者，他主张以乡村为社区单位进行研究，而且非常有远见地提出了在研究中要担当起保护传统的责任的主张。费孝通是功能学派在中国学术实践的典范，他是功能学派另一创始人马林诺夫斯基的学生，也是吴文藻先生乡村社区研究的实践者，他的《江村经济》和《乡土中国》是中国乡村研究的代表作，其所创立的熟人社会理论、差序社会理论都是研究中国传统乡村社会的基本理论，是我们认识传统乡村社会的一把钥匙。林耀华的《金翼》通过20世纪初福建闽江中游黄村的一个家族的沉浮史，反映了中国农村生活的情景，是当时中国农村社会的缩影，这是一部关于汉族宗族制度研究的奠基之作。

杨懋春在1945年发表《一个中国村庄：山东台头村》一书，对20世纪三四十年代台头村进行了详细的描述，内容涉及台头村的自然环境、农业生产、生活水平、婚姻家庭、村庄组织等内容，“是第一本把中国乡村生活各方面总合起来加以完全贯通和透彻理解地描述的书。”①

1947—1950年杨庆堃任岭南大学社会学系副教授兼系主任期间主持了广州近郊鹭江村调查，并在此调查基础上出版了《共产党领导下的中国的农村社会及家庭变迁》，论述了中华人民共和国的建立对农村家庭制度的影响。

黄树民以福建厦门市郊的林村为调查点著有《林村的故事：1949年以后的中国农村变革》，描述了1949年至1990年代中期乡村社会生活的变迁过程以及变迁的成因，利用口述史的方法诠释地方传统如何随着政治、经济、文化的变革而发生改变的。

侨居美国的阎云翔以自己曾经下乡插队的黑龙江省双城市下岬村为田野点著有《礼物的流动——一个中国村庄中的互惠原则与社会网络》《私人生活的变革：一个中国村庄里的爱情、亲密关系和家庭变迁（1949—1999）》，前者通过考察礼物的流动，研究流动之中的人际关系网络，并在此基础上研究农村社会的结构。后者对下岬村民的道德、择偶、家庭财产分割、彩礼等习俗进行了翔实的描述和深入的阐释，也研究了情感世界、道德世界、私人生活等方面的社会变迁。

① 冯雪红等主编：《走进乡村人类学书林》，黑龙江人民出版社，2009年，第214页。

除了以上的研究而外，还有王沪宁的《当代村落文化》、王铭铭的《村落视野中的文化与权力：闽台三村五论》等等都在村落文化的研究方面取得突出的成就。

这些重要的成果的研究对象都是汉族，以家庭、家族、宗族、宗法制、人际关系以及经济生活为主要研究内容。通过这些研究成果，我们既能从历时角度看到中国村落文化的发展变化，也能从共时的角度发现村落文化的多样性和丰富性，对中国农村社会的经济生活、社会生活、习俗惯制、结构、特点等有了基本的了解和把握，同时更为重要的是为我们深入村落文化研究提供了范式、理论和方法，是我们今天研究村落文化的基础。

四、达斡尔族村落文化研究状况

作为农耕民族，村落文化是达斡尔族的基本文化，也是达斡尔族的根文化。尽管以往的达斡尔族研究中没有明确标示村落文化研究，但是达斡尔族村落文化的内容已经在前人的研究成果中有所体现，以往的调查和研究可以说都是以村落为调查对象展开的，所研究的内容都是村落文化。

综合性达斡尔族文化研究方面，1937 年日本人吉田金一的《17 世纪黑龙江流域的原住民》详细描述了达斡尔族在黑龙江以北时的风土人情。1943 年日本人池尻登的《达斡尔族》是一本有关达斡尔族的民族志，非常详细地记载了达斡尔族的风俗习惯。《达斡尔族社会历史调查》是中华人民共和国成立以后第一部全面系统的村屯社会历史文化调查，是资料性最为丰富的田野调查报告，该书调查了莫力达瓦达斡尔族自治旗的哈力屯、开阔浅屯、新垦布拉尔屯、阿尔拉屯、阿尔哈昌屯、霍日里屯、奎力浅屯、库如奇屯、鄂温克旗南屯、齐齐哈尔市郊的哈拉屯、全和太屯、瑷珲县的坤河屯、大五家子屯、新疆塔城县的达斡尔族村，通过这几个村屯的调查，对 20 世纪 50 年代以前的达斡尔族的生态环境、生产、生活习俗、经济状况、阶级关系等做了系统的描述，资料翔实。毛艳、毅松撰写的《中国民族村寨调查 · 达斡尔族》是以莫力达瓦达斡尔族自治旗阿尔拉镇哈力屯为调查对象的著作，介绍了达斡尔族的概况与历史、生态环境、人口、社会经济、政治、婚姻家庭、法律、生活方式、文化、风俗习惯、教育、科教卫生、宗教。戴嘉艳的《生存智慧与文化选择——达斡尔族农业民俗及其生态文化特征研究》选取一个典型的达斡尔族农耕村落为个案，运用生态人类学的相关理论着重考察其农耕实践中生产技术过程民俗、农事信仰、仪礼民俗的表现形态、社会功能、生态价值及发展变迁情况，在此基础上揭示农业民俗的本质以及生成、演进的基本规律和相关文化内涵。祁惠君的《传统与现代：达斡尔族农民的生活》阐述和分析了中华人民共和国成立五十多年来达斡尔族农民的生产、生活方式从传统到现代的变迁历程，对达斡尔族今昔生活方式做了比较。丁石庆的《达斡尔族语言与社会文化》从语言学角度阐述达斡尔族的生活变迁。

专论性文化研究方面，丁石庆的《达斡尔族亲属称谓的文化透视》从语言文化视角探讨亲属制所反映出的达斡尔族社会文化；谷文双的《多元文化：达斡尔族传统经济结构的特征与优势》、毅松的《达斡尔族的农业民俗》从经济角度分析经济生产活动及其习俗；陈烨的《求雨：达斡尔人的一种民间宗教行为的人类学解说》从民间信仰角度分析民族信仰的社会变迁过程以及与生产的关系。

在文化保护和传承方面，从现有的保护模式与方式入手探析可行的保护措施，娜仁其木格的《探讨达斡尔族传统文化传承途径》提出达斡尔族传统文化呈现了家庭生活中传承、民间传承、文化活动中传承、学校教学传承、媒介传承、场馆传承、命名名镇乡文化保护区七种传承途径，家庭传承是基础性传承，学校传承是系统性传承，民间传承是全面性传承，文化活动传承是灵活性传承，场馆和媒介是记录性传承，命名名镇是综合性传承。何春岐、王巍巍的《达斡尔族非物质文化遗产保护的对策思考》建议加强立法，加强政府领导和健全保护机构，鼓励不同社会主体的共同参与。白雪、张广才的《达斡尔族非物质文化保护现状及对策分析》认为，给民族区体制内管理重新定位，加强机构建设和立法保护，建立有效的文化保护机制，并加大整合专业性研究力量。

上述成果都是本研究的基础性资料，在前人研究的基础上，拙作试做两点突破：

一是翔实性，通过大量的田野作业，深入挖掘达斡尔族村落文化内涵。二是深入性，通过田野作业结合前人的调查和研究，对达斡尔族村落文化做较为深入的阐释，并在此基础上对其传承和保护提出可行性、可操作性的方案。

五、达斡尔族村落文化研究的重要性

达斡尔族是北方世居民族之一，主要聚居于内蒙古莫力达瓦达斡尔族自治旗、鄂温克族自治旗、黑龙江齐齐哈尔市和新疆塔城等地，据2020年第七次人口普查，共有人口13.24万人。达斡尔族有自己的语言，但是没有文字。语言属于阿尔泰语系蒙古语族。达斡尔族有四种方言区，分别是布特哈方言区（主要分布在内蒙古自治区莫力达瓦达斡尔族自治旗、黑龙江省嫩江县、讷河市、甘南县等地）、齐齐哈尔方言区（主要分布在黑龙江省齐齐哈尔市、龙江县、富裕县、黑河市；内蒙古自治区扎兰屯市、阿荣旗、牙克石市等地）、海拉尔方言区（主要分布在内蒙古自治区鄂温克族自治旗）、新疆方言区（主要分布在新疆维吾尔自治区塔城市、霍城县等地），四个方言在语音、词汇等方面有所差异，但是仍然可以互相对话。

研究达斡尔族、了解达斡尔族，必须从村落文化入手。村落是达斡尔族的生活场域，丰富的生活文化蕴藏其中。村落也是达斡尔族生产的场域，除了有为农业生产做备耕的前期生产活动而外，还有一些家庭手工业生产。村落是一个稳定的社会组织，自成体系，最为原始的达斡尔族群体是血缘群体组织，叫莫昆，在莫昆之上是哈拉，而随着外族的加入以及社会的发展，血缘纽带联系逐渐减弱，村屯由血缘群体变为地缘组织。

村落文化是达斡尔族文化的基本文化，作为农耕民族的达斡尔族的文化主要内容就是村落文化，它是达斡尔族文化的核心，在传统社会中，村落文化几乎包含了达斡尔族文化的全部，内涵丰富。

第一章 达斡尔族村屯的形成及特点

达斡尔族村落是一个动态发展过程，一方面，达斡尔族历史上迁徙频繁，每一次迁徙不仅是居址的改变，也会带来文化上的变迁，不断迁徙也造成了达斡尔族大分散小聚居的分布格局；另一方面，社会在发展，每一次进步或者变化，都会引起村落文化的改变。

一、达斡尔族源流、分布及变迁

达斡尔族具有悠久的历史。关于达斡尔族的起源在学术界有种种说法，有契丹说、蒙古说、索伦说、白鞑靼说、室韦说等多种，不过，达斡尔族契丹族后裔说得到较多的认可，达斡尔族本族学者、中外学者多数赞同契丹说。

1.起源于契丹

契丹说较早，清代乾隆钦定的《辽史语解》将契丹族的大贺尔改为“达呼尔”，这是契丹说之始。清代官修史书《辽史纪事本末》《近世达呼尔索伦民族史稿》以及民修的《黑龙江外纪》《黑水先民传》《黑龙江乡土录》都持此观点，达斡尔族为辽朝皇族后裔、“黑龙江各地方达斡尔人皆大贺之语转”[①]等观点成为清代、民国官方和学者的共识。这种观点在后世学术界也占多数。大贺尔是契丹人的大姓，

①[民国]郭克兴:《黑龙江乡土录·达呼尔纪略》，高晓燕校点，黑龙江人民出版社，1988年，第128页。

得名于契丹的居地洮儿河的古称“挞古鲁河”或“挞兀尔河”，契丹“君长姓大贺氏。胜兵四万三千人。分为八部。”①“唐时契丹君长为大贺氏，玄宗以后，遥辇（一作约尼）氏继之，唐末始移于耶律氏。自是以后，生齿日繁，逐渐迁徙，各部因所居之地著姓，仍以大贺为部族之号。”②史书中的大贺就是大贺尔，音译成汉文时省略了“尔”音。

在生活习俗方面，达斡尔族同契丹人有许多相同相似之处，对此现代学者多有比较性研究。综合各位专家的观点，达斡尔族同契丹人的习俗在以下几个方面具有相似性：（1）生产习俗相同，都从事牧业和渔猎生产活动，都用鹿哨、鹿笛、犴笛狩猎，达斡尔族的凿冰捕鱼直接源自契丹人的凿冰捕鱼技术，达斡尔族农业与“辽之先民教民稼穑”有关；（2）生活习俗相同，穿狍皮服饰，契丹的毡车和达斡尔族的勒勒车相同，行跪拜礼，达斡尔的贝阔（类似曲棍球）类似契丹人的击鞠；（3）宗教信仰方面均信奉萨满教，都有杀马殉葬的习俗，崇拜太阳，用肩胛骨占卜吉凶，泼水求雨，达斡尔族的抹黑习俗和契丹人的崇拜黑色具有渊源关系。③

需要说明的是，民俗只能作为民族溯源的佐证，而不能作为民族源流的实证资料，因为民俗文化具有地域性特点，处于相同地域的人其文化具有相似性，上述的生活习俗的各个方面都属于地域文化，绝大部分生活习俗不是达斡尔族或者契丹人的专有文化。

考古发掘 DNA 鉴定确认达斡尔族源于契丹④，以考古挖掘出的 6 例契丹人的

---

①［北宋］王溥：《唐会要·卷 96·契丹》下册。上海古籍出版社，1991 年，第 2033 页。

②［民国］郭克兴：《黑龙江乡土录·达呼尔纪略》，高晓燕校点，黑龙江人民出版社，1988 年，第 128 页。

③ 陈述：《试论达斡尔族的族源》，《民族研究》1959 年第 8 期。王咏曦：《从民俗论达斡尔族源于契丹》，《黑龙江民族丛刊》1986 年第 2 期。

④ 当然，考古发掘的 DNA 也提供了反例，“契丹与达斡尔的遗传关系并非最近，在对比人群中，外蒙与契丹的遗传关系最近，内蒙古和北方汉族与契丹的遗传关系也较近，因此达斡尔与契丹的相对较近的遗传关系，结合二者的 mtDNA HVR Ⅰ序列多态性的分析结果，只能说明达斡尔族与契丹族之间存在一定的亲缘关系，而不能支持达斡尔族就是契丹族直接后裔的说法。”见许月，张小雷，张全超，崔银秋，周慧，朱泓：《古代契丹与现代达斡尔遗传关系分析》，《吉林大学学报》（理学版）2006 年第 6 期。

遗骸（牙齿、骨骼）为材料硅法提取的 DNA 同达斡尔族和汉族的 DNA 比对，得出的结论是“契丹与达斡尔有非常亲近的遗传关系”[①]。

达斡尔族自身也认为他们是契丹后裔，“达斡尔族早期传说言其祖先曾住在锡拉木伦与哈剌木伦一带，换句话说，即大兴安岭东端的辽河源头。”[②] 这一地区正是契丹聚居区。

那么，达斡尔族是如何迁徙到黑龙江以北的呢？对此，文献均认为，他们迁徙到黑龙江以北均和辽朝灭亡有关，修于宣统元年（1909 年）的《呼兰府志》认为：“达呼尔，本契丹种，辽亡徙黑龙江北境。”次年所修的《近世达呼尔索伦民族史稿》亦认为：“达呼尔系辽国皇族后裔。天祚之时，迁至黑龙江北格尔必齐河一带居住。”民国文献《黑龙江志稿》认为：“达呼尔，契丹贵族，辽亡，徙黑龙江北境，与索伦部杂居于精奇里江。”据此，大贺尔迁徙到黑龙江以北的时间在 12 世纪 20 年代。

2. 达斡尔族族称

达斡尔，历史文献中又写作达胡尔、达古尔、达呼尔、打虎儿、达瑚尔、打虎里、打虎力、达虎里、达瑚里、达呼里、达乌里、达古里、达古儿、达乌尔等。根据满文译音曾写作达霍尔、达库尔、达高尔、达奇鄂尔。均是达斡尔的同音异写。1956 年，根据达斡尔人意愿，统一写作“达斡尔”。

关于族名的含义有多种说法，概括起来有以下诸说：（1）“开拓者”之意。（2）“耕种者”之意。（3）“长宫”“原来长座位置”的意思。（4）“故址”“故国”“原居处”之意。（5）契丹大贺氏之音转。（6）古时太鲁水即今之洮儿河的音转，（7）降服或被征服、随从之意，该说是隶属清朝以后产生的。

3. 达斡尔族分布及其变迁

17 世纪中叶以前，居住在黑龙江以北的达斡尔族有两大部落，一个部落以博

① 吴东颖，马素参，刘春芸，杨焕明：《契丹遗骸 DNA 序列分析及其与达斡尔、汉族等的遗传关系》，《中国医学科学院学报》1999 年第 3 期。

②［美］亨利·G·施瓦茨：《达斡尔族的早期历史》，冬瑛摘译，《民族译丛》1993 年第 3 期。

穆博果尔为首领，是索伦部的一部分，居住在黑龙江上中游一带；另一部落以巴尔达齐为首领，叫萨哈尔察部，居精奇里江中下游两岸。已形成村落，以莫昆为单位聚族而居，当17世纪中叶沙俄侵略者侵入这里的时候，发现了这里的达斡尔村落，“有修盖得很好的木房，窗上糊着自制的纸张以代替玻璃。”“他们定居在自己的乌卢斯（村落），从事农业和畜牧业，村落四周是种满大麦、燕麦、糜子、荞麦、豌豆的田地。他们的菜园作物有大豆、蒜、罂粟、香瓜、西瓜、黄瓜；果类有苹果、梨、胡桃。他们会用大麻榨油。他们饲养的家畜数量很多；有大群的马、牛、羊、猪；他们用牛耕田，就像俄罗斯人用马一样。”① 从这段记载看，达斡尔族在黑龙江以北的时候就过着定居的生活，村落的特点是，周围是田地，聚落内除了房屋之外，还有园田地。由此可见，早在黑龙江以北的时候，达斡尔族的村屯就表现出很强的农耕文化特色。

除了普通村屯而外，达斡尔族在17世纪40年代还建立了许多具有军事目的的木城，这些木城是为抵御沙俄侵略而建。见于记载的木城有20余个，著名的有雅克萨、多金、铎陈、阿萨金、兀库尔、乌力斯穆丹、瑚尔汉吴鲁苏穆丹（也叫吴鲁苏屯）、莫日迪齐、额苏里、托古勒津、博阔尔。1650年，俄罗斯人哈巴罗夫来到达斡尔族地区看到：“设有防御工事的拉夫卡伊城有五座塔楼、几条壕沟，城墙前有几座碉堡，在所有的塔楼下面都有暗道和地道通向水边，一条流入阿穆尔河的小河环绕着城堡，看上去根本无法攻取。”“进入到唯一可以通行的城门后，察看了宽敞明亮的房舍，不能不感到惊异。这些房舍窗户很大，上面没镶玻璃，只糊着自造的纸，每所房子可住60人或者更多一些人。”② 由此可见，达斡尔族木城军事防御功能很强大，易守难攻。

---

①［苏联］C·B·马赫鲁申：《哥萨克在黑龙江上》，郝建恒、高文凤译，商务印书馆，1975年，第5页。

②［苏联］C·B·马赫鲁申：《哥萨克在黑龙江上》，郝建恒、高文凤译，商务印书馆，1975年，第17页。

后金时期，达斡尔族接受了后金政权的招抚，从此以后就成为后金和清朝的属民，以向后金政权和清政府贡纳貂皮的方式表示臣服。与此同时，达斡尔族也接受后金和清政府的赏赐。达斡尔族在这一时期经常同汉族做买卖，用自己的貂皮等皮张换取绸缎、布匹、金属等。由于达斡尔族和满族、汉族联系频繁，所以他们文化较为发达。

达斡尔族生活的黑龙江流域物产丰富，是“富饶丰盛之地”，17 世纪中叶来到这里的沙俄侵略者把这里誉为“希望有什么就会有什么的人间天堂，小自野生葡萄，大至造船的木材，在这里应有尽有。”① 可是由于沙俄的不断掳掠和杀戮、驱赶，达斡尔族不得不离开自己世代生活的家园。

嫩江流域达斡尔族都是从黑龙江以北移民过来的，清朝有两次移民潮基本奠定了今天嫩江流域达斡尔族的分布格局，一次是在清朝顺治年间，居于黑龙江以北的达斡尔族响应清政府的号召迁徙到黑龙江以南，目的是坚壁清野，人走村空，使来犯的沙俄得不到粮食。康熙二十二年（1683 年），清朝将齐齐哈尔周边的达斡尔族组成三个扎兰，将鄂温克族组成 5 个阿巴，归齐齐哈尔总管管辖。达斡尔族的三个扎兰分别设在讷莫尔、都伯浅、莫日登。雍正九年（1731 年）在 3 个扎兰 5 个阿巴的基础上设立布特哈八旗。第二次是在 20 世纪初，沙俄大举入侵黑龙江流域，居住在这里达斡尔族被野蛮驱赶过黑龙江。

达斡尔族到黑龙江以南以后，沿着嫩江两岸和嫩江的支流甘河、讷莫尔河、诺敏河、阿荣河、音河、雅鲁河下游两岸、黑龙江南岸的河谷平原、呼伦贝尔草原、新疆塔城绿洲地带建立起一个个村落。根据形成的特点，达斡尔村屯有以下几种建立情况：（1）清政府安置，最初的定居点都是由清政府指定的，安置的原则是以哈拉莫昆为单位结族而居，沿嫩江两岸而居。据传说，最初以这种方式在嫩江两岸形

①［苏联］C·B·马赫鲁申：《哥萨克在黑龙江上》，郝建恒、高文凤译，商务印书馆，1975 年，第 5-6 页。

成了25个村子。[①]呼伦贝尔草原、新疆塔城等地达斡尔族都是清朝政府出于军事需要而移驻到这里的，呼伦贝尔地区达斡尔族是康熙十年（1732年）迁来的，一同迁来的还有鄂温克族、鄂伦春族、巴尔虎人，新疆塔城地区的达斡尔族是乾隆二十八年（1763）迁来的，先是驻防伊犁地区，后于同治八年（1869年）移驻到塔城，一同迁来的还有鄂温克族、锡伯族。呼伦贝尔草原、塔城地区的达斡尔族村屯都是按照清朝的军事需要设置的。（2）偶然发现适合居住的地方，于是盖房子而居。如库如奇乡库如奇村便是，相传，有一年家住二克浅一带的孟氏家族的几个兄弟放排到这里，发现这里的土地很热，种下稷子后，放排回来就能收割。于是回去告诉族人，经大家一商量就迁到这里。库如奇一名就源于这里的土地，有人说是“火山爆发的地方”的意思，还有人说是“地皮底下燃烧”的意思。这里不长草，这里的土地非常肥沃，种啥得啥，把种子播到地里，不用施肥、不用铲趟，到秋天收回。上山放排时撒下稷子米，放排回来经过这里就能收获。这里原来是鄂温克族的地盘，据说刚来时，鄂温克族不让他们居住，经过三次努力才最后在这里居住，是通过结亲的方式同鄂温克族通融的。最初这个村子是老孟家建的，所以至今这里居住的绝大多数是孟家的人。后来其他达斡尔族通过认亲和定亲等方式也来到这里。这里原来都是森林，从森林中开辟出耕地其困难可想而知。（3）在地房子基础上发展起来的。这种类型村屯所占比重较大，所谓地房子就是在劳动场所搭建的临时住屋，劳动场所包括耕地和打草点，临时住屋都为窝棚。由于长期在这里耕地和草地上劳作，就由临时住屋发展为长住房。“敖乃格尔（今作敖乃屯，格尔—房屋之意）、扎布海格尔、三间房、六间房、布尔金、多布台等屯，原来都是额尔门齐屯的地房子。岗子、李家地房、哈什哈等屯为卧牛吐屯的地房子。乌力子炕是兵领屯的地房子。哈拉地房和霍尔台屯是哈拉屯的地房子。哈热博尔图是雅尔赛屯的地房子。奈门浅哈雅是奈门浅屯之地房子。五家地房、胜利屯、敖宝屯是隋宫的地房子。西哈雅、东哈雅

①《齐齐哈尔市郊达斡尔族情况 达斡尔族调查材料之五》，内蒙古少数民族社会历史调查组编，油印本，第80页。

和三大户是齐齐哈尔屯的地房子。烧锅屯、小北屯、哈雅、全和台、黑岗子、万仙岗子、嘎达地房是由富拉尔基分出的屯子或地房子。红火地房是由红火屯分出的。”①

根据《达斡尔族村屯录》记载，从17世纪中叶迁徙嫩江流域至20世纪50年代，达斡尔族共建立和居住的村屯469个②。在《达斡尔族百科词典》收入的达斡尔族村共计259个③。这些历史上形成的自然村有的村屯依然存在，有的村屯已经因为各种原因消失或者因为服从国家建设整体迁移。有的村屯依然是达斡尔族村屯，有的村屯已经变成了多民族杂居村或者汉族村，如莫力达瓦旗尼尔基镇大莫丁村原名西格莫日登，是由莫日登哈拉洪库德家族所建，黑龙江省讷河市二克浅镇沿江村原名舍卧尔屯，是莫日登哈拉建立的屯落，现在都是汉族村。有的村名依然用达斡尔语的音译名，有些则改为汉语村名。有些村屯已被国家确认为民族村。

据《布特哈志略》记载：“每屯大者百余家，或八九十家，或三五十家；小者七八户，或十户、二十户不等。其屯所之相距三五里、二三十里、八九十里，或百余里不等。”④

二、达斡尔族村屯名称的来历

达斡尔族称呼村子为哎勒（ail），也沿用东北对村子的普遍性称谓“屯子”。达斡尔族是个流动性非常强的民族，由于外来入侵，他们背井离乡，由于戍边的需要，他们远赴他乡，他们每到一地，都依据当地的自然和社会状况建立了屯落。达斡尔族村屯名是自然而然形成的，有自称和他称，随着发展，自称和他称二者合二为一。达斡尔族村名的专有性非常强，都是一村一名，极少有重名的。达斡尔族村

①《齐齐哈尔市郊达斡尔族情况达斡尔族调查材料之五》，内蒙古少数民族社会历史调查组编，油印本，第81页。

② 齐齐哈尔市政协文史资料委员会、莫力达瓦达斡尔族自治旗政协文史资料委员会编：《达斡尔族村屯录》，1993年。

③ 满都尔图主编：《达斡尔族百科词典》，内蒙古文化出版社，2007年，第125-180页。

④［民国］孟定恭：《布特哈志略·村落姓氏》。《辽海丛书》第四册，辽沈书社，1985年影印本，第2482页。

名的命名方式遵循着村名命名的一般方式，大致有以下几种：

1.取自自然环境

每一个民族的聚落都是依托于一定的自然环境建立起来的，自然环境包括气候、土地、河流、湖泊、山脉、矿藏以及动植物资源等。地理环境是村名的主要来源在各民族中具有共性。达斡尔族以地理环境起村名是达斡尔族的主要命名方式，这种命名方式有个明显的好处就是标识性、可印象性强。

（1）以山命名。由于处于山的不同方位而形成了不同的屯名，临山而居的屯子称博克图①，处于山坡的称为库木尔②，位于山阳坡而得名安塔哈③、安特哈④，位于山阴坡而得名博斯呼浅⑤（博斯呼，达斡尔语山阴坡），处于山口位置的屯落称为哈力浅，处于山间峡谷地带而称为哈布奇⑥（卡布奇勒音变而来），位于山沟口处而得名宜额哈力⑦。

有的屯落以山的形状命名。地处两个山岗之间而取名霍勒保洪古如⑧，“霍勒保”的意思是相连，洪古如意为岗子。因山岗较直而得名托布坎（直直的意思）洪古如⑨。地势连绵起伏形似马鞍而取名卧牛吐⑩，奥诺尔吐的音转，马鞍。因山形似耳朵而得名萨音其克⑪。因山的形状如奶头（莫克）而取名莫克里⑫。因峭崖之

① 莫力达瓦达斡尔族自治旗尼尔基镇博克图村。
② 力达瓦达斡尔族自治旗西瓦尔图镇小库木尔村。
③ 黑龙江省讷河市龙河镇所辖。
④ 莫力达瓦旗腾克镇安特哈村。
⑤ 黑龙江省讷河市清河乡富源林场
⑥ 齐齐哈尔梅里斯达斡尔族区瑞廷乡土房子村。
⑦ 莫力达瓦达斡尔族自治旗额尔和乡伊哈里村。
⑧ 齐齐哈尔市梅里斯达斡尔族区哈力乡兴安村。
⑨ 富裕县塔哈满族达斡尔族乡十五里屯。
⑩ 齐齐哈尔市梅里斯区卧牛吐达斡尔族镇政府所在地。
⑪ 村子已消失，黑龙江省克东县克东火车站站址。
⑫ 莫力达瓦旗腾克镇莫克里村。

下有深潭而得名哈达阳[①]，哈达阳是哈迪阿彦的音变。因山峰形如骆驼的头部和脖子而取村名为特莫呼珠[②]。因大石如烟囱形而得名霍日里[③]，霍日里绰罗为烟筒石的意思。

(2) 以河流命名。达斡尔族多沿河流而居，所以以河流取屯名现象较为普遍。有以下几种以河流命名的方式，a. 以所临河流的名称命名屯名。昆果尔津村[④]因处于讷谟尔河北岸支流昆果尔津河汇入处而得名。郭尼村[⑤]因居郭尼河畔而名。温察热[⑥]临温察尔河畔而名。坤河[⑦]因临黑龙江南岸坤河畔而得名。音钦屯[⑧]因临嫩江支流音河而得名。布勒金格日[⑨]源自打渔的河流布勒库河。卡布楚村[⑩]因屯前的卡布楚河而得名。沙乌尔提阿莫斯热[⑪]因位于诺敏河支流西瓦尔图河河口地带而得名，沙乌尔提阿莫斯热，就是西瓦尔图河口的意思。b. 因处于河流的不同方位而取名。河西屯[⑫]因位于阿伦河西岸而得名。c. 根据所临水域的特点而得名。小溪旁的屯子叫鄂斯尔哈拉[⑬]。小河湾处、江岔子处的屯子取屯名为阿彦[⑭]、阿彦浅村[⑮]。小河（华日格）边的屯子称华日格浅。江套子（达语“多俄”）附近的屯子叫多格浅。河水

① 莫力达瓦达斡尔族自治旗哈达阳镇政府所在地。

② 莫力达瓦达斡尔族自治旗腾克镇特莫呼珠村。

③ 莫力达瓦旗腾克镇霍日里村。

④ 黑龙江省五大连池市团结乡。

⑤ 莫力达瓦达斡尔族自治旗登特科镇郭尼村。

⑥ 黑龙江省五大连池市区内的一个行政村。

⑦ 黑河市爱辉区坤河达斡尔族满族乡乡政府所在地。

⑧ 齐齐哈尔市梅里斯达斡尔族区雅尔塞镇音钦屯。

⑨ 该屯已消失。

⑩ 莫力达瓦达斡尔族自治旗腾克镇卡布楚村。

⑪ 莫力达瓦达斡尔族自治旗西瓦尔图镇兴隆村。

⑫ 齐齐哈尔市梅里斯达斡尔族区卧牛吐达斡尔族镇河西屯。

⑬ 黑龙江省龙江县七棵树乡鞍子匠屯。

⑭ 村落已不存在。

⑮ 莫力达瓦达斡尔族自治旗登特科镇阿彦浅村。

上涨溢出河道而成沼泽地的屯子称米勒特格尔。处于决口河段的屯子叫色特仍[①]。有泉水流过的屯子取名巴音布拉尔屯[②]（富庶泉）。因屯边小河湾曲水狭细似脖颈而得名化木[③]、华木[④]。因屯边有大水泡子而取名奇霍勒。

（3）以地表特征命名。因地形如同车辋（达语“莫热”）而称莫热村[⑤]。因处于低洼地而得名全和太[⑥]。因雨季多泥淖而取屯名西瓦尔图[⑦]。因地表温热而得名库如奇[⑧]，“库尔陆申”音转而来。因为嫩江西岸土质呈红色使得江面也呈红色而取屯名为呼兰额日格[⑨]，红色江壁的意思。因位于土岗和音河之间而得名哈布奇勒[⑩]，夹缝的意思。因屯子一分为二而得名哈罗尔吐[⑪]，由“哈格罗热腾”音变而来，意为“被劈裂”，传说雷电将该屯劈为两半，所以也称“两半屯”。

（4）以物产取名。以物产取名不具有标识性，因为作为地域性的物产各地资源基本相同，最初以此命名有可能因为该屯有成片的相关物产，久而久之便被接受而成为屯名。达斡尔族屯名和植物名一致的屯落很多，以山野菜命名的屯落有：莽格吐[⑫]，是“莽格斯”（山蔓根）的谐音；哈列尔图[⑬]、卡列尔图[⑭]，是野韭菜的意思。

---

① 该屯已不存在。

② 莫力达瓦达斡尔族自治旗库如奇乡巴音布拉尔村。

③ 齐齐哈尔市梅里斯达斡尔族区梅里斯乡化木村。

④ 黑龙江省嫩江县临江乡华木村。

⑤ 黑龙江省讷河市龙河镇保安村莫力屯。

⑥ 齐齐哈尔市富拉尔基区长青乡全和太。

⑦ 莫力达瓦旗西瓦尔图镇政府所在地西瓦尔图村。

⑧ 莫力达瓦达斡尔族自治旗库如奇乡库如奇村。

⑨ 齐齐哈尔市富拉尔基区政府所在地。

⑩ 齐齐哈尔梅里斯达斡尔族区瑞廷乡土房子。

⑪ 齐齐哈尔市建华区建华乡。

⑫ 齐齐哈尔梅里斯达斡尔族区莽格吐乡莽格吐村。

⑬ 黑龙江省讷河市哈列尔图村。

⑭ 莫力达瓦达斡尔族自治旗哈达阳镇哈列图村。

库热浅[①]中的库热是蘑菇圈的意思；牙布气[②]，菱角的意思；坤密尔提[③]，山野菜柳蒿芽（坤密勒）。以树命名的屯落有：奥都胡太[④]，大柳树（奥都胡提）；吉如木提村[⑤]，吉如木达语椴树。以草命名的村屯有：额尔门沁[⑥]，源于“额尔莫”（蒿草）一词；率格替[⑦]，蒿草丛生的地方。以水物产命名的村屯有：开阔[⑧]，开库的音转，鲫鱼的意思；宜斯尔[⑨]，蜥蜴的意思，因当地石缝中多蜥蜴而得名。

2. 以哈拉或者莫昆名称命名

以哈拉或者莫昆名称命名方式类似于汉族的孟家屯、王家屯，达斡尔族的村屯多是由某个哈拉或者莫昆建立的，哈拉莫昆和村屯往往一一对应，所以村屯体现出氏族性、家族性，以哈拉、莫昆命名自然最能够体现出村屯的特点。满那屯[⑩]是郭布勒哈拉满那莫昆所建。奎力浅[⑪]、郭恩奎力浅[⑫]、洪库如奎力浅等村名均来自达斡尔族敖拉哈拉奎力浅莫昆。达博尔科屯[⑬]、孔国博尔科[⑭]、霍洛尔丹博尔科[⑮]因由郭布勒哈拉博尔科莫昆所建而得名。德都勒[⑯]是由德都勒哈拉所建。雅尔塞[⑰]是由

① 黑龙江省讷河市学田乡库勒浅村。
② 该村落已消失。
③ 莫力达瓦达斡尔族自治旗坤密尔提乡政府所在地。
④ 现村名为勇胜村。
⑤ 莫力达瓦达斡尔族自治旗西瓦尔图镇双龙堡村.
⑥ 齐齐哈尔市梅里斯区卧牛吐达斡尔族镇额尔门沁。
⑦ 黑龙江省嫩江县前进乡新华村。
⑧ 莫力达瓦达斡尔族自治旗开阔屯。
⑨ 莫力达瓦旗腾克镇宜斯尔村。
⑩ 黑龙江省讷河市龙河镇满那屯。
⑪ 黑龙江省讷河市学田乡全发村；莫力达瓦达斡尔族自治旗阿尔拉镇奎力浅村。
⑫ 莫力达瓦达斡尔族自治旗腾克镇郭恩河村。
⑬ 黑龙江省讷河市二克浅乡。
⑭ 黑龙江省讷河市孔国乡政府所在地孔国村。
⑮ 黑龙江省讷河市二克浅乡西庄村。
⑯ 现为黑龙江省五大连池市政府所在地青山镇。
⑰ 齐齐哈尔市梅里斯达斡尔族区雅尔塞乡政府所在地。

敖拉哈拉雅尔斯莫昆所建故名，雅克塞、雅尔斯、雅克萨皆为同音异写。哈仁浅[①]是鄂尔特哈拉海兰（谐音哈仁）莫昆人所建之屯。登科[②]是阿尔丹哈拉德力根（谐音登科）莫昆的名称。

3. 以生产活动命名

源于农业。达斡尔族以农业为生，在新开垦的土地附近搭建窝棚临时居住，久之便成为屯子，因此，以地营子命名的村落很多。“拉力浅”[③]（地营子的意思）、哈拉地房子[④]等村落皆源于开垦荒地时建立起的地营子（窝棚）。隋宫塔热格日[⑤]，隋宫指隋宫屯，塔热格日，地房子的意思，合在一起就是隋宫屯吴力斯哈拉人的地房子。敖尼格日[⑥]由“敖奴棍格日”音转而来，粮库房的意思，因额尔门沁屯敖拉哈拉雅尔斯莫昆一富户曾在乾隆年间在此地建造粮库房而得名。

源于渔猎生产。尼西坤[⑦]，光膀子的意思，因当地渔民赤裸上身捕鱼而得名。白音华日克[⑧]，源自当地用套子打猎的生产方式，白音，富有的意思，华日克，打猎的套子。

源于手工作坊。铁匠地房子[⑨]因在这里设置铁匠炉以打铁为生而得名。鞍子匠屯[⑩]，是汉族给起的名字，源于该村有制作马鞍子的工匠。烧锅屯或当铺屯，从屯名就知道这是一个以制酒和开当铺为生的村子。

源于旅店饭店等服务业。达呼店[⑪]，因敖拉哈拉多金莫昆人在此建屯开旅店而

---

① 齐齐哈尔市梅里斯达斡尔族区雅尔塞镇哈仁浅村。

② 富裕县达斡尔满柯尔克孜民族乡登科村。

③ 黑龙江省讷河市学田乡工农村。

④ 齐齐哈尔市梅里斯达斡尔族区达呼店镇小丰宝村。

⑤ 齐齐哈尔市梅里斯达斡尔族区梅里斯乡长胜屯。

⑥ 该村已消失。

⑦ 齐齐哈尔市梅里斯区雅尔塞镇尼西坤。

⑧ 齐齐哈尔市梅里斯达斡尔族区共和乡双岗子村。

⑨ 黑龙江省龙江县哈拉海乡铁匠地房子。

⑩ 黑龙江省龙江县七棵树乡鞍子匠屯。

⑪ 齐齐哈尔市梅里斯区达呼店镇 联合村。

得名，原称“达呼力店”，达乎力就是达斡尔的同音，过往商人称此店为达斡尔店。西热提[①]，达斡尔语桌子的意思，因有敖拉哈拉人在这里开店而得名。

4. 以初建时户数命名

以屯落初建时期户数的多少命名屯名具有共性特征，类似于汉族的三家子、四家子、三间房等村名。由米勒特格尔屯析出的霍伊热格日屯最初只有两户，故名。三间房[②]，达斡尔语原名挂尔本塔列格日，因最初敖拉哈拉多金莫昆 3 家在此种地而得名。都尔本浅[③]、杜尔门沁[④]，翻译成汉语即为四家子，都尔布，四的意思。杜尔本格日[⑤]，四间房，因最初敖拉哈拉多金莫昆四户人家建立该屯。奈门沁[⑥]，汉译为八，因由 8 户人家建屯而得名。塔文浅[⑦]，郭布勒哈拉五兄弟建立该屯，塔文是塔伍的谐音，五的意思。塔文格日[⑧]翻译汉语为五户，因最初由五户不同哈拉的人建立。隋宫[⑨]，5 户人家建立该屯而得名。六间房[⑩]，用汉语命名，因敖拉哈拉 6 兄弟来此建屯而得名。

5. 以人名命名

以村屯的建立者或者村中的名人命名。大哈洲[⑪]，哈珠的谐音，哈珠为该村的创建者。吉斯保[⑫]，建屯者的名字。长春地房子[⑬]因建屯者叫长春而得名。维义阿

---

① 齐齐哈尔市梅里斯达斡尔族区瑞廷乡长安屯。

② 齐齐哈尔市梅里斯达斡尔族区莽格吐达斡尔族乡政府所在地。

③ 黑龙江省讷河市清河乡光明村。

④ 现为齐齐哈尔市富拉尔基区杜尔门沁达斡尔族乡杜尔门沁村。

⑤ 齐齐哈尔市梅里斯达斡尔族区卧牛吐达斡尔族镇。

⑥ 齐齐哈尔市梅里斯达斡尔族区雅尔塞镇奈门沁村。

⑦ 黑龙江省讷河市龙河镇龙河村。

⑧ 莫力达瓦达斡尔族自治旗腾克镇伊兰台村。

⑨ 齐齐哈尔市梅里斯达斡尔族区梅里斯乡五家子村。

⑩ 齐齐哈尔市梅里斯达斡尔族区卧牛吐乡六间房。

⑪ 富裕县达斡尔满柯尔克孜民族乡大哈洲村。

⑫ 富裕县达斡尔满柯尔克孜民族乡吉斯保村。

⑬ 齐齐哈尔市梅里斯达斡尔族区哈力乡新民村。

拉热①，维义是吴力斯哈拉库尔坎莫昆人，阿拉尔，黑白花马。维义阿拉热的子屯双海阿拉热②、哈斯给阿拉热③、陈家阿拉热④、岳明嘎阿拉热⑤分别以双海、哈斯给、陈家、月明嘎等建村者命名。罕伯岱⑥，人名，罕毕尔岱是达斡尔族首领，曾率族众投归清朝。文固达⑦，文固山达的省略语，文是姓，固山达是清朝协领，因该村文氏曾经有人担任过协领（固山达）。善宝⑧，为何音哈拉的一个大户户主的名字。舍肯屯⑨，村名为女萨满舍肯保的名字。

6. 以人文景观命名

以村内或者村附近特有的人文景观命名。乌尔科村⑩因旁临金边壕而得名，金边壕，达斡尔语为“乌尔科”。敖包屯⑪源于屯北的敖包，清同治三年的《黑龙江通省舆图总册》写作“鄂博屯”，现写作敖宝村，属梅里斯达斡尔族区共和镇。额莫勒多布台⑫，源于屯南有一棵神树，额莫勒，前面的意思，多布台，神树，合在一起就是前面有神树。霍迪日台⑬，水井的意思。

7. 以吉祥词语命名

尼尔基⑭，兴盛兴旺之意。满都胡浅⑮，奋斗兴旺的意思。奇日敏台⑯，奋斗、

① 屯落已消失，这里目前为以军马场。
② 这里目前为以军马场。
③ 齐齐哈尔市梅里斯达斡尔族区瑞廷乡哈什哈。
④ 现为齐齐哈尔市青年林场。
⑤ 该屯已消失。
⑥ 齐齐哈尔市富拉尔基区杜尔门沁达斡尔族乡罕伯岱村。
⑦ 该村已整体迁出。
⑧ 龙江县七棵树乡善宝屯。
⑨ 齐齐哈尔市梅里斯达斡尔族区瑞廷乡红旗村。
⑩ 莫力达瓦旗尼尔基镇的乌尔科村。
⑪ 齐齐哈尔市梅里斯达斡尔族区共和镇敖包村。
⑫ 梅里斯达斡尔族区达呼店乡前团结屯。
⑬ 齐齐哈尔市梅里斯达斡尔族区共和镇胜利村。
⑭ 莫力达瓦达斡尔族自治旗旗政府驻尼尔基镇。
⑮ 莫力达瓦达斡尔族自治旗巴彦鄂温克民族乡政府所在地。
⑯ 莫力达瓦达斡尔族自治旗巴彦鄂温克民族乡奇日敏台村。

上进的意思。宜和德[①]，是“宜和德贝”的简语，兴旺发达的意思。

8. 以村落的形成特点为名

达嘎沁[②]，跟随者之意，是因为其他哈拉莫昆在此建村而跟随迁来的。阿尔拉[③]，达斡尔语车辕子意思，因行至此地车辕子坏了，于是在此建村。英老坟地，鄂嫩哈拉阿协金莫昆家族的祖坟地，由最初的一户看墓人家发展成屯落。哈雅[④]原称“奈门沁哈雅”，即奈门沁屯的分支，因由奈门沁屯析出而得名。

9. 因袭原名

虽然迁徙另建新屯了，但是新屯仍然因袭了原来的名字，所以，名字和当地的自然环境有所出入。整体迁移主要见于以下两种情况，一种是嫩江以东的达斡尔族整体迁徙到嫩江以西，在嫩江以西建村后仍然沿用以东时的村名，如哈力村原来在黑龙江省讷河市孔国乡，清朝光绪年间整体迁入今莫力达瓦达斡尔族自治旗阿尔拉镇后仍然沿袭原来的村名，原来的村名是因位于山沟口而得名，达斡尔语“哈力”就是山沟口的意思。第二种是尼尔基水库建设过程中（2001—2006 年），国家建设征地，居住于此地的达斡尔族村屯整体迁移，所建新屯仍然沿用原来的村名。现为莫力达瓦达斡尔族自治旗腾克镇怪勒村就是因袭嫩江以东老屯子的名字。阿尔拉屯[⑤]、马尔登浅[⑥]、喀牙都尔本[⑦]、甘浅[⑧]为鄂温克族所建，后变为达斡尔族村，仍然沿袭原村名。

村屯名字不仅仅是一个名称，也是标识，能够反映一个村落的特点、建村的初

---

① 莫力达瓦达斡尔族自治旗额尔和乡宜和德村。

② 莫力达瓦达斡尔族自治旗杜拉尔鄂温克民族乡后沃尔奇村达哈浅屯。讷河市达嘎沁屯。（见《达斡尔族社会历史调查》，民族出版社，2009 年，第 27 页。）

③ 莫力达瓦达斡尔族自治旗阿尔拉镇阿尔拉村。

④ 齐齐哈尔市梅里斯达斡尔族区齐齐哈乡哈雅屯。

⑤ 莫力达瓦达斡尔族自治旗阿尔拉镇政府所在地。

⑥ 莫力达瓦达斡尔族自治旗阿尔拉镇马当（登）浅村。

⑦ 莫力达瓦达斡尔族自治旗阿尔拉镇的喀牙都尔本村。

⑧ 莫力达瓦达斡尔族自治旗阿尔拉镇伯尔科村的一个自然屯。

衷、文化的特点，村屯的自然环境特点、生业、村名组成都能从村名中体现出来。当前城镇化对屯名有所破坏，村屯合并、合村并镇的举措实际上是破坏了村屯固有的文化资源，隔断了同历史的联系，所以呼吁政府要保护好村名。

三、村屯分布的地理环境特色

自然环境是人类社会发展的基础，每个民族都选择适合自己、有利于自身发展的自然环境。迁徙到黑龙江南岸分布于嫩江两岸的达斡尔族，他们以哈拉或者莫昆为单位，建立了一个个村屯。每一个村落的建立都有建村的生动故事，这些故事传说给人的感觉是达斡尔族建村具有随意性，如莫力达瓦旗阿尔拉镇阿尔拉屯的建立是因为行车至此车辕子坏了而在这里建屯，“阿尔拉”就是达斡尔语车辕子的意思。讷河市阿尔哈昌屯的建立是因为孟尔丁哈拉行至此处时车坏了而于此建屯。不可否认，达斡尔族建立村屯的选址具有偶然性，但是并不是随意的，达斡尔族建立村屯都遵循着方便生产和生活的原则，具有如下一些基本特点：

1. 沿水而居

达斡尔族村落选址的基本原则是沿水而居，达斡尔族有一句谚语：“没有江河的地方，达斡尔人不安家；没有流水的地方，不长柳蒿芽。”这句谚语基本反映了达斡尔族对居住环境的基本要求。在黑龙江以北居住时，达斡尔族居住在黑龙江的各支流上，精奇里江（结雅河）、鄂嫩河、额苏里河、乌里苏河、鄂勒特河、牛满河以及阿勒丹河流域是他们的主要聚居区。迁徙到黑龙江以南后，嫩江及其各支流是达斡尔族世代生活的地方。嫩江是达斡尔族的母亲河，这条河流发源于大兴安岭伊勒呼里山的中段南侧，由北向南，注入松花江，有大小支流 20 余条。水域给达斡尔族带来了鱼米之香，也带来了舟楫之利。近水既有利于人、畜的用水，也有利于从事捕捞生产活动。达斡尔族傍水而居，创造了发达的流域文明。

2. 平原、丘陵、河谷和高原

达斡尔族选择聚落地址的另一条原则是以平原、丘陵、高原、河谷等平坦之地为自己的栖止之地，嫩江平原、兴安岭山前丘陵以及山间河谷地带、蒙古高原等地是他们的大本营，这些区域土质肥沃，地势平坦，草原茂盛，是宜居之地，适合从事农耕、牧业和渔猎等生产。

3. 交通便利

达斡尔族村屯均选择在交通便利之地。达斡尔族居住之地沃野平川，一望无际，水网密布，交通便利，陆路、水路均很发达，开阔的地域、四通发达的交通网络给他们的生产、生活提供了便利和有利的条件。也便于达斡尔族同其他民族建立联系，外来文化能够很顺利顺畅地传入，也使得达斡尔族文化呈现出多源性的特点。

第二章　村民及其社会组织

村屯是达斡尔族基本的聚落形态，既是地域单位，也是组织形式。人是村落中的主体，是村落文化的创造者、建设者，也是村落文化的享用者和传承者，村落文化的特点和发展走势有赖村民的智慧。达斡尔族村过去都是较为单一的民族村，“每屯大者百余家或八九十家或三五十家，小者七八户或十户二十户不等。”[①] 后来，民族间的界限被打破，汉族等其他民族迁入达斡尔族村，由此达斡尔族村成为多民族村，但是直至今日，达斡尔族村落达斡尔族人口依然占绝大多数。

一、哈拉和莫昆

早年的村屯组织就是达斡尔族的血缘组织哈拉、莫昆。哈拉是达斡尔族父系氏族组织形式，是建立在血缘基础之上的血缘组织，直接源自原始社会的父系氏族。随着人口的繁衍，哈拉分成不同的莫昆。莫昆的组织结构和哈拉相同，不同点仅在于，莫昆之内的人血缘更近，他们都是同一男性祖先的后代，莫昆内部凝聚力比哈拉更强。每一莫昆都有自己的名称，名称大多来源于聚居地所在的山川的名字。莫昆内部的规矩同哈拉相同，只不过职能、管理范围仅限于本莫昆之内。

1. 哈拉、莫昆内的规矩

哈拉、莫昆是两个层次的血缘组织，看似松散，各家过各家的日子，表现得很

①［民国］孟定恭：《布特哈志略·村落姓氏》。《辽海丛书》第四册，辽沈书社，1985年影印本，第2482页。

个体，其实是一个严密而又严格的社会组织。哈拉、莫昆有族规，哈拉、莫昆内的人必须遵守，多永贵说："不遵守不行啊，老一辈惩罚你，你犯这个种族的规矩（会）受到批判，谴责你。"[①]

哈拉、莫昆均有一个首领，分别叫哈拉达、莫昆达，分别由哈拉、莫昆内民主产生，哈拉达、莫昆达的任职条件为辈分高、岁数大、有威望、经历多、有文化、有地位、有势力。一旦产生，便具有绝对的权威，他负责管理哈拉、莫昆内的事务，哈拉、莫昆内所有人都听从于他，多永贵说："老人们从小就灌输咱老多家谁谁说了算，下一辈还谁有威望，能代替他的窝。"[②]

达斡尔族有修家谱的习惯，修家谱的目的是记住先世、明确世系，"祭祖者使子孙尊宗敬祖，不致远而遗忘，这是重孝之事。修谱者使子孙绳绳相继，历久吊替，不致散而无纪。"[③]达斡尔族修谱分为两个层次，首先是哈拉之内的每个支系即各个莫昆修谱，谓之修谱小会，召集族内人择日聚集一起祭祖，所用祭品为猪、羊、酒、水果、蜡烛。祭祖完毕之后修谱，"出生者名字以碌笔加填，死亡者以墨笔写之，而辨其死生之区别。"[④]哈拉范围的修谱则相隔二三十年修谱一次，亦选择吉日，哈拉各个支系的代表聚集一起祭祖，杀牛、猪、羊等作为供品，祭祖完毕之后修族谱，其目的是"和睦宗族，团结氏族"[⑤]。由于达斡尔族没有文字，所以，家谱都用别族文字书写，根据现存下来的家谱看，有的家谱用汉文书写，有的家谱用满文书写，有的家谱用蒙文书写，也有用满汉或者蒙汉双语文书写的，面对族谱，左书满文或者蒙文名字，右书汉文名字。从流传到现代的几部家谱看，达斡尔族的家谱

---

① 调查对象：多永贵（1941 年—）；调查地点：莽格吐村；调查时间：2017 年 10 月 5 日。

② 调查对象：多永贵（1941 年—）；调查地点：莽格吐村；调查时间：2017 年 10 月 5 日。

③ 孟希舜：《莫力达瓦达斡尔族志略初稿》。莫力达瓦达斡尔族自治旗政协文史资料委员会编：《达斡尔族自治旗文史》第 2 辑，1990 年，第 51 页。

④ 孟希舜：《莫力达瓦达斡尔族志略初稿》。莫力达瓦达斡尔族自治旗政协文史资料委员会编：《达斡尔族自治旗文史》第 2 辑，1990 年，第 51 页。

⑤ 孟希舜：《莫力达瓦达斡尔族志略初稿》。莫力达瓦达斡尔族自治旗政协文史资料委员会编：《达斡尔族自治旗文史》第 2 辑，1990 年，第 51 页。

格式类似于苏洵式家谱格式，同横线表示辈分，上下纵的方面体现父子相承关系，左右横线体现平行的兄弟关系，同一辈分的人列于同一横线之下，其子列于下一横线下，各个儿子平行排列处于父亲名字之下，亲兄弟上面的横线的两头有下垂短线，等于把同一父亲之下的儿子圈在里面，通过族谱就能看出父子关系以及亲兄弟、堂兄弟的区别。女子无论是在父母家还是在婆家都不能入族谱。不过根据调查，修家谱并不普遍，仅官宦或者生活较为富裕、殷实的家庭有家谱，家谱一般存放在家中老大家里。

同一哈拉的人都有一个公共墓地，所有死人都埋在哈拉公共墓地里，坟墓按照死者的辈分和性别排列。随着哈拉的分化以及哈拉内部联系的弱化，每一墓地所埋葬的家支、辈数越来越少，据多永贵说，现在莽格吐村老王家墓地埋了五六代人就是非常大的墓地了。

同一哈拉的人严格禁止通婚，即便身处异地甚至两家相距很远也不允许结婚。有些家庭虽然姓氏不同，但是因为属于同一哈拉也禁止通婚。达斡尔族历史上同鄂温克族关系密切，通婚现象较为普遍，“达斡尔人与鄂温克人婚配也要遵守同一哈拉不能通婚的原则。如达斡尔族敖拉哈拉与鄂温克人的白格勒等氏族不通婚，因为后者属敖拉姓氏。同样道理，达斡尔族的沃热哈拉与鄂温克的沃热氏族也不能通婚。有的地方不同哈拉之间也不准通婚，如格尼河地区，达斡尔人的敖拉氏族与鄂温克的那哈他氏族，海拉尔地区达斡尔族郭博勒哈拉与鄂温克的那哈氏族，海拉尔地区达斡尔族郭博勒哈拉与鄂温克的杜拉尔氏族不通婚。”[①] 同一哈拉的人是同一祖先的后人，通婚即意味着乱伦，何文录说：“过去一家子不能通婚。超过几代都不允许。”[②] 多永贵说：“以前是绝对不允许的。一个姓一个哈拉绝对不允许噶亲，那

① 沈斌华、高建纲：《达斡尔族的婚姻家庭制度及其演进》，《广播电视大学学报》（哲学社会科学版）1998 年第 1 期。

② 调查对象：何文录（1945 年—）；调查地点：莽格吐村；调查时间：2019 年 2 月 19 日

要求比较严格。”[①] 同一哈拉内的男女结婚要受到严惩，严重者要被开除族籍，取消其所生子女入族籍资格。20 世纪 50 年代的一份调查显示，1935 年郭贝勒哈拉满那莫昆的一对男女通奸生子，并要结婚，遭到莫昆会议的反对，并遭训斥和体罚，其所生儿子不能列入族谱内[②]。在我们的田野调查中也发现了类似的现象，1968 年莽格吐村何文录和同村的何淑珍恋爱并于 1970 年未婚生有一个儿子。何淑珍已经有了对象并且登记，但何淑珍坚决反对这段由父母包办的婚姻，撕了登记证。何文录和何淑珍二人虽然同为一个哈拉，但是已经出了五服，即便如此也遭到了家族的竭力阻止，即使所生的孩子已经两岁了，仍然禁止结婚。二人不仅遭到了家族的谴责和阻止，来自全村人的舆论也对二人形成了巨大的心理压力。最后二人选择了出走，于 1972 年初移居到嫩江南岸的登科村，在登科村生活了三年之后才回来，但是二人一直没有举办婚礼。当年何文录有很好的政治前途，在齐齐哈尔市梅里斯区任职，最后为了爱情和婚姻而不得不舍弃了这份工作。不过，现在同姓不婚配的规矩有所松动，多永贵说，现在出五服之后，同姓之间可以结亲，“五服以后第五代就不管那些了。要是排不上（辈分）的可以噶亲，像俺们那个侄儿和他媳妇都姓多，据说两个人还差辈分了，那排不上了，就噶亲了。”何文录说：“现在（这种事情）多了。（大家都）不管了。” 现在何文录再谈起当年“私奔”这件事的时候，脸上一直堆满笑意，也说：“这件事在现在不算事儿。”[③] 尽管如此，同姓结婚依然很少，德新说：“（以前）过多少代也不行，现在不管了，（虽然现在）不管了，（但是同姓结婚）很少很少的。”[④]

哈拉、莫昆有管理公共财产、与其他哈拉交涉、举办族内祭祀等功能。哈拉之内有公共用地如渔场、柳条通等，严禁外哈拉的人到这里从事捕捞和收割条子。一

① 调查对象：多永贵（1941 年—）；调查地点：莽格吐村；调查时间：2017 年 10 月 5 日。

②《达斡尔族社会历史调查》，内蒙古人民出版社，1985 年，第 200 页。

③ 调查对象：何文录（1945 年—）；调查地点：莽格吐村；调查时间：2019 年 2 月 19 日

④ 调查对象：德新（1936 年—2020 年）；调查地点：齐齐哈尔市梅里斯区；调查时间：2019 年 2 月 21 日。

旦两个哈拉之间发生冲突，都由哈拉达或者莫昆达出面进行解决。哈拉尊崇共同的祖先和各种神灵，对神灵的集体祭祀活动都以哈拉或者莫昆为单位进行。

哈拉、莫昆内的人有互帮互助的传统，一家有事，全哈拉、莫昆内的人都有责任和义务出面帮忙。

2.哈拉、莫昆改为汉姓

民国初年始，随着达斡尔族和汉族联系的加强，达斡尔族逐渐将哈拉莫昆改成单字汉姓，修改的原则是取哈拉或莫昆名称的头一个发音音译成汉字，或者按照意义意译成汉字。变为单字汉姓出现了两种情况，一种情况是同一哈拉的人均为同一姓氏，如毕力杨哈拉汉姓为杨，德都勒哈拉汉姓均为德，何音哈拉汉姓均为何，乌力斯哈拉汉姓均为吴；另一种情况是，同一哈拉有多个汉姓。清代以来有据可查的哈拉有22个，综合各种文献的记载，哈拉、莫昆与汉姓的对应关系如下：

敖拉（敖勒）（aol）哈拉——敖拉（敖）、雅尔斯（阎、杨）、多金莫昆（多）、克尔哲（单）、索都尔[①]（单）、伊斯坎莫昆、哈列尔图莫昆、拉力浅莫昆、果尼莫昆、奎力浅莫昆、多格浅莫昆、库热浅莫昆、登特科莫昆——敖、多、杨、阎、单

郭布勒（郭贝勒）（gobl）哈勒（郭）——郭布勒、额日根浅、瓦勒格、博尔克莫昆、哈力莫昆、塔文浅莫昆、莫热莫昆、满那莫昆、洪果尔金莫昆、那音浅莫昆、博尔齐莫昆、塔噶尔浅——郭、鄂

鄂嫩（on’n）哈拉（鄂）——都博浅（鄂）、阿协金（鄂）、昆吉（吴、敖）、开阔莫昆、博库尔浅莫昆、霍日里莫昆、伊斯尔莫昆、博斯呼浅莫昆、都尔本浅莫昆、齐尔莫勒莫昆（绝嗣）、都古拉、达嘎沁——鄂、敖、吴

托莫（陶木、托木）（toom）哈拉（陶）——图钦（图沁）莫昆、固荣莫昆、

① 在齐齐哈尔地区哈拉中索都尔哈拉，但在敖拉哈拉中有索都尔莫昆。见《达斡尔族社会历史调查》，内蒙古人民出版社，1985年，第208页。

瓦然（瓦仍）莫昆（乔）[1]——陶、乔

鄂斯尔（何斯尔、额斯日）（hesur）哈拉——何斯尔（何斯日）莫昆（何）、甘查（甘浅）莫昆（鄂）、巴克尔（巴卡日）莫昆（邵、鄂）、斡林库尔（斡林库日）莫昆（鄂、何）、达尔塔勒（鄂、杜）——鄂、何、杜、邵

阿尔丹（阿勒丹）（aldn）哈拉——阿尔丹莫昆（安、阿）、德力根莫昆（德、金）——安、阿、德、金

鄂尔特（鄂勒特、额尔图）（elt）哈拉（鄂）——海兰莫昆——鄂、于

莫尔登（孟尔丁、莫日登）（merdn）哈拉（孟、莫）——桑格勒（苍嘎尔）（苍）、冲罗（莫）、朱如格（朱尔格）（孟）、和勒格（孟）、山大齐（孟）、宜卧其莫昆、舍倭尔莫昆、尼尔基莫昆、阿尔哈昌莫昆、孟尔丁莫昆、开塔拉莫昆、博和图孟尔丁莫昆——孟、莫、苍

德都勒哈拉（德）（deedul）——德都勒莫昆、嘎尔多斯莫昆、都松莫昆——德

克音（何音、克殷）（keyn）哈拉——克殷（何音）莫昆、巴尔齐格莫昆[2]——何

乌力斯（吴力斯）（uls）哈拉——吴力斯（乌力斯）莫昆（吴）、库尔堪莫昆——吴

博格特（卜克图、卜古特、卜古勒）（bogt）哈拉（卜、鲁）——卜敦浅莫昆、卜迪莫昆——卜、鲁

金奇里（金克尔、金奇里、精克日）（jinkr）哈拉——梅斯勒、色布克、索曲、泽布奇[3]——金

沃热（沃日、倭热、沃勒）（weer）哈拉（沃）——沃热、霍提、扎木（张）、

---

① 在齐齐哈尔地区 17 个哈拉中没有吴然哈拉，但在陶木哈拉中有瓦然莫昆。见《达斡尔族社会历史调查》，内蒙古人民出版社，1985 年，第 208 页。

② 杨优臣认为，“巴尔齐格”不是莫昆的名称。莫昆下面还有一级组织叫“别日格”，“巴尔齐格”是克音哈拉下面的一个“别日格”名称。梅里斯区有大八旗村和小八旗村，大八旗和小八旗就是两个“别日格”组织名称，八旗是“巴勒旗个”的音转。“别日格”这一组织很早就消失了。乌嫩库奇认为，“巴尔齐格”是克音莫昆建立的一个屯子的名称。

③ 乌嫩库奇认为，梅斯勒、索曲、泽布奇不是莫昆名称，他们同属于“色布克”莫昆。

多勒公、西尔金莫昆米勒特格尔、西拉尔金——沃、张

苏都日（苏都尔）（sudur）哈拉——乌如克（乌尔科）莫昆——苏

毕力杨（毕日杨）（biryan）哈拉——毕力杨莫昆——杨

索多尔（索都尔）（sodr）哈拉——索

吴然（uran）哈拉——贵东楚莫昆、阿勒丹楚莫昆——吴

讷迪（needi）哈拉——讷、鄂

胡尔拉斯（胡勒达斯）（hurlat）哈拉（胡）——华尔提莫昆、胡吉斯蒂莫昆[①]——胡、康[②]

杜拉尔（杜拉日）哈勒（杜）（dular）——杜如塔勒、塔合日、刻衣吉日——杜

虽然改为汉字单字姓，但是各个家庭都记得哈拉、莫昆名称，这是他们的祖姓。直到现在，哈拉、莫昆仍然在达斡尔族中有着影响，每逢见面，坐在一起闲聊必问哈拉，如果是同一哈拉，则还要排排辈分。尽管血缘纽带联系薄弱了，但是同一哈拉的人还是较为亲近，因为他们知道，他们都是同一祖先的后人。多永贵说："现在，大家到一块还问哪个莫昆、哪个哈拉？如果能接上头，就能说上话。你姓啥都能翻过来[③]，如姓何的叫何森莫昆，像我们老多家就是多金莫昆，敖拉哈拉，跟老敖家比较近。""先问长辈叫啥名，能不能论着近亲。这屯子有不少姓多的，但是有的能论上，有的（中间）隔十几辈，就排不上。一提起姓多的，问叫啥名，犯什么字，有的能排上，有的排不上。"[④]德新说："有大事小情的，同族的人还过来，过年的时候互相拜年。"[⑤]

① 乌嫩库奇认为，该哈拉只有一个莫昆"华尔提"莫昆。

② 在云南省施甸县有一支达斡尔族，分别姓阿、莽、蒋。

③ 该句话的意思是，根据你现在所姓的汉姓就能翻译回原来达族的姓氏。

④ 调查对象：多永贵（1941 年—）；调查地点：莽格吐村；调查时间：2017 年 10 月 5 日。

⑤ 调查对象：德新（1936 年—2020 年）；访谈地点：齐齐哈尔市梅里斯达斡尔族区；访谈时间，2014 年 7 月 25 日。

二、村屯与哈拉莫昆的关系

按照历史进程，达斡尔族村屯有一个递进的发展演变过程，最为原始的村落都是单一哈拉成员构成的，再进一步发展，由哈拉分出莫昆，莫昆建立新的村屯，同一屯落的人都是同一莫昆的人，再进一步发展由于通婚、亲属关系，而出现了不同哈拉不同莫昆的人同居一村现象，哈拉莫昆天然的界限被打破。到清朝末年村子里出现了汉族、满族等其他民族，村屯逐渐变成了地缘组织。

1.早年村屯与哈拉莫昆一一对应

依据文献记载，在黑龙江以北时，达斡尔族都是以哈拉、莫昆为单位结族而居，村落和哈拉莫昆的对应关系如下：多金城——敖拉哈拉多金莫昆，雅克萨城——敖拉哈拉雅尔兹莫昆，郭贝勒屯和郭贝勒阿彦——郭贝勒哈拉，阿萨津城——鄂嫩哈拉阿谢金莫昆，铎陈城——托莫哈拉图钦莫昆，额苏里城——鄂斯尔哈拉，阿里岱屯——阿尔丹哈拉，额尔土屯——鄂尔特哈拉，莫日迪齐城——莫尔登哈拉，博阔尔（素称博和里）城——鄂嫩哈拉博阔尔浅莫昆，德都勒屯——德都勒哈拉，噶尔达孙屯——德都勒哈拉噶勒达斯莫昆，克殷屯——克音哈拉，吴鲁苏屯——乌力斯哈拉，吴兰屯——托莫哈拉瓦轫莫昆，布丁屯——博格特哈拉布敦千莫昆，色布克屯金奇里哈拉泽布克莫昆，沃哷屯——沃热哈拉，乌鲁苏屯（瑚尔汉乌鲁苏穆丹城）——乌力斯哈拉库尔堪莫昆，乌尔堪屯（也称乌喇喀屯）——苏都尔哈拉乌尔科莫昆，都孙屯——德都勒哈拉都松莫昆，固农屯——托莫哈拉古隆莫昆，海伦屯——鄂尔特哈拉海楞莫昆，浑秦屯——鄂嫩哈拉坤奇莫昆，榆尔根屯——郭贝勒哈拉鄂尔根千莫昆。[①]

17 世纪中叶沙俄侵略黑龙江流域，清朝出于坚壁清野的战术需要，将居住在黑龙江江以北的达斡尔族迁徙到嫩江流域。20 世纪初，沙俄再次入侵黑龙江流域，达斡尔族被驱赶出世代居住的家园，举家迁徙到黑龙江以南。到黑龙江以南的达斡尔族沿嫩江及其各支流居住下来，在嫩江及其各个支流两岸建立起一个个达斡尔族

① 巴图宝音：《达斡尔族风俗志》，中央民族学院出版社，1991 年，第 79—80 页。

村屯。新建的村屯仍然以哈拉莫昆为单位，同一哈拉莫昆的人居住在同一个村中，对此民国年间孟定恭对嫩江及其支流达斡尔族和鄂温克族村落进行了统计，村落及其与哈拉莫昆对应关系如下表：

民国年间达斡尔族、鄂温克族村落、哈拉莫昆对应表[①]

村　落	姓　氏	村　落	姓　氏
东布特哈 嫩江左岸自墨尔根（即嫩江县）界博尔汽屯起，南至齐齐哈尔（即龙江县）界摆渡屯 （嫩江自内兴安岭南脉向南流入松花江）			
博尔汽	鄂嫩氏	花马台	鄂嫩氏
提古拉	鄂嫩氏	多　金	敖拉氏
海拉尔	敖拉氏	博库沁	前后两屯均鄂嫩氏
海拉图	敖拉氏	博库沁	前后两屯均鄂嫩氏
博索沁	前后两屯均鄂嫩氏	开阔沁	鄂嫩氏
杜拉本	沁鄂嫩氏	拉力沁	前中后三屯均为敖拉氏
奎勒沁	分三屯，均为敖拉氏	华尔沁	敖拉氏
多西沁	系由江西多西沁徙居，敖拉氏	库勒沁	敖拉氏
都西沁	敖拉氏由江西登特科屯徙居	秀倭尔吐	孟尔丁氏，由江西宜卧奇屯徙居
达哈沁	鄂嫩氏	阿拉哈沁	孟尔丁氏
罕塔拉	孟尔丁氏，分前后两屯，由阿拉哈沁徙居	萨哈锦	沃勒氏，系由江西西拉金移居，又名额依勒得屯
嘎布喀	涂克敦氏，并有精奇里氏杂居	大嘎布喀	又名章音屯，涂克敦氏
杨树屯	涂克敦氏	榛子街	涂克敦氏
小间房	又名穆尔滚奇，涂克敦氏	大间房	又名穆尔滚奇，涂克敦氏

①［民国］孟定恭：《布特哈志略·村落姓氏》。《辽海丛书》第四册，辽沈书社，1985年影印本，第2481–2482页。

续表

村 落	姓 氏	村 落	姓 氏
摆渡屯	又名白罗尔，系涂克敦氏		
讷漠尔河上游南岸各屯 （讷漠尔河自内兴安岭东南脉西南流入嫩江）			
温察拉	德都拉氏	德都拉	德都拉氏
都拉色	杜拉尔氏、萨玛西尔氏杂居	敏特格	倭热氏
讷漠尔河上游北岸各屯			
奈阳	又各阿彦，系温察拉氏移居，为德都拉氏	索勒格尔	杜拉勒氏
托密沁	杜拉尔氏、萨玛西尔氏杂居	两间房	德都拉氏、倭热氏杂居
洪霍尔济	郭贝尔氏	莽鼐	郭贝尔氏
霍赤	郭贝尔氏，并有索多尔氏杂居	莫力	前后两屯均为郭贝尔氏
倭都台	前后两屯均为郭贝尔氏	他本沁	郭贝尔氏
南营	东西两屯，东屯为鄂嫩氏，西屯为郭贝尔氏	哈里	郭贝尔氏
孔国伯尔科	郭贝尔氏	莽鼐伯尔科	郭贝尔氏
大伯尔科	郭贝尔氏	老莱河	又名乌尔西和屯，系郭贝尔氏
西布特哈 嫩江右岸甘河以西巴彦街屯起南至齐齐哈尔（即龙江县）界梅勒斯屯			
巴彦街	敖拉氏	萨玛街	敖拉氏
凯河	鄂嫩氏	宜斯坎	敖拉氏
胡日里	前中后三屯，均为鄂嫩氏，系以胡日里河得名，后改为和礼屯	宜斯尔	鄂嫩氏
登特科	敖拉Z氏	多西沁	前后两屯，均敖拉氏
尼尔吉	孟尔丁氏，布西县城设在此屯，即莫力达瓦旗署所在地	宜卧奇	前中后三屯，孟尔丁氏，西布特哈总管署在其后屯
阿彦沁	鄂嫩氏	果尼	前后两屯，均敖拉氏
会土墨尔丁	孟尔丁氏	大墨尔丁	孟尔丁氏
小墨尔丁	孟尔丁氏	西拉金	三屯，后屯为沃勒氏，中、前两屯为吴然氏
尔根沁	吴然氏	汉古河	东西两屯，均博拉木氏
坤都沁	吴力斯氏	萨玛街	吴然氏
桂勒图	前后两屯，均为屠克敦氏	沃勒奇	苏都里氏，由绰尔哈徙居

续表

村　落	姓　氏	村　落	姓　氏
绰尔哈	苏都里氏	梅勒斯	精奇里氏
西瓦尔土河上游胡日里河迄南各地 （西瓦尔土河自内兴安岭南脉西南流入努敏河，胡日里河在西瓦尔土河东北，自内兴安岭南脉东南流入嫩江）			
特莫呼珠	鄂嫩氏	雅普奇尼尔吉	由前尼尔吉徙居，系孟尔丁氏
库木西拉金	由前西拉金徙居，为吴然氏	大库木尔	由大墨尔丁徙居，系孟尔丁氏
小库木尔	由小墨尔丁徙居，系孟尔丁氏	西瓦尔土	后改为大瓦土，系孟尔丁氏
拉浅托尔苏	由江东拉力沁屯徙居，系敖拉氏	大孟庄	由大库木尔屯徙居，系孟尔丁氏
努敏河左岸各屯 （努敏河自兴安岭南脉东南流入嫩江）			
库如奇	原由宜卧奇徙居，系孟尔丁氏	索伦库如奇	杜拉勒氏
甘沁	屠克敦氏	章印沁	屠克敦氏
喀雅都尔本	敖拉氏	马尔丹沁	屠克敦氏
阿尔拉	敖拉氏	布坤沁	屠克敦氏
西必奇	敖拉氏	西瓦尔吉	后改为小瓦土，嗣后又改为兴隆堡
乌尔科	系苏都里氏，分前中后三屯	乌科莫丁	孟尔丁氏，系由大墨尔丁徙居
哈力沁	讷的姓，为前后两屯	博克图	库尔替氏
博克图莫丁	由大莫尔丁徙居，孟尔丁氏	毕台	东西两屯，均苏都里氏
博伦	沃勒氏		
努敏河右岸各屯			
杜克他尔	屠克敦氏	萨玛街	屠克敦氏
杜拉勒	杜拉勒氏	西路克奇	屠克敦氏
西路村	敖拉氏	五家子	屠克敦氏
呼初乌尔科	系由乌尔科屯移居，苏都里氏	胡尔土会	苏都里氏
查哈彦	苏都里氏	莫苦沁	敖拉氏
托索虎	由宜卧奇屯移居，孟尔丁氏	都尔本	敖拉氏
格尼河上游各屯 （格尼河自内兴安岭南脉东南流入努敏河）			

续表

村 落	姓 氏	村 落	姓 氏
得勒奇尔	屠克敦氏	冷伯尔格	纳克塔氏
纳克塔	纳克塔氏	依勒本得	屠克敦氏
隆拉口	克勒特西尔氏	牙尔赛	克勒特西尔氏
沃勒莫丁	敖拉氏		
阿伦河上游各屯 （阿伦河在格尼河西自内兴安岭南脉东南流入嫩江）			
查巴奇	屠克敦、杜拉尔氏杂居	翁布奇	屠克敦氏
哈拉苏	大卜土氏，系由雅鲁河东岸移居	巴彦托库	纳克塔氏
杜拉尔	杜拉尔、克音、卜尔、札西尔等氏杂居，系由雅鲁河移居	诺西特	哈卡尔氏、宜卜吉尔氏杂居，系由雅鲁河移居
依拉达	杜拉尔氏、屠克敦氏杂居	库尔奇	纳克塔氏
札尔呼奇	杜拉尔氏	索洛克奇	阿尔本昌氏、大布土氏杂居，系由雅鲁河移居
那吉	精奇里氏、纳克塔氏杂居	伦土库	阿尔本昌氏、杜拉尔氏杂居，系由雅鲁河移居
吉木伦	屠克敦氏	章他尔	纳克塔氏、杜拉尔氏杂居

上列各村屯总计128个，其中30个村屯为屠克敦、涂克敦氏、纳克塔氏、博拉木氏等鄂温克族所建，3个村屯是达斡尔族和鄂温克族混居村屯，其余95个村屯都是达斡尔族村屯，这些村屯由达斡尔族的鄂嫩氏、敖拉氏、孟尔丁氏、沃热氏、德都拉氏、杜拉尔氏（鄂温克族也有该哈拉，所以由杜拉尔氏建立的村屯是鄂温克村还是达斡尔族村有待进一步考证）、郭贝尔氏、索多尔氏、吴然氏、吴力斯氏、苏都里氏、精奇里氏、讷的氏、库尔替氏、克勒特西尔氏、大卜土氏、克音氏、卜尔氏、札西尔氏、哈卡尔氏、宜卜吉尔氏、阿尔本昌氏等建立。直至清朝末年，达斡尔族村屯依然由较为单一的哈拉构成。

每一个哈拉均有一个宗屯，由宗屯逐渐分化出若干子屯，子屯又分化出若干孙屯。如霍伊热格日就是由米勒特格尔屯吴力斯哈拉人建立的子屯。同一哈拉的各个子屯、孙屯都相邻分布，哈拉莫昆所建立的宗屯和子屯绝大多数是明确的，但是有些村屯的建立者以及宗屯和子屯的关系等问题出现了记载上的不同，如“齐齐哈尔系齐齐哈尔地区达斡尔族何斯尔[①]哈拉的宗屯，后在其氏族地盘上扩建了化木、哈拉、黄克台、东哈力、海格子等子屯，而后又建起了长岗子，马哈台、三达户、二沟、李三店、哈拉杜卡提、罗坤等孙屯。”[②]该引文中所述的村屯的宗子关系同其他文献不同，丁石庆认为化木村是由何斯尔哈拉建立的，是齐齐哈尔的子屯，而满都尔图则认为是由吴力斯哈拉建立的，是隋宫的子屯[③]。再如，全和台（全和太）村，有人认为是由卜古勒哈拉所建[④]，而有人则认为是沃热哈拉所建[⑤]。西尔金，也写作西拉金，《达斡尔族风俗志》认为是吴然哈拉所建，而《达斡尔族百科词典》认为是沃热哈拉所建。博荣，有人认为是沃热、吴然两个哈拉所建[⑥]，有人认为是由沃热哈拉所建[⑦]，有人认为是吴然哈拉所建，后有沃热哈拉加入[⑧]。由于年代久远、老人的离去、文献缺乏、村屯的变迁等原因，村屯建屯者、来源等歧义将永远成为疑团。

2. 村屯成为地缘组织和行政单位

迁徙到嫩江流域的达斡尔族哈拉的界限逐渐打破，两个或者两个以上哈拉同居一村的现象越来越普遍。“达斡尔人建屯总的特点是：从拉哈镇以下的嫩江流域各屯，由单一哈拉莫昆组成的较少，两个以上哈拉莫昆组成的较多。”[⑨]

除了嫩江流域而外，因清朝驻防的需要，在黑龙江省的爱辉、呼兰等地、在内蒙古自治区呼伦贝尔市、新疆维吾尔自治区的塔城、伊犁等地也建立了许多达斡尔族村屯，这些因驻防而形成的村落从一开始就是地缘组织。

---

① 又写作“鄂斯尔”。

② 丁石庆：《双语族群语言文化的调适与重构：达斡尔族个案研究》，中央民族大学出版社，2006年，第138-139页。

③ 满都尔图主编：《达斡尔族百科词典》，内蒙古文化出版社，2007年，第168页。

④ 满都尔图主编：《达斡尔族百科词典》，内蒙古文化出版社，2007年，第164页。

⑤ 巴图宝音：《达斡尔族风俗志》，中央民族学院出版社，1991年，第84页。

⑥ 巴图宝音：《达斡尔族风俗志》，中央民族学院出版社，1991年，第84页。

⑦ 齐齐哈尔市政协文史资料委员会、莫力达瓦达斡尔族自治旗文史资料委员会编：《达斡尔族村屯录》，政协齐齐哈尔市委文史资料委员会，1993年，第152页。

⑧ 满都尔图主编：《达斡尔族百科词典》，内蒙古文化出版社，2007年，第142页。

⑨ 巴图宝音：《达斡尔族风俗志》，中央民族学院出版社，1991年，第85页。

嫩江流域达斡尔族各个哈拉建立的村屯[①]

哈拉	村　屯
鄂嫩哈拉	霍恩阔（洪阔、洪河）、开阔、霍日里、博库尔浅、宜斯尔、博斯呼浅、都尔本浅、齐尔莫勒登、索伯尔汉（索博尔干）、朱家坎、特尔莫、耶斯依格日、挂尔巴达尔、长岗子、水哈拉、色特尔、嘎查、华尔达奇、宰格替、奇尔木尔楞（与郭布勒、杜拉尔、吴然等哈拉共建、额莫勒多布台、英老坟地、海格、花马台（华木台）、博尔齐、提古拉、特莫呼珠、开阔浅、阿音浅（阿彦浅）、达嘎沁、达哈浅（达嘎浅）、南营东、红火地房子、哈日努格、三家子、多热那音、开花浅、
敖勒（敖拉）哈拉	依斯坎（宜斯坎）、多金、哈列尔图、拉力浅、奎力浅、华日格浅、东多格浅、果尼、西多格浅、登特克（登特科）、都西根、库热浅、阿尔拉、拉格气、杜恩达阿纳格、莫勒克、莽格图（莽格吐）、玛格勒堤、塔格日、额尔门沁、哈拉台阿那格、音沁、库日库勒、拉力浅托尔苏、郭恩奎力浅、郭尼、多西浅、都希浅、华尔沁、哈雅都日本、西必奇、都西根、敖立格日、扎布刻格日（扎布哈）、雅尔塞、达呼店、三道罕、三间房、六间房、杜尔本格日”（四间房）、绰绰里（复兴村）、莫力克、布勒金、塔哈、河西屯、兰拜沁（北兴村）、西热提（长安村）、哈雅哈阿日（兴华村）、布尔金、多布台、木古拉尔特、舍肯屯（红旗村）、敖尼格日、巴音布拉尔（与莫日登哈拉共建）
莫尔登（莫日登、莫尔丁、孟尔丁）哈	博和图莫尔登、宜卧奇（西布奇）、舍卧尔、尼尔基、开塔拉、孟尔丁、阿尔哈昌、罕伯岱、库如勒奇（库如奇）、小库木尔、西瓦尔图、西格莫日登、大库木尔、乌尔科莫尔丁（乌尔科莫日登）、托苏呼孟尔丁（托苏呼莫日登）、会图孟尔丁（绘图莫丁、会图勒莫日登）、小孟尔丁、西倭尔托尔苏、坤必尔台、雅普奇、小孟尔丁、大孟尔丁、西倭尔托尔苏、坤必尔台、雅普奇、大孟庄、红火地房子、吉如木提（同郭布勒哈拉共建）、乌其肯莫日登、大门庄、沙乌尔提阿莫斯热
郭布勒（郭贝勒）哈拉	洪果尔津、满那、乌裕尔满那、奥都胡太、莫热、塔文浅、怪勒、哈力、博尔科、大博尔克（达博尔科）、满乃博尔克（满乃博尔科）、孔国博尔科、奇日敏台、霍洛尔丹提博尔科、昆果尔津、昂提、杜尔本沁、色力克、特尔莫、安塔哈（索都尔哈拉和郭布勒哈拉共建）、达巴岱（达百岱、达瓦第）、斡多胡台、那音、乌尔西格、阔奇、南营西屯、德热那音
苏都日（苏都尔）哈拉	乌木科、霍勒托辉、查哈阳、比台（毕台）、额依勒尔、绰尔嘎勒屯（楚尔嘎拉，位于梅里斯区奈门沁一带，早已消失）、嘎哈奇、甘南县的楚尔嘎拉、沃勒奇、呼珠乌尔科
金克日（金克尔、金奇里）哈拉	嘎布喀、梅斯勒（位于甘南县）、德日莫呼尔、岗恩（岗阿）、色力克、莫古尔（莫古如、莫霍尔）、卡列尔图（与杜拉尔等哈拉共建）、卡布奇勒（与杜拉尔、吴然等哈拉共建）、宜和德（与吴然、鄂嫩等哈拉共建）、梅斯勒（位于梅里斯区）、嘎树哈、得日莫古如、色特仍、洪河地房子、奇克奈（奇克芮）
讷迪哈拉	哈力浅屯
吴然哈拉	博荣、哈达阳（与敖拉、杜拉尔等哈拉共建）、达尔滨（与沃热、何音等哈拉等公建）、萨玛街、额尔根沁、库木尔西拉金（库木尔西尔金、新垦西尔金）

①本表依据以下四种文献制成：巴图宝音《达斡尔族风俗志》，中央民族学院出版社，1991年；满都尔图《达斡尔百科词典》，内蒙古文化出版社，2007年；齐齐哈尔市政协文史资料委员会、莫力达瓦达斡尔族自治区旗文史资料文员委员会编《达斡尔族村屯录》，政协齐齐哈尔市委文史资料委员会，1993年；丁石庆《双语族群语言文化的调适与重构》，中央民族大学出版社，2006年。

续表

哈拉	村　屯
沃热哈拉	东西拉金（东西尔金）、西西拉金（东西尔金）、达克浅、西达嘎沁、音沁、哈拉台阿那格、呼兰额日格、哈布奇勒、白音华日克、海拉斯泰、长春地房子、萨哈锦、敏特格、两间房、烧锅、哈热洪古如、小北屯、海雅、海格、哈日红格日、万仙红格日、双岗子
德都勒哈拉	温察尔（温察热）、阿彦、德都勒、音沁、两间房屯（又名杜拉斯尔特屯）、奇霍勒、萨音其克、乌斯肯、满都胡浅（德都勒、郭布勒哈拉共建）
索多尔（索都尔）哈拉	阔奇屯、葛根台、安塔哈屯
杜拉尔哈拉	杜拉色尔、索勒果尔、托密沁
博拉木哈拉	汗古尔河屯
乌力斯（吴力斯）哈拉	托木沁（托木浅）、米勒特格日（米勒特格尔）、霍依热格日（米勒特格日的子屯）、斡诺日图、随宫（隋宫）、化木、王家地房子、隋宫塔热格日、塔文浅、绰尔格勒、色力克、库莫、坤都沁、长岗子、李家地房子、王家地房子、霍迪日台（胜利村）、阿拉尔、敖宝（敖包）、文固达、维义阿拉热（哈拉亥军马场）、双海阿拉热、哈斯给阿拉热（哈什哈）、陈家阿拉热、岳明嘎阿拉热、东哈雅、东卧牛吐
托木（托莫、陶木）哈拉	萨恩达干、斡诺日图、音沁（音钦）、雅尔塞、岗子、李家地房、哈什台、哈尔博尔托、哈日布如托、小高粱屯
胡尔拉斯哈拉	哈拉、哈罗尔特（哈罗尔吐、喀拉尔图）、哈拉地房子、霍尔台、尼西坤
鄂斯尔哈拉	哈拉、齐齐哈尔（齐齐哈）、哈罗尔特、哈日、塔格日、哈拉地房子、额莫勒堤、霍尔台、西哈雅、东哈雅、莫克提（五间房）、绰克义格日、霍勒保洪古如、额木尔图、嘎尔卓布库奇、昂昂溪
鄂尔特（鄂勒特）哈拉	奈门沁、霍勒登该、奈门沁哈雅屯、西卧牛吐、哈仁浅、铁匠地房子、西勒哈屯
毕力杨哈拉	齐齐哈尔屯、西哈雅、东哈雅、绰克义格日
克音（何音）哈拉	西格巴尔奇哈（大八旗哈）、乌其肯巴尔奇哈（小八旗哈）、善宝屯（单宝屯）、海牙、西哈力
阿尔丹哈拉	拉格奇、莫古尔、哈柱、三间房、登科（达语“哈木吉格”）、小登科（达语“岗根”）、大哈洲、库木、托布坎洪古如（十五里屯）、东吉屯、扎拉给格日（与鄂斯尔哈拉共建）
卜古勒（卜克图、博古勒、卜古特、博格特）	惠特勒、全和太（全和台）、特力莫
哈拉不详	略

随着社会的发展，氏族的血缘纽带联系逐渐松弛，“氏族组织不知不觉地变为地域组织，因而才能够和国家适应。”① 清代达斡尔族被编入八旗，达斡尔族的三个扎兰与鄂温克族的五个阿巴构成了布特哈八旗，扎兰组织同哈拉、莫昆是对应的，达斡尔族以哈拉或者莫昆为单位整体加入八旗组织。民国时期，哈拉、莫昆依然有较大影响，民国政府利用哈拉达、莫昆达实行间接统治。中华人民共和国建立以后，先是成立了党领导下的村组织，1958 年人民公社化之后，成立了生产队，20 世纪 80 年代以后生产队被取消，恢复村组织建制。如今在达斡尔族村中，哈拉、莫昆两个社会组织形式已经消失，村两委即村中国共产党员支部委员会和村民自治委员会是唯一的社会组织。

但是在社会交往过程中，原来的氏族仍然是一个较为统一和具有凝聚力的社会团体，恩格斯在《家庭、私有制和国家的起源》说：“氏族在‘马克’公社中消失了，但在‘马克’内公社成员间原先的亲族关系的痕迹还是很显著的。”② 虽然人们还都知道哈拉与莫昆，但在人们心目中已不是组织的代名词，而是姓氏，何文录说：“哈拉莫昆现在也有，就是我们的姓啊。不是管理事务的组织，就是代表同姓。”

由达斡尔族建立的村屯在长期历史发展过程中发生了改变，有的地区更改了名称，有的地区则仍然沿用原屯名，有的地区仍然是达斡尔族地区，有些地区则没有了达斡尔族或者达斡尔族同其他民族混居。有人在 20 世纪 90 年代对齐齐哈尔市的 170 多个达斡尔建立的村屯进行统计，只有 30 个仍然称呼达斡尔村，而在这 30 个达斡尔村中，达斡尔族人口比例最多的村屯也只有 80%，最低的只有 16%，大部分村屯达斡尔族所占比例为 30% 左右。③

---

① 恩格斯：《家庭、私有制和国家的起源》，张仲实译，人民出版社（第 1 版），1954 年，第 146 页。

② 恩格斯：《家庭、私有制和国家的起源》，张仲实译，人民出版社（第 1 版），1954 年，第 146 页。

③ 齐齐哈尔市政协文史资料委员会、莫力达瓦达斡尔族自治旗文史资料委员会编：《达斡尔族村屯录》，政协齐齐哈尔市委文史资料委员会，1993 年，第 5 页。

三、家庭及家庭生活

家庭是个独立的经济单位、文化单位。达斡尔族早期家庭为大家庭，进入20世纪80年代以后，逐渐过渡到扩大式核心家庭和核心家庭。

1.家庭类型

家庭是达斡尔族最基本的社会单元，早年的达斡尔族实行大家族制，子女结婚之后不分家，仍然同父母以及兄弟居住在一起，每一个家庭的结构是父母、各个儿子分支，孙子分支，人数最多的人家会达到四世同堂，这种大家族达斡尔族称其为“鄂宝根”（ebogen），就是大伙都在一起的意思，也叫“百音格日”（bainger），即有钱有势的家庭。多永贵说：“那前儿不兴分家，挤得三四代人都搁一起过，尤其是过的好的，像那个大地主啦、上中农了，这样的家庭有那个规矩。”[①]“父母还活着的时候，弟兄几个分家的很少，即使有，也是个别的。”[②]只有房屋实在住不下了才会考虑分家。大家庭内由一个个小家庭组成，小家庭由夫妻和未婚的子女组成。19世纪末20世纪初，尼尔基村共有150户人家，其中120户每家人口都在20口以上，其中一家达29人，祖孙四代人。鄂嫩哈拉博库尔浅莫昆的一个大家庭规模更大，祖孙四代，近五十口人。[③]齐齐哈尔市梅里斯达斡尔族区雅尔塞镇哈拉新村的德新家就是一个大家庭，人口多，有20多口人，据德新回忆，直到抗日战争（德新称其为抗倭斗争）时依然五辈人居住在一起[④]。每一个家族由年长的长辈男子为家长，达斡尔族语称之为“鄂宝根达”（ebogenda）或者“贝功达”（begonda），他是一家之长，管理家族事务，组织生产，不过重大事情他不能自己独断，通常要找家人商量。对违背家规和族规的现象贝功达有处置权。贝功达年长体弱无力管理

---

① 调查对象：多永贵（1941年—）；调查地点：莽格吐村；调查时间：2019年2月18日。

② 内蒙古自治区编辑组：《达斡尔族社会历史调查》，内蒙古人民出版社，1985年，第216页。

③ 满都尔图：《略论达斡尔族的氏族制度》，《社会科学战线》1985年第2期。

④ 调查对象：德新（1936年—2020年）；调查地点：齐齐哈尔市梅里斯区；调查时间：2019年2月21日。

家庭事务时可以将权力交给自己的儿子。女人不能当家，除非丈夫去世，儿子尚幼，一旦儿子长大，就把权利交给儿子。大家族制一直保持到20世纪五六十年代，不过从清末民初开始，大家族就逐渐减少[①]，核心家庭逐渐占据多数。

2. 严格的家庭行为规范

达斡尔族家庭非常稳定，离异家庭极少，男女一旦结婚就是一辈子的事，即便挨打受骂，也要忍受。多玉华说："过去想离婚都离不成，板上钉钉的事情。"[②]安成林说："原先，想离婚，娘家都不干，丢人的事，嫁就嫁到死了，离婚不行，姑爷再不好也不能离婚，你不嫁给人家了吗？现在离婚也不多，反正也有，也有走的，也有离婚的，但是少，可少了。"[③]离婚被视为不光彩的事，多玉华说："谁家姑娘离婚，那就是家教不好。"[④]莫景海说："过去你离婚离得了吗？上哪离去？不让你离婚啊，你有什么条件离婚啊？离不了，不允许，那是伤风败俗。"[⑤]陶文山说，以前基本没有离婚的，离婚是被谴责的[⑥]。达斡尔族认为离婚不吉利，会倒霉运，过去如果离婚写婚书要去山林的榆树底下写。自从20世纪80年代以后，离婚率越来越高，尤其是从村外娶回媳妇的家庭离婚的更多，也存在私奔现象，德新说："现在离婚多，随便啊，动不动跑了。"[⑦]

家庭和睦，夫妻之间相互尊重，把打仗视为一件可耻的事。安成林说："我们都25岁结的婚，没打过仗，没啥打的，打啥啊？""咱们达族打仗的少，特别少，丢脸的事。原先老人在的时候，两口子干仗两方老人都不高兴，干什么仗？两人感

① 内蒙古自治区编辑组：《达斡尔族社会历史调查》，呼和浩特：内蒙古人民出版社，1985年，第216页。
② 调查对象：多玉华；调查地点：莽格吐村；调查时间：2017年10月6日。
③ 调查对象：安成林（1950年—）；调查地点：莽格吐村；调查时间：2017年10月6日。
④ 调查对象：多玉华；调查地点：莽格吐村；调查时间：2017年10月6日。
⑤ 调查对象：莫景海（1929年—）；调查地点：齐齐哈尔市富拉尔基区罕伯岱村；调查时间：2012年10月6日。
⑥ 调查对象：陶文山（1953年—）；调查地点：登科村；调查时间：2016年7月12日。
⑦ 调查对象：德新（1936年—2020年）；调查地点：齐齐哈尔市梅里斯区；调查时间：2019年2月21日。

情好了，互相能够包容，互相能够体谅啥事都解决了。如果都小心眼儿，抓住一个东西不放，那就完了。”①

对父母长辈讲究孝道，子女要对老人尽孝，敖来荣说：“以孝为主，因为老人不管咋样都是老人，你再有钱也好，你当大官也好，没有父母咱们是从哪来的，所以呢要孝顺父母。”② 老人说话必须听，不听就要挨打。达斡尔族在孝道方面堪称楷模，直到现在不养活父母的儿子非常少，安成林说：“不孝顺的少。原先说道太多了，你都发蒙。”③

达斡尔族是父权制社会，实行的是单系继嗣制，由男子一方继承世系，女人生下来后在父母一方没有名分，被视为外姓人，不具有写入族谱的权利。家庭的财产由儿子继承，女儿没有继承权。过继的儿子有继承权。如果没有儿子，也没有过继的儿子，则财产由男性的侄子们继承。在家中，女人处于从属的地位，服从丈夫，如果夫妻感情不和，爹妈也干涉不了，信奉嫁鸡随鸡嫁狗随狗的理念，活着是人家的人，死了是人家的鬼。娘家人将嫁出去的姑娘视为泼出去的水，莫景海说：“水泼出去以后还能收回来？那你收不回来了。姑娘嫁出去以后，你没权力管了。”④

家庭是“初级礼仪群体”，达斡尔族最重视家庭礼仪。老公公和儿媳妇之间、弟媳和大伯（bai）子（丈夫的哥哥）之间互相尊重，平时尽量回避，减少碰面机会，交流过程中非常严肃，过格的话不能说，尤其是大伯子和弟媳之间更要注意分寸，多永贵说：“大伯子和弟媳妇儿有正事可以说话，弟媳要尊敬大伯子，大伯子也要有哥哥样，粉话⑤ 不能说，下流话不能提。”⑥

家庭是一个独立的经济单位，家庭内的所有成员都是劳动者，共同劳动，共同

① 调查对象：安成林（1950 年—）；调查地点：莽格吐村；调查时间：2017 年 10 月 6 日。
② 调查对象：敖来荣（1959 年—）；调查地点：莽格吐村；调查时间：2017 年 10 月 6 日。
③ 调查对象：安成林（1950 年—）；调查地点：莽格吐村；调查时间：2017 年 10 月 6 日。
④ 调查对象：莫景海（1929 年—）；调查地点：齐齐哈尔市富拉尔基区罕伯岱村；调查时间：2012 年 10 月 6 日。
⑤ 粉话：东北方言，即与性有关的话。
⑥ 调查对象：多永贵（1941 年—）；调查地点：莽格吐村；调查时间：2019 年 2 月 18 日。

享受劳动成果，家庭内奉行的是男主外女主内的自然分工，操持家务如养育孩子、伺候老人、做衣服、做饭、收拾屋子以及前后园田的管理、饲养家畜家禽等劳动都由女人负责，而打猎、捕捞、放牧以及大田农耕生产则由男子负责。

家庭人口发展到一定程度必然分家。分家的时候就是分牲口和土地。但是在生产队的时候土地归集体所有，20 世纪 80 年代实行单干后，分家时才涉及分土地的问题。分家的时候要找个中间人主持，虽然形式上需要中间人，但是达斡尔人之间都很和气，一般不会为分家而争吵。老人通常要问问儿子是不是需要给盖栋房子。父母一般选择跟最小儿子过，一方面，父母偏爱小儿子，另一方面，父母对小儿子不放心。多永贵说："因为他立事晚，小的不立事，见识短，办事不放心，老人指导他，他能创造财富快一些，有这个亲身经历，告诉他，怎么能过好。"① 还有一个原因，达斡尔族由小儿子养老送终，多金方说："我们是老小子送终。老小子是老疙瘩。"② 也有的老人跟最后一个结婚的儿子过，何文录兄弟总计五人，最后父母同老四家一起生活，原因是老四结婚最晚。

现在达斡尔族家庭虽然规模变小了，但是其家庭类型仍然属于大家庭，只不过同原来的大家庭不同，通常是老年夫妇同其中的一个儿子一家生活在一起，居住在一起的家庭成员通常有三代。而结婚便分别独立生活的现象比例呈上升趋势。

3. 儿童的养育

孩子是家庭的希望，达斡尔族十分注重生育和养育。两性结合的基本目的就是繁育后代，如果久婚不育，对于夫妇双方压力都很大。在这种情况下通常会找人看看，算命先生给出的原因通常是，或者让碾砣压住了，或者是选择结婚的日子不对，或者冲着啥了，或者是老祖宗怪罪了。通常采用的辟邪方法是在家门口挂剑、镜子、红布等物件，多永贵说："不好养活的，就找人看，有挂镜子、红布或者剑，每个

① 调查对象：多永贵（1941 年—）；调查地点：莽格吐村；调查时间：2017 年 10 月 5 日。

② 调查对象：多金方（1955 年—）；调查地点：富裕县友谊乡登科村；调查时间：2016 年 7 月 11 日。

人说头不一样。”[①] 若是结婚十多年之后突然怀孕了，全家人会喜出望外，特别高兴，要举行特别庆祝活动。达斡尔族也有认干爹干娘的习俗，多数发生在孩子出生没有站住的家庭，再生孩子时就认干爹干妈，干爹干妈的条件是子女多。

过去重男轻女思想严重，以多生男孩为荣，在计划生育非常严格的时候，达斡尔族一对夫妇可以生三个孩子，许多家庭不生男儿不罢休，敖来荣 1983 年结婚之后生了三个女儿，最后在婆婆的劝说下，直到第四胎生了男孩才停止生育，敖来荣说：“俺们老太太说的，在农村吧，你没有个儿子不行。俺们就听老太太的了。”[②] 现在重男轻女观念开始淡化，多数家庭认为生男生女都一样。

孩子出生后，在大门上挂一块红布，或者放一根横木，横木上系着红布，红布象征着喜庆，横木代表着慎入，因为孕妇在坐月子期间禁止外人擅自进入产房，尤其是生人、戴钥匙的人，认为他们进产房，容易把奶带走。直到现在这一系红布的习俗仍然在一些家庭保留着，2017 年 10 月 1 日，当我们在莽格吐村做入户访谈时，一家门口绑着红布，当我们说明来意时，女主人拒绝，指着门上的红布说：“儿媳妇在坐月子。”凡是来看孩子的人都必须摘除钥匙，不能直接看孩子，而要隔着筛子看，尤其是第一胎，达斡尔族认为，第一胎孩子不好养活，怕看的人太多影响新生儿的成长，多永贵说：“有说头，一胎不好养活的，要隔着筛子看。我二弟比我小 9 岁，我看他就是隔着筛子

2017 年 10 月，莽格吐村的这个家庭刚刚有新生儿诞生，大门上系了一个红布条，表示禁止外人进入。我们的入户访谈也被女主人拒绝。

① 调查对象：多永贵（1941 年—）；调查地点：莽格吐村；调查时间：2015 年 7 月 20 日。
② 调查对象：敖来荣（1959 年—）；调查地点：莽格吐村；调查时间：2017 年 10 月 6 日。

悠车

摇车头部衬布上的吉祥图案

看的。不让直接看。个人[①]家里人也这么看。怕以后有弟弟妹妹不好养活。”[②]

摇车是达族新生命养育过程中的重要工具，每个达斡尔族孩子在会走路之前都是在摇篮上度过的，如果自家没有，则借用别人家的摇车，用完之后要在摇篮上压点米和糕点送回去，以表谢意。达斡尔族摇车子底部是一块块木板拼成，四周用摵成 U 字形的薄木板围成，头部翘起，头部和底板呈“V”字形，“V”字的内角大约 130 度。摇篮帮很矮，仅 10 厘米左右，底宽约 50 厘米。头部镂空，镂空处缝一衬布，衬布上绣有黑色卍字吉祥图案。摇篮头部悬挂很多兽骨、鱼骨头，摇动摇车时，兽骨发出有节奏的声响，有助孩子入眠，也有避邪的作用，多永贵说：“小孩睡不着就摇，有动静容易帮助他安静下来。”[③]不过随着使用时间的增多，挂饰有脱落现象，所以很多家庭的摇车挂件不全。摇篮的底部垫有内装荞麦皮的布口袋，后来桐油布代替了布口袋，桐油布的好处是有利于小便的处理，很多家庭还在摇篮的底部设计了一个淌尿的流水槽。摇篮的帮上钉有两根长皮条，这是用来捆绑孩子的，将孩子仰脸躺在摇车里，手脚、身子都用绳子捆好，如此，在摇动摇车的时候不会掉下来，手脚直直地捆好是为了确保孩子腿脚长得直溜。摇车底部拴着一条长长的绳子，这是用来拉拽摇车的。孩子所用的被子、褥子等必须是奶奶姥姥等有福的长辈来做，寓意是把奶奶姥姥的福气传给孩子。摇篮挂在房棚之下的一根横木上，

① 个人：东北话“自己”的意思。

② 调查对象：多永贵（1941 年—）；调查地点：莽格吐村；调查时间：2015 年 7 月 20 日。

③ 调查对象：多永贵（1941 年—）；调查地点：莽格吐村；调查时间：2019 年 2 月 18 日。

横木在炕沿之上，是特意搭建的，建房时就预设好了，将木杆穿在东墙和西墙之间。

摇篮育儿至今在达斡尔族中依然有人在使用，不过已经极其罕见了。2005 年

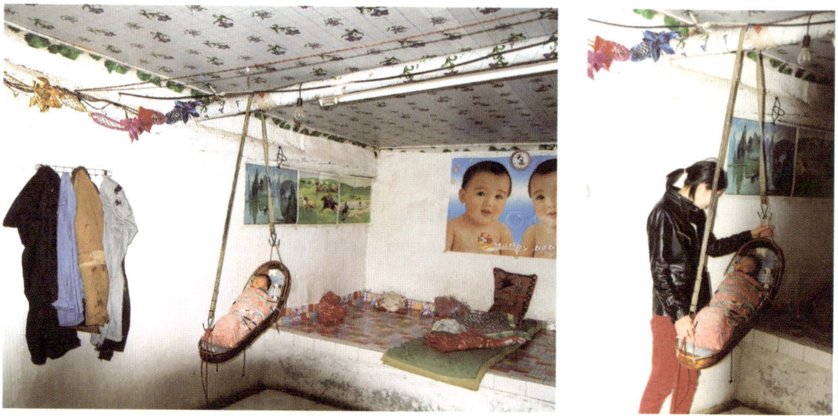

库如奇村敖庆家用摇篮养育儿童

10 月 5 日，莫力达瓦达斡尔族自治旗库如奇乡库如奇村，敖庆结婚一年之后喜得贵子，他家仍然住着传统的土草房，在住屋的中间横着一条和檩子一样粗细的杠子，上面悬挂着一个摇车子，年轻的母亲正在炕上哄孩子，孩子就在摇篮里，摇篮平放在炕上，孩子刚刚满月，按照当地的规矩，若是没满月，是禁止我这个外人登门拜访的。敖庆的爱人很配合，把孩子包在被里，用绳子捆好，然后放在摇车里，用摇车帮上的皮绳将孩子捆好，捆绳的方式是有规则的，捆好的绳子在孩子身上呈对称的菱形。然后将装有孩子的摇车挂在绳子上，给我演示了一下摇车子的挂的方法和使用的方法。2017 年 10 月 4 日在齐齐哈尔市梅里斯达斡尔族区莽格吐达斡尔族乡莽格吐村安艳红家，三个月的孩子被规整地捆绑在摇篮里，年轻的夫妇在炕上逗孩子玩，不过，室内没有挂摇篮的木杆了。作为一个民族文化的研究者，希望民族传统文化永远传承下去，但是从孩子成长的角度出发，还是希望放弃这种生活习惯，所以在 10 月 6 号笔者还是给安艳红打了电话，善意地提醒她给孩子松绑。

达斡尔族一般有两个名字，一个是官名，一个是小名。小名就是乳名，是出生之后父母给起的，小名有多种起法，有的以动物为名，德新说："我的一个亲属叫

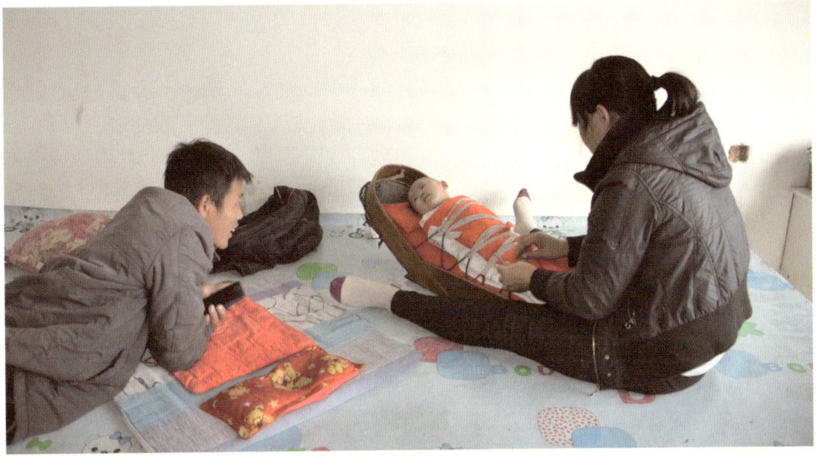

莽格吐村安艳红 2017 年依然使用传统的摇篮养育新生儿，但是已经不挂在空中悠了，室内也没有设置挂悠车的木杆。

‘古路格’，狗崽子的意思”①；有以石头取名，叫炒洛；有以树取名的叫纳日瑟（松树）；有以风景为名的；有的因相貌英俊而起与英俊相关的名字；有的是对小孩子的愿望，如布库（结实、健壮的意思）；有的就以儿女出生先后顺序为名，分别叫老大、老二、老三；有的名字可能没有任何意义，如德新的小名叫讽兰，具体是什么意思德新也不知道。这些名字多数是以贱物为名，德新说：“目的就是让他健健康康地活着。像狗一样养活，谁也不惯着他。”② 现在这一习俗在有些家庭依然存在，如梅里斯达斡尔族区的一个女教师就给自己的儿子起名为狗剩子，在朋友圈晒自己儿子的时候也称其为狗剩子。官名就是学名，请村里有名望的老人帮助起名字，上学之后也有请老师给起名字的。在请别人给起名字时一定要说好话，还要请吃饭，多永贵说：“小孩起名都是请老一辈起。老一辈有文化的、有权威的给起名字。”③ 现在随着户籍制度的要求，出生之后就起学名，孩子的名字大多都由父母取。

① 调查对象：德新（1936 年—2020 年）；调查地点：齐齐哈尔市梅里斯区；调查时间：2019 年 2 月 21 日。

② 调查对象：德新（1936 年—2020 年）；调查地点：齐齐哈尔市梅里斯区；调查时间：2019 年 2 月 21 日。

③ 调查对象：多永贵（1941 年—）；调查地点：莽格吐村；调查时间：2015 年 7 月 20 日。

四、亲属及其亲属称谓制度

亲属是社会关系中最为重要的关系，这是人作为感情动物而创造的社会群体，也是社会关系中最有凝聚力的社会群体。达斡尔族的亲属群体非常庞大，而且关系牢固，日常生活中非常注重亲属之情，亲属之间走动频繁，互帮互助。有着一套完整系统的亲属称谓系统，亲属称谓不仅仅是简单的称呼，也具有礼俗意义，是社会伦理观、道德观的集中反映。

1. 亲属的范畴和划分标准

任何社会都要把人群分为两部分，一部分是亲属，一部分是非亲属，如此分割人群的目的就是为了确定依赖对象。和任何民族一样，达斡尔族的亲属由两部分构成，一部分是血亲，一部分是姻亲，传统亲属均是建立在生物学意义上的，血亲是具有共同祖先、血缘一脉相承的亲属，达斡尔族属于父权制社会，所以其血亲以男性血脉为承续源流，并由此形成了直系和旁系之别，亲生的父母、祖父母、儿女、孙子女均是直系，而叔叔、伯父及其家庭成员是旁系。姻亲是因婚姻关系而形成的亲属群体，包括自己的血亲（包括直系和旁系血亲）的配偶，即子、女、兄、弟、姐、妹、伯、叔、舅、姑、姨等的配偶；配偶的血亲；配偶的血亲的配偶。由血亲和姻亲构成的亲属群体非常庞大，在此庞大系统中有近亲和远亲的区别，由此形成了达斡尔族社会的差序格局，以自己为中心向外辐射，如同石头击打水面一样，由近及远，亲属关系亲密度越来越弱。作为氏族制浓厚的达斡尔族来说，同一哈拉的人是最为亲近的人，而同一哈拉内的人又以同一莫昆的人最为亲近。受汉族文化影响，达斡尔族亦有五服观念，以五服观来区分亲属远近，同一莫昆的人以五服之内的人最为亲近，五服以内是近亲，五服以外是远亲。五服亲属不包含妻族和母族的亲属。同一哈拉、莫昆内具有完整的谱系关系，同一辈分的人名字犯同一个字，通过名字能够体现出辈分。

达斡尔族有拜把子习俗，两个男人处的关系好，就结拜为兄弟，多永贵说：“拜把子兄弟不是亲兄弟胜似亲兄弟。交的实，互相信任。”[1] 一旦家里有个大事小情，拜把子兄弟必须到场。如果父母去世，拜把子兄弟如同亲儿子一样要戴孝。不过现在这一习俗淡化。

达斡尔族非常重视亲属关系，两家坐在一起往往都论论亲属关系，对于居住在同一村子的人来说，通过间接关系，都能攀上亲戚。居住在同一村子，不管近亲还是远亲，辈分关系排列要求准确。

2. 亲属称谓

所谓称谓就是称呼，亲属称谓则是基于亲属之间的血缘、姻亲关系所确立起来的相互之间的称呼。达斡尔族的亲属称谓存在地域性差异，限于水平和调查的局限，不能全面反映，本著作中的达斡尔族亲属称谓采录自齐齐哈尔市梅里斯达斡尔族区莽格吐达斡尔族乡莽格吐村多永贵夫妇和富拉尔基区杜尔门沁达斡尔族乡罕伯岱村莫景海，以多永贵夫妇为主。

达斡尔族亲属称谓

父族 亲属称谓			母族 亲属称谓		妻族 亲属称谓	
高祖	utaaq utaaqne[2]					
曾祖父	xuwutaaq[3]；lao yeeye					
祖父	utaaq[4]；yeeye		外祖父	naajil yeeyee		
祖母	etegv；naini		外祖母	naajil taitie		

① 调查对象：多永贵（1941 年—）；调查地点：莽格吐村；调查时间：2017 年 10 月 5 日。

② 齐齐哈尔市富拉尔基区罕伯岱乡罕伯岱村莫景海说，高祖父达斡尔族称谓为 utaaq utaaqne，即爷爷的爷爷。

③ 多永贵说，曾祖父的称谓和汉族相同，称太爷。罕伯岱村莫景海说，曾祖父达斡尔族称谓为 xuwutaaq。

④ 多永贵说，祖父的称谓和汉族相同，称爷爷。罕伯岱村莫景海说，爷爷达斡尔族称谓为 utaaq。

续表

父族亲属称谓				母族亲属称谓			妻族亲属称谓	
父亲	aqaa 或 papa	伯父	xigaqaa	舅舅	母亲哥哥	euke	岳父	aqaa[1]
		叔叔	shuushu		母亲弟弟	nakqoo		
		姑姑（父姐）	naenewee	舅母	母亲嫂子	axkaa		
		姑姑（父妹）	iqigengugu 或 guugu		母亲弟媳	ber nakqoo		
		姑父（大）	nainaqaa					
		姑父（小）	guye					
公公	hademeqig							
母亲	meemee 或 ewe[2]	伯母	xigewee	姨姨	母亲姐姐	axkaa	岳母	meemee[3]
		婶母	umee		母亲妹妹	ugen nakqo		
				姨夫	母亲姐夫	euke		
					母亲妹夫	nakqoo 或姨夫		
婆婆	ewee 或 hadem ewee							
哥哥	akaa	堂兄弟	uyeelii agdoo	表哥	taar akaa		妻兄	akaa
				姨表间的互称	bulee agdoo（两姨兄弟）或 bulee taalaa 或 Buleelii（姨表亲关系）或 turtun bulee（亲两姨关系）			
嫂子	bergen			表嫂	Taar bergen		妻兄妻	axkaa bergen
弟弟	deu						妻弟	akqoo
弟媳	deu bere						妻弟妻	妹妹
姐姐	ekee						妻姐	ekee
姐夫	aoxie							
妹妹	ugendeu						妻妹	edeu

① 多永贵说，岳父达斡尔语为 aqaa，即父亲；罕伯岱村莫景海说，岳父达斡尔族语为 hademeqig。杨优臣和乌嫩库奇认为，齐齐哈尔地区称呼岳父均为 hademeqig。

② 杨优臣认为，齐齐哈尔地区称呼母亲都为 ewe。

③ 多永贵认为称呼岳母为 meemee。乌嫩库奇认为，齐齐哈尔一带均称岳母为 hadem ewe。

续表

父族亲属称谓				母族亲属称谓			妻族亲属称谓	
妹夫	deu hurgen							
儿子	kuke	侄子	jukuke					
		外甥	je kuke				妻侄	jukuke
儿媳	baile	侄媳	ju ber					
		外甥媳	ju ber					
女儿	ugen	侄女	ju ugen				妻侄女	juwugen
		外甥女婿	Je hurgen					
女婿	hurgen 或 kurgun	侄女婿	juihurgun					
		外甥女婿	Je hurgen					
孙子	omol							
孙子媳	omol bere							
重孙子	domol							
重孙媳	domol bere							
孙女	omol ugen							
孙女婿	omol hurgen 或 omol kurgun							
重孙女	domol ugen							
重孙女婿	domol hurgen							

除了表中所列的各种亲属称谓外，还有其他几种常见的亲属称谓：

亲家：huadaa

亲亲家、对头亲家：tursun huadaa

亲家母：huatug，别人界定亲家母之间关系叫 huatugeelii

连翘互称：bajaa。连翘、连襟关系 bajaalii

亲连翘：turtun bajie

叔伯连翘：uyeelii bajie

姑表姐妹间的连翘：taalaalii bajie

姨表姐妹丈夫之间互称：buleelii bajie

兄弟的妻子即妯娌间相互称呼：huayaalii

妯娌之间称大妯娌：bergen 或 xig huayieen

小妯娌：妹妹或 iqgen huayieen

亲兄弟的妻子间称：deubere

堂兄弟之妻间称：uyeelii 或者 uyeelii huayaalii

姑表兄弟之妻间称：taalaali 或者 taalaalii huayaalii

姨表兄弟之妻间称 buleli 或者 Buleelii huayaalii

达斡尔族的亲属称谓具有确指性，某一亲属称谓一定和某个具体的人或者同一亲属关系的人群对应，同一亲属关系称谓的人则以在该亲属称谓前面加排行 xig（老大）、huirter（老二）、guarter（老三）、durter（老四）、taawder（老五）相区分。

3. 亲属称谓型式及特点

亲属称谓制度是民族学的主要研究对象，自摩尔根开创亲属称谓研究先河之后，人类学家对亲属称谓的研究取得了丰硕的成果，其中默多克 1949 年出版的《社会结构》一书提出了亲属称谓六种型式，即夏威夷式（Hawaiian）、爱斯基摩式（Eskimo）、易洛魁式（Iquois）、克洛式（Crow）、奥马哈式（0maha）、苏丹式（Sudanese）[①]。将达斡尔族的亲属称谓系统同默多克六大型式进行比较，六大型式中找不到同达斡尔族亲属称谓系统完全相同的型式，“达斡尔族的亲属称谓制度似不可以简单地归入上述类型中的任何一种。”[②]总体而言，达斡尔族的亲属称谓同苏丹式相似。

摩尔根将亲属称谓分为叙述式和分类式两种，但是对达斡尔族亲属称谓系统而言则不能简单地划分类别，在达斡尔族的亲属称谓系统中既有叙述类，也有分类式，父族亲属称谓属于叙述式，每一辈分的称谓都是专指，甚至具有唯一性，界定非常严格，父族的伯父叫 xigaqaa，叔叔则借用汉族称谓 shuushu，称姑父谓 nainaqaa 或 guye。对母族亲属则实行分类式称谓，同一辈分同一性别的人称谓相同，舅舅、

① 芮逸夫主编：《云五社会科学大辞典·第十册·人类学》，台湾商务印书馆股份有限公司，1975 年，第 285 页。

② 丁石庆：《达斡尔族亲属称谓的文化透视》，《黑龙江民族丛刊》1998 年第 1 期。

达斡尔族亲属称谓型式

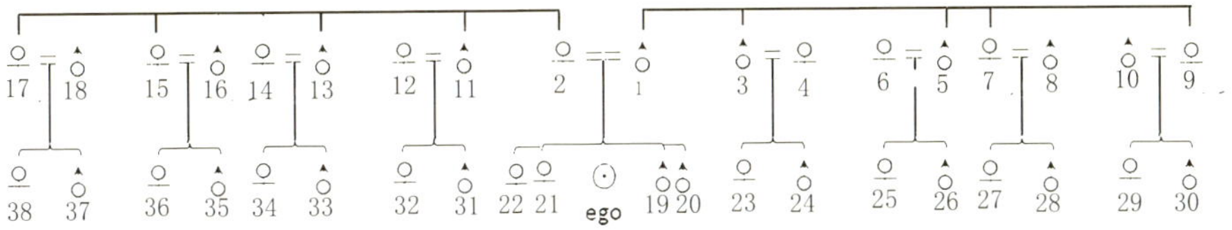

1. 父aqaa或papa；2. 母亲meemee；3. 伯父xigaqaa；4. 伯母xigewee；5. 叔叔shuushu；6. 婶母umee；7. 父之姐naenewee；8. 父之姐之夫nainaqaa；9. 父之妹iqigengugu或guugu；10. 父之妹之夫guye；11. 母之哥euke；12. 母之哥之媳axkaa；13. 母之弟nakqoo；14. 母之弟之媳bernakqoo；15. 母之姐axkaa；16. 母之姐之夫euke；17. 母之妹ugen nakqo；18. 母之妹之夫nakqoo或姨夫；19. 亲哥akaa；20. 亲弟deu；21. 亲姐ekee；22. 妹ugendeu；23-26. 堂亲uyeelii yaojieben；27-34. 姑表舅表亲taalaalii yaojieben；35-38. 姨表兄弟姐妹buleelii

姨夫称谓相同，姨姨、舅母称谓相同。

与自己同辈分的人有亲、疏、表之别。亲哥称 akaa，亲弟弟称 deu；堂兄弟之间称呼 uyeelii agdoo；表哥称 taar akaa，姑表兄弟妻子之间互称 taalaalii 或者 taalaalii huayaalii。在表亲中以姑表关系最重，姑表亲间的互相往来叫 taalaalii yaojieben，yaojieben 是互相往来的意思，合在一起就是姑表亲关系不能断的意思。

达斡尔族的亲属称谓因亲属中介差异而异。若中介为自己的父母，与父母年龄大小不同，称谓也不同。同为舅舅（舅妈）、姨姨（姨夫），因同母亲岁数大小不同而有不同的称谓，Ego 称呼比母亲岁数大的舅舅叫 euke，舅母叫 axkaa，姨姨叫 axkaa，姨夫叫 ouke；Ego 称呼比母亲岁数小的舅舅叫 nakqoo，舅母叫 ber nakqoo，姨姨叫 ugen nakqo，有的文献中将姨母不分大小统称为 ugen nakqo 是错误的。同为父亲的兄弟、姐妹，因他们同父亲岁数大小的不同而有不同的称谓，Ego 称呼伯父为 xigaqaa，伯母 xigewee；叔叔借用汉语 shuushu，婶母 umee；姑姑（父姐）naenewee，姑父（大）nainaqaa；姑姑（父妹）iqigengugu 或 guugu，姑父（小）guye。

达斡尔族亲属称谓有直接称谓（terms of address）和间接称谓（terms of reference）之别。直接称谓又叫面呼称谓，就是“我”（ego）对直接亲属人的称呼用语，间接称谓是第三者界定“另外两人”的亲属关系用语，“另外两人”既可能是“我”（ego）和他人，也可能是他（她）和他（她），或者我（ego）向其他人介绍和某亲属的关系时的关系用语。费孝通在《江村经济》一书中将汉族亲属称谓从语言处境角度分为四类：“（1）某人直接与亲属说话；（2）某人说话时间接提到亲属；（3）某人用通俗口语描述亲属关系；（4）用书面语表达亲属关系。”[①] 由于达斡尔族没有文字，所以达斡尔族没有第四种类型。费孝通所说的第一种称谓就是直接称谓，第二种和第三种称谓是间接称谓。父亲直接称谓为 aqaa，间接称谓 e qig；母亲直接称谓 meemee，间接称谓 eg，儿媳称呼婆婆为 ewee；伯父直接称谓为 xigaqaa，间接称谓 xigeqig；叔叔直接称谓借用汉语 shuushu，间接称谓 exike；哥哥直接称谓 akaa，间接称谓 akqin；弟弟直接称谓 deu，间接称谓 deuxin；姐姐直接称谓 ekee，间接称谓姐姐；舅母直接称谓或者 axkaa 或者 ber nakqoo，而妈妈的舅母则为 emgen axkaa[②]；岳父直接称谓 aqaa，间接称谓 hademaqaa 或 hademeqig；岳母直接称谓 meemee，间接称谓 hademewee 或 hadememee；妻兄直接称谓 akaa，间接称谓 hademakaa；妻兄妻直接称谓 axkaabergen，间接称谓为 hadembolgen，即娘家那头的嫂子；妻弟直接称谓 akqoo，间接称谓 noon bener；妻弟妻直接称谓妹妹，间接称谓 dou ber，即我的妻弟媳，而 hademdeubere 是娘家那头的弟媳[③]；妻姐直接称谓 ekee，间接称谓 aij ekee，而 hademekee 是娘家那头的姐姐[④]；妻妹直接称谓 edeu[⑤]，而 hademugendeu 是娘家那头的妹妹[⑥]；妻侄直接称谓 jukuke，而 hademjukuke 是妻子的侄子[⑦]。这一特点以前的调查者有所忽略，以致出现了将间接称谓混淆为直接称谓的现象。

达斡尔族借用汉语称谓较多。叔叔、姑姑、姑爷、小姨夫、妹妹等均借用汉语称谓。有些调查资料认为，达斡尔族没有爷爷、太爷、祖太爷的称谓，全部借用汉

① 费孝通：《江村经济》，北京联合出版公司，2018 年，第 243 页。

② 之所以在此处特别强调妈妈的舅母，是因为有的文献将妈妈的舅母错误释读为舅母。

③ 有的文献将 hademdeubere 释读为对妻子弟媳的称谓。

④ 有的文献将 hademekee 释读为对妻姐的称谓。

⑤ 乌嫩库奇认为妻妹是 ugun bener。

⑥ 有的文献将 hademugendeu 释读为对妻妹的称谓。

⑦ 有文献将 hademjukuke 释读为妻侄的称谓。

语，分别称为爷爷、老爷爷、太爷[①]，在莽格吐村确实如此，不过在罕伯岱村，莫景海认为，爷爷 utaaq、太爷 xuwutaaq、祖太爷 utaaq utaaqne。

4. 亲属称谓的礼俗功能

亲属称谓不是简单的称呼，其中包含着两个方面的行为规范，一是称谓规范，二是行为规范。亲属称谓在日常人际交往过程中占有重要地位，以亲属称谓称呼亲属是日常交往中必要的礼节，它是人和人交往的基本礼数，对社会和谐和稳定具有积极作用。

亲属称谓是关系代词，代表生物学上的血缘姻缘纽带联系。它不仅仅是人称指代，也表达着人类的多种情感和伦理思想，亲属称谓的第一个原则是严格区分行辈，不同辈分的人使用不同的亲属称谓，区分行辈的实质就是区分大小、长幼、尊卑，由此也便明确了尊位和卑位，明确了领导和被领导的关系。

称谓不仅仅是人和人之间关系的表征，而且也是人和人相处的规范和最起码的礼貌。亲属称谓是尊称，以亲属称谓相称是对对方的尊重，以亲属称谓称呼长辈是达斡尔族必须遵守的礼数，在日常交往中，人和人之间交往忌讳直呼其名，不管远亲还是近亲都要以亲属称谓相称，尤其对长辈更要如此，否则就被视为没有礼貌、没有教养，尤其近亲属之间要求更为严格，无论是面称和背称，都要用亲属称谓相称。

亲属称谓具有调节人和人之间关系的作用。达斡尔族有论亲戚排辈分的习惯，住在同一个村中的达斡尔族通过间接关系都能排上亲属，两家坐在一起往往都会论论亲属关系。称谓体现双方的关系的亲密和熟络程度，也能判断出在对方心中的地位。亲属称谓对于达斡尔族来说具有整合的作用，它联络起家族、亲族、村屯直至整个民族，确立了良好的社会关系、友好和谐的社会环境。

5. 亲属称谓与社会结构

社会结构是“社会要素之间相互联系和结合的方式，其本质内容是人与人之间的社会关系。社会结构是人们在社会实践和社会交往的基础上与过程中形成和发展

① 《达斡尔族社会历史调查》，内蒙古人民出版社，1985 年，第 220 页。

起来的。”[1] 每一个群体都呈现出一定的结构特征，达斡尔族亲属称谓制度是达斡尔族文化的有机组成部分，在结构上具有层次感，尽管所有亲属是统一的、一体的，是合作的对象，但是亦体现出二元对立的结构特征。而对立并不代表分裂，而是相互依存中寻找价值。

亲属称谓严格区分父系亲属、母系亲属、妻系亲属。父系堂亲称“uyeelii yaojieben”，属于宗亲，其称谓都是确指，以自己为中心，上溯四代、下续四代的亲属称谓都是明确的，父系近亲因辈分亲疏与远近不同而各有不同的称呼，如从兄弟或从姐妹、再从兄弟或再从姐妹、三从兄弟或三从姐妹、四从兄弟或四从姐妹都有不同的称谓[2]。而母族、妻族亲属称谓则为概指，同一辈分、同一性别的人，称谓多相同，如称母之兄（舅）、母之姐之夫（姨夫）都是 euke，母之弟（舅舅）、母之妹之夫（姨夫）都是 nakqoo，母之姐（姨姨）、母之兄之妻（舅母）都称 axkaa。小姨（比母亲岁数小）与小舅母（舅舅比母亲岁数小）的称谓则是不同的称谓，小姨称 ugen nakqo，小舅母称 ber nakqoo。

亲属称谓确立了亲属的亲等。亲属称谓具有辨亲属远近的功能，一方面，亲属称谓体现的是二者的亲密关系，能以亲属称谓相称则表明二者关系近。同时亲属之内也有远近之别，亲属称谓则能比较完整而准确地反映亲属关系的密切程度。在父系宗亲中，核心家庭中的称谓都是特指，父亲（aqaa）、母亲（meemee）、哥哥（akaa）、弟弟（deu）、姐姐（ekee）、妹妹（ugendeu）都有专有的称谓。直系嫡亲长辈和晚辈称谓明确，每一个称谓都对应相应辈分的人，长辈依次而上是父亲（aqaa）、祖父（yeye）、曾祖父（xuwutaaq），晚辈依次而下为儿子（kuke）、孙子（omol）、重孙子（domol）。亲属中的第二个层级是堂亲，堂亲称为 uyeelii yaojieben，意思是近亲，是不能断的亲属，叔伯哥们即堂兄弟之间称为uyeelii agdoo，即最亲近的哥们，仅次于亲哥们（tursun agdoo）。伯父（xigaqaa）

[1] 徐光春主编：《马克思主义大辞典》，崇文书局，2018 年，第 57 页。
[2] 丁石庆：《达斡尔族亲属称谓的文化透视》，《黑龙江民族丛刊》1998 年第 1 期。

的亲属称谓同父亲的称谓相同，只不过在父亲称谓之前加老大（xig），叔叔的称谓借用汉语 shuushu。达斡尔族按照五服的概念区分亲疏远近，而五服到底包括哪几代人，达斡尔族说法不一，有人认为，五服包括上三辈下三辈，也有人说包括上两辈下三辈。根据亲属称谓，达斡尔族的上四辈和下四辈都有明确的亲属称谓，高祖没有专门的称谓，而是一个复合词，称 utaaq utaaqne，即爷爷的爷爷，由此可以断定其五服应该包含上四辈和下四辈共计九代人。

在达斡尔族的称谓体系中严格区分亲(tursun)、叔伯(uyeelii)、姑表(taalaalii)、姨表(buleelii),即便同为外姓人的连翘也分亲连翘(tursun bajie)、叔伯连翘(uyeelii bajie)、姑表连翘（taalaalii bajie）、姨表连翘（buleelii bajie）。表亲中以姑表亲为重，姑表亲叫 tursun taar，即亲表亲，也叫 taalaalii yaojieben，taalaalii 是表亲，yaojieben 是互相来往，不能断的意思。姨表亲则会逐渐弱化，多永贵说："两姨亲隔个一两代就不走动了，差了。"①

亲属称谓确立了社会地位的层级管理机制。达斡尔族的亲属称谓的层级管理机制分为三个层次：第一层级是辈分，不同的辈分亲属称谓不同，如果是长辈，不管岁数大小，自然地位高于晚辈。第二层级是长幼。达斡尔族亲属称谓系统对大小的区分非常严格，同辈之间依据排行即年龄区分大小，老大 xig、老二 huiter、老三 guarter、老四 durter、老五 taawder。同一辈分的人因为年长、年少的不同而有不同的称谓，同一辈分的人由于被称呼者与中间亲属岁数大小的不同而有不同的称谓，如虽同为父亲的兄弟，称呼父之兄 xigaqaa，称呼父之弟为 shuushu；虽同为母亲的亲兄弟、亲姐妹，称母之兄 euke，称母之弟则为 nakqe，称呼母之姐为 axkaa，称呼母之妹为 ugen nakqo。第三层次是性别。在达斡尔族的亲属称谓中没有男女通用的称谓，从称谓上一定能体现出男女。男子处于尊位，女子处于卑位。以上三个层级的地位都是"先赋地位"，长辈和晚辈、长和幼、男和女就是上、下层的关系。亲等差异管理机制在日常生活中有具体的表象，如过年拜年、敬烟敬酒

① 调查对象：多永贵；调查地点：莽格吐村；调查时间：2017 年 10 月 5 日。

有先有后，依照辈分由大辈到小辈依次而行，如果是同一辈分的人，则先敬男，后敬女，先敬岁数大的，后敬岁数小的。尊位和卑位还是领导和被领导的关系，卑位必须无条件听从尊位，按照尊位的指令行事。

亲属称谓划分了婚配对象的范围，列维斯特劳斯的结构主义认为，亲属称谓把人群分成两部分，一部分人是可结婚的，一部分人是不可与之结婚的[①]。语言学家吕叔湘也认为，从亲属称谓可以看到古代婚姻制度[②]。亲属称谓不仅仅明示了二者的亲属关系，也限定了婚配对象的范围，可结婚的和不可结婚的非常明确。达斡尔族亲属称谓系统中，婚配对象的选择遵循两个基本原则，第一个原则是同一哈拉、莫昆的人不能婚配，所以堂亲不能作为婚配对象，表亲若属于同一哈拉莫昆也禁止婚配。同哈拉、莫昆内人通婚和性行为被视为乱伦，社会对乱伦有憎恶感、歧视感。第二个原则是凡是长辈和晚辈称谓的群体都是不能作为婚配对象的，婚配对象只能选择平辈分的人。现代这种禁忌逐渐打破，但是在日常生活中仍然尽量避免，郭景林说："大人如果知道会告诉：最好别处，差辈不行，忌讳这些事，你们是俩辈，你说原先叫爷爷现在叫大哥，那成什么话？"[③]

达斡尔族的亲属称谓作用是明确人伦际序，是达斡尔族家庭伦理和社会伦理的具体体现和表征，也是达斡尔族家庭制度、婚姻制度、继嗣制度等社会制度的结晶和体现，具有巩固维护家族、亲属共同体以致民族共同体的作用。

---

①［法］弗朗索瓦·多斯（Francois Dosse）：《从结构到解构：法国20世纪思想主潮》上卷。中央编译出版社，2004年，第27-28页。

② 吕叔湘：《语言和语言研究》，《百科知识》1987年第7期。

③ 调查对象：郭景林（1967年—）；调查地点：罕伯岱村；调查时间：2020年6月23日。

第三章 农耕生产及技术

物质生产又称生计方式，既是人类生存和发展的基础，也决定一个民族的文化特色。达斡尔族自古就从事着多种生计方式，史载，达斡尔族“朝为农而暮为猎，今日为匠而明朝为渔，及善养畜类，能驯劣马。”[①] 由此可以看出，达斡尔族的生计方式具有多样性的特点。而在多种经济方式中，农业占有突出重要的地位，如果按照经济类型给民族定性的话，达斡尔族是典型的农耕民族。达斡尔族是嫩江平原的最早耕种者之一，“1658 年黑龙江北岸迁来的达斡尔人，为本县（即龙江县）最初耕作者。”[②] 达斡尔族为嫩江流域农业开发和发展做出了贡献。

一、农耕生产的历史

达斡尔族从事农耕生产的历史能够追溯到辽代，纵观其农业发展历史，达斡尔族农耕生产呈递进式发展态势，下面仅根据生产力水平以及农作物的种植情况，粗线条地勾勒达斡尔族农业发展脉络。

1. 契丹人的农业

达斡尔族先祖契丹人在宋辽时期就有了农业，这一时期的契丹人物质生产虽然

① 孟志东编著：《校勘注释中国达斡尔族古籍汇要》，内蒙古文化出版社出版，2007 年，第 580 页。

② 中东铁路局商业部：《黑龙江》，商务印书馆，1931 年，第 598 页。

以牧业为主，但是农业也有一定发展，这和契丹统治者的支持是分不开的，“相地利以教民耕”[①]“令民耕种”[②]“教民种桑麻”[③]是辽朝统治者的经济发展政策，他们对农耕生产实行保护政策，“禁部从伐民桑梓”“诏诸军官毋非时畋猎妨农”[④]，对开垦荒地者给予免税等鼓励政策，“诏燕乐、密云县荒地许民耕种，免赋十年”“募民耕滦州荒地，免其租赋十年”[⑤]。在辽朝的刺激下，契丹人“喜稼穑，善畜牧”[⑥]，农业有了很大发展，文献中出现了以下的记载：“占据湟河沃壤，始置城邑，为树艺，桑麻，组织之教”[⑦]，“自过古北口（今北京密云东北），即蕃境。居人草庵板屋，亦务耕种，但无桑拓，所种皆从垄上，盖虞吹沙所壅”[⑧]。契丹族所种的作物有水稻、麦类、蔬菜、瓜类、麻类、栗子等。

但总体而言，辽朝契丹人的农耕生产存在两大不足，一是农业发展不平衡，靠近中原汉族地区发展水平较高，一方面有向中原汉族学习农耕生产技术的便利条件，另一方面，这里土地相对较为肥沃，宜于耕作，“地沃宜耕植，水草便畜牧”[⑨]，二是农耕技术较为粗放。从契丹所种的作物看，后来的达斡尔族农业似乎和契丹人的农业鲜有继承关系。

2.17 世纪中叶以前的农业

辽朝灭亡以后，一部分契丹人迁徙到黑龙江以北，到黑龙江以北以后，他们主要分布在黑龙江上中游及其支流精奇里江（结雅河）、鄂嫩河、额苏里河、乌里苏河、鄂勒特河、牛满河以及阿勒丹河流域，在这一广阔的地域内，达斡尔族发展农业，

①［元］脱脱：《辽史》卷 59，《食货志》上，中华书局，1974 年，第 923 页。

②［元］脱脱：《辽史》卷 13，《圣宗纪》四，中华书局，1974 年，第 149 页。

③［元］脱脱：《辽史》卷 2，《太祖纪》下。中华书局，1974 年，第 24 页。

④［元］脱脱：《辽史》卷 13，《圣宗纪》四。中华书局，1974 年，第 148 页。

⑤［元］脱脱：《辽史》卷 13，《圣宗纪》四。中华书局，1974 年，第 149 页。

⑥［元］脱脱：《辽史》卷 59，《食货志》上。中华书局，1974 年，第 923 页。

⑦［元］脱脱：《辽史》卷 56，《仪卫志》二。中华书局，1974 年，第 905 页。

⑧［宋］叶隆礼：《契丹国志》卷 24，《王沂公行程录》。上海古籍出版社，1985 年，第 231–232 页。

⑨［元］脱脱：《辽史》卷 37，《地理志》一。中华书局，1974 年，第 440 页。

虽然农耕生产的起始时间和成因不得而知，但到17世纪中外文献中已经明确记载，他们的农耕生产已经很发达，对达斡尔族农业有较为详细记载的是沙俄侵略者，17世纪初沙皇俄国把侵略魔爪伸到黑龙江流域时发现这里的达斡尔族“村落四周是种满大麦、燕麦、糜子、荞麦、豌豆的田地。他们的菜园作物有大豆、蒜、罂粟、香瓜、西瓜、黄瓜；果类有苹果、梨、胡桃。他们会用大麻榨油。”[①] 可见当时达斡尔族的农作物种类非常多。沙俄在达斡尔族村屯中找到了达斡尔族藏在地窖里的“十分丰富”的粮食，这些粮食足够沙俄侵略者“吃两到三年”[②]，以此看出达斡尔族农业水平很高，沙俄侵略者也把达斡尔族定性为“耕地的人”[③]，《苏联通史》说：“阿穆尔河沿岸住的是达呼尔人及与其同族的部落。十七世纪时，达呼尔人就已经有高度发展的文化。他们定居在乡村里，从事农业，种植五谷，栽培各种蔬菜和果树。”[④]

3. 清朝时期嫩江流域的农业

17世纪中叶以后达斡尔族迁徙到嫩江及各支流，这一地区土地肥沃，借助于“地域平坦广阔，宜于垦殖耕种”[⑤] 的有利的自然环境达斡尔族发展农耕生产。嫩江流域地广人稀，可耕荒地非常多，这是达斡尔族农业发展的自然基础。清朝政府非常重视达斡尔族农业的发展，提供八旗公田给达斡尔族官兵种植，在雍正年间遣布特哈达斡尔等族前往呼伦贝尔草原，乾隆二十八年（1763年）遣往新疆伊犁戍边，同治十一年（1872年）迁徙到塔尔巴哈台（塔城），清朝为戍边的达斡尔等族提供农具和耕畜，发展农业。19世纪初清朝为了刺激达斡尔族农业，为贫困达斡尔

①［苏联］C·B·马赫鲁申：《哥萨克在黑龙江上》，郝建恒、高文凤译，商务印书馆，1975年，第5页。

②［苏联］C·B·马赫鲁申：《哥萨克在黑龙江上》，郝建恒、高文凤译，商务印书馆，1975年，第101页。

③［苏联］C·B·马赫鲁申：《哥萨克在黑龙江上》，郝建恒、高文凤译，商务印书馆，1975年，第5页。

④［苏联］安·米·潘克拉托夫主编：《苏联通史》（第一卷），山东大学翻译组译，三联书店，1978年，第429页。

⑤［民国］孟定恭：《布特哈志略·村落姓氏》。《辽海丛书》第四册，辽沈书社，1985年影印本，第2483页。

族提供贷款购买耕畜。清朝的举措极大地推动了达斡尔族农业的发展。

由于嫩江流域处于高纬度地区，无霜期短，也由于耕作方式较为粗放，所以农作物都是早熟作物，种植荞麦、谷子、稷子、燕麦和黑豆等。稷子、荞麦、燕麦、黄豆的成熟期都在两个月之内，只有谷子的成熟期长，100天左右。虽然也种植苞米，但是大田里不种植苞米，主要在宅旁的园田地里种植，吃法为啃青，即吃不成熟的玉米。燕麦是主要农作物，除了作为人的口粮外，也是重要的马饲料。修建中东铁路时由于俄国人对燕麦需求量大，从而刺激了达斡尔族对燕麦的种植，“随着销路的扩大，燕麦的播种面积逐年增加，种地多的户，燕麦播种面积约占全部耕地面积的30%左右。”① 各种庄稼已经应用换茬轮作技术，新开垦的耕地耕作的顺序为稷子→荞麦→谷子→各种作物均可。

农具主要为抬犁、耙、点籽葫芦、锄头、连枷、木磙子、石磙子、木臼、石臼、木锨、木叉、铁叉、镐头、二齿子、碾子等。各种农具都较为粗笨，如锄头类似镐头，铲地类似刨地。抬犁的拉拽役畜为牛。

4. 民国年间嫩江流域的农业

民国时期农作物品种多了起来，民国二十年（1931）出版的《布特哈志略》记载：达斡尔族所种植的农作物有“小麦、苓当麦、荞麦、大豆、小豆、马铃薯、白菜、萝葡、胡萝葡、葱、茄子、稷、粟、黍、玉蜀黍、大麻、檾麻、烟叶、黄瓜、香瓜、西瓜等类。”② 由此可见在民国时期后来达斡尔族所种植的农作物基本上都有了。黑豆只能用作牲畜饲料或者做酱，最初种植很少，最后放弃了种植。而黄豆由于价格高、市场需求量大而开始大量种植起来。由于汉族玉米磨米磨面技术的引进，达斡尔族开始在大田中种植玉米。生产工具出现了卧犁、　耙、拉子、石磨，卧犁较之抬犁有很大进步，卧犁蹚地深浅均匀。这些变化都和大批汉族移民与此有关，中华民国“查勘该处为可以垦殖，除蒙旗村落附近划留旗户生计地外，余均谓之浮闲

① 内蒙古自治区编辑组：《达斡尔族社会历史调查》，内蒙古人民出版社，1985年，第84页。

②［民国］孟定恭：《布特哈志略·村落姓氏》。《辽海丛书》第四册，辽沈书社，1985年影印本，第2483页。

荒地，悉收价出放，招来垦户。于是内地汉民纷纷来居，人烟辐辏”①，移民垦荒政策带来的结果是汉族大量涌入，他们的到来对达斡尔族的促动和影响很大，不仅农作物有所增加，而且生产工具和生产力水平也有了很大的提高，各种农具较之清代制作精良，还有一个由汉族移植而带来的显著变化就是达斡尔族对土地的重视。

达斡尔族刚来嫩江平原之初，这里地广人稀，土地私有化程度不高，土地随便开垦，谁开垦的土地归谁所有。地多人少，有足够土地可供游耕，达斡尔族实行粗放的园艺式农业，在小块的土地上进行耕作，地力消耗殆尽之后就抛荒，若干年之后再恢复耕作，不过，抛荒的土地别人耕作亦可，但一般在耕种之前要征求原主人的意见。最初达斡尔族实行近牧远耕，在村屯附近放牧，耕地距离村屯很远。远耕近牧的好处在于能够避免牲畜破坏庄稼地。而 1914 年随着移民招垦所带来的汉族大量涌入嫩江流域，村屯增多，土地变得紧张起来，达斡尔族的耕地不得不收缩到村屯附近，原来的园艺农业不得不停止，因为没有那么多的土地可以游耕，促使达斡尔族农业向集约化发展。

日伪殖民统治时期达斡尔族农作物品种有所增加，除了原来种植的晚田作物而外，黄豆、玉米、高粱、谷子种植的规模扩大，因为黄豆、高粱、谷子是上交给日伪政权的“出荷”粮食，因此种植较多。糜子、苏子、胡麻、土豆也开始种植。生产工具出现了圆犁，卧犁开始普遍使用，较之抬犁，圆犁、卧犁的使用是农耕生产的一大进步。马被广泛用作役畜，牛在耕作中的地位下降。这一时期更加注重田间管理，施肥、铲地、蹚地等农业技术应用更加普遍，农业集约化程度有了显著提高。

5. 中华人民共和国成立后的农耕生产

中华人民共和国成立以后，达斡尔族农业有了突飞猛进的发展，不仅农作物品种多有增加，而且农耕工具和耕作技术在继承前代的基础上有很大进步。

截止到 20 世纪 70 年代末，达斡尔族使用的基本农具有开荒犁地工具犁、 耙、

---

①［民国］孟定恭：《布特哈志略·村落姓氏》。《辽海丛书》第四册，辽沈书社，1985 年影印本，第 2482 页。

耥耙、耢子，播种工具点葫芦、滤粪筐，压地工具木磙子、拉子，田间管理工具蹚犁、锄头，收割工具镰刀、芟刀，打场工具石磙子、木叉、木锨、木耙、扇车子、垛叉，磨米工具石磨、筛子、笸箩、簸箕、碾子等。这些从民国年间传承下来的工具一直在延续使用。

同时，先进的机械化设备传入并使用，20 世纪 50 年代引进使用了双轮一铧犁、双轮双铧犁、十行圆盘播种机、圆盘耙、钉齿耙、V 型镇压器、综合号铲蹚机、水田犁、摇臂式收割机等。20 世纪 70 年代开始使用拖拉机。

1983 年包产到户以后的很长一段时期内，大片耕地分割为小块耕地，机械化程度一度减弱，以家庭为生产单位的农耕生产依然使用最为传统的工具。不过随着经济的发展，集约化、机械化程度越来越高，以致到现代，传统的生产工具已经基本看不到了。

实行联产承包责任制以后，那些产量低、经济效益差的荞麦、稷子便没人种植了，据多金方说："稷子一垧地产值在两千斤左右。"① 何文录说："稷子米、荞麦，单干以后就没有了。"② 这些作物目前仅在个别达斡尔族地区有零星种植，如在卧牛吐乡达斡尔族地区仍然有种植荞麦的。小麦在单干后也没人种植了。目前在黑龙江省的各个达斡尔族地区作为比较单一，大田作物主要是玉米，玉米虽然价格没有稷子等低产作物高，但是产量大。莫力达瓦达斡尔族自治旗的达斡尔族种植黄豆较为普遍，2005 年在莫力达瓦达斡尔族自治旗调查发现这里普遍种植黄豆，调查的时间为金秋十月，每家的院子里都垛着很多的黄豆垛，还有许多人在院子中为黄豆脱粒。黄豆生长期短，很利于无霜期短的大兴安岭地区生长，更为重要的是黄豆的经济价值高，库如奇乡库如奇村杜金彪说，他家种了两垧多黄豆，毛收入能够达到

① 调查对象：多金方（1955 年—）；调查地点：富裕县友谊乡登科村；调查时间：2016 年 7 月 11 日。

② 调查对象：何文录（1945 年—）；调查地点：莽格吐村；调查时间：2015 年 7 月 21 日。

3 万元①。

随着相关农作物的消失，由此也带来了达斡尔族农耕文化的改变，与传统作物相关的农耕工具和技术消失，传统农耕程序如选种、沤肥等生产环节没有了，种子、肥料都从市场上购买，与传统农耕相关的文化也随之变成了人们的记忆。

二、主要农作物及农耕时间表

1. 几种传统农作物

达斡尔族的农耕生产包括两部分，一部分是大田耕作，大田是村外成片的农田，一部分是房前屋后的园田耕作，由此也出现了大田作物和园田作物。大田作物和园田作物虽然并没有泾渭分明的界限，但是依然有一定区别，有些作物如荞麦、稷子、谷子、燕麦、小麦、稷子、谷子、大麻、䔧麻、胡麻等作物则始终是大田作物。有些作物如白豆角、窝瓜、白菜、茄子、青椒、萝卜、黄烟、苞米、土豆、大豆以及烟叶、麻等则是园田作物，满足日常的蔬菜需求。而大豆、小豆、苏子、玉米等作物则既可以大田种植也可以园田种植。玉米早年属于园田作物，民国年间向汉族学会磨米磨面之后，开始在大田中种植。

荞麦、稷子、大麦、燕麦在达斡尔族农耕生产中一直占有重要地位，从达斡尔族从事农业之初，就是达斡尔族为数不多的几种农作物，20 世纪 80 年代包产到户以后因为产量低才停止种植。稷子有两种，一种是黑稷子，一种是红稷子，黑稷子产量比红稷子低，黑稷子比红稷子成熟期长，从口味上来讲，达斡尔族更喜欢吃红稷子，红稷子米味道好。燕麦，又叫穬麦、铃当麦，是大麦的一种，西清在《黑龙江外记》中记载："铃铛麦，穬麦也，墨尔根、黑龙江以秣马，亦配谷、 贮仓，然不经久，易霉烂。"②方式济在《龙沙纪略》中记载："穬麦，麸厚而粗，即燕

① 调查对象：杜金彪，地点，莫力达瓦达斡尔族自治旗库如奇乡库如其村；访谈时间：2005 年 10 月 5 日。

② [清] 西清：《黑龙江外记》8 卷，《中国边疆研究文库初编 · 东北边疆卷十 · 吉林外记 黑龙江外记》，黑龙江教育出版社，2014 年，第 249 页。

麦也，其实下垂如铃，又名铃当麦。”[①] 这些早熟作物由于成活率高、生长期短而受青睐。稷子、荞麦、大麦、燕麦对土壤肥力要求不高，新开垦的荒地、地力很差的土地都能生长，而且种植和管理都较为简单，不费力气，吴凤亭说“稷子、荞麦虽然产量低，但是存活率高，好伺候，在新开荒地上就能种植，一般三伏天的时候开始种，入冬前就能收上来。”[②] 有两种情况必须种植这些早熟作物，一是其他农作物过了农时，来不及种植了；二是出现水灾、旱灾、虫灾等自然灾害。每有这两种现象发生时，达斡尔族就利用成熟期短的荞麦、大麦、稷子等作物加以补种。多金方说：“啥也不收了，或者种五谷不赶趟了，这时候就种稷子。”[③] 多永贵说：“种其他庄稼不赶趟了，或者毁地[④] 了，就种那玩意儿。”[⑤]

荞麦的种植方法很简单，往地里撒种子，然后用犁趟，再趟回来就扣上垄了，即二犁扣。种植稷子有两种方法，第一种是漫撒子，“熟练的人走一趟能撒十垄，而且撒的均匀，技术差的人，最多撒八垄，且厚薄不均。”[⑥] 第二种种植稷子方法是犁耕过后，用点葫芦播种，据多金库说，在 19 世纪六七十年代，达斡尔族都用这两种方法进行播种[⑦]。稷子播种上之后覆盖上土，用磙子压一遍，成长期间不需要铲地和趟地。秋天收割回来虽然里面夹杂着草，但不多。

线麻在生活中的作用很大，麻籽既可炒熟后食用，味道很香，亦可榨油。麻秆儿皮就是用来搓绳子的线麻，线麻要先在水泡子中沤泡若干日，然后捞出晒干，之后才能把线麻皮剥下来。线麻绳的用途很广，可以纳鞋底、缝连、拴束之用。线麻

①［清］方式济：《龙沙纪略·饮食》。《四库提要著录丛书·史部 252》，北京出版社影印本，2010 年，第 525 页。

② 调查对象：吴凤亭（1943—，鄂温克族）；调查地点：莽格吐村；调查时间：2015 年 7 月 20 日。

③ 调查对象：多金方（1955 年—）；调查地点：富裕县友谊乡登科村；调查时间：2016 年 7 月 11 日。

④ 毁地：意思是前面种植的庄稼遭灾了。

⑤ 调查对象：多永贵（1941 年—）；调查地点：莽格吐村；调查时间：2019 年 2 月 18 日。

⑥《达斡尔族社会历史调查》，内蒙古人民出版社，1985 年，第 87 页。

⑦ 调查对象：多金方（1955 年—）；调查地点：富裕县友谊乡登科村；调查时间：2016 年 7 月 11 日。

多种植于房前屋后小园田地。20 世纪 80 年代后，麻绳被尼龙绳、纤维绳取代，加之线麻的经济价值不高，所以没人种植线麻了。

烟是一种特殊的农作物，和人的温饱没有关系，抽烟就是为了消遣。烟过去也是达斡尔族的重要经济作物，用之换钱，是达斡尔族过去的主要收入来源。达斡尔族种植烟的历史很久，至少在清代就开始种植了，达斡尔族过去种烟具有普遍性，《黑龙江外记》记载："人家隙地种烟草，达呼尔则一岁之生计也。自插秧至晒叶，胼胝之劳，妇女任之，皆自鬻于城市。富者坐车牛，贫者披裘放帽，踞地上，晓出暮归，无间风雪。夫若子不预其事，得钱则分之。"[①] 烟草既可以种植在大田里，也可以种植在房前屋后的园田里，以房前屋后或闲散地种植为主。

传统农作物

作物	开始播种时间
燕麦	清代
荞麦	清代
稷子	清代
谷子	清代
苏子	清代
黑豆	清代
小麦	民国
苞米	民国（啃青）伪满时大地耕种
高粱	民国
糜子	民国
黄豆	民国

大约在集体经济时期，达斡尔族开始种植稻子，不过直到 20 世纪八九十年代，达斡尔族吃大米饭并不普遍，因为生产队时期要交公粮，大米种的少，产量也低，

① [清] 西清：《黑龙江外记》卷 8。《中国边疆研究文库·初编·东北边疆卷十·吉林外记 黑龙江外记》，黑龙江教育出版社，2014 年，第 251 页。

所种植的水稻多交给国家。

2. 农耕生产时间表

达斡尔族农耕生产中有着严格的时间观念，形成了严格的生产节律，以时间、节期安排生产活动，根据季节的周期性变化而呈现出有规律的时间律动，遵循着春种、夏忙、秋收、冬储的生产节奏。

农业生产要求不违农时、不误农时，庄稼不等人，季节不饶人。达斡尔族的许多谚语反映了达斡尔族对农时、节气的重视，“人哄地一天，地哄人一年”，“误了农时，粮食要落空”，“随着节气种田，随着节气收获”。

二十四节气的传入和使用后，达斡尔族开始依据二十四节气中季节的规则性变化安排生产，二十四节气不仅具有指导生产和生活的作用，而且有些季节时间如夏至、冬至、清明、春分、秋分等变成了达斡尔族的节日。按节气种田是达斡尔族农耕生产必须遵守的基本准则，农谚说：“种庄稼不赶时候，一年白搭了功夫”。对此达斡尔族有许多经验性的总结，如清明之后必须种田，到芒种的时候就不能种植任何作物了，农谚说：“过了清明要种田，过了芒种不可种”；春天是种大豆的季节，农谚说：“春风送暖准备种大豆，种子耕牛草料要齐全”。秋天收完庄稼要把大地深翻一次，如此来年才能丰收，若是在上一年秋翻地上种植谷子，第二年保收，所以秋翻地种谷子被比喻为“仓中粮”。农谚说：“大秋时节坐一坐，来年春天要挨饿”，说的是农民在秋收时间加紧劳作，不能停歇，一方面要抓紧时间把劳动成果收回来，另一方面也要处理好耕地，深翻土地，为明年春耕打下基础。

达斡尔族分布的地域四季明显，无霜期短，农耕生产时间的安排主要根据无霜期的长短和每种作物的生长周期制定的。稷子、荞麦生长期均为60天，是生长周期最短的两种作物，头伏播种，白露前收割。燕麦生长期为七八十天，小满以后播种，白露前收回。糜子生长期为三个月，立夏之后播种。谷子和黑豆生长期均为100天，立夏前谷雨后播种，秋分之后收割。小麦，生长期为100余天，在清明之后播种，中伏时收割。

达斡尔族传统农事活动一年劳作时间如下：

一月份：刨粪、打柴。

二月份：刨粪、送粪（到地里），拖楂子，种菜栽子。若一月份柴没有打完则继续打。

三月份：上旬拖楂子，拣楂子，送粪，种土豆，下旬种小麦。

四月份：种谷子、高粱、黄豆、苞米及杂粮。

五月份：上旬继续种没有种完的作物。下旬铲谷子（在苗未出土之前）。

六月份：铲地，耥地，种稷子、荞麦（在芒种前后三天）。上旬移植菜苗。

七月份：铲地，耥地（第二遍）。下旬打柴，压绿肥，收黄瓜，铲菜地。

八月份：打柴，积肥。上旬打秋垡（锄草），收菜。

九月份：割稷子、糜子、荞麦、芸豆，起土豆，打秋草，收菜。

十月份：割谷子、高粱、大豆、苞米，打柴

十一月份：储藏白菜、土豆。拉地、打场。

十二月份：打场，积肥，打柴[①]。

达斡尔族也有观天象预测农事的习俗，根据星体、草木、气候等的变化预测一年的收成情况，有些预测具有一定的科学性，谚语云“一冬没雪的话，明年无收成”，反映了大雪对于土壤保墒的重要性。

三、耕作工具及耕作技术

早年达斡尔族种植的农作物都是旱田作物，耕作技术较为粗放，采用游耕的方式，休耕轮作。早期的耕作技术达斡尔族已经淡忘或者记忆模糊了，下面所叙述的主要是 20 世纪 50 年代至 80 年代的耕作技术，这一时期的农耕生产工序复杂，包含选种、沤肥、开地、施肥、播种、田间管理、收割、储藏等多种生产环节，各个

---

①《齐齐哈尔市郊达斡尔族情况 达斡尔族调查材料之五》，内蒙古少数民族社会历史调查组编，油印本，第 59-60 页。

生产环节有专有的生产工具，也有通用的生产工具，这些工具有些现在依然在使用，而绝大多数农具则因为生产环节的废除以及某些作物不再种植而消失。

1. 开地技术

开地的工具主要有犁杖、镰刀、芟刀、镐头。犁杖用来翻地，镰刀、芟刀用来割草，镐头用来锄掉树根。犁杖是核心工具，抬杠犁是20世纪七十年代以前的代表性工具，既是开荒犁地工具，也是种植庄稼、田间管理必不可少的工具。犁在清代传入达斡尔族地区，犁的多少是衡量家庭贫富的标准，“相逢叙生计，必问几副犁杖”[①]。达斡尔族称犁杖为“犁正”，在牛脖子上横架一根横木，该横木学名叫轭，用皮绳连接横木和犁辕，所以这种犁叫“抬杆犁”，简称抬犁，也叫“轭杠犁”，犁铧从城里购买，其余部件都是自制。有大犁和小犁之分，大犁套四头牛、三头牛，分别叫四牛轭杠犁、三牛轭杠犁，用来开荒翻地和耕种；小犁套两头牛，用于蹚地。不用马拉犁，因为马不老实。早年庄稼种植虽然是犁耕，但是平播，大约20世纪初开始实行垄种。

在秋天用火烧荒，次年刨掉树根。荒地较为板结、坚硬，所以必须用“大抬杠犁”，套四头牛，四头牛平行拉套。所用的牛必须是犍牛，所谓犍牛就是阉割过的公牛，这种牛不仅力气大，而且驯服。当年未下犊的大乳牛亦可做拉犁的役畜，但是它不能用作里套和外套。左面第一头叫里套，右面第一头叫外套，里套和外套必须是熟套，所谓熟套就是已经使用多年的耕牛，熟套能按照主人的指令行走。大抬杠犁一个人就可以操作，右手扶犁，左手既牵着牛缰绳，也执着一个鞭子，嘴里不时地吆喝着“嗒嗒”（往外）、“咧咧”（往里）的声音，指挥耕牛前行。

2. 播种技术

传统播种技术有三种，分别是漫撒籽、一犁挤、二犁扣。所使用的播种工具有犁、耙、点葫芦、木磙子。

---

①［清］西清：《黑龙江外记》卷4。《中国边疆研究文库·初编·东北边疆卷十·吉林外记 黑龙江外记》，黑龙江教育出版社，2014年，第212页。

早年种地都是漫撒籽，漫撒籽的方法在达斡尔族中持续很久，直到 20 世纪 70 年代末依然有不同程度的存在。田地分生地和熟地，生地要在初春的时候将草、树根等锄掉或者烧掉，然后开垦种地，开荒和种地同时进行；熟地则将上一年的庄稼茬烧掉，然后犁地之后漫撒籽。稷子、大麦均平播，先用铁铧犁翻地，然后往地里漫撒种子。漫撒籽种地讲究技术，也很有趣味性。种子装在一个柳条筐里，左手挎筐，右手抓一把种子，呈弧线撒到地里，据多金方说，要根据风向、风速确定迈多大步伐、迈几步撒一把种子，以确保种子的密度合理[①]。漫撒籽节奏感很强，边撒种子，边哼唱着“那依耶那依耶”的小调，如果还有其他人也在漫撒籽，两个人还会对唱。因为撒种子时是五六月份的雨季，所以种子不会被风刮走。有的庄稼撒完种子就不管了，有的庄稼播种完之后再用耙耙一遍，耙也称捞子，用木头钉成长方形木框，木框中间编以柳条，用马、牛、驴等牲畜拉拽耙。也有用树冠做耙的，用牲畜倒拉树冠耙地。如果嫌木耙太轻，则在木耙柳编之上压一石头等重物。耙地的作用有二，一是将土块弄碎，二是用土盖上种子。撒到地里的种子三五天就发芽。庄稼生长期间不铲地、不除草，属于粗放式农业。

一犁挤是早期重要的播种方法，对此方法有不同的描述，一种观点认为，先用大抬杠犁翻地，然后撒上种子，用耙耙过之后就是一犁挤[②]，一种观点认为，翻过地之后，漫撒种子，然后用犁犁地覆盖上种子，不起垄[③]。一犁挤，又叫大垄扣，根据笔者的调查，一犁挤的耕作方法是，先漫天撒子，然后用犁翻地，将种子扣在土里。一犁挤只翻地不扣垄，适用于任何作物的种植，何文录说：“黄豆、土豆、玉米都用一犁挤。”[④] 用一犁挤方法种地不须踩格子。

---

① 调查对象：多金方（1955 年—）；调查地点：富裕县友谊乡登科村；调查时间：2016 年 7 月 11 日。

② 满都尔图：《达斡尔族百科词典》，内蒙古文化出版社，2007 年，第 275 页。

③ 戴嘉艳：《生存智慧与文化选择 达斡尔族农业民俗及其生态文化特征研究》，民族出版社，2014 年，第 73 页。

④ 调查对象：何文录（1945 年—）；调查地点：莽格吐村；调查时间：2019 年 2 月 19 日。

二犁扣是较一犁挤进步的一种耕作方式，大约在20世纪30年代伪满时期传入这种耕作技术。二犁扣的方法是，先犁地，在新形成的垄沟里，一个人在后面踩格子，另一人将种子点在脚印上，返回时，人在前面踩种子，回犁翻土扣垄，将种子埋上。二犁扣之后庄稼实行垄种，对于平地而言，先用犁笔直犁开一道沟，回犁时扣成垄。对于垄地，则将旧垄用犁破开，回犁时将紧邻的旧垄破开，两犁相扣便成为新垄。出现二犁扣垄种技术以后，农业生产有了点籽、施肥、铲地、蹚地等田间管理。垄种点籽大致有两种方法，一种是垄上刨坑点播，一种是用点葫芦播种，先用 耙在垄上犁沟，然后用点葫芦点播。

依然在使用的老农具

哈拉新村达斡尔族展览馆收藏的犁正

20世纪20年代， 耙传入达斡尔族地区， 耙架子为木制，样式类似冰爬犁，上面有两个顺撑，顺撑上两头各立一根木柱，木柱高约50厘米，前后两根立柱上各架一根横撑，两根横撑中间架一大梁，各个部分的相交处均以榫卯的形式相结合，底部贴地的两个横撑前面翘起以便于在地面上行走，上面的大梁上面凿一口，向前斜着约40度嵌入一个 耙心杆，犁铧杆头上安装一个 耙心子。在里手横撑上立一高约60厘米的立柱，此为驾驭者的扶手。在 耙后面的两根立柱上拴两根绳子，长约3米，用来连接拉子。较抬犁、卧犁、圆犁的犁铧， 耙心子较小。 耙犁地的优越性在于沟的深浅一致，所以， 耙的传入对达斡尔族农业生产力来说是一次大的进步。最初 耙仅用于谷子播种，到日伪殖民统治时期， 耙的使用范围扩大，高粱、谷子、糜子、稷子等小粒作物种植均用 耙，先用 耙在垄上 出浅沟，人跟在 耙后面用点籽葫芦将种子均匀点在浅沟里。点籽葫芦传入使用较早，达斡尔族从清代就开始使用了，点籽葫芦由两部分组成，一部分是四块木板拼成的空心桶，上面安装一个细布口袋，下面出口处安装一个扇形笤帚迷子，这是出种子的口。将装满种子的口袋斜挎在肩上，左手握着空心木桶，右手用木棍敲打木桶，种子便均匀地播洒在地里，点籽葫芦播种的好处在于，籽粒播撒均匀，苗长出后也均匀分布，铲地时容易开苗。 耙拖一个拉子，拉子是用三片木板制成，呈“八”字形，大口在前面，拉子上面垂直安装一根木杆做扶杆，由一个人扶着扶杆，八字形拉子大口冲前骑垄而行，后面小口把垄台上的浅沟合上。后面跟着一个人踩格子，扶拉子把儿的人也可兼踩格子。早年没有拉子，则后面拖着一个树枝，点过籽之后，树枝拖土将种子覆盖。最后压磙子。 耙一直延续使用到 20 世纪七八十年代。

播种机出现得很晚，20 世纪六七十年代才有，主要用来播种小麦。

3. 育苗移栽技术

育苗儿和移栽是达斡尔族传统农耕技术，也是非常先进的耕作技术。育苗就是先在小块土地上培育种苗，然后将种苗移栽到大地或者园田地里。育苗的小块土地称之苗池子，可以在室外，也可以在室内，室内的苗池子是用木板围起来的一块方地。池子内的土都是细土，为了保证土细，则用筛子筛土。池子里种烟、茄子、辣椒、小白菜之类的种子。每天要浇水，去掉杂草。如果在室外做苗池子，则晚上天冷要用破被子蒙上，以防止苗被冻坏。苗池子里用鹅卵石压池床子，鹅卵石压池床子的作用有三个，一个是浇水的时候不至于冲走种子或冲坏秧苗，二是白天吸光吸热。三是庄稼长根儿的时候起到蹲苗儿的作用，从而保证根儿壮、移栽成活率高。因为是育苗，所以苗与苗之间很密。待长出苗以后，此时天气已经转暖，将苗移栽到大地或者园田地里。这种育苗移栽方法有两个好处，一个是能克服春寒春旱的不利气候条件，二是庄稼成熟早。

4. 休耕和施肥技术

早年，达斡尔族种地不施肥，实行休耕轮作。因为地多人少，可耕地很多，所以采用粗放的原始的刀耕火种方法，春天除草种地，秋天收割。待地力消耗殆尽的时候，则将该片土地抛荒弃耕，或者将前几年抛荒的土地重新开垦，或者重新开垦新地。一块地大约只能种十年左右，抛荒3年之后旧地地力恢复之后再重新耕种。不过畜力多的人家通常选择开垦新荒地，因为新荒地的地力高。只有畜力少的家庭才选择休耕地。

大约从清朝末年开始，达斡尔族种地开始施肥，不过并不普遍，只有荞麦种植时施肥。民国以后随着汉族的大量迁入，由于人口增多，可用耕地变少，于是开始精耕细作。达斡尔族肥料来源主要有两个，一个是牲畜的粪便，马、牛、猪、鸡的粪便都是好肥料，一个是炕洞土。早年畜粪都源自自家牲畜，所以种地多的家庭多是牲畜多的家庭。民国以后开始出现捡粪，在街道和草地上捡拾畜粪。这些肥料不能直接用作肥料，积攒起来的畜粪堆成一个大粪堆加以沤制，使之发酵，在粪堆下面放柴草阴燃，普遍烧热之后开始倒粪，从一边倒到另一边，一般而言马粪须倒一遍，牛粪须翻动两遍。沤熟的粪不仅肥力大，而且能将其中的草籽都烧死，避免土地荒芜。春天用车拉到地里，每隔一定距离放一趟。用作沤粪、翻粪的工具为镐头和二齿钩子，镐头用来刨粪，二齿钩子用来倒粪、翻粪。施肥的主要工具有镐头、二齿钩、土篮子、铁锹。施肥的方法有四种，一种是底粪，在作物播种期深耕土地时施以土地的肥料，用作底粪的肥料都为富含有机质的有机肥，如厩肥、堆肥、绿肥。一种是把粪，用镐头刨坑，一个坑为一个塭①，将肥料直接撒在种子塭里，由于用手抓，所以叫“把粪”，把粪撒到种子坑里后用土埋上，然后撒种子，如此则肥料不“烧苗”。一种是滤粪，手拿粪筐，将肥料均匀地撒在垄沟里。一种是扬粪，用铁锹均匀地扬撒在大地里。

5.田间管理技术

早年，达斡尔族实行远耕近牧，在村子附近放牧饲养牲畜，而农田则距村子很远。大约清朝末年以后，农田逐渐收缩到村子周边地区，导致这种转变的原因有两个，一是牧业有所萎缩，二是汉族大量迁入该地区，达斡尔族的活动地域受到压迫，

① 到底这个“塭”字用的是否准确，我不确定。有人写作“碍”。

而且汉族的田地都在村子周围，受汉族影响，达斡尔族也在村子周边开垦土地。早年达斡尔族种地没有田间管理，种子漫撒在大地上后，不铲不蹚、不施肥，秋天的时候连同草一起收回来，产量很低是自然的，这一时期实行休耕轮作。

20 世纪初，清朝实行移民垦殖，吸收大量汉族来此开荒种地。由于这一政策的实行，给达斡尔族带来了巨大的变化，第一个改变是土地变成了财富，由于人口、汉族村屯增多，于是达斡尔族没有了可以游耕的土地。第二改变是放弃了近牧远耕的劳作方式，村屯附近的土地也变成了耕地。耕种技术也有了很大的进步，开始注重田间管理，出现了铲地、蹚地，铲完三遍地、四遍地之后蹚地。蹚地用卧犁，卧犁是民国时期传入的，日本殖民统治时期广泛使用。犁用三杠犁四杠犁，由于轭很高，所以犁地的时候不会压倒庄稼，多海福说："轭的尺寸要掌握好，差一点都不行，因为要保证牲畜在垄沟里走，原来都有固定的尺寸，现在我忘了。"① 所用的牲畜为马，原因在于马听使唤，马的体量小，不容易刮坏庄稼。

6. 秋收和脱粒技术

秋天收获的技术因作物品种不同而不同，大麦、荞麦、稷子、燕麦、谷子、大豆、黑豆、麻、苏子等庄稼都用镰刀收割，先放铺子，所谓铺子就是将收割下来的庄稼

金秋十月，库如奇村一派忙碌景象，院子就是场院，给黄豆脱粒就在院子中。

① 调查对象：多海福（1952 年—，木匠）；地点：莽格吐村；时间：2019 年 2 月 18 日。

平铺放在地里，待晒干后选择某天早晨乘有露水之时用草　捆成捆。早年因为没有田间管理，所以粮食和草一起割回来。苞米是掰棒，将成熟的玉米棒从苞米秆儿上掰下来。土豆则用四齿叉子挖、或用二齿子刨。这些庄稼最后装到车里运回村里。装大麦、荞麦、稷子、燕麦、谷子、大豆、黑豆、麻、苏子等粮食的时候铁杈是不可缺少的工具，一捆捆粮食就用铁杈举上大车。

在自家院子中筛黄豆

谷物都堆放在场院，这里是脱粒的地方，清理出一块平地，浇水冻成冰面。脱粒工具主要有木杈、木磙子、石磙子、连枷、木耙。木杈是将收回来的庄稼铺在地面上、在碾压过程中翻动秸秆用的工具。木磙子和石磙子是用来打场碾压谷物的工具。将要脱粒的大麦、稷子、燕麦、谷子、大豆、黑豆铺满场院，人在中间扯着缰绳，马、驴拉着磙子碾压，这种方法俗称“打懒场”。人用木杈翻动秸秆，轧好后，用木杈将秸棵运走，籽粒攒堆。

连枷则是利用人力上下拍打庄稼，有三种情况不能用磙子只能用连枷，一种是给荞麦脱粒，因为荞麦的秸秆不抗压，一旦用磙子压就碎了；二是庄稼潮湿，此时用磙子压不掉，三是庄稼的数量少，不值得使用磙子。

然后是扬场，扬场是利用风力将谷粒和碎秸秆、糟糠分离。所使用的工具有木

扒苞米叶的竹签子

木耙子

推锨、木耙、木推锨，用木推锨，顶风高扬粮食，风将碎皮或者碎秸秆吹走，只落下粮食粒。用木推锨将粮食攒到一堆。

7. 选种方法

种子的选择至关重要，直接关系到下一年的收成，也是农业永续发展的保证，达斡尔族流行一句谚语："宁吃耕牛，不吃种子"，说的是在灾荒之年或者青黄不接之时，没食物可吃了，只剩下耕牛和种子的情况下，要保住种子，由此看出种子的重要，也看出农耕生产在达斡尔族经济生活中所占有的重要地位。

过去，种子都是自选，每年秋收时节的一个重要农活就是把来年的种子选出来。选种的方法有三种，第一种是选穗子，玉米和稷子就是这种选种方法，将穗子大的稷子、玉米留作种子。原先种的火苞米棒儿不大，在苞米依然青的时候选棒大、籽粒饱满的玉米做种子，将苞米叶子扒开，在太阳的光照下，不仅长得快，而且长的好。收回来之后，要组织妇女搓苞米，不能用磙子碾压，否则籽粒会被碾坏，碾坏了的玉米就不发芽了。要搭建一个苞米楼子保存，防止老鼠吃，一旦苞米箕子被老鼠嗑了，玉米就不发芽了。第二种选种方法是簸箕选，稷子晾干之后装在簸箕里，将小粒的稷子米簸出去，簸箕里剩下的大粒作种子。第三种选种方法是风选。扬场时，迎风扬场，落在近处的一定是饱满、粒大的籽粒，用之作种子。最后还要用扇车筛选几次，如此则能有效地剔除稗子，确保选出最优质的种子。

8. 换茬轮作制度

达斡尔族种地实行换茬轮作，所谓换茬就是根据作物对土壤的要求以及作物对土壤肥力的损坏情况，在同一块耕地上在不同年份种植不同的作物，以此恢复地力，换茬轮作犹如给土地上底粪，由此则不影响收成，实现耕地的有效利用。一般新开垦的土地三年内都种植稷子，第四年经过施肥之后种植荞麦，第五年种植谷子，到第六年则任何作物都可以种植了。再种若干年后，则可以再次经过施肥之后种植荞麦。

在民国时期，作物品种较少，其换茬情况是，小麦以豆茬地、稷子以谷茬地、谷子以黑豆茬或荞麦茬为佳。荞麦、高粱、糜子、苞米可以种在任何粮食茬地。

日伪殖民统治时期，作物品种增多，其换茬发生了改变，“高粱最好种大豆茬或苞米茬。黄豆种谷子、稷子、糜子茬。谷子种苞米、荞麦茬，糜子种高粱茬。至于苞米、稷子等，什么茬都可以种。”①

9.烟的种植

烟草的种植要经过育苗、栽植、田间管理、摘叶等劳动程序。

种烟的第一道工序是在四月份细烟池子，所谓细烟池子就是在一小块地上播种烟籽，或者在一个方木盘里装上土，在土里播种烟籽，后者一般在室内种植，播种的烟籽很密。待烟苗长成后，移植到大地上或者园田地里。种植在地里的烟苗要有一定的苗间距，在种烟过程中，男人负责备垄、铲地与浇水，妇女负责栽苗和培土，吴凤亭说：“栽烟的时候天天都要浇水，烟一栽就是好几十垄，一挑水也就只能浇一半的垄，有时一半还到不了。”②

待烟叶成熟以后要进行采摘，采摘烟叶分三次，依次从底部往上采摘，第一次采摘的烟叶是最底一层的烟叶，这是最次的烟叶，多永贵说：“底叶，实在没有抽的，才对付抽。”③第二次采摘的烟叶是烟中间部分的烟叶，这是最好的烟叶，烟叶大，烟劲最足。第三次采摘的烟叶是烟稍部分的烟叶，这部分烟叶小，没劲。每年初秋是收烟的季节，烟叶的处理有两道工序，一是晾晒，二是制庹（达族读作tǎo）。每到这时候家家都晒烟叶，屋子附近及其大地之中都有用绳子拴在一起的

① 内蒙古自治区编辑组：《达斡尔族社会历史调查》，内蒙古人民出版社，1985年，第101页。
② 调查对象：吴凤亭（1943—，鄂温克族）；调查地点：莽格吐村；调查时间：2015年7月20日。
③ 调查对象：多永贵（1941年—）；调查地点：莽格吐村；调查时间：2019年2月18日。

烟叶，木架架起的晾烟绳子成为达乡的一道美丽的风景。烟叶晾晒之前要用白蒿子压两天，之后将烟叶根部用麻绳串起来，就是纳鞋底子的麻绳，尼龙线传入以后取代了麻绳，更为结实，这种串烟方法和汉族不同，汉族串烟是用两根草绳子夹住烟根。在地上平行立三个木架子，将成串的烟叶平行挂在烟挂子上，每串烟大约四五庹长。晾晒期间一定避免雨淋，雨淋之后不仅不容易干，而且容易腐烂。当要来雨时，达斡尔族用草帘子苫盖烟挂子防止雨淋，草帘子用苫房草或者　草编制而成，编的时候，草根、草稍一颠一倒地排列编排，宽约 4 尺，盖在烟上，有如给烟挂子披了一件蓑衣。

晒干之后，制做庹烟。第一步，用水蒸气熏烟叶，熏的目的是使烟叶变软。为了增加烟的香味，在烟叶上夹艾蒿。第二步，用烟弓子把烟撑起来，将烟叶整齐平展开整体摆放在烟模子里，烟模子，达斡尔族称之为烟箱子、烟压子，样子类似木箱子，一庹长的烟绳子对折后变成小庹，一庹烟共分四层，邻近的两层烟根和烟稍相对摆放，一颠一倒的结果确保烟模子里的烟平整，盖上盖板，用较重的东西压在盖子上，摆放到干燥处数日就成为板板整整的庹烟，最后用草绳加以捆扎。达斡尔族制作庹烟的历史较久，《黑龙江外记》记载："达呼尔以绳贯烟叶，压而扁之，

杜拉尔村晾晒烟叶

莽格吐村新式晒烟方法

烟模子

绳长约五尺，故其烟以庹计。”[①] 一庹大约四五尺长，一庹烟大约二三斤。制成庹烟（汉族称为“把烟”）一方面容易保存，“一庹一庹的不占地方，人家愿意买。”[②] 另一方面也便于携带售卖，达斡尔族所种植的烟“皆自鬻于城市”[③]，“达斡尔人生产的烟叶，具有叶大面宽，色泽金黄，制型规整，味柔而香的特色，素有‘琥珀香’的美誉。”[④] 所以深受市场喜爱，买者买前通常先卷支烟尝尝烟的味道。据调查，也有将碎烟夹在期间以次充好的现象。

20 世纪 80 年代包产到户以后，烟的种植越来越少了，到现在很少有人种植了，为啥不种烟了，吴凤亭给予了解释：“（种烟）工序复杂。养牛之后钱来得快，这个（指种烟的活）就没人照顾了。而且生活水平提高后，人都不愿意抽这种烟了，都买现成的烟抽。就老头老太喜欢卷烟抽。”[⑤] 据多永贵说，现在烟种子都不容易买到了，这也是不种烟的另一个原因。

① [清] 西清：《黑龙江外记》卷 8。《中国边疆研究文库初编 · 东北边疆卷十 · 吉林外记 黑龙江外记》，黑龙江教育出版社，2014 年，第 251 页。

② 调查对象：多永贵（1941 年—）；调查地点：莽格吐村；调查时间：2019 年 2 月 18 日。

③ [清] 西清：《黑龙江外记》卷 8。《中国边疆研究文库初编 · 东北边疆卷十 · 吉林外记 黑龙江外记》，黑龙江教育出版社，2014 年，第 251 页。

④ 毅松，娜仁其木格：《中国少数民族人口丛书 · 达斡尔族》，中国人口出版社，2014 年，第 120 页。

⑤ 调查对象：吴凤亭（1943—，鄂温克族）；调查地点：莽格吐村；调查时间：2015 年 7 月 20 日。

第四章　牧业生产及其技术

牧业生产是达斡尔族的主要生计方式，且历史悠久。总体而言，达斡尔族牧业有两个特点，一是呈曲折发展态势，有过辉煌，也有衰落；二是牧业发展水平和重要性不均衡，呼伦贝尔草原和新疆塔城达斡尔族牧业发展水平相对较高且在经济生活中所占比重相对较高。

一、牧业发展的历史

达斡尔族从事牧业的历史很久，达斡尔族祖上契丹人就是游牧民族。在黑龙江以北时的达斡尔族、嫩江流域达斡尔族、呼伦贝尔草原达斡尔族、新疆塔城达斡尔族等各个部分的达斡尔族中，牧业在经济生活中都占有一定的比例。

1. 契丹人的牧业

契丹族的牧业非常发达，所饲养的牲畜有马、羊、牛、骆驼，马是衡量贫富的标准，“契丹旧俗，其富以马，其强以兵。纵马於野，弛兵於民。有事而战，彍骑介夫，卯命辰集。马逐水草，人仰湩酪，挽强射生，以给日用。”① 牧群规模很大，过着逐水草而迁徙的生活，“顺寒暑，随水草畜牧”②。宋代苏颂在熙宁十年（1077）出使辽国对此记述道：“羊以千百为群，纵其自就水草，无复栏栅，而生息极繁”，“契丹马群，动以千数，每群牧者才三、二人而已。纵其逐水草，不复羁绊，有役

①［元］脱脱：《辽史》卷59，《食货志》上。中华书局，1974年，第923页。
②［元］脱脱：《辽史》卷34，《兵卫志》上。中华书局，1974年，第395页。

则旋驱策而一用，终日驰骤而力不困乏。彼谚云‘一分喂，十分骑’……视马之形，皆不中看法，蹄毛俱不剪剃，云马遂性别滋生益繁，此养马法也。”①

2. 清朝以后的牧业

在黑龙江以北时达斡尔族依然从事牧业生产，17世纪中叶，当沙皇俄国把触角伸到黑龙江流域的时候，他们发现达斡尔族“从事农业和畜牧业”，“村落四周……有大群的马、牛、羊、猪；他们用牛耕田，就象俄罗斯人用马一样。”②由此可见，当时的牧业生产规模很大。《苏联通史》认为，达斡尔族的鸡来源于汉族地区③。迁移到嫩江流域的达斡尔族在从事农耕生产的同时依然兼营牧业。

雍正十年（1732年）清政府将布特哈鄂温克族（1636人）、达斡尔族（730人）、巴尔虎蒙古族（275人）、鄂伦春族（359人），共计3000名牲丁迁移到呼伦贝尔草原，清朝将其编为八旗，分左、右两翼，“左翼，自修城处至俄罗斯斯交界处游牧。右翼，在喀尔喀河游牧。共编为五十佐领，各添佐领一员，骁骑校一员，每旗各添副总管一员，并铸给总管关防。设笔帖式二员。”④730名达斡尔族兵丁被编成26佐，驻防官兵享受俸禄，“各给马匹牛羊，以立产业。官员，每年给与半俸。兵丁，每月给银两一两。”⑤选择驻防地点为济拉嘛泰河口（今扎拉木台河）处，之所以选择这一地点有两个原因，一是这里“地方辽阔，水草甚佳，树木茂盛，可以种地筑城。”⑥二是这一地域战略地位重要，北依额尔古纳河与俄罗斯相邻，西面、西北与漠西、漠北蒙古相接。此次抽调布特哈牲丁驻防呼伦贝尔草原有三个基本目的，

---

①［北宋］苏颂：《苏魏公文集》卷一三《后使辽诗·北人牧羊》。

②［苏］谢·弗·巴赫鲁申：《哥萨克在黑龙江上》，商务印书馆，1975年，第5页。

③［苏联］安·米·潘克拉托夫主编：《苏联通史》（第一卷），山东大学翻译组译，三联书店，1978年，第429页。

④《清世宗实录》卷117，雍正十年夏四月戊申。《清实录》第8册，中华书局影印本，2012年，第7550—7551页。

⑤《清世宗实录》卷117，雍正十年夏四月戊申。《清实录》第8册，中华书局影印本，2012年，第7551页。

⑥《清世宗实录》卷117，雍正十年夏四月戊申。《清实录》第8册，中华书局影印本，2012年，第7550页。

一个是监守喀尔喀蒙古；二是防御漠西蒙古；三是防御沙俄。中俄尼布楚条约以后额尔古纳河成为中俄界河，于是这里成为边防的前线；另一方面，漠西蒙古和漠北蒙古力量强大起来，成为一股分裂力量，对统一国家构成威胁。呼伦贝尔驻军便于军力调集，既可监视漠西、漠北蒙古，也能防御沙俄。达斡尔族恋家，返家心切，所以消极种地，出现了把种子煮熟后加以种植的现象[①]，所以在乾隆七年遣返了一部分达斡尔族。留下来的达斡尔族就是今天的海拉尔达斡尔族的先人，他们在清朝的资助和指导下发展牧业。

乾隆二十八年（1763）清政府调集索伦（鄂温克）、达斡尔、锡伯官兵1000户移驻新疆伊犁地区，“索伦在奎屯萨玛尔地方游牧，种地自食。达虎尔在霍尔果斯科河一带地方建盖房屋居住，种地自食，随时操演骑射。”[②]达斡尔族人被编为索伦营左翼4旗。同治八年（1869年）移驻到塔城，他们在塔城地区从事农耕生产兼营牧业生产。

总之，达斡尔族无论居住在何地，牧业生产始终是他们的主要生计方式。马、牛是役畜，它们是农耕生产的重要工具，也是传统深耕农业的代表性工具，用来拉犁耕地，一副犁杖要2–4四头牛、马。马、牛、驴、骡子都是重要的交通工具，可以充当坐骑，过去富裕家庭有专供骑乘的马，有马可骑乘，出行自然方便，而且在猎取狍子、狐狸以及放鹰等渔猎生产过程中骑马而行；马、驴、骡子可以用来拉车、拉碳子打场。牛、羊、猪是达斡尔族肉食的主要提供者，尤其是猪，每年各家在过年的时候都要杀一口猪，只有富裕的大户人家才有条件杀牛。牛是奶食的供应者，牛奶是达斡尔族主要副食，过去的笨牛产奶量很低，不过由于商品经济不发达，笨牛产奶能够满足家庭内奶的需求。羊除了用作肉食外，其皮、毛价值很大，可以做皮衣、制毛毡，有的还用羊毛做褥子。驴、骡子主要用于拉磨，秋天的时候也用

① 内蒙古自治区编辑组：《达斡尔族社会历史调查》，内蒙古人民出版社，1985年，第23页。
② ［清］祁韵士：《西陲要略》卷三。刘长海整理：《祁韵士集》，三晋出版社，2014年，第80页。

来拉磙子打场。

二、牲畜的种类和放牧方式

以下所述是嫩江平原地区达斡尔族的牧业生产状况。

嫩江平原水草丰美，适合发展牧业，牲畜既是生活在这里的达斡尔族的生产资料，也是生活资料的主要来源，肉食、奶食、皮张均来源于自家的牲畜。过去，家庭的贫富不是看土地的多少，因为过去地广人稀，土地随便开垦，而是看牲畜的多少，牲畜多便为富裕户。

1. 牲畜的种类

达斡尔族饲养的牲畜主要有牛、马、羊、驴、骡、猪等牲畜。马是达斡尔族过去饲养的主要牲畜，达斡尔语对马的称谓仅以颜色相区分就有 20 多种[①]。在中华人民共和国建立以前，达斡尔族家庭饲养的马匹不多，穷人家不养马，即便富裕家庭马匹也很少，生产队时期，每个生产队都饲养很多马。生产队解散以后，实行包产到户，生产队的马匹分到各家，马匹仍然作为畜力延续使用了一段时间。但是随着机械作业的实行，马的使用价值越来越少。现在莽格吐村仍然有几家饲养马匹，现在养马主要是为了出售，据当地村民说，现在马匹很值钱，一匹马五六千元，好的马能卖一万余元。驴和骡子数量不多。

过去达斡尔族饲养的牲畜都是笨牛，产奶量有限，但是由于商品经济不发达，所以生产的牛奶足够自家食用。在中华人民共和国建立以前，每家都养牛不多，牛分乳牛、种牛、犍牛，多永贵说："要是个人有条件了能买回一个乳牛，让它发展。多了你也没工夫伺候它，就是小打小闹，养活一两头，吃奶子。"[②]牛也是达斡尔族重要的生产工具，可以用来拉车和犁地。因此，牛的多少也是家庭是否富裕的标

---

① 杨优臣：《"北疆田园文化"—达斡尔族传统文化特征及属性研究》，《黑龙江民族丛刊》2009 年第 4 期。

② 调查对象：多永贵；调查地点：莽格吐村；调查时间：2017 年 10 月 5 日。

志。1979年以后，兴起了饲养奶牛热，并以此作为增加家庭收入的主要手段。过去的笨牛逐渐淘汰，取而代之的是优质奶牛，这些优质奶牛都从外地购买，出奶量大。每家都养一两头，在莽格吐村有的家庭养十几头。养殖奶牛是村民的主要收入来源之一，村中设有收奶站。每年每头奶牛卖奶子能收入五六万元，多永贵算了一下账，“一头乳牛哺乳期最短8个月，长的甚至整年，每天出奶五六斤。”① 在养奶牛最盛行的时候，如果母牛每天达不到五六斤的出奶量，就要被淘汰。淘汰牛和公牛作为菜牛出卖。养奶牛有奶卖钱的时候，家庭收入很多，多永贵说：“有收奶的时候收入挺多的，又得奶钱，又得淘汰牛卖菜牛的钱。好几下收入呢。农业还能得一点。两下结合都有收入。”② 2013年奶站取消，农民因为奶子没有人收购而少了不少收入，农民的生活水平受到影响。原来的奶牛变成了菜牛、育成牛，有的人家开始养笨牛。牛的价格不等，一般为六七千元一头牛，好的牛如四岁的大牤牛能卖1万元以上，所以多永贵说：“养牛不吃亏，牛羊肉贵。”③ 奶站取消以后，奶子完全变成了自家消费品，奶子的处理方法，一是用来喂牛犊，发展育成牛，二是送给亲亲故故，三是卖，但是牛奶价格很便宜，每斤奶子最多一元钱。

达斡尔族饲养羊的历史不长，在中华人民共和国建立以前，达斡尔族都不养羊，据德新说，在音钦村不仅穷人不养羊，富人家也不养羊，德新解释的原因是：“羊走过的草地，牛不吃草。”④ 何文录说：“生产队以前，这里没人养羊。”⑤ 在20世纪七十年代，莽格吐村才开始养羊。现在虽然羊很多，但是莽格吐村养羊户多数是外地人，本地人养的羊仅二三百只。羊对草原生态的破坏很大，大规模养殖造成村内草场退化。近两年村里草原大多都被政府承包出去，致使牛羊能活动的范围减少了。

① 调查对象：多永贵；调查地点：莽格吐村；调查时间：2017年10月5日。
② 调查对象：多永贵；调查地点：莽格吐村；调查时间：2017年10月5日。
③ 调查对象：多永贵；调查地点：莽格吐村；调查时间：2017年10月5日。
④ 调查对象：德新（1936年—2020年）；调查地点：梅里斯区幸福家园小区；调查时间：2019年2月21日。
⑤ 调查对象：何文录（1945年—）；调查地点：莽格吐村；调查时间：2015年7月21日。

2. 牲畜的饲养方式

达斡尔族在牲畜的饲养方面较为粗放，各地达斡尔族的放牧方式基本相同，都是圈养和放牧相结合。过去，霜降至次年农历二月期间，牲畜圈养，在此期间喂牲畜以饲料，役畜的饲料为粮饲料，粮饲料是磨碎的燕麦和黑豆；而非役畜则喂以草饲料，草饲料为稷子秸秆、谷草、羊草，由此达斡尔族有两项重要的劳动，一项基本劳动是在秋收的时候将稷子秸秆和谷草打成捆儿收回来。自 20 世纪 80 年代以后由于多数地区不种植稷子、谷子，所以就没有稷子秸秆和谷草两种饲料了，玉米秸秆取而代之成为主要的饲料，多永贵说："没入冬就把苞米杆捆起来储存着。吃多少就给添多少。"① 用于饲料的谷草、稷子秸秆、苞米秸秆都剁成寸长的小段。另一项基本的劳动就是打羊草，羊草"长尺许，茎末圆劲如松针，黝色油润。饲马肥泽，胜豆粟远甚。居人于七、八月间，刈积之，经冬不变。"② 每年在二伏前到草甸子打羊草，为期 20—45 天时间，草甸子为公有，通常距家很远，30 千米左右，所用的工具是芟刀，芟刀又写作钐刀，嫩江平原钐刀都为直刃芟刀，呼伦贝尔达斡尔族使用叫做苏联芟刀的弯刃芟刀③。一个壮劳力一天能打两车草，牲畜多的人家用草量大，自家劳动力人手不足，则雇人，工钱双方协商。牲畜少的人家或者自己打或者几家合伙，合伙者按照劳动力的多少均分。

从农历二月开始至霜降期间为放牧期，放牧期内，大户人家要雇佣放牧工。而牲畜少的家庭则采取两种方式，一种是入伙，加入到大户人家的牧群，工钱给放牧工，工钱多少由双方协商；另一种方式是合伙，几家牲畜少的家庭合伙雇一个放牧工，放牧工的工资由各户按照牲畜多少均摊。

不过放牧和圈养并不是截然分开的，在圈养期间也有放牧，在放牧期间也有圈养，白天赶到草地上放牧，晚上赶回家圈养，只不过牲畜的主要食物来源有所不同，

① 调查对象：多永贵（1941 年—）；调查地点：莽格吐村；调查时间：2015 年 7 月 20 日。

②［清］方式济：《龙沙纪略·物产》。《四库提要著录丛书·史部 252》，北京出版社影印本，2010 年，第 527 页。

③《达斡尔族社会历史调查》，内蒙古人民出版社，1985 年，第 169 页。

圈养期的牲畜主要以家中储存的饲料为食，而放牧期的牲畜主要以草甸上的草为食。

直到目前，传统放牧方式依然保持，根据对莽格吐村的调查，目前牲畜的放牧主要有以下四种形式，第一种是自家放牧。自己经管自家牲畜，凡是牲畜多的家庭都是这种放牧方式。第二种是雇人放牧。牛倌、马倌一直是莽格吐村中的主要工种，多永贵说："按牛头收费，一头牛多少钱，到秋必须给，给不上给粮食也行。"第三种是合伙放牧，把自己家牲畜放到别人家的牲畜群里一起放牧，按牲畜多少付给放牧者一定报酬，牲畜少的家庭多采用这种放牧方式。第四种是合作放牧，各家轮流放牧，三人一组，现在各家都采用这种方式，沃春霞说："现在没有放牛收费的，都是自己放，几十家合伙放，养牛的都有微信群，两三个人一组排班，十几天才轮到一班。自带午饭或者带小锅煮挂面，在野外不缺烧材。"① 这种放牧方式省钱，多敏说："省下了放牧费，牛多的都拿不起（放牧钱）。"②

奶牛的饲养方法和笨牛的饲养方法基本相同，白天散放在草原上，晚上经管回来挤奶。不到两岁的小牛经管起来较费事，而两岁以上的牛容易经管，多永贵说："就往河边一撵，他自己就找吃的，不回到村里，不会破坏地。"③ 同过去役牛的饲养相同，每天晚上要给奶牛喂以饲料，以提高产奶量，饲料主要是青储，将玉米杆割回来，铡成小段，装在塑料袋里，贮存在地窖里，根据牲畜多少贮存足够一冬天食用的青储饲料。也有从市场上购买精饲料的，但是即便买精饲料也不单纯喂精饲料，而是和造价比较低的玉米面、麦麸子、豆饼等按比例搭配着喂。马多为散放，较之于牛，马较容易饲养，夏天冬天都可以在野外草地上食草，吴凤亭说："马比牛省事，马到了冬天就不用喂了，牛到了冬天还要喂。马能自己刨雪吃，一般都是散放。牛就

马鞭子

① 调查对象：沃春霞（1968 年—）；调查方式；微信；调查时间：2021 年 8 月 25 日。
② 调查对象：多敏（1976 年—）；调查方式：微信；调查时间：2021 年 8 月 25 日。
③ 调查对象：多永贵（1941 年—）；调查地点：莽格吐村；调查时间：2015 年 7 月 20 日。

莽格吐村张秋云骑马放牧

哈拉新村放牧自家牲畜

不敢，牛有丢的，马生人抓不着。”① 历史上达斡尔族掌握着高超的驯马技术，“能驯劣马等艺术，则他部人罕能及也。”②

牲畜的繁殖为自然繁殖，在群放过程中，完成交配，不过要选种，要选择膘肥体壮的牤牛做种牛，过去只有牲畜大户人家才养种畜。20 世纪 80 年代以后养殖奶牛时，有专门养殖种牛的人家，牲畜发情期则找公牛配种，每次配种后要给主人一定的报酬，或者钱或者给粮，如果两家关系好，则不收费。

不做种畜的牤牛要进行阉割，去势的牛有几大好处，一是好使，性情温顺，役

① 调查对象：吴凤亭（1943—，鄂温克族）；调查地点：莽格吐村；调查时间：2015 年 7 月 20 日。

② 孟志东：《校勘注释中国达斡尔族古籍汇要》，内蒙古文化出版社出版，2007 年，第 580 页。

牛必须进行阉割，未经阉割的公牛不听使唤，尤其在发情期，特别生性。二是安全，多永贵说：“牤牛发情期，主人控制不住，容易伤害人。”[①]阉割过的公牛顶人、踢人等现象少。去势是个技术性很强的活，不是每个人都会，如果不会，就要找人帮忙，要给点礼物作为报酬，礼物必须在动刀之前给，把钱或者礼物包在红包里，拴在其右手腕上，据说，如此则牲畜伤势轻。牛两岁、马三四岁时阉割，阉割的时间都选择在每年农历二月份，阉割完毕之后牛直接放到群里，而马要牵着遛直到伤势好了为止。

“达斡尔族牧业有两大特点：（1）‘打秧草及捆草之技术’。这种生产技术反映了农耕定居民族的畜牧业不同于单纯游牧部落，它将家庭喂养与田野牧放相结合。可谓达斡尔族畜牧文化之特色。（2）‘处理家禽、牛、马、羊之技术’，更为农耕定居民族所独有。”[②]第一个特点指的是达斡尔族有独特的打羊草技术，达斡尔族打羊草技术不同于草原游牧民族的打羊草，草原游牧民族打完羊草不打捆，打捆技术是农耕民族在收割小麦、谷子等庄稼时使用的技术。当然笔者不同意“家庭喂养与田野放牧相结合”是达斡尔族畜牧文化特色这一观点，首先，东北汉族也是这种放牧方式，其次游牧民族也有这种放牧方式，草原游牧民族也打羊草作为牲畜冬季越冬的饲料。第二个特点指的是，达斡尔族饲养牲畜方式是农耕民族的饲养牲畜方式，农耕民族的饲养牲畜方式是定居放牧，白天放牧，晚上赶回家里，野放和圈养相结合。

① 调查对象：多永贵（1941年—）；调查地点：莽格吐村；调查时间：2019年2月18日。
② 滕绍箴，苏都尔·董瑛：《达斡尔族文化研究》，辽宁民族出版社，2014年，第82页。

第五章　渔猎业的技能和习俗

渔猎生产在达斡尔族的经济生活中占有重要的地位，各地达斡尔族均利用得天独厚的野生动物资源和鱼类资源从事渔猎生产。不过关于渔猎生产方面留下的记忆非常有限，无论老年人还是年轻人都没经历过或者经历很少。

一、狩猎生产

狩猎生产是人和动物的对话和较量，狩猎生产的基础是野生动物资源，达斡尔族居住的嫩江平原、兴安岭山前丘陵、呼伦贝尔草原野生动物资源十分丰富，给猎业生产提供了得天独厚的条件。打猎是达斡尔族过去主要的生计方式，猎业为达斡尔族提供了丰富的肉食，也提供了丰富的皮毛制品的原料，同时达斡尔族也利用自己的猎获品同其他民族进行交换。

1. 狩猎生产的特点

达斡尔族狩猎有地域特点，根据从事狩猎的自然环境看，达斡尔族狩猎有嫩江平原、兴安岭山林、呼伦贝尔草原、新疆山地等的差异。由于自然环境的不同，各地所猎取的动物、采用的捕猎方法也有所不同。

早年嫩江平原人烟稀少，野生动物非常多，有兔子、狍子、黄羊、黄皮子、貉子、野猪等。吴海山说，他小时候，草甸子上的狍子、黄羊等野兽非常多，“一群一群的，一帮一帮的。"①这是达斡尔族从事打猎的物质基础。多永贵说，初级社阶段（1953—1955）他经常跟着别人去打猎，"那时候年轻，能走动，没啥事就跟着人家去打猎，打完场了、没啥事了、下雪了，就出去打猎。那前，都戴狐狸皮帽子，还有戴貉壳帽子，（把脑袋）围的留严②，光漏个眼睛。那时候连跑带颠的也不知道累，走二三十里地，全靠个人跑。回来以后俩腿酸疼。"③达斡尔族擅长打猎，长期的生产实践，积累了丰富的打猎经验，掌握了高超的打猎技术。打野兽的方法很多，弓箭、扎枪、陷阱、套子、夹子、狗、鹰都是重要的打猎工具和设施。据何文录说，他没见过枪和弓箭，打猎主要是下套子、用狗撵、架鹰捕，最高级的打猎是鹰猎。吴海山说，只有大地主家有枪。多永贵说，中华人民共和国成立以后，还有许多家有猎枪了，大约在20世纪70年代，猎枪被国家收缴，所以，关于枪的记忆各人有所不同。根据动物的不同习性，达斡尔人探索了许多狩猎方式。

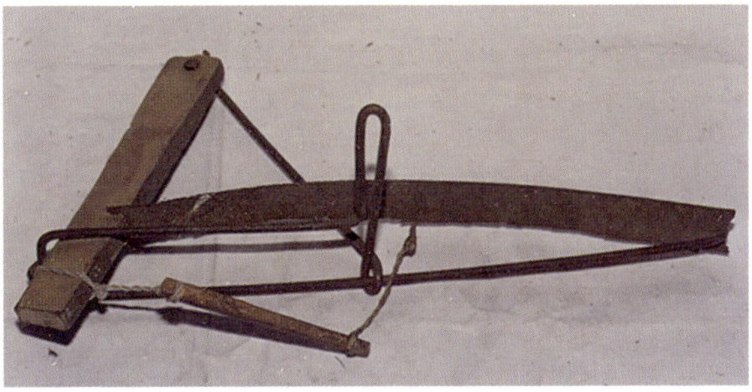

铁夹子

在兴安岭东部山麓丘陵地带居住的达斡尔族狩猎生产在经济生活中所占比重更高，"本处人等大半以樵猎为业"④，渔猎文化色彩更为浓厚，他们面对的是更为丰富的野生动物资源，直到中华人民共和国建立初期，这里的达斡尔族仍然有10%的人专门从事狩猎生产。这里是大兴安岭山林地带，栖息着丰富的野生动物，主要猎捕的野兽有狍子、鹿、野猪、猞猁、灰鼠、貉子、水獭、狼等，民国年间的《布

① 调查对象：吴海山（1938年—）；调查地点：莽格吐村；调查时间：2017年10月6日。
② 留严：东北地方话，严严实实的意思。
③ 调查对象：多永贵（1941年—）；调查地点：莽格吐村；调查时间：2019年2月18日。
④《署西布特哈总管宜铿额为抽取捐款作为自治学警经费事给黑龙江行省公署呈文及批》（宣统二年十一月二十三日）。《达斡尔资料集》第九集，档案专辑（一），民族出版社，2009年，第700页。

特哈志略》明确记载："努敏、格尼、阿伦等河一带屯所，因处于山林，野兽丰富，围猎狍、鹿、灰鼠、猞猁、狐、貉、豺狼。"① 池尻登的《达斡尔族》记载达斡尔族猎捕的野兽、禽类有30种之多，虎、豹、狐（狐狸）、貉（貉子）、獾（獾子）、狼（豺狼）、猞猁、黑貂（貂）、水獭、鼬鼠、黄鼠狼、银鼠、白鼠、香鼠、艾虎（爱虎）、熊（黑熊）、野猪、狍（狍子）、黄羊、罕达罕、鹿、灰鼠、旱獭、兔（兔子）、沙半鸡（沙鸡）、树鸡、飞龙②。山区达斡尔族打猎形成了严格的季节性，根据猎捕对象和猎捕目的的不同划分一年四季，春为打落毛之猎，主要猎取狍子，因此时正是野兽掉毛季节而得名，此时兽皮毛呈红色，称之为红杠子皮，用红杠子皮缝制的皮衣适合春夏秋三季穿，此时也是猎取鹿胎的季节；夏天为打茸角之猎，是鹿茸成熟的季节，除猎取鹿茸外，因犴角犴皮很值钱犴也是主要猎捕对象；秋为打冬衣之猎，"秋季即大雪，皑皑数千里。冰厚逾丈，万物咸蛰。而人民日益发舒，伍伍什什，臂鹰腰枪矢，大合围山谷间。"③ 这个季节是野兽毛皮厚实，做成的皮装保暖性能好，适合冬天穿；冬为过年之猎，虎豹、黑熊、狐狸、貂、獾子、猞猁、水獭、松鼠等都是这一时期猎捕的野兽，此时的猎货品是过年年货，皮张变卖之后还能买回各种年货④。

新疆塔城地区达斡尔族早年从事打猎，主要猎捕对象为野猪、獾子、兔子。以集体狩猎为主。从1931年盛世才收缴民间火枪以后，这部分达斡尔族就停止打猎了⑤。

2. 猎物的捕猎方法

嫩江平原上达斡尔族打猎方法和手段具有平原文化特色。

---

①［民国］孟定恭：《布特哈志略·村落姓氏》。《辽海丛书》第四册，辽沈书社，1985年影印本，第2482页。

②［日］池尻登：《达斡尔族》，1943年。《达斡尔资料集》第2集，民族出版社，2009年，第301-303页。

③［清］黄维翰：《黑水先民传》自序。吉林文史出版社，1987年，第2页。

④孟希舜：《莫力达瓦达斡尔族志略初稿》。莫力达瓦达斡尔族自治旗政协文史资料委员会编：《达斡尔族自治旗文史》第2辑，1990年，第37页。

⑤《达斡尔族社会历史调查》，内蒙古人民出版社，1985年，第177页。

捕兔子一般用下套子方法，兔子有固定的行走路线，于是在行走的路线上下套子，套子有绳套和铁丝套，套子的大小要恰到好处。冬天下完套子，隔两天一巡视，每次至少能逮住两个兔子。也可以用狗撵兔子，吴凤亭说："一般是骑马用狗撵兔子，我年轻的时候也这么干过，累得够呛，有时候一个也抓不到。"①

狍子，通常用枪打，但是有枪的家庭不多，吴海山说，只有大地主家有枪，他们才能打到狍子、黄羊等野兽。吴海山说，狍子可贼了，听觉灵敏，一有动静就跑了。②

夏天涨水，兔子、狍子等动物困在江心岛子上，猎人就乘船前去捕猎，每次去很多人，岛子很小，兔子、狍子无处逃跑，众人围捕，用棒子打，或者用狗捉。何文录说："只能打到兔子，狍子水性很好，在水里棒打就入水，逮不着。"③但是狍子耐力不强，人们乘船在水里撵狍子，待它体力不支的时候就能捕捉到，吴凤亭说："狍子游时间长了体力就不行了，等到这个时候就把他抓起来。"④

黄皮子，即黄鼠狼，学名黄鼬，其猎捕方法是下夹子或者用狗撵。据多永贵说，黄皮子待在空冰里，如果冰洞口有霜，说明这是黄皮子的窝，在这里下夹子基本就能捉到黄皮子。如果黄皮子从冰里蹿出来，就用狗追赶。在初级社时期，一张黄皮子皮值十多元钱，即便最便宜的皮子也能卖8元，在当时这个价格是很贵的价格了。黄皮子的皮子做成的帽子非常保暖，属于高档帽子。黄皮子肉不好吃，达斡尔族一般不吃黄皮子肉。有的达斡尔族不捕捉黄皮子和狐狸，因为这是达斡尔族供奉的胡黄二仙，认为围捕它们会遭报应。

水耗子，学名麝鼠，在冰里栖息，以水里的泥鳅、杂鱼为食，水耗子肉好吃。同捕捉黄皮子一样，在空冰口处下夹子。

草原上狼很多，狼的自我隐身能力很强，随着季节改变自身毛的颜色，草是什么颜色狼就是什么颜色，很难发现它。达斡尔族也捕狼，一种捕狼的方法是，将带

①调查对象：吴凤亭（1943—，鄂温克族）；调查地点：莽格吐村；调查时间：2015年7月20日。
②调查对象：吴海山（1938年—）；调查地点：莽格吐村；调查时间：2017年10月6日。
③调查对象：何文录（1945年—）；调查地点：莽格吐村；调查时间：2019年2月19日。
④调查对象：吴凤亭（1943—，鄂温克族）；调查地点：莽格吐村；调查时间：2015年7月20日。

钩的榆树的钩尖削得尖尖的，总计十个左右，钩尖上放块肉做诱饵，所有木钩并排挂在木杆上，狼嘴馋跳起来吃肉，于是就被榆树钩勾住了。还有一种捕狼方法经常被老人采用，夏天在草甸子上挖个坑，深度以能坐进一个人为宜，上面盖一个木盖，木盖上面有一个直径10厘米左右的小窟窿，冬天的时候，地面冻实了，猎人提着一个小猪羔子坐在坑里，盖上木盖儿。小猪在坑内叫唤，狼好奇，用腿挠，当狼的两只前腿从木盖上的窟窿伸进洞里时，坐在洞里的猎人用绳子把狼的腿绑上。狼对达斡尔族并没有实际作用，抓狼似乎好像仅仅出于恨。

野鸡，俗称沙半斤，用猎狗就能捕到。野鸡耐力小，跑不了多远就没劲了。雪大的季节捕猎更容易，在原地就能捕到。现在仍然有人偷猎野鸡，偷猎者多数下药捕猎。

灰雁，候鸟，秋去春来，每年春天灰雁飞来的时候，下绳套套灰雁，达语叫“嘎啦花克”。

过去嫩江平原鹰猎较为普遍。“鹰初生曰额普特，汉名窝雏；长成曰扎发塔，汉名秋黄；逾岁曰呼克申，汉名笼鹰。故养鹰家有一笼、两笼、三笼之说。鹰过三笼，无能为也已。”① 鹰既是达斡尔族的捕猎对象，也是达斡尔族的捕猎工具。何文录介绍鹰的捕猎方法是：“在树上下套，套带弓子，先把弓架在一个树叉上，弓上别着一个袋子，鹰一落，弓的横木就下去了，鹰也就下去了，弓就套住腿了。”② 捕鹰的目的就是为了把它驯化为捕猎工具，鹰捕回来要先熬鹰，否则不听使唤，而且吃猎物。熬鹰是个慢功夫，先不让鹰吃东西，然后喂鹰以麻线或者谷草，鹰会吐出麻线或者谷草，麻线或者谷草能把鹰肚子里的脂肪刮干净，没有脂肪的鹰速度更快、更凶猛。爪子上拴着一根绳子，让鹰站在一根立棍上，不让它睡觉，一旦鹰打盹，就敲打它。在两根立柱之间拴一根绳子，让鹰站在上面来回悠荡，悠来悠去鹰会迷糊，一迷糊就敲它一下。然后练习走绳，训练鹰从一侧走到另一头，一只腿上拴个铁圈连在绳子上，一头搁块鲜红的肉，这时候鹰饿得不行了，会从绳子一头奔向有

① [清] 西清：《黑龙江外记》卷8。《中国边疆研究文库初编·东北边疆卷十·吉林外记 黑龙江外记》，黑龙江教育出版社，2014年，第250页。

② 调查对象：何文录（1945年—）；调查地点：莽格吐村；调查时间：2015年7月21日。

肉的一头。当鹰能准确地落到袖头上，则意味着鹰驯好了。驯化一只鹰大约需要半个月的时间。养鹰很不容易，既费力又费粮，每天都要给鹰喂肉，夏天还要给他用柳条盖一个小房子，何文录的爷爷养鹰，小时候见过爷爷养鹰放鹰，据他回忆说，鹰拉屎喷很远，所以如果放在室内会把屋子弄得很脏①。猎人骑马架鹰，见到猎物就放鹰，鹰俯冲而下捉住兔子，一个爪子抓它眼睛，另一个爪子抓后面，鹰爪子锋利，双脚扣住兔子，兔子就无法逃脱了。“鹰见雉兔飞起而俯视，曰打桩；得雉兔而双爪紧抱，曰扣环；遗矢曰打条；　去曰云了。养鹰之隐语也。”②但对厉害的老兔子，鹰捕捉不住，老兔子一看到鹰过来，便四脚冲上，用四蹄蹬鹰，一旦把鹰的嗉子蹬坏了，鹰就没命了。猎民非常爱惜鹰，“齐齐哈尔副都统巴某，土著达呼尔也。一日出猎，见兔，甫纵鹰，猝坠马，左右驰而掖之起，瞠目大骂曰：‘我死即死耳！鹰脱　去，若当何罪’”③谚语云：“丢了老婆要伤心，丢了猎鹰更伤心”，由此看见，鹰的重要性甚至高于自己和老婆的生命，鹰在猎民心目中的地位由此可见一斑。现在在嫩江平原上很难见到鹰了。

过去打猎以围猎居多，选出一人为头领，头领都在亲属之中选出，条件是狩猎经验丰富，由他带领大家打猎。多永贵说：“头领一般都是亲戚，外人是不行的。而且是有经验的，知道动物的习性和规律。喜欢打猎的都有一套经验，特别是下雪天，动物足迹很难分辨，就要靠领导者。”④围猎中狗、鹰是最主要的狩猎工具，所以过去打猎的人家中总会养几只猎狗，这种狗非常瘦，眼神犀利，奔跑速度快。

如今草原上的猎物很少了，野兔、野鸡、狐狸等野兽虽然有，但是数量很少，这些野味并不能引起村里人打猎欲望，加之国家禁止打猎，所以村里打猎的人越来

① 调查对象：何文录（1945 年—）；调查地点：莽格吐村；调查时间：2019 年 2 月 19 日。

② [清] 西清：《黑龙江外记》卷 8。《中国边疆研究文库初编 · 东北边疆卷十 · 吉林外记 黑龙江外记》，黑龙江教育出版社，2014 年，第 255 页。

③ [清] 西清：《黑龙江外记》卷 8。《中国边疆研究文库初编 · 东北边疆卷十 · 吉林外记 黑龙江外记》，黑龙江教育出版社，2014 年，第 255 页。

④ 调查对象：何文录（1945 年—）；调查地点：莽格吐村；调查时间：2015 年 7 月 21 日。

越少，何文录说：“在他没出生前，爷爷父亲主要是依靠打渔打猎为生，等到他出生能记事的时候，父亲和爷爷就已经在给地主干活了。”① 多永贵说：“捕的东西都不值钱，所以也就不捕了。”② 有些人家过去专门饲养猎狗用于打猎，现在狗虽然很多家都饲养，但是只是作为看家狗。

兴安岭达斡尔族狩猎方式具有山林文化特点。除了具有嫩江平原上狩猎手段外，有些野兽是嫩江平原所没有的，如鹿、熊、灰鼠，而这些野兽经济价值很高。这里的达斡尔族商品意识较强，为了追求更高的利益，他们往往深入到嫩江上游。打猎也形成了季节性，分为鹿胎期、鹿茸期、鹿尾期、打皮子期四个打猎季节，在四个季节内为了猎取到鹿胎、鹿茸和珍贵毛皮，往往即便碰到其他野兽也不打，以免枪声一响，把鹿、灰鼠吓跑。熊胆值钱，达斡尔族就猎熊，为了使熊胆膨胀，他们找到熊洞后并不马上猎杀，而是把洞口堵死使之生气，待到熊胆膨胀以后再猎杀。除了远猎，达斡尔族也在屯子附近进行经常性的狩猎活动，猎取的动物为狍子，在秋季狍子长肉和毛厚时组织狩猎队到深山中猎取狍子，每个狩猎队三五个人，选一个经验丰富的人为狩猎长阿那格，每次出猎大约半个月左右，在此期间过着住简易窝棚、风餐露宿的生活。

这一地区打猎用枪较为普遍，打猎手段和方法多种多样，他们打猎有拟声工具，狍哨能模仿狍羔的叫声，将母狍吸引过来，狍哨用桦树皮制作，指甲盖大小；鹿哨，是用木头制作的，样子像牛角，中间空心，在鹿交尾期模仿公鹿的叫声，既能吸引公鹿前来，也能吸引母鹿前来，因为鹿在发情期，公鹿旁边一定有母鹿，母鹿旁边一定有公鹿，除了能吸引鹿，还能吸引食肉动物。鹿经常到水边喝水，于是埋伏在水边待其前来。野兽听觉灵敏，一旦听到声响就不前来了，而风声能够掩盖住其他声音，于是猎人选择刮风天打猎是非常好的办法。猎民将狍头皮去掉脑髓、脑骨，经过熟制之后加上衬布就是一顶帽子，既保暖，又能在狩猎生产中伪装自己接近野兽。

① 调查对象：何文录（1945 年—）；调查地点：莽格吐村；调查时间：2015 年 7 月 21 日。
② 调查对象：多永贵（1941 年—）；调查地点：莽格吐村；调查时间：2015 年 7 月 20 日。

3. 平均分配原则

打猎生产遵循平均分配的原则，不管技术好坏、何种工种、贡献度大小，打到猎物后一律平均分配。由塔坦达将所有猎物平均分成若干堆，参加狩猎的人数是多少就分多少堆，由负责做饭的图瓦沁（Tuwaaqin）先拿，塔坦达虽然是狩猎长，但是不但不享受特权，反倒是拿最后一堆。民国以后将猎物出售后平均分钱。

达斡尔族也有见面分一半的习惯。多永贵说："这是老祖宗留下来的规矩。我逮着物了，你碰上了，就必须得分给你点。"① 如果不分给来者一半猎物，以后打猎会不顺利，打不到猎物。多永贵说："有的不懂规矩，还有的不开面，认为，我得多少都是我的，我运气好，这种人都背后叫人骂，认为他太独裁了，太黑了。"② 过去也有较真的人，如果你打到猎物不给他，他会主动索要。

二、捕捞生产

"穿作冰眼兮，下冬网，持备钩插兮，捕鱼尾，兄弟姑舅兮，赴市售货维生计。"③ 这是《布特哈志略》一书中的一首布特哈旗人捕鱼歌，反映了达斡尔族的捕捞生活。嫩江及其支流鱼类资源丰富，主要鱼种有大草根、鲶鱼、黄姑子、黑鱼、狗鱼、鳌花、鲫鱼等，最上等鱼是鳌花鱼。由于过度捕鱼，加之环境污染，很多鱼种都灭绝了，现在嫩江能捕到的鱼只有鲶鱼、鲤鱼、鲫鱼、葫芦子、花鲫鱼、柳根、穿丁子、泥鳅等，何文录说："过去有大草根、鲶鱼、黄姑子、黑鱼、狗鱼，现在很多都绝种了，剩下鲶鱼、鲤鱼、鲫鱼、葫芦子、花鲫鱼、柳根、穿丁子、泥鳅。"④

靠水吃水，嫩江出鱼，所以生活在这里的达斡尔族世代以打鱼为生。不过达斡尔族一种传统观念认为"打鱼摸虾，饿死全家"，意思是说，从事捕捞生产无法致

① 调查对象：多永贵（1941 年—）；调查地点：莽格吐村；调查时间：2019 年 2 月 18 日。

② 调查对象：多永贵（1941 年—）；调查地点：莽格吐村；调查时间：2019 年 2 月 18 日。

③［民国］孟定恭：《布特哈志略·古迹》。《辽海丛书》第四册，辽沈书社，1985 年影印本，第 2502 页。

④ 调查对象：何文录（1945 年—）；调查地点：莽格吐村；调查时间：2015 年 7 月 21 日。

富，王亚军说：“打渔的钱是水来水去的钱，攒不住钱。”[①]所以，达斡尔族很少有人专以打渔为生，一般都在农闲季节，史载：“农暇则在嫩江捕鱼，鱼类则黄白鲫、鳜、草根、胖头等为多，江左右各旗屯，备有鱼网，每年冬、夏两季网捕。”[②]达斡尔族谚语云：“夏天捕鱼柳编罩子和撒网，冬天捕鱼凿冰叉鱼下大网。”过去达斡尔人的捕鱼方法数不胜数，有关打渔的词汇就有100余种，有钓鱼、“洞”捕鱼、罩鱼、设“哈迪”（挡亮子）、坐网捕鱼、点火把叉鱼、下网捕鱼、穿冰叉鱼、守棚叉鱼、凿冰围网捕鱼等。

1. 鱼罩捕鱼

过去用鱼罩捕鱼较多，其原因有两点，一是过去湿地较多，水源充沛，二是鱼资源丰富。吴文亭说：“水撤了以后，坑坑洼洼的地方都有鱼，就用鱼罩罩鱼。”[③]但是这种方法有明显的弱点，一是脏，鱼身上满是泥，二是捕鱼量有限，每次捕的鱼不多。现在鱼罩捕鱼的方法没有了，吴凤亭解释的原因是：“不如旋网和挂子来的鱼多。”[④]在村子里，鱼罩这种传统的捕鱼工具找不到了。

鱼罩

2. 鱼叉叉鱼

鱼叉捕鱼是非常古老的捕鱼方法，不仅白天用鱼叉捕鱼，夜晚也用鱼叉叉鱼，因为鱼喜欢亮光，哪里有亮光就奔哪里来，渔民便利用鱼的这一习性，点火把吸引鱼群。点火把叉鱼都在明水期，即秋季，须两个人配合，二人或者在岸边或者乘船停在水中，一个人举着火把吸引鱼群，一个人手持鱼叉，待鱼群游过

① 调查对象：王亚军（1962年—）；调查地点：莽格吐村；调查时间：2019年2月18日。
② [民国] 孟定恭：《布特哈志略·村落姓氏》。《辽海丛书》第四册，辽沈书社，1985年影印本，第2483页。
③ 调查对象：吴凤亭（1943—，鄂温克族）；调查地点：莽格吐村；调查时间：2015年7月20日。
④ 调查对象：吴凤亭（1943—，鄂温克族）；调查地点：莽格吐村；调查时间：2015年7月20日。

来举叉便刺。

鱼叉

过去冬季捕鱼守棚叉鱼较普遍，守棚叉鱼也叫叉青棚，达斡尔语叫“布日克索贝”。寒冬时节，江面结成厚厚的冰，找到鱼道后，凿一个冰眼，冰眼直径大约 30 厘米，在冰眼上方搭建一个草棚子，用树枝遮挡鱼道，点上蜡烛或者灯，鱼有趋光性，见到光以后就会游到有光处，人在草棚子里手持带有倒刺的鱼叉静待鱼游过来，一旦鱼游到冰眼处，举叉便刺。叉青棚方法捕到的鱼都是大鱼，多在 10 斤左右，甚至有几十斤重的大鱼，以大白鲢子鱼、狗鱼、黑鱼为主。这种捕鱼方法渔民很辛苦，因为要目不转睛地瞅着冰窟窿里，否则容易错过叉鱼的最佳时间或者失去捕猎机会，举叉的时间必须在鱼一露头的时候就刺，如此则能刺到鱼尾处，如果整个鱼身子进入窟窿里再举叉刺就刺不到了。叉青棚白天黑天均可，但是以黑天打渔效果更好，夜间鱼老实，而且经过冰眼的大鱼多。若是叉到大鱼，打鱼人有被鱼拖进水里的危险，为防止掉进冰窟窿里，渔民要用绳子捆在腰间，绳头系在岸边的树上。一旦遇到大鱼，渔民通常不会硬往上拽，任其拖着鱼叉游走，待其没劲了，用绳子拽过来，因为鱼叉上有根绳子，绳子拴在冰面上的铁橛子上。多永贵说：“插青棚很有意思，我没插过，俺那大爷就好插来的，一宿一宿搁那守着，有时候逮到狗鱼，都二三尺长，俺们都挺稀罕的。”①

蒙被子叉鱼，达斡尔语叫“起各奔”。陡愣子处是江的主流，是江水最深处，叫深汀，是鱼必经之路。渔民在江面巡视，找到鱼窝子后，就在这里凿冰眼，上面盖上被子，只有盖上被子才能看见水中鱼，鱼经过这里时举叉便刺。该种方法和叉青棚不同，叉青棚人要在那日夜守着，蒙被子叉鱼则是插到鱼之后便要挪窝到其他地方凿冰眼，因为这里没有鱼了。

3. 钩具捕鱼

钩具捕鱼是古老的捕鱼方法，达斡尔族钩具有多种：（1）撹钩捕鱼。在一个

① 调查对象：多永贵（1941 年—）；调查地点：莽格吐村；调查时间：2019 年 2 月 18 日。

鱼钩

鳇鱼钩

6 米多长的竹片子上系上十个左右的鱼钩，每个鱼钩 15 厘米左右长，都有倒须，两钩之间的距离 80 厘米左右，钩上放曲蛇即蚯蚓做诱饵。发现“汀”后下揽钩，将揽钩伸到冰层下面的水里，一旦竹片子颤动，就表明鱼上钩了。这种方法既能捕到二三斤重的大鲤子，也能捕到一斤左右重的小鲫鱼。多永贵说：“小鲫瓜子一斤多沉，黑胖黑胖的，活蹦乱跳的，搁冰上不到半个点就冻死了。”① (2) 甩江钩捕鱼。将一二十个鱼钩甩到江里，鱼杆铃铛有响动即证明有鱼咬钩了，便往回拽钩。这种方法至今仍然在使用。(3) 拦河钩捕鱼。几百个钩连在一起下到江里，鱼钩都是小钩，用曲蛇做鱼饵，最容易上钩的鱼是鲶鱼，鱼多的时候，每次能打到很多鱼。(4) 蹶达钩捕鱼。蹶达钩是大型鱼钩，钩子下到距离水面 30 厘米处，每个鱼杆上只挂一个鱼钩，钩上放曲蛇做诱饵，钩杆插到岸上。晚上下沟，鲶鱼晚上沿着岸边游寻吃岸边的虫子。鲶鱼跳起来吃诱饵时，就被钩住了，第二天早上提钩取鱼。(5) 滚钩捕鱼。滚钩是大型钩具，有 20 厘米长，钩铛宽约六七厘米。所有的滚钩都挂在一根结实的绳子上，钩与钩之间间距大约 20 厘米，滚钩呈一条直线下到水底，距离不远处再下两道滚钩。利用网漂子悬在水中，鱼一旦触钩，随着鱼的摆动，其他钩也把其钩住，因此，鱼越动，钩得越紧。用滚钩钩的都是大鱼。现在江里鱼少了，尤其没有大鱼了，所以滚钩没有了用武之地。

4. 渔网捕鱼

网具捕捞是主要捕捞手段，网有多种并有多种网捕方法。(1) 大拉网捕鱼。这是大型捕鱼活动，每次需要多人合作完成，每次捕获量很大，每网能出几千斤，

① 调查对象：多永贵（1941 年—）；调查地点：莽格吐村；调查时间：2019 年 2 月 18 日。

捕获的全是大鱼。拉网分节，每节长 14 米多，宽 7 米多，根据需要确定每次下网的节数。拉网既可用于冬季结冰期捕鱼，也可以用于夏季明水期捕鱼。冬季结冰期拉网捕鱼需要先凿冰眼，首先选择鱼窝子所在位置，在鱼窝子的上游位置凿冰眼，直径约 1 米，为下网口。在鱼窝子的下游处凿一个冰眼，直径两三米，为出网口，下网口和出网口之间约二三十米。以下网口和出网口之间形成的直线为直径，由此而形成一个圆，在圆周线上每隔八九米凿一个冰眼。从下网口分别向两侧下网，用扭镭掌握走杆的方向，将网依次传到下个冰眼，最后传到出网口，网在出网口汇合扣头，网在水底对鱼窝子形成包围之势。最后，众人合力起网出鱼。冬季大拉网捕鱼规模宏大，每次至少需要三四十人参加，多可达二三百人。如今这种宏大的捕鱼场面再也见不到了，原因在于江里鱼很少，组织这么大场面捕几条鱼显然得不偿失。莽格吐村鄂文平虽然现在仍然使用大拉网捕鱼，但是拉网不如过去大，因为现在都是用机械拽网，所以不需要太多劳力，一家三口人就足够了。（2）袋子网捕鱼。袋子网又叫拦河网，因形如口袋而得名。直至今日仍然在使用，袋子网都下在河中间，即河流的主干道，这里水深流急，凡是走河流主干道的鱼都是大鱼、洄游鱼，每年春天来此繁殖，秋天的时候顺流而下返回松花江。下袋子网就选择在秋天鱼洄游的时候，将袋子网下在江面最窄的地方，即江的瓶颈处。在江两岸各埋一个木桩子，袋子网的两边各有一根钢丝绳子固定在岸边的木桩子上。袋子网长 21 庹[①]，将袋子口支开，鱼一旦被吸到网袋里后就逃脱不了，因为下网地方水深流急，加之水冷，鱼身体较弱。早晨下网，晚上起网，解开网后面的绳子，将鱼直接倒进船舱里。不是每个人都会下袋子网，这是一门很高深的手艺。20 世纪六七十年代集体化时代，生产队一般分配五六个人下一个袋子网，据鄂文平回忆说，那时候鱼很多，如果船装满了，就打开袋子网的后堵头，把打到的鱼重新放回江里[②]。（3）下挂子网捕鱼。挂子网都下在稳流的地方，晚上下网，第二天早上起网。既可以乘船下挂子，也可

① 中国一种约略计算长度的单位，以成人两臂左右伸直的长度为标准，约合五市尺。正确的读音“tuǒ”，东北土音读作“tǎo”。

② 调查对象：鄂文平（1963 年—）；调查地点：莽格吐村；调查时间：2017 年 10 月 6 日。

以趟水下挂子。一个人就可以完成整个动作，一个人下挂子的方式是，先将网绳头固定在一头，然后慢慢撒网，网在水中慢慢散开。冬天也能下挂子，用冰镩子在冰面上凿两个冰眼，利用走杆走线，从一个冰眼里入线，从另一个网眼里出线，挑出走线，然后从一个冰眼里下网，利用走线拉网，把江拦住。起网时，拉拽拉水线把挂子网拉出冰面，摘下鱼，然后可以继续下挂子，也可以换一副挂子，过去每家一般都有两三副挂子。下挂子捕鱼直到现在仍然在使用。（4）旋网捕鱼。旋网至今仍然是捕鱼的主要工具，因为旋网捕鱼操作方便，而且每次捕鱼较多。将旋网绳子的一头系在左手，将旋网三分之二握在左手，另三分之一握在右手，把网纲理顺，以确保能依次顺利抛出，人背对水面，用尽全力高抛将网甩出，渔网便呈扇面形扣在水面上。此法适合在水浅处、稳水区进行。下旋网要喂窝子，将苞米面、豆饼撒到浅水区、稳水区，鱼成群前来捕食时撒下网，鱼就被扣在网下了。该方法白天晚上均可以使用。（5）圈网捕鱼。5 月到 8 月用圈网捕鱼。圈网用胶丝编织而成，每隔四十厘米左右编进去一个铁丝圈，铁丝圈起到支撑网口作用，由于有一个个铁丝圈的支撑，所以网下到水里呈圆桶装。圈网一头是死头，一头为开口，开口处为进鱼口。鱼找背风处，就钻进网里，张口处有用线织的须子，共计两道须子，鱼进到网里就返不回来了。（6）盖网捕鱼。这种网具由盖网和坐网两部分组成，盖网推着鱼群从上游顺流而下，坐网在下游处静等，一旦盖网和坐网相合，鱼就进入坐网上的大网兜子了。工具有走杆、拧木、冰镩子、水线、网具。冬天江河封冻后，找到鱼道，用冰镩子在冰面凿两个冰眼，两个冰眼间的距离和走杆的长度相当，下走杆，用拧木把握走杆行走方向，走杆走到下一个冰眼处，挑出水线，在冰眼处把网系在水线上，在另一冰眼处拉水线，直到把网展开在两个冰眼之间为止，网面和水流方向一致。在下游下一个坐网，上游的盖网下来以后，带着鱼碰到坐网，坐网后边有个大网兜子，鱼钻进兜里就出不出来了，一方面原因是鱼害怕了，另一方面原因是冬天河水凉，约零下 1 度左右，鱼活动不灵敏。在浅的地方出网，否则鱼往回跑。这种网能捕到大鱼，捕到的草根鱼能达到 30 多斤。过去嫩江鱼多，有时候一网能打几千斤。

5. 冬季打猫眼

首先找鱼窝子，即鱼集中的地方。发现鱼窝子后，用冰蹿子在冰面上凿开一个洞，由于冰面下有水压，突然凿开冰面后，水会从冰面下喷涌而出形成巨大的水柱，水柱高达两米左右。鱼也随着水柱蹿了上来。凿冰是关键，要在冰眼足够大的时候凿开最后一层冰，否则冰眼太小，出鱼很少。一般距水面一寸左右停止凿冰，把冰舀出，最后在冰眼的正中间将余下的冰面突然砸开。这种打鱼方法适用于死水泡和活水断流等地方。

巨大的水柱把江里的氧气带走，鱼都奔冰眼来吸氧，待冰眼停止喷水后，用搅箩子在冰窟窿里沿着一个方向搅动，然后连着冰须子一起用搅箩子往外舀鱼，每次都能捞到 100 斤左右，多永贵说：“那可有意思了，忘了疲劳。”[①] 一般情况下，离此冰窟窿不远处还会有鱼窝子，会继续打。

6. 挡亮子捕鱼

涨大水后，江水漫到小河汊子，在河汊子的入口处用土垡子垒起墙，墙上插一排用柳条编织的柳笆做亮子，把鱼圈在河汊子里。两片亮子之间留一个出口，鱼在两侧碰壁之后，就顺着亮子游到出口，出口处安装一个用柳条编织的形状像酒壶的鱼兜，鱼兜口小肚子大，鱼游进去就出不来了。也有在出口处下个柳条做的囤子，柳条囤子口沿处有用　　草做的倒须，鱼流进囤子里面，渔民从囤子里用搅箩子捞鱼。

7. 花篮捕鱼和打杆儿

用柳条子编花篮，口呈喇叭形，花篮口沿处有倒须。夏天，将若干花篮用绳子连接起来，同时下到水里，为了防止花篮飘浮上来，在花篮里放石子，叫鱼囤子，花篮里放鱼食。水深流急，鲶鱼找背风的地方，于是钻进花篮。鱼进入花篮就出不来了，第二天早上或者四五天也可能十天八天遛一回，将连接花篮的绳子捞上来取鱼，倒进船里，每次每个花篮里都能有十条二十条鱼。

① 调查对象：多永贵（1941 年—）；调查地点：莽格吐村；调查时间：2017 年 10 月 5 日。

打杆儿是夏天捕鱼方法。和花篮捕鱼方法相同，在岸边立一根木杆，有一根线系在囤子上，线的另一头系在岸边的木杆上，鱼进花篮后有动静，于是拉线捕鱼。

冬天江面封冻时，将花篮扔进冰窟窿里，每个冰窟窿里放一个花篮，每天巡视一次。

8. 鱼把头与集体捕鱼习俗

鄂文平是常年打鱼的人，莽格吐村民称他为鱼把头，1963 年生人，虽然岁数不算大，打鱼的历史却非常久，从八九岁就跟父亲打鱼，他的父亲就是个老鱼把头，1983 年包产到户以后，实行单干，鄂文平就开始以打鱼为副业，直至今日鄂文平仍然常年打鱼。鄂文平说，鱼有鱼道，打渔就要找鱼道[①]，老打鱼的人会看鱼窝子。多永贵的叔伯哥哥就是一个老打鱼的，在 20 世纪六七十年代打鱼，打鱼经验非常丰富，看冰面就能知道哪里有鱼，哪个泡子有鱼，他在冰面上找“汀”，所谓“汀”就是水中的深坑，鱼都在这里猫着，那里杂草丛生，水比较浑浊，适合鱼藏身。

过去打渔也遵循见面分一半的传统，不过现在这一规矩没有了，如果碰到打鱼的，不会给你鱼了，如果给你鱼，那表示对你非常重视了，多永贵说：“能给你拿一条就是非常够意思了，那就相当重视你了。经济效益挂帅了，不讲情面了。”[②]

9. 具有娱乐色彩的捕鱼

小孩的捕鱼方法很简单，用针做成鱼钩，用之钓白漂子鱼。在罐头瓶口绑上纱布，抹上鱼饵，扔进江里，鱼进到罐头瓶里就出不来了，专门捕捉川丁子鱼。

以前，甲鱼很多，达斡尔族也捕甲鱼和到江边捡甲鱼蛋。现在甲鱼没有了。

近年，很多人把捕鱼看作了一种休闲方式，在柳蒿芽成熟季节，三五成群一起去打渔，然后在江边搭上锅台，将新捕上来的鱼和柳蒿芽一起炖，在江边野餐。

---

① 调查对象：鄂文平（1963 年—）；调查地点：莽格吐村；调查时间：2017 年 10 月 6 日。
② 调查对象：多永贵（1941 年—）；调查地点：莽格吐村；调查时间：2017 年 10 月 5 日。

第六章　家庭手工和副业生产

除了农、牧、渔猎等主业之外，达斡尔族也有手工业和副业生产，这些手工业和副业生产在达斡尔族的经济生活中占有重要地位，过去商品经济不发达，日常所需绝大多数靠自给，家庭手工和副业生产除了满足自用外，也把多余的产品拿到市场上销售，成为家庭的收入来源的主要部分。

一、手工及手工技能

手工制品多为满足自己生活的需要，达斡尔族生活所需的必需品绝大多数自己制作。也有半职业者的手工业者，如木匠、熟皮匠便是。达斡尔族的手工制品包括刺绣制品、桦树皮制品、柳编制品、苇编制品、麻制品、皮制品、木制品等。

1. 刺绣

刺绣是女子必须掌握的技能，达斡尔族女孩从十三四岁开始就在母亲、奶奶等的指导下练习刺绣，刺绣水平的高低是评价一个女子是否贤惠、是否有家教的一个标准。每个女子在婚前都要制作大量的刺绣品，这是自己结婚时的嫁妆，婚礼的当天，亲戚朋友要翻看随身带来的嫁妆并进行品评，若是绣品好，自然得到人们的赞赏，娘家和婆家脸上因此而有光，如果刺绣不好则会遭到嘲讽。刺绣多为生活品的装饰，见于鞋帮儿、枕头顶、摇篮头衬、枕套、幔帐套、手套、烟荷包、衣袍领、袖、襟、下摆等生活必须品之上。刺绣针法有平针、锁针、辫纹针、回针、缬针等。

八宝图案枕顶，半成品

白底贴各色缎花，半成品

石榴花枕顶

狮子滚绣球枕顶

鸟语花香枕顶

绣法有平绣、锁绣、缬绣、补花绣、堆绣、折叠绣等。

所绣纹饰多种多样，以汉族的传统吉祥图案为主，主要有以下几类：（1）动物类吉祥图案。鹿衔灵芝表达的是高士们的仙风道骨，引申意为长命百岁，万寿无疆。虎啸深山、鱼游潭水、蝶飞枝头，寓意为英雄有用武之地。龙、凤、十二生肖，均为祥瑞。龟、蛇均寓意长寿、吉祥。鹰寓意大展宏图、鹏程万里。喜鹊代表喜庆、吉祥。山鸡寓意锦上添花、好上加好。蚂蚱则属于无意义图案。丹凤朝阳，寓意贤才逢明时。（2）植物纹吉祥图案。石榴寓意多子多孙。菊、竹、梅、兰被称为四

烟荷包

折叠绣花钱包

君子。佛手寓意有福之手。宝相花是中国古代传统装饰纹样，是花瓣、花苞、叶片的变形，经过艺术加工组合而成的图案纹样。荷花、睡莲寓意圣洁。松、柏代表健康长寿。还有一些花纹似乎是无特殊寓意的，如花草、瓜果、树木纹等。（3）特殊符号吉祥图案。如五福捧寿、卍字不到头、八结盘肠、如意纹、寿字纹等。（4）文字纹。以汉字的语意直接表达吉祥祝福的意思。文字图案有“寿比南山、福如东海”、良辰美景、福、禄、寿、鸟语花香。（5）故事图。有的取材于本民族民间故事和神话传说，也有取自满族民间故事，还有取自汉族古典名著如西汉演义、三国演义、封神演义等中的故事情节。（6）人文景观和自然景观。景观图案主要有亭台楼阁、文房四宝、山石、小桥流水、山林野树、峻山孤舟、园林风光、松林仙鹤、柳林碧水、篱笆等。（7）几何纹。以菱形、三角形居多。当然，有些吉祥图案随着时间的推移，许多人已经不了解其本意，而仅是在日常生活中简单的仿习。

达斡尔族刺绣是集实用与美合二为一的艺术形式，在满足实用的基础上，满足达斡尔族的审美需求。精美的绣工使得生活必需品具有很高的艺术欣赏价值，既是生活品，也是艺术品。如枕顶是精美的绣片，这块绣片呈方形，是由袼褙制成的，外面加绒布，在上面刺上精美的图案。每天叠被子的时候，枕头整齐摆放在炕梢柜子上，绣片冲外，装点着室内空间。多永贵说：“生活好的都做这种绣花枕头，生活不好的就不讲究这些了。”[①] 烟荷包既是装烟的实用品，也是精美的艺术品。男人的烟荷包多为长方形，而女人所使用的荷包和烟荷包有葫芦形、宝瓶形、长方形、石榴形等不同形状，在荷包口部或者腰部抽褶，艺术效果更佳。制作荷包和烟荷包的材料有红杠子狍皮、帆布、绒布、布袼褙、布料。过去结婚时都带着这些绣品作为嫁妆。如今这项技艺从达斡尔族生活中消失。

① 调查对象：多永贵（1941 年—）；调查地点：莽格吐村；调查时间：2017 年 10 月 5 日。

2. 编织

编织就是把细长的东西互相交错或勾连，这是达斡尔族必须掌握的主要技艺，传统编织所用的材质均为就地取材，编织品有柳编、苇编、篾编、毛织、皮编、绳编等多种。

柳编制品有筐（有大、有小）、篓、篮子、筐箩、柳笆、捕鱼工具等。这些都是日常生活用品和生产工具。柳编选择当地盛产的柳条，必须是春夏期间的柳条，乘柳条柔软时编织，用于编制的柳条同筷子一般粗细，编织的方法有多种，根据大小及用处不同而有所不同。多为自编自用，但也有专以编筐编篓为生的，黑河市大五家子村曾有个杨姓达斡尔人一生以编筐养活一家三口的生活[①]，但是总体而言，这种专业户是极少数。

朱瑞华收藏的两个柳编土篮子

苇编主要是用苇子编织炕席。过去嫩江及其支流盛产芦苇，秋季将其割回家，用水泡软之后，编织成炕席。编织的方法是左右两撇芦苇互相压，形成人字形纹。

柳条篮子

秫秸篾编织。秫秸就是高粱秆，将高粱秆剥去包皮，将光杆秫秸用一种特制的刀从一头划向另一头，一个秫秸便分割成三条，然后用刀将瓤（酱杆瓤）剔除，刮酱杆瓤是个技术活，人坐在地上，左手提秫秸的一头，右手握刀插进瓤里，脚抵刀背，左手往后拉秫秸，

① 内蒙古自治区编辑组：《达斡尔族社会历史调查》，内蒙古人民出版社，1985 年，第 165 页。

一拉到底，瓤便剔除，剩下的就是秸秆篾。用秫秸篾可以编织成炕席、篓等，编织的方法为秫秸篾互相压，形成的纹路是人字纹。

随着塑料、铁制品等的传入，手工编制品逐渐被淘汰。

3. 打绳子和纺线

麻制品主要是绳子。在生产队解散以前都种植麻，线麻多种植于房前屋后小园田地，麻籽烧熟后可食用，味道很香，亦可榨油，麻秆皮就是用来搓绳子的线麻。麻秆要先在水泡子中沤泡若干日，然后捞出晒干，之后才能把线麻皮剥下来。然后就可以搓成粗细长短各不相同的绳子了。有专门的纺线工具，小型的纺线工具是拨楞锤、纺线车，大型的纺线工具是纺经车子。

达斡尔族拨楞锤有两种，一种拨楞锤由圆底盘和木杆组成，圆底盘木制，直径约5厘米。中间有个圆孔，圆孔小手指粗细；木杆长20厘米左右，用圆木杆刮成光滑，类似于筷子但比筷子稍粗，底部粗，往上逐渐变细；木杆细头从圆盘口穿过，底部稍微留个头，固定住。这种拨楞锤既可以纺麻绳，也可以纺羊毛线、棉花线。纺线时，盘腿坐在炕沿边上，先用手搓个绳子系到圆盘底部，将绳子缠在木杆上，在杆头的钩上别住，然后左手提着绳，右手扒拉圆盘不停地转动，左手边捻线或麻边往绳里絮线或者麻，达到一定长度后将绳子缠到木杆上，然后继续转动，继续往里絮线或者麻。另一种拨楞锤是用羊腿骨或者木头制成的，若是羊腿骨，则磨光之后，在中间钻个眼；若是木头，则将木头削成两头粗中间细的形状，在其中间钻个眼。将一个带钩的竹子根部插进眼里，固定住。既可以纺毛线，也可以纺麻线，一只手向上提着麻线或者毛线，一只手转动拨楞锤，先纺出半股半成品，然后合股纺出麻绳或者毛线。纺出来的细麻绳用途很广，可用于捆扎各种东西、纳鞋底、串盖帘。在铁丝、尼龙绳、

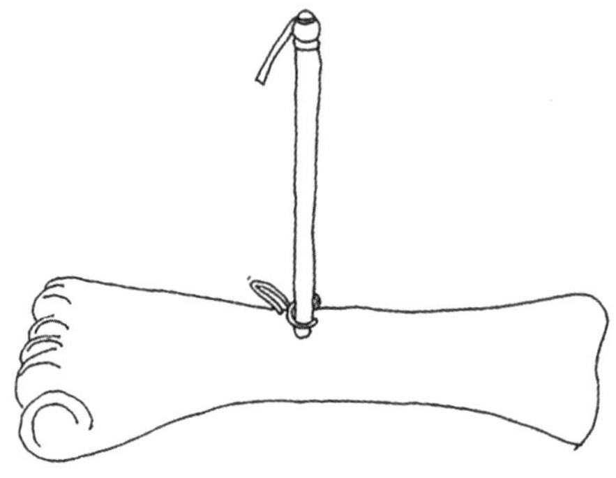

纺线拨楞锤

纤维绳传入以前，这是唯一的捆扎、拴束、订制、缝连各种物品的捆扎物和串联物。

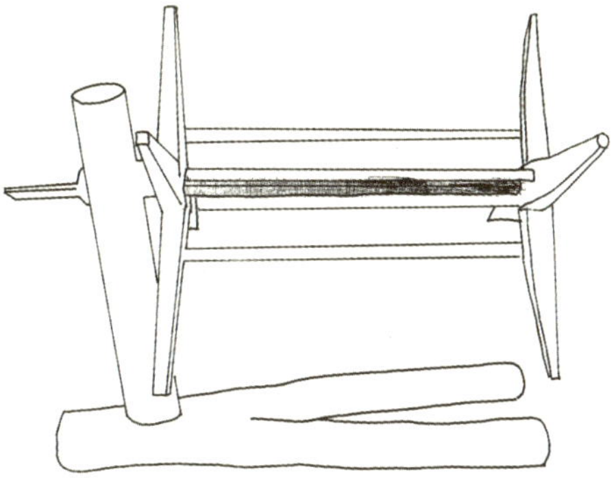

纺车

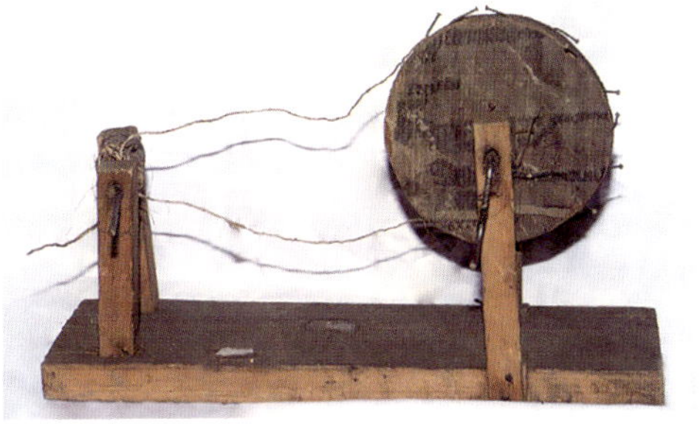

纺线车

纺绳车，由底座、绕线框和转轴三部分组成，底座有不同的做法，简易的底座就是一个两个枝杈的木杆，两个枝杈呈三角形，平卧在地上，在枝杈的相交处凿一个卯眼，在卯眼里垂直嵌入一个木立柱，高40厘米左右，在木立柱上凿一个圆眼，将铁转轴插入里面，将绕线木圆框套进转轴里。左手不停地转动，右手续麻皮子，麻皮子通过摇动上劲，上好劲的经子就势绕在绕线框上。当纺绳车缠满后，要将麻经子倒出来，倒的方法是，先将一头经子弄成一小把儿，然后将其余经子交叉相缠，最后形成一个球形。

纺经车，用纺绳车纺出的经子要放在纺经车上纺成粗细不等的绳子，绳子的粗细主要看经子股数的多少，或3股、4股、5股、8股、12股不等。纺经车由三部分组成，分别是主车、副车和木瓜。主车，立两根木桩，木桩上架一个木板，木板上钻4—8数量不等的圆眼，这是穿转把的眼，每个眼穿一根铁转把，另有一个木板上钻4—8个眼，眼的数量及其间距同桁架上的眼数和间距相等，操作者将多孔的木板套在铁摇把上，顺时针转动这个木板，一个木板便把各个摇把同时转动起来，同时给多根经绳加劲。副车是一个支架，支架上有个单柄摇把，顺时针摇动。将麻经子的两头分别系在两侧的摇把上，麻经子各股之间夹一个木瓜，木瓜一头粗、一头细，上面有豁沟，数量不等，它是合绳工具，将木瓜夹在各股经绳之间，每股经绳占一个木瓜豁沟，木瓜从单柄处开始，大头朝前，小头冲后，随着两侧摇把加劲

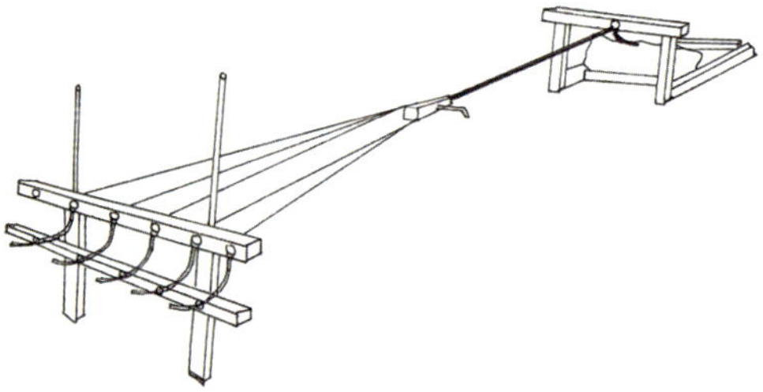

纺经车

纺绳车子

经子，后面的经子向前挤压，逐渐往前推进，各股经子合在一起便成为绳子。这种绳子用处很大，如庄稼、羊草装车之后的捆扎绳、打水提水的提绳、缰绳、车套等都用这种麻绳。

20 世纪 80 年代以后随着尼龙绳、纤维绳、铁丝的广泛使用，麻绳逐渐被取代，由此也使得纺线及其相关的工具消失了，与此相关，线麻也不再种植了。

4. 鞣制皮张

熟皮子者虽然是手工业者，但是一般不单独以此为生，有活就干，没活就从事其他劳动生产。多是来料加工，据多永贵说，在生产队时期，鞣制一张皮子收费五六元钱，也可以用粮食抵工钱。多永贵年轻时会熟皮子，他鞣制的皮子主要是羊皮、狗皮、牛皮。在所有皮张中，牛皮的鞣制难度很大，因它太厚。鞣制皮子有多道工序，按照莽格吐村多永贵的介绍，鞣制牛皮大致经历以下几个步骤：

第一个工序是将皮子的内皮进行发酵处理，用于发酵的原料有多种，（1）牛奶，牛奶发酵以后，涂在牛皮内层皮面上，卷起并闷四五天。（2）用苞米面发酵，将苞米面用水和稀以后，涂在内皮层表面，卷起并闷五六天。（3）粗糙的燕麦面，所谓粗糙的燕麦面就是将燕麦碾压成粗面，面不须用箩筛，用水和稀后涂于皮张内层表面，卷起闷若干日直至发酵。（4）黄米或者小米发酵，将米放进水缸里，将皮子浸泡在水里若干日，米发酵成本较高，所以许多人舍不得使用米。（5）草木灰发酵，将草木灰撒在内皮面上，卷起并捂五六天。（6）硝发酵，将硝在水缸里同水按照一定的比例勾兑好，将皮张埋进水里，取出时间要掌握好，如果浸泡时间过长，则会将皮毛层腐蚀过渡。硝是后出现的，本地不生产硝，要到齐齐哈尔市购买，硝是发酵最快的发酵剂。发酵的目的是将皮子内层的皮质变软、腐烂，以便下一步能刮掉腐质肉。

第二步是用刀反复刮内皮板表面，目的是将皮板上已经呈腐烂状的内层或腐肉刮掉。刮刀有两种，一种是一个三角形的木叉，叉铛处镶一个刀片，木叉的另一头系着一个绳套。右手提拉木叉的顶部，左脚伸进皮套往下蹬，通过手提脚蹬，刀片在皮子上反复刮，皮层表面的腐肉、杂质、硬结即被刮掉。第二种是用弧形的刮刀刮，刀片镶嵌在木弓之上，在皮板上反复刮，直至皮板干净为止。

第三步是砸或者轧。该步骤仅限于糅制牛皮和犴皮等大型皮张，砸的工具是木锤子，将皮子卷起反复砸。轧的工具是一个木铡刀，铡刀的刀面和刀床都是锯齿状，将皮子卷成卷，在木铡刀上来回铡，边铡边转动皮子。砸、轧的目的是使皮子变软。

第四步用锯齿木刀或者铁钝刀刮皮子。人坐在炕上，皮子摊在腿上，将靠近身体的皮子卷起，用锯齿状木刀和铁钝刀从另一头开始往身体侧刮，刮到卷皮子处则散开，直至刮到皮子头部，如此反复刮，皮子就越来越软了。

糅制好的皮子能够制成皮衣、套裤、帽子、靰鞡鞋、马缰绳、车马绳套、马鞭子以及各种捆扎用绳。如今这些皮制品没人使用了，由此也使得这些熟皮子和加工皮子的技艺也消失了。

5. 木匠活

村中为数不多的手工业者便是木匠，木匠是具有专门技能的农民，过去每个村子有一两个木匠。木匠分细木匠和粗木匠两种，通常盖房子的檩木都是由粗木匠处理的，不过粗、细界限并不严格，很多木匠粗、细兼干。木匠虽然是职业，但是也兼营农业生产，有木匠活就干，没木匠活则干农活。村中各

鱼形刀

家盖房子、做家具都请他。所用的工具有锯、手斧、手锤、刨子、凿子、划线盒等。

木匠干活不白干，无论干什么活计，雇主都要付给木匠一定的工钱，在生产队的时候集体化时代，农民下地干活记工分，年底按照工分分得报酬，通常一个工 8 分、9 分、10 分不等，雇主通常将自己的一个工的工分转给木匠作为报酬。20 世纪 80 年代生产队解散以后，木匠干活按件记酬，即依据所制作家具劳动量的大小收取工钱，具体每件家具收取多少工钱由双方商定。每天要给木匠做好吃的，莽格吐村木匠多海福在生产队时期给别人干活主人每顿饭都要给他单独炒个鸡蛋，多海福说："那时候鸡蛋都少啊。"① 能吃上鸡蛋就是很不错的生活了。如果帮助别人家盖房子，给木匠准备的伙食要好于其他帮工者，每顿饭都要单独给木匠做两个硬菜，安成林说："我记得，我十多岁的时候家里盖三间房子，找木匠干活，给木匠吃的最好的菜就是鸡蛋外加一个土豆丝，这是最好的了，别的没有。鸡蛋还得借去，那时候特穷，没好玩意。"②

多海福，1952 年生人，莽格吐村的老木匠，1970 年在"五七"技校学木匠，学成之后一直在莽格吐村当木匠，直至 2016 年才停止干木匠活。一生只收了两个徒弟，都是本村人。收徒仪式很简单，石铁银的父母上门找到多海福，对多海福说："他老爷啊，孩子身体不好，据说做木匠活辟邪。"希望他收石铁银为徒弟，多海福原来不愿意收徒，求了几回之后才答应。据石铁银说，他跟师傅学习了半年，在此期间，徒弟给师傅白干活。学成之后，多海福给石铁银做了一套木工工具。师徒情谊始终没变，直到现在每到过年过节的时候，石铁银都要带礼物到师傅家看望师傅，两家离得很近，中间仅隔两三家。生产队集体化时代，多海福做的是粗木匠，改革开放以后，开始做细木匠，为村民制作家具，尤其是冬天结婚的人多，所以这时候打家具的活特别多。多海福做的家具有炕琴、高低柜、五斗橱、碗架子等，生产工具有犁、车篷、牛抬杠、耲耙等。

① 调查对象：多海福（1952 年—）；调查地点：莽格吐村；调查时间：2017 年 10 月 5 日。
② 调查对象：安成林（1950 年—）；调查地点：莽格吐村；调查时间：2017 年 10 月 6 日。

木匠在盖房子时的作用很大，老木匠盖房子有经验，不用仪器，从东头走到西头仅凭眼力就能找好房屋的平衡。盖房子时，木匠负责砍房架子，房屋的大柁、二柁、檩子、椽子都是木匠制作。门窗的尺寸都是固定的。木匠也有一些使坏的方法，如果东家比较苛刻或者工钱不到位，他会在建房过程中使坏，“在山尖上搁什么暗器啊，或者施咒语什么的。咱们一般人不懂。懂行的能知道，就是使坏，让你过不好。”①

寿材也由木匠制作，做棺材尺寸非常有讲究，无论是高度、宽度还是板子的厚度，尾数不能出现 1、4、7 三个数字。最好的棺材是松木板子做的。

达斡尔族擅长造车，“工业如勒额勒车、犁杖等物，其地人民皆能自制。”②大勒勒车是达斡尔族的一项伟大创造，是对北方民族文化的一项伟大的贡献。造车是一特殊的技能，并不是每个木匠都会做车。其制作程序较为复杂，车毂、车辋、车辐条、车辕、车体等分别制作，然后组装在一起。

车辋的搣制方法是，第一步选材，车辋是用黑桦木搣制而成，所选黑桦木必须选择上下粗细相同，长 3 米多，直径七八厘米，而且必须是新砍伐回来的桦木，这种桦木有湿度，容易搣制；第二步挖熏窑，窑洞在山脚下，长 6 米，宽 0.8 米；第三步将十几根选好的黑桦木杆放入窑洞里，用石板盖上窑洞之后培上土；第四步在窑洞下面点火熏桦木 10–12 个小时，待熏软有韧性以后取出；第五步用凿子砍削桦木大头以使桦木粗细一致；第六步反复搣桦木，待搣成半圆形以后，用绳子固定住，阴干一年。两个半圆形车辋的连接处分别凿出榫卯，榫为公，卯为母，互相咬合便制成了车辋。在车辋的周边凿出 18 个卯眼，以同车辐条连接。

车毂的制作，第一步选取黑桦木，黑桦木不仅结实，而且耐磨，适合做车毂，所选黑桦木直径 25–30 厘米，阴干一年；第二步截成 40 厘米长；第三步在桦木的

① 调查对象：多永贵（1941 年—）；调查地点：莽格吐村；调查时间：2019 年 2 月 18 日。

②《奉派西路布特哈劝业员兼教员宝麟为调查农工商情形事给黑龙江提学使司的禀文及批》（光绪三十四年六月初九日）。《达斡尔资料集》第九集，档案专辑（一），民族出版社，2009 年，第 566 页。

中心钻轴眼，阴干；第四步刮削表面，中间稍鼓，两面稍有坡度。在车毂的周边凿出 18 个卯眼，以同车辐条相连接。车辐条制作简单，粗细相同的桦木锯成等长，两头锯成榫形，每个车轮共计 18 根辐条。

车毂和车辋、车辐条连接在一起便是一个车轮子。连接的方法是将辐条两头的榫头分别插进车毂和车辋上的卯眼。车轴也必须用黑桦制作，早年，车轴和车毂是一体的，车行驶时车轴同轮子一起转动。后来在车毂中间凿圆眼，车轴穿在里面，行车时随时浇油。车辕、车轴、车厢制作完毕后，就可以和车轮组装在一起，一辆大勒勒车便制作完成了。车毂、车轴、车辐条的木料均需提前一年准备好，阴干之后才能制作，所以制作一辆大勒勒车从备料到制作需要两年的时间。传统的勒勒车整个车体全为木质，通车没有一个铁钉。后来出现了用铁进行加固的现象。车毂两头用铁环加以固定，这种铁环称之为“铁箍”。在车辋、车辕之上也出现了用铁丝、铁钉加以固定的现象。车毂轴眼的内壁嵌入铁片或者铁销子，在车轴两头镶嵌若干铁片，以增加轴心的抗磨性，铁片必须为铸铁。

大轱辘车的车板有铺木板的，也有用柳条子在车的横撑上上下编穿形成车板的，必须用湿柳条子，就是刚割回来的柳条子，待柳条子干了之后，柳条车板就定型了。车板之上有的在车的四周安装车围子，车围子或者是木板，或者是柳笆。有的在车板上安装车棚，这种安装车棚的车只有富人家才有条件使用，新娘的婚车通常是这种车，它是最为上档次的车，相当于现在的轿车。车棚呈拱形，或者用苇子编织而成，或者用柳条子编穿而成，或者在柳条子支架上面围以帆布或者桐油布，车棚与车板的长度和宽度基本相同，高度近 1 米。

过去有以制作大轮车为生者，“有擅制大轮车辆之艺术，每年八月间，从山路运往海拉尔（即呼伦贝尔），属赶珠尔庙（即寿宁寺）集会，交换牛羊马匹，藉资营生者。”[①] 如今，大勒勒车早已经成为遥远的回忆，会制作勒勒车的工匠屈指可数，其技艺的传承面临着危机。

现如今木匠活不多了，因为家具都买现成的，盖房子多承包给工程队，房屋的

①［民国］孟定恭：《布特哈志略·村落姓氏》。《辽海丛书》第四册，辽沈书社，1985 年影印本，第 2483 页。

门窗都是铝合金、塑钢窗，房屋的装饰也直接承包给了工程队，而且村中自己组织人员、购置材料、自己张罗盖房子的人越来越少了，所以木匠活很少，在这种情况下，莽格吐村的石铁银不得不转行当了铁匠，利用自家的房屋开了一个铁匠铺，从事维修工作，直到 2017 年已经干了三年。石铁银说："不转（行）也不行啊，木匠活太少了。"① 传统的木匠工具没有了用武之地。

6. 泥塑

用泥塑造的物品不多，最为常见的泥塑品是火盆，取黏性很大的黄泥土用水和成泥团，放在锅里熏蒸，然后将猪鬃拌在泥团里，用这种泥团塑造成火盆，或者四方斗形，或者圆盆型，放在阴处晾干。用锅底灰拌以豆油为涂料，涂在火盆的外表面。比较讲究的人家还在火盆上刻出各种花纹，使得火盆具有装饰性。每天或几天用少许豆油擦拭火盆外表，以确保火盆有光泽。② 这是冬季室内取暖工具，将灶坑里的火炭盛到火盆里，屋子迅速暖和起来，每天围坐在火盆周边烤手、干活、抽烟、聊天。

如今各家砖瓦房内都安装有暖气，火盆这种原始的取暖工具从人们的视线中消失。

7. 建房术

房屋，达斡尔语叫"格勒"（geri），达斡尔族房屋尽管多种多样，但是基本的建筑技术是相同的，仅有简易与复杂之别。在某种程度上，住屋是没有设计师的建筑，但是同时在房屋建筑过程中人人都是设计师，达斡尔族的家屋都是村民共同合作建立起来的。建房是个大众技术，每个男性村民在不断地建房过程中都掌握了这项技术。达斡尔族有互帮的传统，一家有活全村帮忙，这是自古传承下来的传统。盖房子属于一个家庭中的大活，每到盖房子时必然全村帮忙。达斡尔族的帮工制度体现的是一种互惠性原则，表面看是帮助、帮忙，其实质是以互惠交换为原则，当为别人家付出劳动时，也就为自己家的劳动得到别人的帮助奠定了基础。但是达斡尔族的帮工制度并不是等价的，即便曾经帮过的人没有来，也不会计较，也不会影

---

① 调查对象：石铁银（1965 年—）；调查地点：莽格吐村；调查时间：2017 年 10 月 6 日。

② 内蒙古自治区编辑组：《达斡尔族社会历史调查》，内蒙古人民出版社，1985 年，第 165 页。

响下次继续帮助他家。这种互惠的帮工制度是潜藏在达斡尔族内心深处的集体意识，“是社会团结的基础，使人们结合成为一个有序的社会整体。”[①] 每到盖房子时召集帮工的方式是到家通知，尤其是有一技之长的人如砌墙好、会干木匠活都要特意嘱咐：“明天我盖房子，你得来啊！我听说你砌墙砌的出名。”也有闻讯自动赶来者。来的时候都把家里的铁锹、二齿子、泥板子等工具带来。主人要准备酒菜招待前来帮忙的人，伙食通常很好，在生产队时，各个家庭经济条件都比较差，即便再困难也要弄两个菜，那时候，能吃上炒白菜和炒土豆丝就是不错的伙食了。生产队解散以后，招待伙食开始好了，餐桌上出现了鸡、鱼等硬菜。多永贵说：“造房子都是亲戚帮忙。帮忙完要请人吃点。自己拿不起钱的，亲戚还帮忙掏，有钱再还。现在也这样。”[②] 不过木匠干活不白干，给谁家干活都要给工钱。如今，达斡尔族各村开始全面推行砖瓦化，政府实行支持、补助政策，每家建造一座砖瓦房便享受国家的补助金 6000 元到 10000 元。随着砖瓦化房屋的实行，有些地方的帮工制度渐渐没有了，把盖房子的活承包给工程队，虽然如此，仍然通知亲戚前来，只不过不是来盖房子的，而是前来吃饭的，借盖房子之机亲戚在一起聚聚，盖房时喝酒吃宴也是村民亲属朋友之间联络感情增进友谊的一种方式。而有些达斡尔族地区仍然延续帮工制度，莽格吐村近年盖房子都是村中人帮忙建起来的，泥瓦匠、木匠虽然属于技工，仍然不要工钱，多海福说：“都是乡亲，不好要钱。”[③]

盖房子首先要备料，建筑材料有做檩木、门窗的木材，做墙体的草垡子、土坯、砖，覆盖屋顶的苫房草，用作房笆的柳条帘子、芦苇帘子。过去盖房子的材料都是就地取材，所有材料都要提前准备好。嫩江平原木材少，盖房所用木材都购自富裕县城或者齐齐哈尔市，也有人上山放排，不放排的家庭会求助放排的人给捎带些檩木。而莫力达瓦达斡尔族自治旗、黑河市一带的达斡尔族地区紧邻山区，木材多，

① 涂尔干：《社会分工论》，渠东译，三联书店，2000 年，第 42 页。
② 调查对象：多永贵（1941 年—）；调查地点：莽格吐村；调查时间：2015 年 7 月 20 日。
③ 调查对象：多海福（1952 年—）；调查地点：莽格吐村；调查时间：2019 年 2 月 18 日。

取材较为方便。

建房材料芦苇

一座房屋所需要的垡子或者塔头很多，光靠自己家的力量肯定不够用，每到此时，亲戚朋友会前来帮忙。土垡子是在湿地用起垡子铁锹挖出来的方形土块，湿地内的草根在地里盘根错节交织在一起，经过多年，这里的土块形成了一个整体，非常结实，由此也决定了起土垡子是个重体力活。起土垡子都在雨季过后，一般在9月份以后，地面开始干燥，这时候草根长成了，垡土的密度够了，草根盘根错节地结合使得土块已经变成了一个结实的整体。选择湿地内地势平坦、草根比较厚、地面没有裂缝的地块挖垡子，这一地块的垡子结实、不透风，吴凤亭说："如果草深的话，垡子挖出来不会散。"① 先用钐刀将上面的草割倒，然后将杂草挑到一边。清理干净场地后，开始划线，按照所需每块垡子的大小画线，然后沿着所划的线用垡锹整齐地挖，再用垡锹别。垡锹锹板为一个平板，锹杆为铁把，铁把顶端焊接一个较长的横握手。起出来的垡子要捧起来，放在一个地方进行晾晒，一块草垡子重者七八十斤，所以非常费体力。晾晒的土垡子可以摞成两三层，若是垡子不周正，可以用垡锹进行修正。塔头又叫塔头墩子，是一种高出水面几十厘米甚至一米的草墩，是由沼泽地里各种苔草的根系死亡后再生长，再腐烂，再生长，周而复始，并和泥灰碳长年累月凝结而形成的。将其整体起出来可以做筑墙体的材料，起塔头和起垡子的方法相同，因为突出在地表之上，所以稍微容易一些。拉回垡子或者塔头的时间一般在上冻以前或者次年开化时，也有的家庭边起垡子边往回拉边砌墙，不过这种现象较少。垡子墙的优点是，抗水冲、泡。

制作土坯民间称为"脱坯"，是东北地区有名的累活，工序是，首先和泥，选

①调查对象：吴凤亭（1943—，鄂温克族）；调查地点：莽格吐村；调查时间：2015年7月20日。

在一块土质好的地方挖土，将羊角拌在土里，和成干稀适度的泥，然后两三个人用铁锨运泥，另外若干人在一块平地上负责制作。制作土坯有个专门的工具叫模子，土坯模子是用四块木板制成的，长方形，把泥倒在模子里，用两个拳头猛怼，然后用两个手掌来回抹平，抽出模子。晾晒若干日之后，土坯干燥，将干燥的土坯码起，待来年盖房子时拉回家里。脱坯时亲戚朋友也前来帮忙。随着土坯房的消失，土坯模子也没了用武之地，2017 年 10 月在莽格吐村，多永贵家的一个土坯模子在一侧钉了一块木板变成的喂鸡鸭的槽子。

正房的样式均是方形，东西两侧是山墙，南面开窗，西面开一小窗户，屋顶为起脊房，两面流水。达斡尔族房屋正房以抬梁式架构居多，这是达斡尔族代表性传统房屋，其中，梁架结构为大柁二柁双檩双杦的房屋是达斡尔族最高档的房屋，其建筑技术是达斡尔族传统建筑的最高水平，这些梁架、檩木都经木匠先期制作好。

建房的第一步是平整土地，用多海福的话说就是“把地面的水平线打出来，地面不平不行。”[①] 然后立柱，立柱有贫富之别，富人家的房子是四角落地，房屋的四角以及大托的下面都有立柱，两间房、三间房分别呈长方形立下六根、八根立柱。立完四柱之后砌墙，所以有房倒屋不塌之说，德新说：“我听我爸爸说过，这屋子墙都掉下来，房子也不塌下来。”[②] 在过去都是富裕家庭才能建得起这种房屋，在达斡尔族的各个村落中这种四脚落地双檩双杦的房屋极少，直至 20 世纪六七十年代这种房屋也是村中的上等房。贫民家庭的房屋只在大柁的下面立柱，即在房屋中间间壁墙的南北各立一个立柱，称为柱脚，起支撑大柁的作用，两间房子立两根立柱；三间房子立四根立柱，立柱深埋地底二三尺。

房屋有大柁和二柁，大柁直接架在柱脚之上，大柁之上立两根木柱，称为立人，立人之上架二柁。在立柱脚之前，在地面之上由木匠将柱脚、大柁、二柁、立人以

---

① 调查对象：多海福（1952 年—）；调查地点：莽格吐村；调查时间：2019 年 2 月 18 日。
② 调查对象：德新（1936 年—2020 年）；调查地点：齐齐哈尔市梅里斯区；调查时间：2019 年 2 月 21 日。

榫卯结合的方式组装好。众人合力将柱脚立起，在柱脚的两侧各斜钉一根木杆对柱脚加以固定，防止倾斜或者倒塌，据多海福说，过去倒塌的事情确实发生过。后来，梁架结构简化了，立人和二柁等构件取消，梁架结构就是一个三角形木架，三条木板钉一个三角形木架，三角形的中间有一个立柱，立柱的两侧斜钉木板，起到加固作用。

上大柁在村民的心目中是最为重要的建筑环节，大柁是整个屋顶最为重要的承重构件，上梁时要举行隆重的仪式，木匠在檩子上挂红布和筷子，在大梁中间绑七个大钱，先燃放鞭炮，主人面对房屋磕头，木匠说几句祈福的话。整个梁架、檩木、椽子都是木匠加工处理的，所以在此时，主人要给木匠赏钱，木匠多海福说，每次上梁时主人都用红布包上66元、88元、100元钱系在大柁上，这是对木匠的奖赏，取六六大顺、八八发发、一百百顺等吉祥含义①。多永贵2010年请多海福木匠干活，给了两次钱，一次是在砍大柁的时候，给了100元，一次是上梁的时候给了100元钱。

房屋架构立好、上梁仪式举行完毕以后，架檩子。齐齐哈尔一带达斡尔族房屋檩木多用杨木，马架子的檩木为粗柳条，最崇尚松木檩子，松木以其结实耐用而受到村民的喜爱。莫金忠说："那个时候打窗户都用松木，连柳树都不用。还有这么个说法，松木有节子的更好。为什么不用光溜的呢？节子多，代表后代发展的好，子孙多。"②何文录说："国松是一等材，做什么都可以，结实，不烂。"③达斡尔族有"柞木不上房"之说，禁止用柞木盖房子，具体为什么？多海福只说一句"犯膈应"。檩子必须修成六棱形，这种的檩子架在梁上才稳定。两间房屋的檩子在大柁这里交汇、衔接，衔接的方法为榫卯结合。檩子有公母之分，榫为公，卯为母，公为阳、为上，母为阴、为下，由于达斡尔族崇尚西面，以西为大，所以公檩在西，榫头向东；母檩在东，卯头向西。然后在檩子上搭建椽子，两间房铺十根椽子，三间房铺十五根椽子，椽子与椽子之间的间距为1尺左右。

① 调查对象：多海福（1952年—）；调查地点：莽格吐村；调查时间：2019年2月18日。
② 调查对象：莫金忠（1937年—2020年）；调查地点：齐齐哈尔市富拉尔基区罕伯岱村；调查时间：2012年10月3日。
③ 调查对象：何文录（1945年—）；调查地点：莽格吐村；调查时间：2019年2月19日。

房屋的架构四角落地、大梁上完以后，开始砌墙，柱脚就砌在墙里。墙体过去是土垡子墙体，在20世纪50年代以前即便富裕的地主家也是用土垡子垒墙。盖房子通常在春天，因为垡子潮湿，所以每次垒墙不能太高，否则，土垡子容易被压散，墙体会倒塌，吴凤亭说："头一天只垒一个平头，垡子是湿的，加上泥，如果垒太高，容易倒。"① 垒砌墙体的技术是两横一竖，即两块土垡子横着摆放，一块土垡子竖着摆放，相互平行、相互抵触，形成交错交叉形式，如此则墙体结实。墙体砌完后要用前一年秋天就准备好的柳条或者芦苇将房身包裹住，这样既保暖又防止垡子被风吹后干裂。约20世纪50年代农业集体化以后，莽格吐村出现土坯，开始用土坯盖房子，一座三间房需要7000块土坯。砌土坯墙讲究技术，要求土坯一顶一横，形成交错状，这样墙体才结实。但是土坯没有取代土垡子，土垡子房以其经济实惠耐用仍然是村民的首选，土垡子墙体有四大好处，（1）一块垡子相当于三块土坯的厚度，所以盖房子起层快；（2）脱坯劳动很累，成本较高；（3）土垡子墙较之土坯墙更耐水泡，吴凤亭说："土垡子的房子比土坯的好，土坯一泡就坏了。"② （4）土垡子墙体的房屋保温效果好，即便墙体表面不抹泥，也保暖。干打垒的墙体在新中国建立以前就出现了，不过并不普遍，据德新回忆，音钦屯有土垡子垒墙的，也有干打垒砌墙的。砖房出现较晚，中华人民共和国建立以前就有了砖房，那时候的砖为青砖，能盖起砖房的都是大地主，不过根据多永贵的回忆，那时候，富人所盖的砖房也不是全砖房，而是仅前脸为砖墙，其他三面墙是土墙。对于莽格吐村来说，第一座砖房是村中的供销社，这是集体化时代的商店。村民大规模建造砖房是在改革开放后，而且最开始也只有砖挂面，莽格吐村全砖房的建立是1999年盖的。现在村里砖瓦房占绝大多数。墙体拐角处的土垡子、土坯、砖要互相咬合，以确保拐角结实、不漏风。

墙体垒好后要停十天左右再苫盖房顶。先在梁架之上铺一层柳笆或者芦苇笆，

①调查对象：吴凤亭（1943年—，鄂温克族）；调查地点：莽格吐村；调查时间：2015年7月20日。

②调查对象：吴凤亭（1943年—，鄂温克族）；调查地点：莽格吐村；调查时间：2015年7月20日。

富裕县登科村的土草房

笔者在罕伯岱村的老房子前

杜尔门沁村的土草房

然后铺苫房草或者芦苇，苫房草（又叫小叶张）或者芦苇在入伏的时候收割，即每年的八月份左右，此时的小叶张和芦苇均已成熟，此时割的草不容易腐烂，何文录说："必须入伏割草，不入伏，苫上容易烂。"① 所选择的芦苇不能太粗，太粗的芦苇空心大，屋顶压不实，不结实。割回来的小叶张直接铺房顶，即便当天不苫房，第二天也要铺在房顶，因为这时候的草仍然潮湿，乘着草的潮湿铺则房盖结实，多永贵说："打回来有时候天黑了，当天实现不了，就第二天拍，第二天披，趁着湿乎劲，（草之间）没有空隙，（如此则）拍的比较好，披的比较结实。"② 如果使用干燥的芦苇，则要在铺之前用水浸泡，经过水浸之后的草捋顺，而且能铺实，且不起卷儿。铺草有两种方式，一种是拍苫，一种是拉苫，拍苫的方法应用于芦苇铺房顶，方法是草根朝下，由下而上层层往上铺。在铺草之前要将芦苇的稍部用铡刀铡齐，只有将稍部割齐了，才能拍进去。房顶有人铺草，地面有人拿着木拍子拍打草根，上下人员互相配合。木拍子长方形，宽约四五十厘米，高约 25 厘米左右，拍子的正面板面上有若干个横壳，背面安装一根手柄。铺草和拍草都是技术活，莫金忠说："这都有技术的，越往上越厚。草不拍好，漏水。"③ 上面铺草的人从屋檐处往上逐层铺，每层的草稍都要往里倾斜着铺，使得草稍被上层的草压住。在下面拍的人要把草根拍的齐齐的。过去条件好的家庭都盖这种拍苫的房屋，这种房屋有两大优点，（1）屋顶非常整齐、好看。比较讲究的人家还在东西两侧以

拍苫正面

拍苫背面

① 调查对象：何文录（1945 年—）；调查地点：莽格吐村；调查时间：2015 年 7 月 21 日。
② 调查对象：多永贵（1941 年—）；调查地点：莽格吐村；调查时间：2019 年 2 月 18 日。
③ 调查对象：莫金忠（1937 年—2020 年）；调查地点：齐齐哈尔市富拉尔基区罕伯岱村；调查时间：2012 年 10 月 3 日。

及底部的房檐处钉有木板，这块木板叫风板，再讲究点的家庭还要在风板上刻有花纹，花纹多为吉祥图案，这种房屋更具有观赏性。安有风板的房屋在中华人民共和国建立以前不多，只有富裕家庭才有能力建造这么好的房屋。(2) 房屋结实，抗烂，雨水顺着草秆流下，即便二三十年不换房顶也没问题，多永贵说："（在这二三十年时间内）不用修，（屋顶）的草脊要是不被刮掉，它就不带坏的，草一层压一层，很结实，抗刮。"[①] 拉苫应用于铺小叶张，小叶张草秆较软，不适合拍苫方法。拉苫的方法是草根朝上，草稍朝下，从檐部开始层层往上铺，上面的草压住底下的草，"一个错一个就错上去了。稍冲下根冲上，这根里边一个压一个。"[②] 这种房屋屋顶使用年限有限，两三年之后就要换顶。房草铺好后，要在屋顶的脊部扣一个草脊。拧草脊也是个技术活，用两股草两边盘，下面草分成两撇，两撇草扣在屋子的脊部。扣好的草脊看起来像一根草绳子。天长日久，草顶会长出青苔，对于青苔，有的人家将其清除，有的人家则一直保留，长了青苔的房屋，下雨不渗水。土草房盖好后，一般是隔两三年要修一次，修房一般在秋收前。

门窗都是请木匠制作的。达斡尔族的门窗都开在南面，同时也在西山墙上开一

杜尔门沁乡红河村典型的拍苫草顶房

① 调查对象：多永贵（1941 年—）；调查地点：莽格吐村；调查时间：2019 年 2 月 18 日。
② 调查对象：多永贵（1941 年—）；调查地点：莽格吐村；调查时间：2019 年 2 月 18 日。

莽格吐村依然保存较好的传统土草房

个小窗，以迎纳下午的阳光。北边与东边不设窗户，直到20世纪六七十年代才有开北窗的，目的是为了通风。传统的窗户为格子窗，窗棂棂格的形状有菱形纹、方格纹、盘肠纹等多种图案，格子窗的好处在于便于糊窗户纸。随着玻璃的使用，格子窗取消，每扇窗户的窗格仅两格或者三格。

无论是用土坯、土垡子还是用砖砌墙，都要用土坯砌筑火炕，所以我们看到，达斡尔族的土坯模子比其他民族的矮小。两间房的房屋在西屋搭建火炕，三间房的房屋是东屋和西屋搭建火炕。西屋的火炕是南、西、北三面环炕，东屋的火炕是北、东、南三面环炕，称为“卍”字炕、万字炕、圈炕。炕洞均为直洞，每铺炕四条炕洞。每个炕洞的宽度、洞壁的宽度都是根据土坯的宽度精心计算的，大约40厘米。土坯搭在炕洞壁上，一铺炕的南北长度就是四块土坯的长度，大约170—180厘米之间。

在莽格吐村难得一见的棂格窗户

为了防止倒风，西北角处的烟道逐渐变高，并在最低处放置一块砖或者坯，该块砖或者坯像一个舌头一样，因为风都往高处走，倒进来的风到达此处受到阻力而不能前行了。该处容易堵塞，每年秋天扒开这里疏通一下，把这里积聚的灶灰清除，以确保烟道畅通。土炕的搭建是个技术活，若是搭建不好，烧火不顺畅，会倒烟，一般要请经验丰富的人搭建。

灶台设在外屋，两间房的房屋东屋是外屋，外屋有两个灶台，分别在西北角和西南角；三间房的房屋，中间屋为外屋，外屋一般搭建四个灶台，分别在外屋的四个角上，同各自一侧的火炕相连。灶台的烧火口不能相对。烧柴因地域自然资源不同而有差异，山前低地的达斡尔族以柞木为燃料，平原地区的达斡尔族则以柴草、苞米秆儿、小麦秆儿为烧柴，海拉尔地区达斡尔族则以干牛粪为烧柴[①]。

烟囱因房屋开间不同而有差异，三间房中间开门的房屋，在东山墙和西山墙的南面各有一座烟囱。两间房的房屋，烟囱设在西山墙西南角。砌筑的烟囱的材料有土垡子、塔头墩子、土坯、砖。无论用什么砌筑烟囱，烟囱的形状都是上细下粗，底座很大，往上逐渐变细。烟囱独立于房屋之外，烟囱根处有一个烟囱脖子，同室内火炕相连，烟囱脖子通常很长，以使烟囱远离房屋，烟囱离房屋太近容易失火，因为房顶都是草，步淑云说：“烟囱和房子中间的空隙叫做烟囱脖子，挨着大山，过去草房多，太近容易漏，容易倒塌。苫房草，挨着太近容易着火。”[②] 早年也有

登科村的老烟囱

① 内蒙古社会历史调查组:《达斡尔族社会历史调查》，内蒙古人民出版社，1985 年，第 182 页。

② 调查对象：步淑云；调查地点：莽格吐村；调查时间：2015 年 7 月 19 日。

多年未抹泥，大烟囱的土垡子裸露在外，使得我们从中能看到土垡子烟囱的垒砌方法

用整根空心木做烟囱的，2005 年 10 月在杜拉尔鄂温克乡查哈阳村的孟金寿家发现了用空心木作成的烟囱，烟囱底部是用土垡子砌筑的，而上面安上一段空心木头，因为已经出现破裂，所以用尼龙丝袋子包裹着，这种木烟囱非常罕见。

莽格吐村西面有两个烟囱的土草房

二、副业生产

杜拉尔村的空心木烟囱

达斡尔族有许多副业如采集、烧炭、放排、拉脚等，这些生产活动在旧时达斡尔族的经济生活中也占有重要的地位。

1. 采集

采集是人类最为原始的生计方式，它帮助我们先人度过了最为简单的采食岁月，不过这种生产活动并没有因为人类求生方式的增多和生产力的进步而退出舞台，它一直是人类重要的生计方式。达斡尔族一直从事采集生产活动，而且采集生产在达斡尔族经济生活中占有很高的地位。早年，采集是猎业、渔业、农业的重要补充，在20世纪八十年代以前因为牧业和农业不十分发达，无法满足达斡尔族的基本生存之需，靠天吃饭的农业比较粗放，所种植的早熟作物产量很低，所以等不到下个秋收就会面临断粮的危险，多数家庭存在青黄不接的现象，如果再遇上灾年，庄稼歉收或者颗粒不收，那惨境就更可想而知了；过去牧业发展水平有限，每家饲养的牲畜很少；而渔猎业向来是个不稳定的产业。而采集品收获相对稳定，能够补充食物的短缺。

嫩江流域草甸子上、水边、山林之中野菜、野果、药材很多，达斡尔族经常采集的野菜、野果均为日常可食的品种，如柳蒿芽、野葱、野韭菜、野芹菜、野山楂、山丁子等。多永贵说："山丁子、稠李子河边长的多，住河边能吃着。住的远的就要靠住河边的人去卖才能吃着。"① 达斡尔族虽然采集黄芪、柴胡等药材，但是不普遍，尤其在新中国建立以前更少。

在所有的野菜、野果中，以柳蒿芽的采集量最大。柳蒿芽，植物学上称白蒿、

① 调查对象：多永贵（1941年—）；调查地点：莽格吐村；调查时间：2015年7月20日。

水蒿、菊科蒿，属多年草本植物，耐寒抗热，喜湿，生长于森林、草甸、林缘、路旁及村庄附近的低湿处，一般长 30~70cm 之间。我国东北的大小兴安岭、呼伦贝尔草原、松嫩平原都是生产这种野菜的地方。《黑龙江外记》记载："野菜有名柳

莽格吐村东南边的东花园上长满了黄花菜，这里是采集的乐园。

蒿者，春日家家采食，味初不甚鲜美。"[1] 达斡尔族有个流传至今的传说：300 多年以前达斡尔族居住在黑龙江北岸，面对沙俄的入侵，达斡尔族不畏强暴与之英勇斗争，后来因粮食补给不足，达斡尔士兵们就靠食用柳蒿芽一直熬到了康熙皇帝派兵前来支援。为了断绝沙俄的粮食供给，达斡尔族遵从康熙皇帝的命令，迁居至黑龙江以南的嫩江流域。刚到嫩江流域时粮食短缺，达斡尔族靠采集柳蒿芽渡过了短粮的岁月。尽管传说不是历史，但是柳蒿芽在达斡尔族饮食中的重要作用则是真实的，柳蒿芽被达斡尔人视为"救命菜"，多永贵说："以前菜不够吃，都吃野

①［清］西清：《黑龙江外记》卷 8。《中国边疆研究文库初编·东北边疆卷十·吉林外记 黑龙江外记》，黑龙江教育出版社，2014 年，第 250 页。

菜。有时候青黄不接，就采点柳蒿芽，那不是先下来吗。”[①]每年的五六月是柳蒿芽成熟的季节，是采集柳蒿芽的季节，不能提前也不能落后，若是时间提前了，柳蒿芽还没长成，而若是落后了，则柳蒿芽已经老了，无法吃了。同时，每年五六月也是粮食青黄不接的时候，所以它对于旧时补充达斡尔族粮食不足具有很大的作用。柳蒿芽嫩茎叶是可食用的部分，微苦，用水焯一下即可食用。但柳蒿芽只能保鲜 3 天左右，长久的保存方法是晒干保存，将柳蒿芽食用部分择好，洗净，然后在开水中焯煮或放入笼屉里蒸至变色，最后平摊在由纱布或细铁丝搭成的、离地面 30cm~40cm 的网架上，置于阴凉处自然风干，然后将其揉碎，装到口袋里，如此晒干的柳蒿芽不仅能保存一年时间，而且味道不变。吃的时候，只要将其重新过水就可以像新鲜的柳蒿芽一样进行烹制了。

采集多为妇女所为，这是自古流传下来的传统，达斡尔族也是如此，在达斡尔族的日常生活中，采集野菜是女性的工作。每当到了春末夏初，妇女们便背筐带篓去原野上、水边采集柳蒿芽，不需要任何工具，只需要两只手即可。

现在，达斡尔族仍然采集野菜，不过采集已经失去了原有的经济地位，由于现在可选择的蔬菜和水果越来越多，所以达斡尔族对采集的兴趣不如从前，尤其是年轻人对采集不感兴趣，吴凤亭说：“没人采了。水库那很多，山丁子、山里红、稠李子，现在小孩都不愿吃了，掉地上都没人要。以前采的多，以前没有水果买啊。”[②]

现在野地里野菜也不如从前多了，一方面是因为土地得开发，草地变成了耕地，另一方面，牲畜的增多，牲畜吃掉很多野菜。在达斡尔族地区出现了人工繁殖柳蒿芽，很多达斡尔族家庭在院子中栽植一些柳蒿芽，秧苗都是采自野外。随着人工养殖柳蒿芽的出现，人们能吃到新鲜柳蒿芽的时间变长了。柳蒿芽虽然失去了原来救命菜的价值，但是在新的时代它的价值在不断地挖掘，柳蒿芽已经变成了一个开发的商品，为达斡尔族创造新的价值。

①调查对象：多永贵（1941 年—）；调查地点：莽格吐村；调查时间：2015 年 7 月 20 日。
②调查对象：吴凤亭（1943—，鄂温克族）；调查地点：莽格吐村；调查时间：2015 年 7 月 20 日。

2. 放排

木排，达斡尔语“萨拉”。达斡尔族村落背依大兴安岭，这里木材丰富，树木很高，十七八米高是最常见的树木，高者达二十多米，依靠这一得天独厚的自然资源，以采木为生，《布特哈志略》记载：“或赴嫩江、甘河、努敏河上游山林砍伐木排，顺流放下，江省变卖，以谋生活者亦复不少。”[①]“所放者松木排、杨木排，松木檄、杨木檄、松杨木挂椽，大椽子，皆建修房屋材料，并有柞木排，备作劈柴之用。”[②]所伐木材之所以选择水路运输，原因在于水路运输有两大好处，一是较之陆路运输省力，借助水利，顺流而下，只需掌握好方向，便能运到目的地，二是较之陆路运输省时，没有装车、卸车等烦琐的程序，沿江而下速度很快。大兴安岭上繁多的水域网络为这种运输提供了便利的条件。

有两种目的性放排，一种是满足自家盖房子需要，过去多是地主富农之家去为自家放排，组织一些长工去山上放排。二是为了出售，把木头运到齐齐哈尔市出售。放排是达斡尔族的传统生业，早在黑龙江以北时就从事放排，早年放排主要是自用，达斡尔族建立了许多木城，木材需要量很大。迁徙到黑龙江以南后，达斡尔族放排业有了更大的发展，其发展主要有以下三个方面的促进因素，一是大量建房，对木材的需求量大。以建房目的放排者一般根据自家需要决定采伐树木的多少。二是新型城镇大量需要木材。黑龙江古代有两次建城高峰期，第一次是在清朝康熙年间，黑龙江城、墨尔根城、齐齐哈尔等都是在这一时期建立起的新兴城市，尤其是齐齐哈尔城完全是由达斡尔族申请并得到清朝允准后独立建立的，这些城市既是政治中心，也是军事重地。第二次建城高峰期是在清朝末年，在中东铁路沿线建起了许多城市。三是市场需求量大，各族建房以及日常所用盏、碟、盆、盎、澡盆之属，

① [民国] 孟定恭：《布特哈志略·村落姓氏》。《辽海丛书》第四册，辽沈书社，1985年影印本，第2483页。

② [民国] 孟定恭：《布特哈志略·村落姓氏》。《辽海丛书》第四册，辽沈书社，1985年影印本，第2483页。

“俱以独木为之”[①]，齐齐哈尔是木材商品集散地，各地采伐的木材绝大部分运到这里出售，《黑龙江外记》记载：“齐齐哈尔用木皆楚勒罕时买之布特哈人，其木由嫩江运下，积城西北。”[②]木材的价格很贵，而且随着林木的开采，附近林木渐少，采木场越来越远，由此使得价格越来越贵，从清代开始价格不断攀升，“两人合抱之材价钱数钱，此关内所不能，然较二十年前贵已三倍，伐木日多，入山渐远故也。”[③]19 世纪末 20 世纪初修建中东铁路需要大量枕木，木材不仅需求量大，而且价格更高，巨大的经济效益刺激了达斡尔族放排业，达斡尔族的放排业因此一度非常兴盛，“当时诺敏河沿岸达斡尔人每百户人中，准有三十几户参加放排生产。”[④]直至 1947 年土地改革前夕，“今莫力达瓦旗前霍日里、奎力浅、库如奇等三屯 134 户达斡尔族中，以放木排为主业者 21 户，家有 2 个以上劳动力，兼营排木业者 19 户。”[⑤]

放排是一项集体劳动，单个人完成不了，必须结伙而行，这个集体称为“阿那格”（anag），每个阿那格七八个人，成员的组成都是由合得来、脾气秉性对劲儿[⑥]的人组成，由一人担任把头，达斡尔族称为“萨根”（sagen），也叫“口音”（koin）“口业”（koyie）“塔坦达”（tadanda），据多永贵说，“口音”一词是汉语，但是似乎和汉语词汇对应不上。“口音”既是召集人，也是劳动的领导者。由选举产生，口业必须具备以下基本素质，首先具有丰富的放排经验；其次，水性好；第三，熟悉水路，知道哪些地方有陡崖，哪些地方有旋涡，遇到运输中的险情能够凭

①［清］吴振臣：《宁古塔纪略》。［清］吴兆骞：《秋笳集》，麻守中校点，上海古籍出版社，1993 年，第 331 页。

②［清］西清：《黑龙江外记》卷 8。《中国边疆研究文库初编·东北边疆卷十·吉林外记 黑龙江外记》，黑龙江教育出版社，2014 年，第 252–253 页。

③［清］西清：《黑龙江外记》卷 8。《中国边疆研究文库初编·东北边疆卷十·吉林外记 黑龙江外记》，黑龙江教育出版社，2014 年，第 253 页。

④内蒙古自治区编辑组：《达斡尔族社会历史调查》，内蒙古人民出版社，1985 年，第 65 页。

⑤满都尔图主编：《达斡尔族百科词典》，内蒙古文化出版社，2007 年，第 309 页。

⑥对劲儿：东北话，合得来，处得来、思想行为很投机的意思。

借多年的经验进行化解；第四，人品好，遇事出于公心；第五，年岁大，威望高，能够服众。在生产期间的吃行住都由“口音”安排和决定，采伐地点的选择、行走的路线、劳动的分工、产品的分配等都要听从口音指挥和安排。最年轻的成员充当伙夫。

早期放排均是自发组织，劳动工具、口粮由全体成员均摊，口粮一般在临近伐木地点购买。劳动所得平均分配，或者把木材按人头分成若干等份，每人一份，或者在市场上出售，所有人平分卖得的钱。

也有同富人合作建立安达关系伐木的。“安达”是合伙、伙伴的意思，富裕户仅出口粮、马、车、锯、斧子等必备的生活品和工具，贫穷户出人、出力。双方议定好分成方式，通常出资方分得收成的一半。如果第一年因为气候、水情等原因没有收成，则富裕户不收费用，第二年继续合作，如果仍然一无所获，则结束安达关系。这种以安达方式结对子现象大约出现于清末民国初年。

也有保交。保交就是预购，富人把木材款预付给阿那格，预购者多数是汉人。如果放排失败，干了一年没有提供给出资方木材，则伐木者不仅要交还出资方的本金，而且还要付给出资方利息，所以这种形式的放排放排者存在一定的风险，达斡尔族因为放排失败而负债者有之。

中华人民共和国建立以后，雇佣、剥削关系被取消，但是民间自发的阿那格依然存在，放排的目的主要是为了建房自用，如果自己不能去，也可求助亲戚朋友帮忙带几根。大约 20 世纪 80 年代放排活动消失。

秋末入山伐木，因为此时树木干燥，如果是湿木则不容易砍伐，湿木本身重量大，增加木排自身重量。伐木场要具备以下两个基本条件，一是必须有足够多的优质松木，二是临近河道，且河道能够通往所去的目的地。甘河和诺敏河的上游山区是优质松木分布区，具备了采木场的条件，是达斡尔族传统采木场。锯和斧头是放排必不可少的工具，钦同普《伐木歌》说：“斧刃磨锋利”、“进山去伐木”，“随着‘当！当’声／树木倒下来／纵然长得壮／难抵斧头快”。由于齐齐哈尔是原木市场集散地，由此形成了两条放排的主航道，一条是甘河，一条是诺敏河，这两条河作为嫩江的支流汇入嫩江后均通往齐齐哈尔，采伐的树木顺流而下运到沿江各城镇。

采木非常艰苦，风餐露宿，吃饭就在林地，选择一块不跑荒的地方做饭，所谓不跑荒的地方就是不容易引起火灾的地方，不过多永贵说："森林不容易跑荒，（因为）雪很深。"用树冠做烧柴，吃的饭就是随身携带的玉米面大饼子，只需在火堆上烤一下就可以吃了。伐木技术性非常强，锯木者要跪着拉锯，不能坐着放木，如果坐着伐木会非常危险，因为一旦树木突然倒了会躲闪不及。伐木时要观察风向，根据风向确定树倒的方向，逆风口为前，顺风口为后，锯口处要锯成马蹄形，即前半部分锯口距地面低，而后半部分距地面高，前后锯口相差半尺左右，目的是防止木材放倒时树根往后坐，如果前后锯口是平的，那么一旦拉锯的人躲不开，就会出现危险。要观察树冠，看哪侧的树枝多。如果没有风，树不倒，这时候要喊"顺山倒"，这是一种信仰，凭语言的魔力辟邪。将锯下来的木材砍掉枝杈和树冠，用马车或者大爬犁拉或者众人抬着运到河流边，所用的爬犁必须高大，遇到树桩子能越过去。雪深的地方用人工抬，如果六个人抬不动，则改换成四个人抬，多永贵说："四个人比较灵巧，四个人能找好平衡，六个人找不好平衡。"[①]为了步调一致，要喊着劳动号子。在雪中深一脚浅一脚行走，有时会把膝盖磕破了，多永贵说："磕破脚、崴脚是经常的事。"[②]

砍下来的木材在深山中干燥一冬天，次年春天江河开化能够行船时进山放排。将树木并排绑在一起形成木排，每排木排具体绑多少根树木依据不同情况而定，对于自发形成的放排组织，需要多少就串多少，先分配给"口音"，然后依据年龄依次递减，"托瓦沁"（做饭的）分得的最少，如果分给口音 100 根木材，则将 100 根木材推进江里，编成木排[③]。人站在木排上划桨而行，顺流而下，钦同普《伐木歌》说道："依次整理完"，"便于装车归"，吃饭和睡觉都在木排之上，木排之上用

---

① 调查对象：多永贵（1941 年—）；调查地点：莽格吐村；调查时间：2019 年 2 月 18 日。
② 调查对象：多永贵（1941 年—）；调查地点：莽格吐村；调查时间：2019 年 2 月 18 日。
③ 内蒙古自治区编辑组：《达斡尔族社会历史调查》，内蒙古人民出版社，1985 年，第 65 页。

席子搭建一个拱形的棚子，这是休息的地方。路上行驶少则三五天，多则十天半个月。行驶中不确定因素很多，若是水大，水流湍急，木材容易被水流冲散。放排人最怕干旱，干旱则江水浅，那么砍下的木材无法运回，几个月的劳动，一无所获。

放排是一项高风险的劳动。山中砍木若是躲闪不及就会被倒木拍在下面，湿木很沉，一旦砸到人，严重者会有生命危险，伐木时要防止回头棒，即树头一旦倒地之后，树根会立刻高弹起来，弹起来的树根很容易伤到人；行驶在水中，尤其行走在山林间，若是遇有激流旋涡，很容易触礁翻排，因此而死在水路上的人有之；撞排也是非常危险的，每次同行木排可能有两三个，也可能自家的木排后面跟着别人家的木排队伍，这时候“口音”要掌握好木排间的距离，如果掌握不好，则容易前后撞击，发生危险。因此，除非万不得已，否则不去放排，多永贵说：“好汉不放排，危险性太大。”①

伐木劳动中也有欢乐。钦同普在《伐木歌》描述了这种欢乐的劳动场面：“密林叶簇阴影下／坐下乘凉怡自如”，“放开嘶哑粗犷喉／唱支山歌暂欢娱／高亢歌声扬四方／山涧峰底鸣回响”。

劳动中也充满了神秘色彩，这是因为达斡尔族保存着原始宗教信仰，相信万物有灵，在达斡尔族观念中，劳动果实的多少有赖神灵的赏赐，所以都希望得到神灵的佑护。要选择吉日进山，进山出发之前，所有成员要聚餐会饮。入山之后首先祭拜山神“白那查”，选择一棵树为神树，剥掉一块树皮，在树干上画一个老翁头像，这便是山神，吃饭前首先要祭拜山神，路遇山神白那查要跪拜。水中行进中遇险，要祈求水神保佑。不过，多永贵当年进山伐木时都是秘密拜神，因为当时社会不允许有宗教信仰。

3. 烧炭

烧炭是山区达斡尔的主要生业之一。达斡尔族烧炭是从汉族学来的技术，清末民初的移民招垦政策使得大量汉族移居到达斡尔族地区，受汉族影响，达斡尔族开始烧炭。

① 调查对象：多永贵（1941 年—）；调查地点：莽格吐村；调查时间：2019 年 2 月 18 日。

达斡尔族烧炭不是为了自用，全是为了售卖，这一生业从一开始就是一个外向型经济。在新中国建立以前，达斡尔族的烧炭业一直很兴盛，因为有大量的市场需求，一是嫩江、讷河、拉哈、甘南和齐齐哈尔等城镇家庭用之做饭、取暖，二是日伪殖民统治时期，日本人用木炭作为汽车的动力。烧炭作为商品具有成本低的特点，烧炭所用的树木不需要花钱，漫山遍野的林木可以随便砍伐，只需费点力气拿一把斧头进山砍伐。炭的价格很高，20 世纪 20 年代，每车木炭十几吊钱，每斤值四百钱，日伪殖民统治时期一斤木炭能卖三角钱[①]。有专门经营烧炭生意的生意人，他们进山以半价的价格购下达斡尔族的烧炭，然后将烧炭运到城镇市场上销售，通过挣差价赚得利润。商人的出现为达斡尔族的销售和市场开拓提供了方便，省去了烧炭户许多麻烦。阿尔拉屯一百左右户的屯子里，烧炭户二十左右、运销户十几户[②]。

进山烧炭的程序有三大步：（1）选定场地，烧炭场必须临近水源，因为烧炭期间要用大量的水。选择桦树林带和柞树林带，如此则取材方便，因为桦木和柞木是用来烧炭的材料。（2）搭建炭窑，炭窑建在山脚下，竖挖一个深坑，炭窑有大、小之别，两种窑的出炭量不同，小窑每窑能烧出七八百公斤炭，而大窑每窑的出炭量能达到两千多斤，每个阿那格所建的大窑和大窑、小窑和小窑的规格大体一致，因为分配时以窑为单位分配木炭[③]。窑可以循环使用，一座窑每月最多烧四次窑，所以如果想增加木炭的产量，必须增加窑的数量。（3）装窑，将砍来的桦木、柞木挨排竖立到窑坑里，小窑装四五车木材，大窑装十多车木材。烧炭是个技术活，要掌握好火候，做到恰到好处，如果火候不到，则木材是生的；若是火候过大，木材则烧成了灰。要在烧到恰当的火候的时候封窑口，封住窑口的目的是焖住火炭，使之处于无氧或者少氧状态，小窑需焖七八天，大窑需要焖十天左右。

烧窑要结伙而行，每次至少四人，最多十二三人，自愿结合，结成的组织叫“阿那格”，选举一个岁数大、经验丰富、办事公道的人为窑头，一切听窑头指挥，分

① 内蒙古自治区编辑组：《达斡尔族社会历史调查》，内蒙古人民出版社，1985 年，第 66 页。
② 内蒙古自治区编辑组：《达斡尔族社会历史调查》，内蒙古人民出版社，1985 年，第 66 页。
③ 内蒙古自治区编辑组：《达斡尔族社会历史调查》，内蒙古人民出版社，1985 年，第 66 页。

工、分配等都由他决定，但是窑头同其他人一样参加劳动，并不多得，烧炭所得平均分配，大家不会计较能力、贡献的大小。

农历八、九月到翌年一、二月之间是入山烧炭时间，选择此时进山烧炭有三方面原因，一是此时木炭需求量最大；二正是农闲季节，人们有充裕的时间从事烧炭；三是雨季已过，山里不泥泞，便于外运木炭[①]。中华人民共和国建立以后出于护林防火的需要，国家禁止进山烧炭。

4. 铁匠炉

铁匠是个特殊技工，他们能够制作镰刀、铁锨、铁锹、锄头、马掌、猎刀、熟皮工具、冰镩子、鱼钩、鱼叉、盆子、水壶等日常生产工具和生活用具。所用材料为废铁。

主要设备为一个高大的冶铁炉，燃料为煤，炉旁有一个鼓风箱，通过不断抽拉风箱使炉火更旺。首先将铁在炉中烧红。然后用铁锤反复捶打，所用铁锤有大锤和小锤，一人拿小锤，一人轮大锤，拿小锤者一只手持火钳，另一只手用小锤捶打放在铁砧上的红铁，轮大锤者手持大锤捶打铁砧上的红铁。二人轮番捶打，形成默契配合，有很强的节奏感。将定型的工具在水盆里淬火，工具便做好了，铁钳子是必不可少的,用来夹烧红的铁。每个铁匠炉至少两个师傅。并不是每个村子都有铁匠炉。

随着工业品的出现以及商品经济的发展，这种民间的铁制品加工业便退出了历史舞台。

5. 商业

达斡尔族“忽农、忽工，旋而为商。”[②]商业也是达斡尔族的主要生计之一，达斡尔族擅长经商，能够利用自己的优势，发现其他地域其他民族的所需，有针对性地提供相应的商品。他们深入密林深处，同生活在这里的鄂伦春族、鄂温克族做

① 内蒙古自治区编辑组：《达斡尔族社会历史调查》，内蒙古人民出版社，1985 年，第 66 页。

②《奉派西路布特哈劝业员兼教员宝麟为调查农工商情形事给黑龙江提学使司的禀文及批》（光绪三十四年六月初九日）。《达斡尔资料集》第九集，档案专辑（一），民族出版社，2009 年，第 564-567 页。

买卖，用粮食、布匹、猎枪等换取猎民们珍贵的皮张、鹿茸、鹿鞭、鹿胎等。他们也到森林中伐木，贩卖至嫩江两岸市镇。他们参加因沁屯楚勒罕，在向清朝上交完贡品貂皮之外，也在这里同各民族做买卖。他们远赴海拉尔参加甘珠尔庙会，将自己制作的大勒勒车贩卖给蒙古族、鄂温克族等民族。通过交往交流，互通有无，相互交融，共同进步。

第七章　生活空间及物质消费文化

物质资料是日常生活必须解决的基本生存问题，物质生活资料主要受自然环境和经济活动两方面因素的影响和决定，达斡尔族分布地域广，自然环境具有差异性，有分布于平原地区的，有分布于山地丘陵地带的，也有分布于高原草原地区的。生产活动也多种多样，既从事农业，也从事牧业和渔猎采集业，由此决定达斡尔族物质生活多种多样。各地达斡尔族物质生活既有共性特征，也有地域性差别，总体而言，共性大于个性。

一、生活空间：达斡尔族村屯

屯子（哎勒）是达斡尔族的生活空间，兼具自然和人文属性，基本作用是满足达斡尔族居住的需求，并在居住满足的基础上，确保达斡尔族的生存和发展，既有物质的，也有精神的。村屯景观由自然景观和人文景观两部分组成，人文景观是人类创造物，是人类智慧的结晶。而自然景观则是自然界自然天成的景观，虽然是自然的，但是也有人类活动、选择性、适应性的痕迹。村落景观具有时代性，不同时期的景观是不同的，有一个由低级向高级发展的过程，每一个时代的景观都有鲜明的时代烙印。达斡尔族村屯景观是在一定的地域内建立的，既有私密空间，也有公共空间，遵循着一定的法则排列、布局，是达斡尔族自然观、邻里观、社会观、生态观的综合体现，传统达斡尔族村屯景观具有可识读性和可印象性的特点。

1. 村屯肌理

村落景观的组合和排列遵循着一定的规则，虽然每个家庭都是独立的个体，但是在村屯景观建设方面都自觉遵守规矩，各个景观有序的、有规律的组合，遵循着对称、规整、有序、平等的原则，由此也形成了达斡尔族村屯固有的肌理。达斡尔族尽管分布较广，但是在村屯格局和肌理表现出大同小异的特点。

达斡尔族村屯通常东西向较长，南北向较窄。道路是村落的核心，也是村落的骨架，有如人体的筋脉，均为东西向或南北向，南北向、东西向道路相互交叉呈“井”字形布局。每一个村落有若干条平行的东西向大道，由于村落很小尤其传统村落更小，所以村中的东西向大道不会超过5条，其中一条是主干道，横贯东西，并延展到村外。也有若干南北向道路，与村中的东西向大道交叉。以东西向道路为主干，所有的居舍分布在道路的南北两侧；以南北向道路为轴，所有的房屋分布在道路的东西两侧，形成规则有序的格状分布格局。在规则的格状布局下，各个景观规则地排列在格口里。

村落内的主要景观为居室即民居，除了民居而外还有一些附属建筑。水井，这是村屯曾经的主要风景，小的村子仅有一口大井，大的村屯有两三口水井，井口上架一辘轳把，利用辘轳把摇动提水出井。打井很费事，多永贵说，井壁都是用木板子或者塔头墩子砌筑的。这是全村的公共空间，全村公用一口井，每天各家都到这里打水。仅有个别大户人家自己有单独的水井，不过即便地主家，水井也在院外，村中的乡亲也可以用这口井，因为打井时大家都帮过忙。出现压管水井之后，该种辘轳把水井逐渐消失。现在村中普遍使用了自来水，仅有极少数家庭仍然使用压管井。场院是收割之后存放粮食、打场、扬场、粮食脱粒的地方，是一块广阔的平地，通常外面围着

莽格吐村依然存在的土草房，院中的老井为压管水井。

围墙。自从生产队解体以后，场院由原来固定的设施变为了临时的设施。生产队队部或者村委会的办公房也是村中重要建筑，现在村委会都是砖瓦房，规模很大。

2. 院套及院内布局

达斡尔族住屋有两种，一种有院套，一种没有院套。只要家庭经济条件允许，达斡尔族都要筑围墙，建立院套，院套之内就是一个独立的个体家庭，具有私密性。困难家庭没有院套，达斡尔族俗称无院套房屋为“光腚房”，过去由于普遍较穷，所以每个村屯中光腚房居多，据多永贵约略估计，光腚房占全村房屋的三分之二。有院套的房屋也有不同类型，有的家庭是四合院，有的家庭是三合院，四合院即四面环墙，通过四面墙把家庭围合在一起，正南方开门。三合院仅在东、西、北三面筑墙，南面不建墙。用来筑墙的材质有多种，土垡子、木栅、木杆、秫秸、柞木条、柳条子等都可以用来筑墙。齐齐哈尔市周边达斡尔族村屯土垡子筑墙较为普遍，亦有用秫秸做的栅子墙，这种秫秸栅子墙不结实，因为容易腐烂。也有的家庭没有院墙，而是在周边挖壕沟。爱辉地区、布特哈地区的达斡尔族由于近山林，院套多为木栅、木杆、柞木笆或者柳笆，“院周以杨、柳、柞、桦等树架作樟墙，或以松木装为板樟。”[①]“富有者以木板为墙，称作‘哈叠’；次者埋木杆为墙，称作‘库西布勒’；再次者以柞木或柳条编笆，称作‘郭尔古木勒’。”[②]2005 年笔者在莫力达瓦达斡尔族自治旗库如奇乡库如奇村看到，这里使用柳笆墙较为普遍。齐齐哈尔市周边达斡尔族柳笆墙出现很晚，据多永贵回忆，中华人民共和国建立以后才开始用柳条子编织柳笆。普通人家的院落墙体通常不高，只有地主家才筑高墙，富人家的墙体不仅高，而且很厚，用土垡子垒砌，何文录说，莽格吐村的一户地主家，姓何，属何兹勒莫昆，他家的院墙就是用土垡子垒砌的墙体，墙体上能行车[③]。地主家也有用干打垒的方法垒砌的，德新说，音钦屯地主家的院墙就是用干打垒的方

①［民国］孟定恭：《布特哈志略·村落姓氏》。《辽海丛书》第四册，辽沈书社，1985 年影印本，第 2482 页。

② 内蒙古自治区编辑组：《达斡尔族社会历史调查》，内蒙古人民出版社，1985 年，第 181 页。

③ 调查对象：何文录（1945 年—）；调查地点：莽格吐村；调查时间：2019 年 2 月 19 日。

木栅院套

法砌筑的[1]。富裕户的院套有两道墙，二道墙和一道墙之间是养牲畜的地方，一道墙以里是人居住的地方。院套以及院内的园田地的围墙均呈整齐的方形，所以村子看上去很规整。

院套正南方设有一个大门，多数家庭的大门都很简单，就是一个木栏，这种木栏大门在清代《龙沙纪略》中有记载，“门亦如阑（同“栏”），穿横木以为启闭。”[2]木栏大门在达斡尔族中存续很久，直至今日很多家庭依然用这种大门，门两侧各立一根木柱，每个木柱上各凿出和木栏粗细差不多的窟窿，把木栏从窟窿中抽到一侧即为开门，关门就是把木栏从一侧拉倒另一侧搭在两个窟窿上，所以开门、关门较为费事，该种大门仅能防止大牲畜进出。德新家虽然在新中国建立以前是地主，家产和牲畜很多，但是据她说，他们家的大门就是这种木栏。特别富有的家庭才安装木板大门，德新说，他们东院的多姓地主家就安装的是非常好的木板大门，门板都

① 调查对象：德新（1936 年—2020 年）；调查地点：梅里斯区幸福家园小区；调查时间：2019 年 2 月 21 日。

②［清］方式济：《龙沙纪略·屋宇》。《四库提要著录丛书 史部 252》，北京出版社，2010 年，影印本，第 528 页。

涂以黑色油漆[①]。达斡尔族院门都宽大，因为高大的门有利于车的出入。现在各家的大门都是大铁门，铁门下面有滑道，通过左右推拉来开门关门。现在，各家除了正门之外，还有角门，无论正门和角门，均不择向，以出行便利为原则。

过去，富裕的人家在院落的四角设有炮台，多永贵见过村中地主家的炮台，“老李家大地主家有四个炮台，都是用垡子塔头墩子垒砌的，像二层楼似的。”炮台是用来防止匪患的，过去土匪多，他们以抢掠为生，多永贵说：“我爸爸就被土匪抢过，就剩个衬裤、衬衣回来了。那是冬天，多冷啊，放小跑往回跑。”[②]德新的爷爷靠拉脚卖木材发家，置办房产家产，引起胡子的注意，将德新父亲绑架，索要金条、狐狸皮大衣、狐狸皮帽子，德新家里一算，把全部家产都给他们也不够，就放弃赎人，后来德新的父亲从胡子那里偷着跑了出来。德新家原来住音钦屯，这是达斡尔族的一个老屯子，位于哈拉村北面，据德新说：“这个村子可大了。”在清代音钦屯是打牲民族向清朝进贡貂皮的地点，并因此而成为商品集散地，谓之“楚勒罕”。德新家虽然家庭富裕，养地很多，家里房屋很好，但并没有炮台，她家东院是多姓地主家，后街有姓徐的汉族地主，这两地主家有炮台。每有胡子来侵扰的时候，德新全家都跑到他们两家避难，他们两家挤满了人，德新回忆说，“可当院子、满屋子都是人。”[③]

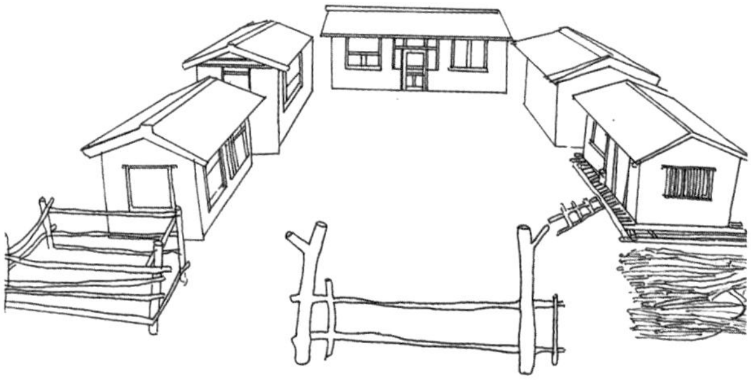

院内格局

院落之内的建筑和设施有正房、厢房、仓房、碾坊、车库、畜圈等。不过，并不是每个家庭都具备这些建筑，因家庭条件的不

① 调查对象：德新（1936 年—2020 年）；调查地点：齐齐哈尔市梅里斯区；调查时间：2019 年 2 月 21 日。

② 调查对象：多永贵（1941 年—）；调查地点：莽格吐村；调查时间：2019 年 2 月 18 日。

③ 调查对象：德新（1936 年—2020 年）；调查地点：齐齐哈尔市梅里斯区；调查时间：2019 年 2 月 21 日。

同而各有不同，多永贵说：“条件好的家庭有正屋、东西厢房。再好的一点的家庭，大门两边还有耳房，大地主一般是那样。”①正房位于院内正北居中，房屋坐北朝南，两间房、三间房不等。正房的前面的东西两侧建有仓房。

库如奇村仓房侧面

仓房的样式和结构有地域差异，齐齐哈尔市及附属各区县的达斡尔族的仓房都是一个起脊的土草房，长方形，用土垡子垒砌墙体。富裕家的粮仓内还有粮囤子，德新家过去的粮囤子是用木板建造的，墙体很高，需要登梯子才能往里面倒粮食，粮囤子下面安有木腿，粮囤子底部有个抽拉小门，需要粮食就抽拉这个小门。有的家庭的粮囤子是用土坯垒砌的。莫力达瓦达斡尔族自治旗每家都有一个或者两个仓房，位于院子的西侧或者东西两侧，仓房都是木架子高脚仓房，呈长方形，“屋底距地高二、三尺，铺以板垫，以防潮、鼠之患。因其底台似楼，名之曰楼房。”②全是用圆木垒建而成的，或两间或一间，一间格局的仓房建造方法是，用榫卯结合的方法将四根木柱连接在一起形成为框架，柱脚埋于地底，四周的墙壁或用圆木垒

①调查对象：多永贵（1941 年—）；调查地点：莽格吐村；调查时间：2015 年 7 月 20 日。

②［民国］孟定恭：《布特哈志略·村落姓氏》。《辽海丛书》第四册，辽沈书社，1985 年影印本，第 2482 页。

库如奇村单开间仓房

库如奇村两开间仓房

库如奇村两开间仓房

砌，或者镶木板，或用柞木条编穿而成。仓底悬空，距地面 40 厘米左右，并排铺直径 15 厘米的圆木作仓底。前壁往里收近 70 厘米，从而在底部台面上形成一个晾台，晾台之上可以晾晒谷物、蔬菜等物品。屋顶为人字形，用圆木支成，人字架的顶端架一脊檩，然后架以细木棍作成的椽子，上面覆盖苫房草。两开间的仓房，只在此格局的基础上，在南侧多立一个四方形的木架，这一间底部以地面为仓底，前面不建墙壁和门，内部存放大轱辘车以及农具等。仓房一般面阔 3 米多或 6 米多，门向院内。这种仓房具有防水、防潮、防鼠害等优点。

车库是停放车的地方，夏天的时候使用车的频次降低，将车停在车库里，有利于保护车。德新说："在外面让雨水浇了，风吹雨打的，坏得快。"①

磨坊，或者叫碾房，是碾米、磨面的地方，一般在院子西侧。不是每家都有磨坊，一般比较殷实的家庭才有磨坊。有的家庭的磨坊单独设立，有的家庭的磨坊设在仓房中。在齐齐哈尔市富拉尔基区杜尔门沁达斡尔族乡有一家仍然保持着非常完整的碾坊，不过碾上已经堆满杂物，落满灰尘，经过我们打扫，露出真容，这个碾坊保存之完好非常难得，地方政府应该加以保护。

富裕的家庭院内有畜圈或者牲口棚，通常建在东北角或者西南角。牛羊马圈都是木栅栏圈，一般只有使役畜才喂料。

齐齐哈尔市富拉尔基区杜尔门沁乡红河村的一家达斡尔族家庭仍然保存一个完好的碾坊，不过已经废弃不用，碾子上布满杂物和灰尘，这是经笔者打扫过后的碾坊。

院套中间、正房门前是一块小型

① 调查对象：德新（1936 年—2020 年）；调查地点：齐齐哈尔市梅里斯区；调查时间：2019 年 2 月 21 日。

的空地，这里是家中的活动空间，饲养家畜，摆放家什。院中有园，院套周边闲置的空地围起来作为园田地，在这里种植土豆、豆角、白菜、萝卜等蔬菜，满足日常饮食之需。现在达斡尔族的土地使用意识强化，都在尽可能多地圈占家附近的土地，以此作为增加财富的主要手段。同传统社会不同，目前在院套之中种植大田作物较为普遍，2005 年 10 月在莫力达瓦达斡尔族自治旗库如奇村看到许多家在房屋的周围种植水稻、大豆等农作物。2017 年 10 月在莽格吐村看到，有的家庭在院中种植玉米、土豆。不过，也有许多家庭的院子闲置不用，院子仅用来摆放杂物、饲养牲畜。

达斡尔族以前没有厕所，何文录说；“我结婚的时候才开始造的厕所。”① 如此推算，达斡尔族在 20 世纪 50 年代才开始有厕所。多永贵说，在 20 世纪 80 年代以前，达不到家家有厕所，房前屋后大小便现象较为普遍。生产队虽然也提倡建厕所，但是不能全部达到，只有家庭生活好的才建厕所。多永贵说：“生产队结束之后，单干了，生活好了，讲究卫生了，也重视厕所了。”② 厕所一般建在房屋的东北角或者西北角，距离居室越远越好。

3. 住屋类型

村落作为人们栖居之地，房屋自然是村落中的主体建筑，房屋类型有正房、厢房、马架子房、地窨子等类型。正房位于院中正北部，同其他家庭的正房整齐地东西向排列一行。正房的东墙和西墙是山墙，山墙出稍或不出稍，墙稍的长度三四十厘米。屋顶为两面流水型的人字顶。正房为长方形，南北向短，东西向宽，坐北朝南，“屋皆南向，迎暄也。日斜犹照，故西必设窗。间有北牖，八月墐之，夏始启。屋无堂室，厂三楹。西南北土床相连，曰‘卍’字炕。虚东，为然薪地，西为尊，南次之，皆宾位也。”③ 按照开间结构，房屋有两间房、三间房、五间房。“所住者

① 调查对象：何文录（1945 年—）；调查地点：莽格吐村；调查时间：2015 年 7 月 21 日。
② 调查对象：多永贵（1941 年—）；调查地点：莽格吐村；调查时间：2017 年 10 月 5 日。
③［清］方式济：《龙沙纪略·屋宇》。《四库提要著录丛书·史部 252》，北京出版社影印本，2010 年，第 528 页。

草房三间、两间或五间不等。”[①]齐齐哈尔市周边地区的达斡尔族两间房居多，三间房很少，只有人口多的家庭才盖三间房，莫金忠说：“主要看各家的家庭条件，有钱的就盖大的，三间房，那个时候没有五间的，最大的三间，没钱的就盖两间。”[②]据多永贵说，在中华人民共和国建立以前，盖两间正规房的家庭都很少。哈拉新村的德新家在新中国建立以前生活富足，据她回忆说，她父亲开垦了许多荒地，他们家盖了三间大草房，另有厢房，“土改”以后定阶级成分为地主。而处于山前丘陵地区居住的莫力达瓦达斡尔族自治旗、黑河等地的达斡尔族，由于获取木材便利，所以盖三间房的较多。

造型精致的隔扇门

在莫力达瓦达斡尔族自治旗库如奇乡库如奇村，孟宝永家的房子是典型的达斡尔族房屋，据传说，使用已有四五代，虽然已有100余年历史，但是建筑格局依然完好。能够保存如此久的原因当地有两个传说予以解读：其一，房屋的女主人说，这里闹胡子，除了这座房屋其他房子都被胡子烧了，胡子没有烧这座房子的原因是，当时这些胡子就住在这里，胡子是不烧自己房子的，所以幸免于难。其二，老教师、70多岁的满都呼说，驻扎在哈力的张作霖部下袭击了这里，村子中的所有的人都逃到山上去了，唯有一个有病的男人仍然在村子里。这些人对他严刑拷打，

①［民国］孟定恭：《布特哈志略·村落姓氏》。《辽海丛书》第四册，辽沈书社，1985年影印本，第2482页。

②调查对象：莫金忠（1937年—2020年）；调查地点：齐齐哈尔市富拉尔基区罕伯岱村；调查时间：2012年10月3日。

隔扇门上的绦环板上雕刻有三个五福捧寿图，三个团福造型各不相同。隔扇门上的棂格也雕刻有精美的图案

库如奇村孟宝永保存完好的老房屋

让他说出村民都去哪里了，他死活不说，结果被砍了头。临走的时候，把全村子的房子都烧了，唯独没有烧这座房子，因为军队就住在这里①。这座房子面宽 13.6 米，进深 7.2 米。中间开门，西屋万字炕保存完好，住屋和厨房之间的隔扇做工精美，门上面的横木板上有吉祥纹饰和图案。前面每间房开三扇窗户，西墙开两扇西窗，均为支摘式。每到夏天开窗户时，上扇窗户往外支。由于岁岁弥墁，所以已经分辨

① 调查对象：满都呼；调查地点：莫力达瓦达斡尔族自治旗库如奇乡库如奇村；调查时间：2005 年 10 月 5 日。

不出山墙和墙垛子的界限了。屋侧的大烟囱虽是传统的形式，但是已经不是土垡子烟囱了，而变成砖砌的烟囱。

库如奇村孟宝永家的隔扇门上的绦环板上雕刻有五个五福捧寿图

哈拉新村展览馆收藏的折叠木枕头，不过当地人说这是木板凳。

马架子房是简易房，虽然是居室，但是不建在正北的正位处，而是建在西面，类似于厢房。马架子房东西向窄，南北向宽，南、北墙为山墙，山墙不出稍。屋顶为两面流水型。建筑的体量很小。所用建筑材料不是好木头，该种房屋寿命短，只有穷人才住这种房子，因为经济条件不好，盖不起好房子，多永贵说：“穷的人家（住的）都是马架子，盖正房很少。过去，过的好的有房子，过得不好，有的压个马架子，有的压个仓房对付着。但是正房的位置都留着，等有钱了再盖正房。”① 马架子只有一间房，房内部空间很小，仅有八九平米左右，多永贵说：“自己估摸多大能住下，就弄多大，八九平米左右。”② 马架子房在南面的山墙上开门，门的旁边安装一扇窗户，在西墙开一个窗户。烟囱一般在房屋的西北角。室内没有间壁墙。多永贵家在额尔门沁村居住时也曾住过马架子房，他家的马架子房的格局是，南山墙西面开门，门的东面开个小窗户，灶台靠着东墙，灶

① 调查对象：多永贵（1941 年—）；调查地点：莽格吐村；调查时间：2015 年 7 月 20 日。

② 调查对象：多永贵（1941 年—）；调查地点：莽格吐村；调查时间：2015 年 7 月 20 日。

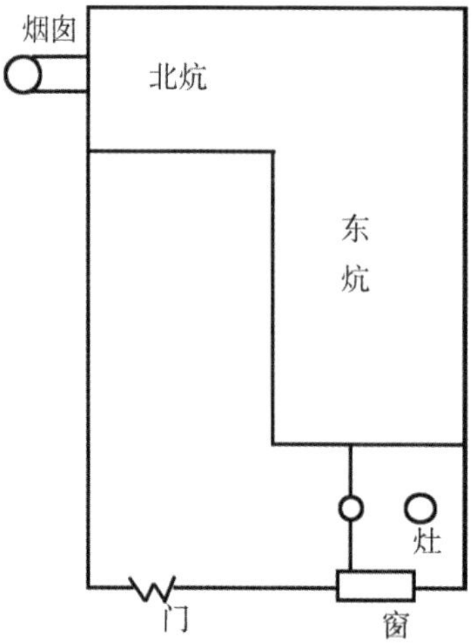

马架子房平面图

台连着炕，炕沿着东墙搭建，东炕伸展到北墙后，在这里又搭建一个拐把子炕，即北炕。虽然是简易房，也住着两家，多永贵两口子居住在东炕，北炕住着多永贵的二伯父一家。为了防止孩子掉进锅里，炕和灶台之间通常搭建一个矮墙。马架子对于穷人来说是常住房屋，多永贵说，过去有的经济拮据的家庭，三四家挤在一个马架子房里居住。但是对于达斡尔族来说，一旦经济条件允许，马上放弃马架子房，所以现在在村中见不到马架子房了。

在传统村屯中，特别是在20世纪50年代以前，达斡尔族村的民居绝大多数是土草房，据调查，过去即便生活富裕的地主也住的是土草房，德新回忆，音钦屯的三户大地主都是土房，只有村中的老爷庙是砖房。多永贵回忆，村中出现的砖瓦房很晚，大约在20世纪40年代末才有，早年的砖房也不是全砖房，而是仅在房屋的南面砌一层砖。

过去地窨子也是村中的主要住屋，贫穷的人家往往挖地窨子居住，屋体在地表面以下，上面盖个小房子。这种房屋形式经济，不需要太多的财力付出，也不需要更多的人力就能搭建起来。而且非常实用，冬暖夏凉，非常适合北方寒冷的气候条件下居住。住地窨子户在村中的比例大约占1/3左右。地窨子在达斡尔族村屯中延续的时间非常久，据莽格吐村何文录说，三十年前也就是20世纪80年代以前，村中还有住地窨子的。

4. 房屋选址及建房原则

达斡尔族盖房子讲究风水，一般求风水先生找风水宝地，主人会遵从风水先生的选择，风水先生说在哪建房就在哪建房，“他说这地方行你才能盖，不能随便盖。”[①]也有请村中岁数大的人帮助选房址的，达斡尔族认为老人的生活经验丰富，他说的话做的事都是有道理的，吴凤亭说：“这里也注意风水，但是这里没有风水先生，会找岁数大的，他们说好就好。”[②]莫金忠说：“过去盖房也有请老人看的，（他们）一般见世面广，比（风水先生）算的还厉害。”[③]许多木匠也懂风水，他们有专门的测量方位的工具罗盘，莽格吐村木匠多海福以前就有个罗盘。看风水仅限于正房，而马架子房、厢房等不必看风水，这些房屋的房址只要不碍事就可以。

根据对几位老人的调查，建房选址一般遵循下面的原则：（1）房屋以建在坡南、岗南为吉，多海福说：“北坡不建房。”[④]这种选址原则同汉族风水学上的找靠山习俗类似。（2）坟地之上不能建房，过去村子周边有坟地，村子即便再扩大，也不能扩到坟地上。（3）场院旧址上不能盖房，场院内都是用马拉磙子打场，在这里盖房子会转不出头，总在原地打磨，所以尽管村子不断扩大，但是直至现在莽格吐村第五生产队的场院上仍然没有人在这里盖房子。（4）碾子的位置上不能盖房子，也就是多永贵所说的“碾道窝上不能盖房子”。（5）庙的位置上不能盖房子，多永贵说：“庙窝上不能盖房子，这都是老一辈留下的规矩，（在这里建房子犯）膈应。”[⑤]（6）房屋前后都不能有土坑。（7）房屋正门不能对着前面房屋的烟囱，除非中间隔着一条路，如果门对着前面烟囱，则在院前建一座高墙，挡住烟囱[⑥]。（8）堂屋不能对着前面房屋的大柁，因为大柁有如箭，多永贵说：“大

① 调查对象：莫金忠（1937 年—2020 年）；调查地点：齐齐哈尔市富拉尔基区罕伯岱村；调查时间：2012 年 10 月 3 日。

② 调查对象：吴凤亭（1943—，鄂温克族）；调查地点：莽格吐村；调查时间：2015 年 7 月 20 日。

③ 调查对象：莫金忠（1937 年—2020 年）；调查地点：齐齐哈尔市富拉尔基区罕伯岱村；调查时间：2012 年 10 月 3 日。

④ 调查对象：多海福（1952 年—）；调查地点：莽格吐村；调查时间：2017 年 10 月 5 日。

⑤ 调查对象：多永贵（1941 年—）；调查地点：莽格吐村；调查时间：2019 年 2 月 18 日。

⑥ 调查对象：莫金忠（1937 年—2020 年）；调查地点：齐齐哈尔市富拉尔基区罕伯岱村；调查时间：2012 年 10 月 3 日。

柁对着房屋犯膈应，要避开那个柁，尤其露在外面的大柁，更得避开。”[①]（9）前面有水泡子的地方不能盖房子，水泡子有反光，相当于一面“镜子”，如果在水泡子后面建房子，“这样的人家就净出女的，男的就少。”[②]（10）正房不能对着前面的竖路，尤其是老道更不能对着，多永贵说：“马路对着正房，就像箭射似的，一般都回避。”[③]（11）房子前面不能有树，“因为树大招风。过去说法是，（这些地方）鬼啊、神啊容易眷顾。”[④]（12）门口禁止有井。一旦房屋出现风水问题，通常在门窗之上挂小镜子辟邪，镜子能返回邪气。

邻居之间的房屋以山墙前稍抢先为吉，后建的房屋都要压过之前盖的房屋一头。这种现象虽然令人不愉快，但是也没有办法。

如果人口增多，房屋太少，需要在原来房屋的基础上接一间房屋，那么只能在原房屋的东面接房，而禁止在西面接房，原因是西边有窗户，是供祖宗的地方。如果在原址重新盖房，新房不能正好盖在原址上，要往前挪一点，主墙的位置必须压过旧房房檐的位置，即旧房子滴水处不能建房墙，主墙必须压过原来房檐滴水处，“重新盖房子要往前挪一点。不知道为什么。祖上有说法，反正不能朝后。”[⑤]后盖的房屋将原来旧房址完全覆盖是可以的，何文录说：如果在原地盖房子，如果原来是小房子，则可以盖成大房子，而如果原来是大房子，则在原址不能盖小房子。

建造房屋要选择良辰吉日，村中有会看日子的人。禁止人日子盖房子，即每月的初七、十七、二十七都禁止建房。

5. 家具及摆放方式

家具对于一个家庭是不可或缺的，它具有双重属性，一是实用性，满足人们的

① 调查对象：多永贵；调查地点：莽格吐村；调查时间：2017 年 10 月 5 日。

② 调查对象：莫金忠（1937 年—2020 年）；调查地点：齐齐哈尔市富拉尔基区罕伯岱村；调查时间：2012 年 10 月 3 日。

③ 调查对象：多永贵（1941 年—）；调查地点：莽格吐村；调查时间：2019 年 2 月 18 日。

④ 调查对象：莫金忠（1937 年—2020 年）；调查地点：齐齐哈尔市富拉尔基区罕伯岱村；调查时间：2012 年 10 月 3 日。

⑤ 调查对象：何文录（1945 年—）；调查地点：莽格吐村；调查时间：2015 年 7 月 21 日。

生活需要，二是装饰性，装点着室内环境。

达斡尔族室内家具不多，以箱柜为主，有炕柜、对箱子、炕琴。炕柜是每个家庭必备的，炕柜有多种，大红柜子在过去使用比较普遍，大红柜子为长方形，正面开门，门为对开门，柜锁都是铜质的，炕柜内有很多格，这些格里摆放衣服及杂物。现在，这种炕柜在达斡尔族村屯中很难见到了，仅有个别人家仍然在使用，2005年在莫力达瓦达斡尔族自治旗库如奇村仍然有一家在使用这种红色大柜子。后来，炕柜样式开始多样化，而且更加注重装饰，有的炕柜上面掀盖，里面不分档，柜面上绘制有各种图案，多永贵说："有的老柜子画得相当漂亮，金丝金鳞的。"[①] 现在大组合柜家具较为普遍，组合柜的样式各家各不相同。

炕琴，较矮，正面开门，并排有一个个小抽屉，抽屉里放一些针头线脑等杂物。炕琴通常摆放在炕稍，上面摆放一些酒盅、茶杯等。

被褥也是家中的主要摆设，每天的被褥都整齐地摆放在炕梢或者炕柜之上，摆

库如奇村的炕柜

① 调查对象：多永贵（1941 年—）；调查地点：莽格吐村；调查时间：2019 年 2 月 18 日。

呼伦贝尔博物馆收藏的炕柜

杜尔门沁乡红河村老炕柜

放方法是，被子整齐叠好整齐摞在一起。大方形枕头整齐摞放在被子一头，这些传统的被褥摆放方法至今仍然在保持着，不同点在于，过去的大方形枕头没有了，取而代之的是扁枕头。随着组合柜的使用，被褥一般都放在柜子里，摆放在外面的现象很少了。

二、以礼俗为中心的居住习俗

居住是在一定空间的栖居过程，栖居过程不是简单的休息，在以村屯为单位的社区内生活既有休憩、休闲，也有人和人之间的交往、娱乐、劳动、宗教等等各方面内容，因此居住习俗的内涵非常广泛。居住生活既有礼俗的规范，也有宗教的规定，既有公共空间，也有私密空间，既有世俗活动区域，也有神圣之地。

1. 定位居住原则

在居住方面讲究很多，聚居在一起的家族成员依据不同的辈分和性别居住在家庭的不同位置，过去，达斡尔族实行大家族制，结婚之后不分家，都居住生活在一起。多永贵说："爷爷那辈都在一起住，他们哥三个，我爸爸那辈哥们多，尽量不分家，都在一起住，那前儿[①]，爷爷当家来着。"[②]

达斡尔族居住有着严格的空间分配制度，房屋有大小、尊卑之别，按照辈分、长幼、性别，居住在不同的房屋内。以正房为尊、为大，厢房为卑、为小。院子的正北是正房，也叫堂屋，是一家之主所住的房屋，多永贵说，他们家的堂屋由爷爷居住，老人的位置年轻人不能坐。正房前面的东、西两侧各有一厢房，家庭条件好的，厢房盖的较好，生活不好的家庭，则是马架子房。在地主家扛活的人一般住在厢房，如果厢房不够住，则在厢房的南面再接房屋。

居室内部也分大小和贵贱。达斡尔族崇尚西面，居室之内以西为大，称呼西屋为上屋，而称呼东屋为下屋。西为尊位，"住长辈、招待亲友均在西屋，以重西方，

---

① 那前儿：东北土语，那时候的意思。

② 调查对象：多永贵（1941—）；调查地点：莽格吐村；调查时间：2017 年 10 月 5 日。

杜尔门沁乡红河村依然保存完好的万字炕

藉示尊敬。”[1]这里因有西窗而比别的屋子亮堂，老一辈在这里做针线活，缝缝补补。东为卑位，晚辈住在东屋。

室内三面环炕，三面炕均可以住人，炕也分大小和尊卑。南炕为大，住长辈，老人睡南炕，如果三世同堂，则爷爷奶奶住南炕，父母住北炕，孙辈住西炕，多永贵说：“孙子辈可以和年岁大的人住在一起，感情好，晚上搂着孙子孙女睡，可以跟爷爷奶奶一个炕，娇生惯养，稀罕孙子孙女，太平常了。”[2]这种大家族何文录经历过，小时候爷爷奶奶在世，三世同堂。睡觉时，头皆冲着地中央。禁止大人坐在西炕上，因为西炕西南角墙上是供老祖宗的地方，不能挡住老祖宗的视线。如今，这种圈炕非常少见了，2005 年在库如奇村，2012 年在杜尔门沁村见到圈炕，时间又过去了这么多年，不知道这些老炕还在不在了。

幔帐杆挂钩

海拉尔一带的达斡尔族的室内布局有别于其他地域的达斡尔族，他们在东屋和西屋各间壁为两个居室，西南屋为上屋，称“博德 · 格日”，是长辈的住屋；东南屋次之，称为“乌其肯 · 格日”，是叔父的住屋；西北屋称“纳林 · 格日”，是子女们的住屋；东北屋称“夏陆库 · 格日”，是佣人或家奴的住屋；中屋是厨房。[3]

①［民国］孟定恭：《布特哈志略 · 村落姓氏》。《辽海丛书》第四册，辽沈书社，1985 年影印本，第 2482 页。

② 调查对象：多永贵（1941 年—）；调查地点：莽格吐村；调查时间：2019 年 2 月 18 日。

③ 内蒙古自治区编辑组：《达斡尔族社会历史调查》，内蒙古人民出版社，1985 年，第 182 页。

2. 居家日常之礼节

达斡尔族规矩多，重视生活中的礼数，敖来荣说："那规矩老大了。"[①] 多玉华说："那时候过得可好了，（守）规矩，（一家）人还多，（住在）三铺大炕（上），可热闹了。"[②] 家中以尊辈为家长，由家长处理家中的一切事务。家礼的核心是尊老敬老，达斡尔族在对待老人方面极为尊敬并且有很多的规矩。都听老人话，吃饭、喝酒、睡觉等事情都是老人先做，老人不上桌，年轻人不能上桌。何文录说："吃饭的时候老人坐正坐。盛饭给老人先盛。老人不动筷，没人敢动筷子。辈小的不能和老人坐一起，年轻人不能和老人一起喝酒。"[③] 安成林说："那时候，老人喝酒，你没权利和老人一起喝酒。"[④] 除非老人允许了。有条件的家庭，吃饭时老人一桌，小孩子一桌。长辈、老人抽烟由晚辈给点火，过去都抽大长烟袋，长辈嘴里叼着大长烟袋，晚辈要八十度哈腰，划着洋火，一只手把着烟袋锅，一只手拿着燃着的火柴点烟袋，烟袋冒出烟了证明点好了，否则火不能离开烟袋锅，火柴燃尽，只有烫手实在受不了了，才扔了火柴，再燃一根火柴。儿媳妇每天起床后的第一件事是给公公婆婆烟袋装烟点烟。与老人、长辈交流必须中规中矩，敬酒时必须双手敬酒，单手敬酒是绝对禁止的。老人聊天说话的时候，年轻人不能坐在跟前听。如果出门三天以上，回家后必须先去给老人请安。如果在路上遇见老人必须下马、下车请安，等老人走后再行动。

达斡尔族有以长辈为尊的传统。长辈不限年龄，即便年龄小于自己，但如果辈分高于自己，也要尊重，并以尊长待之。对长辈的尊崇不分宗亲还是旁亲，有许多礼俗，日常生活中禁止直呼长辈的名字，而要以亲属称谓相称，直呼名字是不礼貌行为，是没家教。长辈没有落座，晚辈不能坐；吃饭时长辈没有动筷，晚辈不能先吃饭；晚辈不得在长辈面前高声说笑；走在路上见到长辈要下马下车，侧身闪开，

① 调查对象：敖来荣（1959 年—）；调查地点：莽格吐村；调查时间：2017 年 10 月 6 日。
② 调查对象：安成林（1950 年—）；调查地点：莽格吐村；调查时间：2017 年 10 月 6 日。
③ 多文录
④ 调查对象：安成林（1950 年—）；调查地点：莽格吐村；调查时间：2017 年 10 月 6 日。

长辈通过之后才能走。出入室，长者在前，幼者在后。晚辈出门回家之后要行请安礼，好吃的要给老人吃。

请安礼，这是达斡尔族的基本礼节，面向被施礼者，右腿后退半步，左腿微曲，左手压在左腿膝盖上，右手或者轻轻下垂，或者压在左手背上，身体向前倾。还有一种打千礼是，右腿稍微向后伸，右手压在左手背上压在下腹部，双腿微微屈膝，直视被施礼者。平辈之间见面说话较为随便，只是问好。未嫁在家的女儿则对家人不施礼，只有年节期间才为尊长行叩头礼。

现在这些习俗没了，敖来荣说："现在年轻人谁听你的？"不过仍然保持孝道，子女对老人仍然非常孝顺，达斡尔族在孝道方面堪称楷模，直到现在不养活父母的儿子非常少，德新的女儿在梅里斯达斡尔族区法院工作30余年，据她说，这么多年，达斡尔族从来没有因为赡养老人问题上法院告状的。

3. 寄居之俗

过去，自家没有房屋的家庭会寄居在亲戚朋友家，亲戚朋友不收取房租。通常两种情况会选择寄居，一种是家贫盖不起房屋，过去因贫穷甚至有三四家住在一起的现象，多永贵说："一般维持生活比较困难，一铺炕住两口子和小孩加在一起三四口，都那么挤着住，那前儿，你讲条件办不到，一个房子可能住三四家。"① 二是旧房子拆了，而新房子还没盖起来，这时候通常要暂住其他家。

寄居在别人家通常有两种居住方式，一种方式是住在北炕。二种方式是两家住在一铺大炕上，何文录说："没房子就到亲属家，两家挤在一铺炕上。外地搬来的亲属，房子没盖成，就在亲属家住在一铺炕上。有的家庭穷，半辈子都和别人家住在一铺炕上。"② 总借住在别人家可能感到过意不去，也会选择在几个亲属家轮流居住。

4. 待客之礼

待人接物是一个民族文明的具体体现，达斡尔族热情好客，无论是否认识，都

① 调查对象：多永贵（1941年—）；调查地点：莽格吐村；调查时间：2019年2月18日。
② 调查对象：何文录（1945年—）；调查地点：莽格吐村；调查时间：2019年2月19日。

会受到达斡尔族的热情接待。达斡尔族崇尚实在，反对客套，客人若是不实在，主人会不高兴。

达斡尔族有一套待客的礼仪。他们有远迎客人的习惯，主人看到客人来了，要远远地迎接，并扶着下马，过去门前都有上马蹬，根据辈分叫爷爷奶奶叔叔大爷，嘘寒问暖、问长问短。晚辈为客人牵马卸车，并征求来客的意见，“是喂草料还是饮水啊？”对长辈则要搀扶着进屋，对平辈，则要握手、贴脸。客人不能骑马或者坐车进院，否则就是对主人的不礼貌。来客不得携带马鞭进入内屋，进屋以后也不得脱帽或解腰带。

请炕上坐是待客的基本礼节。将客人迎进屋里后要让到炕头上就座，来客若是老人则坐南炕，若是年轻人则坐北炕。炕上摆一小炕桌，上面摆放茶具，给客人倒茶倒水。不过，客人不许坐在主人坐的位置，只能坐在主人的旁侧，如果主人把主位让给客人，则说明来客是贵客，是格外受到尊重的客人。哪里是主位呢？如果把饭桌放在南炕，则靠南窗的位置是主位。来客不能坐西炕，因为这里供奉着祖神，不能背对着祖神坐着。

给客人点烟敬烟。“达呼尔敬客，以烟为最。客或自吸烟，遽掣其筒子口，装己烟以进，礼也。”[①] 过去抽的烟都是自家种植的蛤蟆头，揉碎烟之后为客人装满烟袋锅。敬烟的方式通常是，将自家的烟袋装好烟，双手递给客人，然后点着烟。如果抽卷烟，则主人卷好烟后递给客人。即使客人正在抽着烟，进得家来之后也给客人重新装烟或者卷烟。

盛宴招待客人。用家中最好吃的招待客人，杀小鸡儿、买鱼，如果尊贵亲戚住的时间较长，三五天不走，若是家里经济条件允许，则要杀猪或者杀牛，吃手把肉，多永贵说：“如果杀猪，那是高看你了。（但是也只是）条件够用的（才）这样，

① [清] 西清：《黑龙江外记》卷 8。《中国边疆研究文库初编·东北边疆卷十·吉林外记 黑龙江外记》，黑龙江教育出版社，2014 年，第 251 页。

条件不够用的想办也办不到。”[①] 娘亲舅大，舅舅就是贵戚，对舅舅是相当尊重了。来客即便非亲非故，即便不认识，也要留吃饭，2005 年 10 月在库如奇村调查，每到吃饭的时候，主人都热情相邀，其中有句名言至今让我难忘：“谁也不能背着粮袋子走”，这是主人让陌生人在家里吃饭的口头禅。达斡尔族过去走到哪里住到哪里，不管是否认识，不仅提供住宿，还管吃饭，不收一分钱。

平时邻里之间、亲戚朋友之间串门时，如果赶上正在吃饭，第一个礼节就是请吃饭，达斡尔族不会客气，赶上吃饭就上桌吃饭。两家关系若是好，则平时也会想着对方，有好吃好喝的都会给对方留着或者送到家，何文录说：“这些礼节，现在的年轻人都不懂了。”

三、饮食文化

达斡尔族饮食与地理环境以及建立在地理环境基础上的经济活动紧密相联，这是传统社会饮食文化的基本特点。达斡尔族由于既从事农耕生产，也从事牧业生产，还有丰富的渔猎采集生产活动，所以，他们的饮食文化非常丰富，既吃米面等粮食作物，也吃奶制品、肉制品。钦同普（1880—1938）在《达斡尔民族志稿》中说：“达斡尔人在黑龙江时，畏霜，仅种荞麦、燕麦、豌豆、白菜、黄瓜等。故饭食燕麦粥、荞麦面饸饹、荞麦面饼，豆角、白菜、兽、鱼肉炒馐。干粮则炒燕麦哈格、欣特乐（炒燕麦米作粉者，曰哈格，略粗带粒者欣特乐），并肉干、兽鱼丰获。故肉类及粗菜无饭不有，成为习惯。虽徙嫩江流域，此风尚延未改。至兼种糜谷及各样菜以来，饭食亦稍变，而肉类则减少矣……向来乏做菜技术。凡筵席以肉为上品，其骨节有上下之等次，成块而煮，手把而食为贵。”[②] 随着猎业和牧业的逐渐式微，饮食中奶食、畜肉、兽肉越来越少，而粮食的比重越来越大。由于从事农业生产，所以吃饭的频次和农业生产劳动的频次相一致，春夏秋是农忙季节，所以要吃三顿

① 调查对象：多永贵（1941 年—）；调查地点：莽格吐村；调查时间：2019 年 2 月 18 日。
② [民国] 钦同普：《达斡尔民族志稿·风俗习惯·饮食》。

饭，冬天是农闲季节且白天短，所以一天只吃两顿饭。

1. 面食和米食的种类和加工

达斡尔族自古就从事农耕生产，所以粮食是达斡尔族的主要食物，过去商品经济不发达，所有的食材绝大多数都来自自家耕地和园田地，由于达斡尔族农耕生产所种植的农作物有时代差异，所以日常所吃的农作物品种亦有时代差异。早年达斡尔族农作物有荞麦、稷子米、苏子、黄米、燕麦、谷子等，所以他们最为传统的米食、面食都是荞麦、稷子米、黄米、燕麦、谷子、苏子等粮食作物制品。

稷子是齐齐哈尔一带特产，“似小米而黄，即稷也，关西谓之穄。”①稷子米虽然好吃，但是产量低，价格贵，“购不能盈石，价倍今之稻米，十年内始种。”②“夏秋间，以未脱者入釜，浅汤熟，暴以烈日，焙以炕火，砻而炊之，香软可食，冬则生砻，香稍减。”③由此可见，稷子的处理方法有两种，一种是熟砻，一种是生砻。熟砻的方法是，将稷子米蒸熟，如果不熟不仅不好吃，而且口感不好，多金方说：“不蒸的话不能吃，扎不拉几的④，不好吃。”⑤待稷子米裂口后掏出放在热炕上炕，干燥之后脱皮，熟砻的稷子米达斡尔语叫“敖斯莫”，是由“哈乌顺·阿莫”音转而来，意为“蒸过的米”⑥。生砻的方法比熟砻少了在锅里蒸的工序，生砻的米达斡尔语叫“希基莫”，稍有黏性⑦。稷子米干饭，也叫稷子米捞饭，是达斡尔族最爱吃的米饭。做稷子米干饭方法是在锅里烧开水，然后将米下到沸水里煮，待半生

①［清］方式济：《龙沙纪略·饮食》。《四库提要著录丛书·史部 252》，北京出版社，2010 年，影印本，第 525 页。

②［清］方式济：《龙沙纪略·饮食》。《四库提要著录丛书·史部 252》，北京出版社，2010 年，影印本，第 525 页。

③［清］方式济：《龙沙纪略·饮食》。《四库提要著录丛书·史部 252》，北京出版社，2010 年，影印本，第 525 页。

④扎不拉几：东北话，不滑润的意思。

⑤调查对象：多金方（1955 年—）；调查地点：富裕县友谊乡登科村；调查时间：2016 年 7 月 11 日。

⑥《达斡尔族社会历史调查》，内蒙古人民出版社，1985 年，第 178 页。

⑦《达斡尔族社会历史调查》，内蒙古人民出版社，1985 年，第 178 页。

不熟的时候用笊篱捞出放在饭盆里，然后将饭盆架在锅叉上，锅底加水，烧火焖饭。稷子米干饭特别香，出锅之后的稷子米干饭散发着独特的香味，弥漫着整个屋子。吃稷子米干饭若是就着鱼汤、肉汤更好吃，何文录说：“稷子米饭就着吃，就像野鸡肉啦、鱼汤啦、肉汤啦。”[①] 稷子米、鲫瓜子鱼也是绝配，多金方说，吃稷子米干饭就着炖鲫瓜子鱼，非常好吃[②]。稷子米泡牛奶也是达斡尔族最爱吃的食物。但是稷子米产量很低，所以并不常吃，何文录说：“稷子米捞饭是比较稀罕的，不常吃。”[③] 现在虽然市面上仍然能买到稷子米，但是价格很贵，且味道不如从前。炒米，是一种稷子米的另一种常见做法，达斡尔族将稷子米炒熟之后存放起来，随时可以泡开水喝，在夏天农忙季节喝炒米水较为普遍，既解渴又抗饿，吴凤亭说：“稷子米汤就像茶水一样，过去很普遍，平常在野外就是带这个的多。”[④] 稷子米还可以碾成面做糕点，稷子米糕点有两种，一种是“希日格热”，这是一种油炸糕点，先将稷子面发酵，然后将其卷成 8 字形，然后在油锅里炸；一种叫“瓦特”，用稷子面和以稠李子面或者山丁子面，加以糖，拌以牛油，压成片。这两种糕点都不是常食，只有在年节、婚礼、丧礼等重大场合才做这种食物[⑤]。

木饭铲子

燕麦是达斡尔族的主要食材，《龙沙纪略》记载，“卜魁人曰：移镇之初，此为常食……而铃铛麦从墨尔根来，仅以饲牛马，间取作粥。斗得粒三升，颇香滑，

① 调查对象：何文录（1945 年—）；调查地点：莽格吐村；调查时间：2015 年 7 月 21 日。
② 调查对象：多金方（1955 年—）；调查地点：富裕县友谊乡登科村；调查时间：2016 年 7 月 11 日。
③ 调查对象：何文录（1945 年—）；调查地点：莽格吐村；调查时间：2015 年 7 月 21 日。
④ 调查对象：何文录（1945 年—）；调查地点：莽格吐村；调查时间：2015 年 7 月 21 日。
⑤《达斡尔族社会历史调查》，内蒙古人民出版社，1985 年，第 179 页。

多食作气，达呼里贵之”，喜食的原因是抗饿，“以其易饱也。”[①] 将燕麦在火炕上炕干，然后碾压、风车子去皮后便成为燕麦米。燕麦米可以做稀粥，如果同奶子或者狍子肉一起做粥，味道更鲜美。燕麦面也是美食，先将燕麦米炒熟，然后碾成面，然后过粗箩或者细筛子，漏下的是细面，剩在箩或者筛子里的是粗面，细面和粗面都是达斡尔族喜欢吃的食物，由于便于储存和携带，所以野外干活经常带这种食物，如果拌以牛奶、奶油和白糖，味道更好。

大麦，可以做粥，大麦粥口感好，滑润，如果里面拌以酸奶子、甜奶子更好吃，多永贵说："大麦粥泡酸奶子、甜奶子可对庄啦。达族人都好吃这个。"[②] 多永贵认为，野生的大麦更好吃。

荞麦，既可做面食，也可做成米食，“甘香如雪，宜糕饼。”[③] 做面食首先将荞卖粒变成荞面，在碾子上轧过之后去皮，然后碾成面，面较黑，如果反复碾压，则能筛出白面，“荞麦面更三四磨者，白如雪。”[④] 过去达斡尔族不能天天吃荞面，因为荞麦产量低，吃荞麦面是改善伙食的标志，何文录说：“如果能吃上一顿荞面就赶上现在吃顿白面了。”[⑤] 达斡尔人的荞面面食主要有饸饹、饺子、奶油面片、荞麦饼等。饸饹是达斡尔族喜欢吃的面食，达斡尔语叫“高鲁巴达”（gaolubada），《黑龙江外记》

哈拉新村展览馆收藏的大鲁巴达

①［清］方式济：《龙沙纪略·饮食》。《四库提要著录丛书·史部 252》，北京出版社，2010 年，影印本，第 525 页。

② 调查对象：多永贵（1941 年—）；调查地点：莽格吐村；调查时间：2019 年 2 月 18 日。

③［清］方式济：《龙沙纪略·饮食》。《四库提要著录丛书·史部 252》，北京出版社，2010 年，影印本，第 525 页。

④［清］方式济：《龙沙纪略·饮食》。《四库提要著录丛书·史部 252》，北京出版社，影印本，2010 年，第 526 页。

⑤ 调查对象：何文录（1945 年—）；调查地点：莽格吐村；调查时间：2015 年 7 月 21 日。

中写作“河漏”“合络”[①]，是具有地域特点的面食。制作饸饹有一个专门的工具叫饸饹床子，饸饹床子有简易的和精制的两种，简易的饸饹床子就是有眼的铁片或者骨头，多永贵说：“我家是用铁片代替。一面粗糙可以刨丝，光滑的一面就可以压饸饹。”[②]骨质的饸饹床子，达斡尔语叫“大鲁巴达”（dalubata），将牛哈拉巴的楞磨掉，在表面上挨排钻直径约 2 毫米的眼，将其搭在锅沿上，将和好的面放在上面挤压，面从眼中像面条一样漏在锅里，锅里的沸水将其煮熟，即为饸饹。面要和的稍微稀一点，人在上面用双手揉面，一根根面条便从眼部挤压到锅里。精制的饸饹床子是用木头制作的，总体结构类似铡刀，底部是床子，上面有一个漏面的口，口的底部钉有带眼的铁片，床子上面有一个压杆，压杆上安装一个类似活塞的木头，活塞正好对着床子上的漏口，压动压杆，活塞就将装在漏口里的面挤压成面条，漏在烧有沸水的锅里，便成为饸饹。精制的饸饹床子用起来比较省力，但不是家家都有，没有的家庭可以到别人家借用，使用简易饸饹床子较为普遍，据在莽格吐村调查，精制的饸饹床子在 20 世纪 70 年代生产队时期就很少了。饸饹煮好后要拌以卤子，卤子材料各不相同，根据个人口味、家里的物质储备而定，或者肉卤，或者菜卤，如果家里既没有菜，也没有肉，也有拌韭菜花、荤油、奶油的，也有就着咸菜吃的，多永贵说：“那前[③]呀，家有啥就搞啥，

哈拉新村展览馆收藏的饸饹床子

① [清] 西清：《黑龙江外记》卷 8，《中国边疆研究文库初编 · 东北边疆卷十 · 吉林外记 黑龙江外记》，黑龙江教育出版社，2014 年，第 249 页。

② 调查对象：多永贵（1941 年—）；调查地点：莽格吐村；调查时间：2015 年 7 月 20 日。

③ 那前儿：东北话，过去的意思，或者指交流双方共同知道的一个时间点或者时间段。

得啥他就搞啥。"[①] 在山区居住的达斡尔族用飞龙、沙鸡、野鸡、狍子等肉做汤浇食，这种饸饹是上等食物，经常用之招待客人。饸饹不仅好吃，而且抗饿，所以在农忙季节一般早饭就吃饸饹或者面片，如此则一天干活有力气，多永贵说："如果家中妇女不忙，有的早上就有吃饸饹的。早上吃正好，干活还有点劲，过去大地主就专门给干长工的压饸饹，烙荞麦饼。"[②] 荞麦面片，达斡尔语"透录巴达"，是一种普通的食物，面和好后切成菱形面片，清水煮熟。如果拌以奶油则成为美味，其做法有两种，一种是在面片快要煮熟时倒进牛奶，开锅之后马上捞出，否则会糊锅。一种方法是先将面片煮熟捞出，然后将牛奶烧开后浇在面片上，吃的时候拌以奶油或者白糖，香甜可口。多金方说："在夏天，早上做好能保存到中午，它不带坏的。"[③] 虽然是美味，但是并不是家家都能经常吃得起，吴凤亭说："一般人吃不起，家里不养牛就吃不上，那时候也不是家家都养得起牛。"[④] 荞面饺子是达斡尔族爱吃的主要面食，它不是常吃食物，多永贵说："饺子一般只有年节的时候，家中大人们才会包（饺子），平常很少吃到。"[⑤] 早年达斡尔族正月里只吃豆包，不吃饺子，后来受汉族影响，才开始吃饺子，最早的饺子是荞麦面饺子，荞面黏性不高，所以荞面饺子一般都做蒸饺。荞面也可以苏子、糖为馅做馅饼。荞麦糁子磨成的面还可以做煎饼，煎饼也是主食，所谓的荞麦糁子就是筛面过后留在筛子里的粒状荞麦，达斡尔语称之为"尼基"（niji）。荞麦米食的制作程序是，首先将荞麦去壳变成荞麦米，去壳的方法是，先将荞麦在锅里蒸，然后在火炕上炕干掉八成水分，然后在碾子上碾压，用风车子吹掉皮子便成荞麦米，达斡尔语叫"阿勒莫"。荞麦米食有两种，一种是同稷子米或者小米掺和在一起做二米饭，一种是做米粥。米粥的做

① 调查对象：多永贵（1941 年—）；调查地点：莽格吐村；调查时间：2019 年 2 月 18 日。
② 调查对象：多永贵（1941 年—）；调查地点：莽格吐村；调查时间：2015 年 7 月 20 日。
③ 调查对象：多金方（1955 年—）；调查地点：富裕县友谊乡登科村；调查时间：2016 年 7 月 11 日。
④ 调查对象：吴凤亭（1943 年—，鄂温克族）；调查地点：莽格吐村；调查时间：2015 年 7 月 20 日。
⑤ 调查对象：多永贵（1941 年—）；调查地点：莽格吐村；调查时间：2015 年 7 月 20 日。

法有多种，里面加酸奶或者狍子肉，其中酸奶荞麦粥是春节期间吃完肉食后夜宵食物，还有一种粥是用荞麦糁子做的，用荞麦糁子掺以酸奶做成的酸奶粥，拌以鲜奶或奶油，加糖，是最受达斡尔族喜爱的食物，也是腊八节的主食[①]。

黄米，糜子去壳后便是黄米。黄米食物主要有三种，一种是黏米饭，一种是豆包，一种是黏糕。黄米黏饭，达斡尔族称其为黏拉拉，即黏米粥，用黄米熬的干粥，熬的时候里面放饭豆，这种黏拉拉在腊月初八这天是必吃的食物。黏米干饭里若是拌以酸奶子或者奶油或者猪肉，味道更佳，吴凤亭说："我们吃拉拉，一般是拌奶油，也有拌猪油的。"[②]黏拉拉不仅好吃，而且抗饿。除了人吃黏拉拉之外，也用之喂猎狗，狗吃黏拉拉会有耐力，打猎时有力气追捕猎物，吴凤亭说："到了冬天，开始下雪了，就把猎狗拴在屋里头，起早喂黏拉拉，抗饿。"[③]黏豆包，达斡尔族吃豆包的历史较久，在中华人民共和国建立以前就有了，多永贵说，至少我父亲那辈就有豆包了。包豆包较为费事，首先要将糜子去壳变成黄米，然后碾，碾之前一天要将黄米用水浸泡，再把黄米碾成面，每到年底，屯子里的碾房是最忙碌的，各家都在这个时间碾面，过去一个村子也就一两口磨，所以需要排队碾米，按顺序进行。驴或马是拉碾子的畜力，需要夜以继日地碾，康淑珍回忆："过去排队，一宿一宿地干。可慢了。"[④]碾完以后用小细箩筛。所用的毛驴是自家的，如果自家没有，则借用别人的毛驴，使用期间要负责喂牲畜。然后和成面团，置于大瓷盆里或者缸里放在炕头上发酵两天左右，最后才能包。豆包

秫秸盖帘

①《达斡尔族社会历史调查》，内蒙古人民出版社，1985 年，第 178 页。

②调查对象：吴凤亭（1943 年—，鄂温克族）；调查地点：莽格吐村；调查时间：2015 年 7 月 20 日。

③调查对象：吴凤亭（1943 年—，鄂温克族）；调查地点：莽格吐村；调查时间：2015 年 7 月 20 日。

④调查对象：康淑珍（1949 年—）；访谈时间，2016 年 2 月 1 日；访谈地点：齐齐哈尔市梅里斯达斡尔族区哈拉新村乔景春康淑珍夫妇家。

馅为芸豆馅或者小豆馅，也有包苏子馅的。由于黄米黏度大，所以通常在黄米面里掺些玉米面，以降低黏度。每次都要包很多，足够整个冬季吃的。包好的豆包摆在盖帘上，放在室外冷冻。待冻实后，装在缸里或者篓子里，放在仓房储存。每次包豆包的时候，许多亲朋都前来帮忙。现在达斡尔族仍然坚持每年包豆包，由于自己不种植糜子，所以都购买黄米，据说，贵的时候三块多钱一斤，最贱也得 2.5 元左右。现在通常用糯米做黏拉拉和包豆包，糯米俗称黏大米。现在碾面已经不再使用老式的碾子了，这种碾子在村中已经见不到了，取而代之的是电动机器，按斤付给机房加工费。

玉米，虽然一直是达斡尔族的农作物，但是早年种植玉米很少，仅在房前屋后的园田地里种植，日伪殖民统治时期才在大田里种玉米。早年玉米的吃法就是吃青棒，又叫啃青，就是在玉米较嫩的时候煮熟啃着吃。大约在 20 世纪五六十年代在汉族的影响下，开始吃成熟的玉米，将成熟的玉米磨成玉米面、碴子，有大碴粥、玉米面粥、玉米面发糕、玉米面饼等食物。不过啃青一直存在，在青黄不接的时候，达斡尔族就盼望玉米早熟，就盼望早日能啃上青棒，多永贵说："过去粮食接不上，就啃青棒。不用特别加工，浮熟了就啃，对付一顿饭。过去非常普遍，我们一小的时候没少啃。"[①] 德新说："青棒下来了，那不是救命了吗？！巴不得青棒赶紧下来呢。"[②]

用于给苞米脱粒的苞米镩子

麦子，民国年间传入，达斡尔族从此开始吃白面，主要做法是面条、馒头、烧饼、水饺，这些食物虽然传自汉族，但是也有本民族的特色，如面片里加鲜奶、面片拌奶油、白糖，烙苏子饼等。日伪殖民统治时期，禁止达斡尔族吃白面，莫景海说："你想整白面整不了，整大米不行，那属于经济犯，把你抓住，询问你大米白面怎

① 调查对象：多永贵（1941 年—）；调查地点：莽格吐村；调查时间：2019 年 2 月 18 日。
② 调查对象：德新（1936 年—2020 年）；调查地点：齐齐哈尔市梅里斯区；调查时间：2019 年 2 月 21 日。

么来的。磨是不让使的，磨都不让套，套磨不就是拉小麦了吗？你只能用碾子推点谷子、苞米碴子。”[①]在改革开放以前，白面是稀罕之物，平时极少吃白面食品，只有过年的时候才吃白面食品。达斡尔族有入冬之后包冻饺子习俗，一进入腊月就开始包冻饺子，包饺子的时候亲戚邻居都来帮忙。为了避免大家同一时间包饺子，大家都错开时间，互相打招呼：“明晚我们家包饺子，我们家包完你家再包。”每到包饺子的时候家里很热闹，亲戚朋友左邻右舍聚在一起有说有笑，用不了多长时间就把饺子包完了。包完饺子后，大家吃一顿，早年只是煮一锅水饺，现在则不然了，随着生活水平的提高，除了煮饺子之外，还要准备一桌菜，喝点酒。包完的饺子都摆放在外面冷冻，待冻实之后再装在袋子里放在仓房里。在此期间也有搞恶作剧的，把整帘子的饺子偷走煮吃，吃完过来说：“你们家的饺子味道不错！”现在，有了冰箱，包豆包、冻饺子的时间提前了，一过立冬就开始包。过去的饺子馅多是萝卜馅、白菜馅、猪肉馅、牛肉馅。现在饺子馅多样化。包这么多饺子也是为了吃着方便，其好处有两点，一是不影响玩耍，二是便于招待客人。鄂淑华说：“谁过年总包饺子啊？都（提前）包出来，（想吃的时候）省事，烧口火，开锅就能吃了。”[②]康淑珍说：“一大缸一大缸的包，整个正月就吃这些。”[③]

捣苏子工具

苏子。一般用做馅，用碾子将其碾碎，可以用来做饼馅、包子馅、饺子馅。苏子油脂高、油性大，在碾压的过程中就会轧出油。

①调查对象：莫景海（1929年—）；调查地点：齐齐哈尔市富拉尔基区罕伯岱村；调查时间：2012年10月6日。

②调查对象：鄂淑华（1958年—）；访谈时间，2016年2月3日；访谈地点：齐齐哈尔市梅里斯达斡尔族区哈拉新村鄂淑华家。

③调查对象：康淑珍（1949年—）；访谈时间，2016年2月1日；访谈地点：齐齐哈尔市梅里斯达斡尔族区哈拉新村乔景春康淑珍夫妇家。

进入20世纪80年代以后，由于商品经济的发展和农业结构的改变，达斡尔族农业以种植玉米为主，所以日常食材逐渐过渡到购买，同其他民族饮食逐渐趋同，由此也使得达斡尔族饮食的民族性逐渐丧失。白面、大米逐渐成为主食，达斡尔族并不种植小麦、稻子，所吃的大米白面都是从商店购买，面食、米食开始大众化，主要有饼、馒头、面条、发糕、干饭、米粥等，和其他地区的食品加工方式基本相同。自己种植的作物玉米主要是外销。

包产到户以后，荞麦、稷子、糜子、苏子、小麦等低产农作物没人种植了，由此也使得一些传统的具有民族特色和地域特色的饸饹、稷子米干饭、荞麦饺子、奶油面片、黄米饭、黄米黏豆包等食物变成了稀罕食物。机械化米面加工设备代替了传统的米、面的处理工具碾子、磨、风车子。

风车子

2. 奶食的种类和加工

各地达斡尔族均养奶牛，所以都喝牛奶、吃奶食，各地达斡尔族牛奶和奶食的种类和加工方法基本相同。达斡尔族奶食很多，除了鲜奶而外，还有酸奶、奶皮子、黄油、奶油、奶酪、奶茶、奶酒、奶豆腐等。

鲜奶子，达斡尔族都喜欢喝牛奶。据德新回忆，几乎天天喝牛奶，生牛奶煮熟之后就可以饮用，称为甜奶子，多永贵说："我喜欢喝奶，我家养的牛不多，过去自家没有牛的时候，就去舅舅家吃。"[1]家里来了客人，也用牛奶招待客人。鲜奶煮面片也是达斡尔族喜欢吃的美食，将面切成菱形，同鲜奶在锅里一起煮熟。鲜奶

① 调查对象：多永贵（1941年—）；调查地点：莽格吐村；调查时间：2015年7月20日。

里放炒稷子米可以当茶饮，将稷子米炒熟，裂开花，略微有点糊，放奶子里煮一下，有糊巴的味道，多永贵说："那格外好吃。"秋天的鲜奶油脂大，如果缺食用油，则可用鲜奶代替食用油炖豆角。

黄油，将鲜牛奶不断地加以搅拌，表层便出现浓稠的稠状物，滤去水分之后便是黄油。黄油可拌粥喝，也可以拌面片中食之。

奶皮子，达斡尔人最喜欢吃的食物。微火煮沸鲜奶后数十分钟后慢慢降温，上面浮起来的皮子即是奶皮子，奶皮子不仅香，而且营养丰富。

酸奶坛子

酸奶、奶油、奶酪，都是达斡尔人喜欢吃的奶食。三种奶食的制作是同一制作系统，由制作酸奶进一步制作奶油，由奶油进一步制作成奶酪。先制作酸奶子，做酸奶的工具就是一个大瓷坛子，鲜奶在坛子里大约五六天就会发酵变酸，如果在鲜奶里面加些发酵好的奶子，则发酵速度快，多永贵说："这种酸奶子格外好吃。"酸奶坛子口上的木盖有个洞，木搅子的手柄从这个洞口伸出，木搅子也叫奶耙子，就是一个长约 50 厘米的木棍一端安装一个边长 15 厘米左右的方木块。木搅子的作用是提拉搅动奶子，搅动奶子的作用是奶子酸的快。不断搅动之后，奶油漂浮上来，奶油层下面的奶子就是酸奶。奶油在锅里煎一下就是奶酪，多永贵说，奶酪是特别香的奶食，可以用奶酪拌以白面、荞面烙饼，多永贵说："你愿意吃啥就兑里点什么，烙奶酪饼，揣在腰里，多长时间都不带硬的，冷天也不会硬，总是保持有油脂。出门随时可以吃。"① 酸奶拌凉水是夏天重要的消暑饮料，每当外出或者下地干活，经常随身携带之。现在酸奶坛子已经没有了，制作酸奶子的方法简单了，就是用日常的饭盆做酸奶子。

奶茶是呼伦贝尔草原上达斡尔族每天必喝的饮品，奶茶均为自己制作，先在锅里熬砖茶，加入炒熟稷子米继续熬，直至烧沸，然后加入适量的牛奶和盐。

① 调查对象：多永贵（1941 年—）；调查地点：莽格吐村；调查时间：2019 年 2 月 18 日。

呼伦贝尔草原达斡尔族也喝奶酒。奶酒均为自制，有个特制的工具，底下是一口锅，将发酵的牛奶放入锅里，锅上竖立一个口径和锅相同的无底无盖的木桶，木桶高近 1 米，木桶的上面放一内放凉水的铁锅。煮沸酸奶，蒸汽遇到上面冷锅底便凝结成水珠，水珠滴到锅下面的特置的一个斜木槽里，木槽伸出木桶之外，奶水珠流到外面的漏斗，通过漏斗进入一个瓶子里，进入瓶里的液体就是奶酒。奶酒是蒙古族等游牧民族常喝的饮料，达斡尔族的奶酒加工制作技艺同蒙古族的奶酒加工制作技艺相同，可以认定是受蒙古族影响的结果。

奶豆腐，奶酒熬过之后锅底剩下的奶渣放入一个口有细铁边的布口袋里，漏掉水分之后就是奶豆腐。

3. 肉食的种类和吃法

达斡尔族日常饮食中肉食占有一定比重。由于达斡尔族既从事渔猎业，也有家庭饲养业，所以他们的肉食包括两方面，一是兽肉和鱼肉，二是猪、牛、羊、鸡、鸭、鹅等家畜家禽肉。过去达斡尔族肉食加工方法较为简单，以炖、烤、烧为主。在所有肉的做法中最有名的是手把肉，“将家畜、野兽等肉成块煮熟，手把割啖为贵，盖因上古时代，交通不便，南菜艺术两乏，依土产本味因地制宜而为，已成习惯也。”[①] 猪、牛、羊、野兽的肉都可以做手扒肉，不剔除骨头，整块肉煮熟后装在盘子里，大伙一起切着吃，吴凤亭说：“排骨不剔也不剁，连骨头一起煮。煮熟后用大盆拿上来，大伙就围着用刀割肉吃。”[②] 蘸料为韭菜花、蒜末、辣椒末、辣菜末，辣菜末就是白菜、芹菜、韭菜、芹菜根拌在一起的拌菜。蒜末、辣椒末也可以分别和韭菜花勾兑而成调料。具体用什么调料，要看条件和个人的口味而定。过年杀猪请客就是吃手扒肉，多永贵说：“不管穷富，只要杀得起猪，他就吃手把肉，亲戚故旧都招待一起吃一顿。那解馋。”多玉华说：“俺们爱吃手把肉，啃大骨头。”[③]

---

① ［民国］孟定恭：《布特哈志略·村落姓氏》。《辽海丛书》第四册，辽沈书社，1985 年影印本，第 2482 页。

② 调查对象：吴凤亭（1943 年—，鄂温克族）；调查地点：莽格吐村；调查时间：2015 年 7 月 20 日。

③ 调查对象：安成林（1950 年—）；调查地点：莽格吐村；调查时间：2017 年 10 月 6 日。

婚宴上，手把肉必不可少，而且肉的部位分配到哪个桌上也非常有讲究，“宾客头桌、二桌和三桌，必须上尻背骨和肩胛骨”[①]，这两块肉被视为最好吃的肉，只有贵客才能享受到。多永贵认为：“手把肉比较实惠，破费也大，能吃半拉猪啊，剩也剩不多少。”[②]所以并不常吃手把肉。现在仍然保持这一习俗，每到过年过节的时候或者贵客来临的时候都吃手把肉。

达斡尔族也有杀猪菜，这些杀猪菜同汉族杀猪菜的品种和做法相同，可能是受汉族影响所致，不过没有实证资料显示这种关联性，只是一种推论而已。一种杀猪菜是猪肉片，将煮肉切成片，蒜泥、韭菜花、酱油、醋等作为蘸料。一种杀猪菜是血肠，血肠的做法是，将猪肠用清水和盐水清理干净，将猪鲜血拌以盐、葱、蒜、姜之后灌进猪肠，煮熟后切成片，蘸着蒜泥酱、韭菜花、酱油、醋等佐料吃。不过，做的时候是一锅出，肥肉、血肠同酸菜一同烩。

鱼也是达斡尔族经常吃的食物，达斡尔族靠近嫩江，吃鱼具有地利上的优势。鱼的吃法很多，主要以炖为主，也有生吃的，将黑鱼用开水焯一下，可做凉拌菜。随着渔猎业的萎缩，鱼肉虽然仍能吃到，但是属于稀罕之物。

如今，达斡尔族肉食的加工方法很多，煎炒烹炸烧烤炖都有。

4. 菜食的种类和吃法

平时食用的蔬菜有两个来源，一个是采集来的野菜，第二个是自己园子里种植的蔬菜。房前屋后园田地里的蔬菜有白菜、土豆、豆角、胡萝卜、大萝卜、黄瓜、西葫芦、茄子、青椒、韭菜、葱、蒜等，每家的园田地里不可能将这些作物全部种植，各家因喜好不同而选择其中的几种蔬菜加以种植。园田地中的蔬菜能够满足夏秋之际的日常饮食，自给自足，有“园田半年粮”之说。青菜有两种吃法，一是做炖菜，二是蘸酱菜，早期的大酱是用黑豆做成的，民国以后的大酱都是用黄豆做成的。达斡尔族也将园田地中的蔬菜黄瓜、茄子、胡萝卜、白菜做成咸菜，将白菜腌制成酸

①《达斡尔族社会历史调查》，内蒙古人民出版社，1985 年，第 179 页。

② 调查对象：多永贵（1941 年—）；调查地点：莽格吐村；调查时间：2019 年 2 月 18 日。

菜，达斡尔族腌制酸菜的方法是，先将白菜收拾利索之后在开水里焯少许时间，沥水之后放在缸里撒上大粒盐之后发酵，吴凤亭说："过去白菜腌之前要上锅，在开水里焯一下，粗的白菜要劈开两半，完了往缸里扔，两三层撒一次咸盐，免得烂。然后用石头压在上面，不封口。过去的老方法我们家还用，很多人家都简便了。"[①]每年达斡尔族也将剩余的蔬菜进行冬储以备冬天和次年青菜下来之前食用，冬储的方法有三种，第一种是将青菜晒制成干菜进行贮存，豆角、茄子、西葫芦都可以切成片或者条晒干储存，吃的时候用水泡开就能做炖菜；第二种方法是用地窖加以贮存，白菜、土豆、胡萝卜、大萝卜都可以用这种方法储存。第三种是直接冷冻保存，冷冻的菜有大葱、白菜。

野菜在过去达斡尔族的生活中占有重要的地位，达斡尔族在青黄不接的时候都吃野菜，因为他们比大地粮食和园田地青菜先长出来。经常吃的野菜有柳蒿芽、老山芹、黄花菜、小根蒜、莽根勒特（莽根菜）、鸭舌菜、婆婆丁、野葱、江葱、野韭菜、抱头菜以及树上长的山丁子、稠李子等，每种野菜都有多种吃法。

柳蒿芽（库木勒 kumul）被视为达斡尔族的救命菜，柳蒿芽长成了才好吃，长成的柳蒿芽微苦，多永贵说："柳蒿芽大点的好，起码得长到半尺高以上，那样的好吃，苦不休的。嫩的不好吃，嫩的啥味道没有。"[②]每年每家都采集很多柳蒿芽，既可现采现吃，也可以冬储起来备吃。无论怎么吃，无论是吃鲜菜还是吃干菜，柳蒿芽都要先热开水焯一下，挤掉水分后，必须在清水中洗三遍，焯的目的是减少柳蒿芽自带的苦味，焯菜的时候满屋飘着柳蒿芽的清香。焯过的柳蒿芽可以制成拌菜，或者拌以麻油，拌以麻油的柳蒿芽又香又滑；或者拌以葱花和蒜泥，再加上辣椒油、盐面和味精，犹如汉族的凉拌菜；或者拌饭吃，过去达斡尔族喜欢吃稷子米干饭、小米干饭、燕麦粥，如果在这些饭里拌以柳蒿芽则既香又可口。柳蒿芽也可以做蘸酱菜，焯过的柳蒿芽蘸着东北大酱，非常下饭。柳蒿芽可以做多种炖菜，炖菜通常

① 调查对象：吴凤亭（1943 年—，鄂温克族）；调查地点：莽格吐村；调查时间：2015 年 7 月 20 日。
② 调查对象：多永贵（1941 年—）；调查地点：莽格吐村；调查时间：2019 年 2 月 18 日。

要和肉一起炖，纯肉、排骨、肥肠、鱼都可以同柳蒿芽一起炖，早年从事打猎，同兽肉一起炖较普遍，后来捕猎经济越来越弱，同猪肉炖较为普遍，柳蒿芽炖鲇鱼或者鲫鱼是最受欢迎的一道菜，多永贵说："把鲶鱼的大刺一撸，然后放进锅里，炖烂烀了，相当好吃。（做菜时）啥油也不放，就依靠鲇鱼的鱼鳔子出油。抓住鲇鱼一般不会拿回家，在河边就做了，用河水煮，都是当地取材。"① 经济条件好的家庭还会在炖菜里放一点肥肠。柳蒿芽汤是经常吃的菜，汤里除了柳蒿芽之外，还放一些肉、饭豆、土豆丁，这种炖法在达斡尔族中较为普遍，也很受欢迎，其做法是，将柳蒿芽剁成段，将芸豆等其他配菜煮至八分熟捞出备用，用猪油和葱花炝锅之后，爆炒一些肉类，然后放入水、备好的柳蒿芽和其他配菜以及其他调味料等，用文火炖煮十分钟左右。柳蒿芽也可以做饺子馅或者馅饼馅，柳蒿芽馅的饺子现在尤其受到达斡尔族青睐，而馅饼则既可以是正餐主食，也可以作为点心。柳蒿芽也可以冬储，过去冬储的方法是将柳蒿芽晒干之后保存起来，晒之前先用热水焯一下，如此则在晒干之后能保持柳蒿芽的绿色；也可以直接晾干保存，吃的时候再焯水。过去家里粮食不足就用柳蒿芽充饥，青黄不接的时候就吃柳蒿芽，德新回忆说："一九六〇年至一九六一年国家最困难的时候，没粮吃，我们民族就把柳蒿芽当饭吃，那时候山东人汉族也都跟我们学吃柳蒿芽。那时候学校不上体育课了，哪个学生没来，第二天不用问，肯定去弄菜去了，家里没吃的了。"②

黄花菜，嫩江平原盛产，满草甸子都是黄花菜，摘回来之后焯过之后鲜吃，也可以晒干贮存起来。莽根勒特（manggelete 莽根菜），自身有黏度，既可生吃，也可拌凉菜，也可做炒菜。小根蒜，达斡尔族称其为"满且"（manqie），每年春天开犁以前长出来。鸭舌菜，达斡尔语"赛勒格勒"（selgele），即汉族所说的秦末菜，原来达斡尔族不吃秦末菜，后来受汉族影响也吃秦末菜。婆婆丁，同秦末

① 调查对象：多永贵（1941 年—）；调查地点：莽格吐村；调查时间：2015 年 7 月 20 日。
② 调查对象：德新（1936 年—2020 年）；调查地点：齐齐哈尔市梅里斯区；调查时间：2019 年 2 月 21 日。

菜一样都是受汉族影响开始吃的。山丁子，采集回来之后在锅里蒸熟，直接食用。稠李子，比三丁子成熟得早，采集回来之后当做水果吃。

现在，山野菜由原来的大众食物、救急食物变成了珍贵食物，如柳蒿芽成为一种时尚菜、特色菜、家乡菜、乡愁菜。每有客人来访，达斡尔族一定要用柳蒿芽招待客人，不如此便显示不出来达斡尔族的热情好客。柳蒿芽炖肉在当地饭店中已经成为吸引外地顾客的当家菜。柳蒿芽又出现了新的加工方法，如柳蒿芽炒菜、炸柳蒿芽丸子、烤柳蒿芽都是新菜种。现代科学发现，柳蒿芽营养丰富，无污染，纯绿色，而且具有药用价值，柳蒿之全株含对人体有补益的芳香油百分之零点四七，具有消炎、清热解毒的功效，能预防和治疗肝炎及肝硬化，与河豚一起煮还能解河豚之毒。现在仍然冬储一些柳蒿芽，虽然依然延续晒干柳蒿芽的保存方法，不过，干菜都是用作礼品邮给外地的亲属或者朋友，自己家吃的柳蒿芽都用冰箱冰柜进行保存，冰箱冰柜冷冻保存的柳蒿芽比晒干的柳蒿芽更能保持柳蒿芽的鲜味和绿色。碱水焯柳蒿芽取代了传统的清水焯，如此焯过后的柳蒿芽只要在凉水中泡一会就可以吃，不必反复过清水。柳蒿芽也成为馈赠亲朋好友的礼物，外地来客，走时都会给带点柳蒿芽，也会通过物流将野菜邮寄给远方的亲戚朋友或者家人。

5. 饮料的种类和加工

饮用水的来源有两个，一个是江水，一个是井水。游猎、游牧时，达斡尔族饮用江水。由于达斡尔族一直沿江而居，所以居家时也饮用江水和用江水做饭。过去江水没有污染，只有牛、马、羊等牲畜对江水有一定的污染，但是达斡尔族认为，等浑水过去以后，江水恢复清水之后就可以作为饮用水。也有比较讲究的人家将江水加以过滤饮用，过滤的方法是，在河边挖个小坑，把水引到小坑里，待泥土沉淀以后就可以直接饮用了。达斡尔族也喝井水，每个村子都有井，都是大眼子井，六七米深，十家二十家吃一口井水。不过，达斡尔族认为，井水赶不上活动水。

达斡尔族喜欢喝茶，尤喜喝红茶，不过并不普遍，仅在富人家较为普及。但是家家准备茶壶，如果有客人来，则要给客人泡壶茶。如果没有茶，则到野甸子上采集黄芩，用黄芩叶子泡水喝。

达斡尔族人喜欢喝酒，酒对于达斡尔族男子来说是必备的饮品，德新说：“什么时候，酒都是畅销货。无论男的女的，老的少的都喝酒。”[①] 过去，老人吃饭都是先喝酒。每个人每次至少能喝半斤，不过在经济困难时期，经济条件不允许，也就克服了，何文录说：“小时候饭都吃不饱，喝什么酒？”[②] 酒可以防寒，对于野外打猎的民族来说很重要。过去生活困难，喝酒很少，即便婚宴也不管够，每桌仅仅放一壶酒或者两壶酒，每个人喝一两盅。过去都喝白酒，是用高粱、玉米酿的酒，最崇尚高粱酒，村中有酒坊，不过并不是每个村子都有酒坊，没有酒坊的则到邻近的村子中购买，或者在赶集的时候买酒。现在都是在商店买酒，既喝白酒，也喝啤酒，酒的消费量很大。

6. 抽烟及相关礼仪

烟虽然和人的基本生存需要无关，但是却是达斡尔族日常生活中的必备，是达斡尔族生活中的准食品。达斡尔族喜欢抽烟，抽烟在达斡尔族中具有全民性，无论男女老幼皆吸烟。莽格吐村吴海山从七八岁开始就抽烟，而且从小就抽烟袋，至今已经 70 多年的烟龄，他说：“抽烟是从老人那儿学的，他们在家丁巴[③] 抽，我也跟着抽，他们（把烟袋）扔炕上走了，我就拿起来装上烟，就坐那儿抽，就那么学会抽烟的。”[④] 如今吴海山已经抽烟成瘾，不抽烟浑身不得劲儿，半夜睡不着觉，抽会烟就能睡着觉。吴海山抽烟仍然坚持用烟袋，他认为，在市场买的叶子烟烟劲不够，用烟袋抽烟才会够辣，因为烟袋杆里有烟油子。达斡尔族家庭来人去戚，敬烟是基本礼节。

抽烟有两种方式，一种是卷烟，就是用纸将烟叶卷在纸里。第二种是用烟袋抽

① 调查对象：德新（1936 年—2020 年）；调查地点：齐齐哈尔市梅里斯区；调查时间：2019 年 2 月 21 日。

② 调查对象：何文录（1945 年—）；调查地点：莽格吐村；调查时间：2015 年 7 月 21 日。

③ 丁巴：东北方言，经常的意思。

④ 调查对象：吴海山（1938 年—）调查地点：莽格吐村；调查时间：2017 年 10 月 6 日。

烟，烟袋杆很长，比较讲究的烟袋锅是用杏树根做的，里面镶嵌铜箍，何文录说："过去高级点的烟袋是用树根做的烟袋。树根做的烟袋一般是老头用的，老太太用的都是长烟袋。"[①] 有人喜欢在烟叶里兑艾蒿，因为艾蒿有香味，抽烟过程中享受艾蒿的味道。

过去家家墙上或者幔帐杆子上都挂一个昼夜不灭的用草扭成的火绳，点烟的时候只需将烟绳子拉过来将烟点着。李金枝说："火绳是用艾蒿拧的，一点就着，味道还挺好闻的。我年轻的时候还用，后来有了火镰了，火绳就淘汰了。"[②] 烟绳子是烟引子，不用的时候处于阴燃状态，用的时候，吹一下火就燃起。烟绳子还有一大功能就是能防止蚊子和小咬进屋。火镰使用起来不十分方便，"火镰太笨了，它必须要先弄一个树引子，然后在那个上面打火，等到树引子的火星落在火镰上，才能用。"[③] 大约20世纪六七十年代，随着火柴的传入而停止使用火镰。现在用的都是火柴和打火机。

抽卷烟仅见于个别岁数大的人，像这种抽散烟、家里有烟笸箩的人家少之又少。

① 调查对象：何文录（1945年—）；调查地点：莽格吐村；调查时间：2015年7月21日。
② 调查对象：李金枝（1941年—）；调查地点：莽格吐村；调查时间：2015年7月20日。
③ 调查对象：李金枝（1941年—）；调查地点：莽格吐村；调查时间：2015年7月20日。

现在抽烟的人都买烟抽，大多数人买烟卷，抽自己卷的烟的多是一些老年人，即便抽卷烟，也多抽的是从市场上买的散烟，2015 年在莽格吐村调查，大烟袋极少见到了，多永贵家里炕上还有烟笸箩，他的老伴仍然抽自己卷的烟，不过烟笸箩已经不是传统的样式，传统的样式是呈圆盆形，是用纸牌糊制的，外面糊以花纸。

7. 饮食中伦理观念和礼俗

吃饭有很多规矩，爷爷奶奶坐在南炕，没有成家的坐在北炕，已婚的坐在西炕。孙子辈的可以和爷爷奶奶同桌。当长辈喝酒的时候小孩不能上桌，大伯子和兄弟媳妇不能坐在一起，日常生活中尽量少说话或者不说话，否则会被人说闲话。食物也有分配，有些东西要给老人吃，如猪的后 和肩胛骨部分被视为最好吃的肉，必须给家中最年长的长辈吃。现在吃饭的老规矩没有了，长辈晚辈、儿媳妇老公公、大伯子和弟媳都可以同坐一桌吃饭了。

饭桌

喝酒讲究礼仪，女人虽然会喝酒，但是过去只有男人喝完酒了，女人才能喝。未成年之前禁止喝酒。晚辈不能和父母、爷爷等长辈在一起喝酒，若是家里条件允许，通常给老人单独摆放一张桌子，若是家庭条件不好，全家都在一个桌子上吃饭，则晚辈只能等老人喝完酒吃完饭后才能上桌，何文录说："不能和老人一起喝酒。"①拜把子时必须喝酒，不醉不休。婚丧嫁娶之时都必须备酒。每次喝酒之前，都必须先用无名指弹酒三次，分别代表敬天、敬地、敬老祖宗，这一习俗直到现在在一些

① 调查对象：何文录（1945 年—）；调查地点：莽格吐村；调查时间：2015 年 7 月 21 日。

老人中仍然遵守。

四、服饰文化

从服饰质地角度看，达斡尔族服饰沿着皮服、皮服布衣并存、布衣的脉络发展的，从服装款式看，达斡尔族服饰是沿着长衫长袍到对襟制服发展的。发展到现在，民族服饰消失，日常所穿同其他民族服饰没了区别。达斡尔族传统服饰有地区性差异，山区达斡尔族由于猎业占有很大比重，所以服饰以兽皮衣为多。而平原地区的达斡尔族服饰以布衣和羊皮服饰为多。

1. 毛皮服饰

毛皮服饰保暖性能强，能够满足北方寒冷气候下人们保暖御寒的基本需求，所以深受人们的喜爱。达斡尔族毛皮服饰有两种，一种是兽皮服饰，一种是畜皮服饰。山地达斡尔族主要穿兽皮衣服，而嫩江平原地区达斡尔族更愿意穿畜皮服饰。

山地达斡尔族穿兽皮服饰非常普遍，一方面，所在地域野生动物资源丰富，另一方面他们长期以狩猎为生，野兽皮得之容易。根据 20 世纪 50 年代的调查，山地达斡尔族的兽皮服饰有皮衣、皮裤、兽首帽、靴子、手套、腰带[①]。皮衣根据季节不同使用不同的皮张，冬天穿的皮衣必须使用秋末或者冬季打的狍皮，此时皮张毛厚，保暖性强，且结实不掉毛，这种皮衣达斡尔语叫“布滚其·德力”(bugunqi · deli)或者“主拉斯 · 德力”（julas · deli），前后开衩以便于骑马。一件皮衣最多穿两个冬天。春秋两季穿的皮衣用春夏两个季节打的狍皮制作，该时的毛皮毛短、较硬、呈红色，所以俗称红杠子皮，红杠子皮做的皮衣叫“克热·哈日米”（kere · harem）或者“卦兰其 · 哈日米”（gualanqi · harem），过去买不起布衣的家庭也穿红杠子皮皮衣过夏。皮衣的样式相同，扣子有三种，一种是铜扣，一种是皮条编结成的扣子，一种是皮带儿。皮裤有多种，一种的长裤，一种是套裤。长裤达斡尔语称“阿热斯 · 哈库如”（ares · hakuru），因季节不同使用不同的皮张，冬季穿的长裤用

① 内蒙古自治区编辑组:《达斡尔族社会历史调查》，内蒙古人民出版社，1985 年，第 184 页。

秋末冬季猎获的皮张，该时的皮张毛厚保暖；春秋穿的皮裤是夏天猎获的皮张，即红杠子皮。套裤（suibi）就是两个裤管，上口为斜口，钉有皮条，提上裤子后将皮条系在腰带上。兽首帽，达斡尔语叫“米亚特 · 马哈拉”（miat · mahala），用狍子、狼、狐狸的头皮制作，以狍头帽居多，狍子头完整取下来，去掉脑骨、脑髓之后加以鞣制，加上里衬，就是一顶帽子，眼睛处镶黑皮子，保留狍角，帽耳用狐狸、猞猁、狼等皮张制作，戴在头上不仅保暖，而且是一种伪装，容易靠近猎物。皮靴有多种，一种叫“奇卡米”（qikam），该种鞋鞋底用狍脖子皮制作，靴靿是用狍腿皮拼成，毛朝外，冬季穿用，“狍脖皮靰鞡名曰“查卡米”，柔暖宜于冰地，为该处特产”[①]；一种叫“斡落奇”（oloqi），靴靿为布制，而靴底既可以是皮底，也可以是布底，春夏秋三个季节穿用；一种叫“得热特莫勒”（dertemole），样式、材料同“奇卡米”，但是靴靿比“奇卡米”高，适合冬季深雪中行走，靴筒里不会灌雪。手套，达斡尔语叫“博力”（boli），有三种皮手套，一种叫“额莫替 · 博力”（emoti · boli），是有长 的手闷子，一种叫“哈奇 · 博力”，是没勒的手闷子，一种叫“霍洛博力”（holo · boli），是五指手套，均为狍皮制作。20世纪90年代，内蒙古自治区宣布禁猎，兽皮服饰没有了衣料的来源，由此兽皮服饰彻底从达斡尔族生活中消失。

嫩江平原达斡尔族也穿皮衣，尤其是车老板冬天都穿皮大衣。皮衣有两种，一

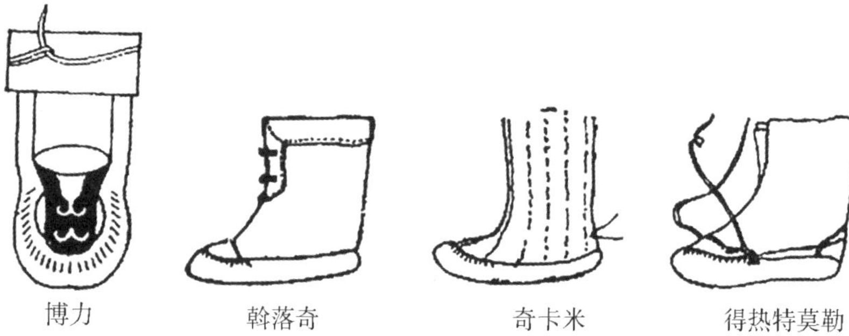

手捂子和靰鞡（图片选自《达斡尔族社会历史调查》）

---

①［民国］孟定恭：《布特哈志略 · 村落姓氏》。《辽海丛书》第四册，辽沈书社，1985年影印本，第2482页。

种是兽皮制作的，一种是用畜皮制作的。过去嫩江平原达斡尔族渔猎业很发达，用猎得的皮张做皮衣，长袍、坎肩、裤子、帽子、鞋子、手套都用兽皮制作，所用皮张为狍皮、狐狸皮、貉子皮等，以狍皮服饰居多，吴海山说，达斡尔族并不喜欢穿狍皮衣服，“过去有是有，但是很少。那衣裳没人穿，埋汰，老掉毛，毛一整就一骨碌一骨碌的掉。”[①] 吴海山说，穿白皮板衣服的较为普遍[②]，狍皮、羊皮、犴皮都能做成光皮板衣裳，光皮板衣裳达斡尔语叫“塔拉故勒”，无论冬夏都可以穿，夏天穿光皮板衣裳凉快、抗晒、抗雨浇；冬天作为外套，穿在棉衣的外面，抗风保暖。貉子皮大衣是最为高档的大衣，多数家庭穿不起貉皮大衣，一件皮大衣要用很多张貉子皮。男人戴皮帽子非常普遍，以兔皮帽子居多，何文录说：“我们小时候戴兔皮的，大耳朵。”[③] 也有戴狐狸皮、狍子皮、貉子皮帽子的，不过并不普遍，多为经济条件好的家庭才有这种帽子，据多金方回忆，在20世纪六七十年代，一顶狐狸皮帽子大约180元，在那时候是相当昂贵的帽子了。貉子皮帽子是最上档次的帽子，很少有人能戴貉子皮帽子，除非特别有钱。过去胡子（土匪）绑票往往就要貉子皮大衣和貉子皮帽子（叫貉壳帽子）作为赎金。兽皮服饰直到中华人民共和国建立初期都有人穿，不过逐渐呈下降趋势，因为野兽越来越少，到20世纪80年代兽皮服饰在生活中就见不到了。

牲畜皮做衣服较多，畜皮主要有羊皮、狗皮、牛皮。羊皮做衣服比较普遍，在20世纪八九十年代，在嫩江平原上的达斡尔族穿羊皮袄较多，这种皮袄保暖性能好，达斡尔族非常推崇羊皮袄，穿羊皮袄是经济条件好的标志，吴海山说，羊皮大衣是最高级的大衣，“能穿上羊皮大衣那还了得了，那是最高级的衣服。一般人穿不起。现在也有，那羊皮大衣，是羊剪绒，就这么长，可带劲了，漂白儿。贵，一般人穿不起。”[④] 吴凤亭说：“讲究的人都穿皮大衣，一般是羊皮大衣，一家能有一个人

① 调查对象：吴海山（1938 年—）；调查地点：莽格吐村；调查时间：2017 年 10 月 6 日。
② 调查对象：吴海山（1938 年—）；调查地点：莽格吐村；调查时间：2017 年 10 月 6 日。
③ 调查对象：何文录（1945 年—）；调查地点：莽格吐村；调查时间：2015 年 7 月 21 日。
④ 调查对象：吴海山（1938 年—）；调查地点：莽格吐村；调查时间：2017 年 10 月 6 日。

穿上皮大衣就是相当不错的了。”① 尤其推崇羊羔皮做的皮衣，羊羔子皮薄薄的，毛都是卷卷的，只有有钱的人家才能做得起羊羔子皮袄，莫景海说：“穷人整不起，有条件的人家养活好几百头羊，能整得起，一个屯子一两个也就不错的。”② 羊皮袄有两种，一种是挂面皮袄，即在皮衣外面挂上布面，是最为讲究的皮衣，吴凤亭说：“外边有挂面的少。”③ 一种是不挂面的皮袄，即光皮板裸露在外面，这种皮袄叫白茬子皮袄，多永贵说：“那时候没有布料，就穿白茬子皮袄，是用山羊皮做了。”④ 羊皮也可以做皮坎肩，皮坎肩选用羊羔子皮制作，因为羊羔子皮薄，轻巧，坎肩多穿在皮袍里。皮衣上的纽扣有两种，一种是皮绳，衣襟的两侧各钉一个短皮绳；还有一种是铜扣。据吴海山说，过去有穿狗皮裤子的，春夏秋冬都穿，虽然保暖性较好，但是有个弱点，就是里面容易生虱子虮子。过去因为普遍很穷，所以穿皮裤时不穿内裤，直到中华人民共和国建立之初仍然如此。直到生产队时期经济条件才慢慢好起来，吴海山说：“生产队以后，就一年比一年好了。”⑤

鞋曾经是达斡尔族的主要御寒鞋，这种鞋是用牛皮制作的，或者自制，或者购买。制作靰鞡鞋是一个非常重的体力劳动，先要把牛皮熟制好，熟好的牛皮如同布，特别柔软，穿在脚上遇到水以后，鞋变硬。靰鞡鞋纯手工制作，裁剪以后，用针线一针一针缝上。缝制靰鞡的线不是普通的线，而是牛筋线，将牛筋取出晒干后反复捶打，牛筋变成牛筋丝，然后将牛筋丝搓成绳，就用牛筋绳缝制靰鞡，牛筋绳非常结实，多金方说：“（不管）哪里坏了，那块（指牛筋绳）不带折的。鞋穿到底漏了，缝的地方不带开的。”⑥ 靰鞡鞋内絮乌拉草，不仅保暖，而且祛湿，又轻巧，

①调查对象：多永贵（1941 年—）；调查地点：莽格吐村；调查时间：2015 年 7 月 20 日。
②调查对象：莫景海（1929 年—）；调查地点：齐齐哈尔市富拉尔基区罕伯岱村；调查时间：2012 年 10 月 6 日。
③调查对象：多永贵（1941 年—）；调查地点：莽格吐村；调查时间：2015 年 7 月 20 日。
④调查对象：多永贵（1941 年—）；调查地点：莽格吐村；调查时间：2015 年 7 月 20 日。
⑤调查对象：吴海山（1938 年—）调查地点：莽格吐村；调查时间：2017 年 10 月 6 日。
⑥调查对象：多金方（1955 年—）；调查地点：富裕县友谊乡登科村；调查时间：2016 年 7 月 11 日。

又干净。毡袜传入以后，除了絮乌拉草之外，脚上还穿毡袜，保暖性更好。大约到20世纪70年代，穿乌拉鞋的人逐渐减少，因为乌拉鞋不美观，而且穿起来较为费功夫，要砸乌拉草，每天还要将乌拉草拿出来晾以去掉潮湿。何文录说："乌拉草鞋不好看不说，也麻烦，要续乌拉草。生产队后期就都穿棉胶鞋了。"① 到20世纪70年末以后有了棉胶鞋，人们就不愿意穿乌拉鞋了，棉胶鞋取代靰鞡鞋。

2. 布料服饰

达斡尔族穿布衣早在清代时就开始了，早年，男子穿皮衣，女子穿布衣。新中国建立以后，布料衣物开始流行，吴凤亭说："我年轻的时候布衣服比皮大衣多。的确良是后期的，我结婚的时候好像刚出来。"②20世纪80年代以前布料主要是花旗布，20世纪80年代以后，传入了的确良、涤卡、涤纶等布料，花旗布逐渐被人们所淘汰。布衣或者自己缝制或者买成衣，不过在20世纪90年代以前以自己制作或者找村中的裁缝制作为主。布衣有长袍、长衫、长裤、套裤、手套、鞋等多种。

长袍、长衫，达斡尔族无论男女老幼都穿，冬季穿长袍，夏季穿长衫，斜开襟，左衽，布衣的颜色多为黑、灰、蓝等暗色调，多永贵说："过去穿深蓝色带那个黄边的衣服比较多。"③ 小孩、青年人的衣服较为艳丽，女孩衣服以粉红居多，衣摆衣襟上有绣花，多永贵回忆他伯父在世时穿的大褂样式是："我大爷穿的那个大长褂是用时令布制作的，天蓝色的，扎个紫色的大腰带。腰带有一庹④ 半长，八尺左右吧。"⑤ 最初的扣子为一字扣，如同现在系鞋带一样，盘扣是后来出现的，盘扣是用皮绳盘成的圆噶哒。过去，除日常的长袍、长衫外，富有者还备置绸缎料长袍、长衫和上衣，"供参加各种典礼时穿用。绸缎服装的花色依年龄不同而有别。老年长袍以蓝、灰色为多，外套黑缎上衣或过膝的外罩衣。年轻女子的绸缎服装颜色鲜艳，

① 调查对象：何文录（1945年—）；调查地点：莽格吐村；调查时间：2015年7月21日。
② 调查对象：吴凤亭（1943年—，鄂温克族）；调查地点：莽格吐村；调查时间：2015年7月20日。
③ 调查对象：多永贵（1941年—）；调查地点：莽格吐村；调查时间：2019年2月18日。
④ 庹，东北土音读作tǎo。
⑤ 调查对象：多永贵（1941年—）；调查地点：莽格吐村；调查时间：2019年2月18日。

并镶以不同颜色的边，做工讲究，美观大方。”[①] 据多金方回忆，大约在他二十岁的时候，也就是20世纪70年代的时候，长袍就没有人再穿了[②]。但是长衫一直延续到20世纪80年代。

嫩江平原达斡尔族也穿套裤，达斡尔族语称套裤为“虽宾”或“查库”，款式和兴安岭达斡尔族的套裤相同，就是两只互不相连的裤管，只有两只裤腿，上口为斜口，钉有两根绳子用来将套裤固定在裤腰带上。用来制作套裤的材料有红杠子狍皮、光皮板狍皮、羊皮、帆布等，皮套裤既可毛朝外，也可以毛朝里，具体朝里朝外视用途和天气冷暖而定。多金方认为，羊皮套裤是高级套裤[③]，他说过去还有黑鱼皮做的套裤，不过这种黑鱼皮套裤很少见。用帆布制作套裤较为普遍，帆布抗磨。套裤主要是干活时穿，以下几种情况必须穿套裤，一是干农活的时候，夏天打羊草、冬天打场捆谷草时；二是打猎的时候，三是捆柴火的时候。套裤的作用有三，一是保护膝盖，给柴火、羊草、谷草打捆时用瑶子（类似草绳，将草、谷秆等拧成单股绳）捆上，用膝盖一顶，使劲一拽瑶子，将瑶子对接后扭个扣，即捆好了一捆，套裤能防止打捆儿时磨坏膝盖；二是防止弄湿裤子，早晨露水大，必须穿套裤，免得把裤子弄湿；三是保暖，跑长途时车老板要穿套裤保暖。过去穷人家困难买不起裤子，日常所穿的裤子就是套裤，即便冬天也穿两个套裤腿，吴海山说，他的父母在世时没有棉裤，就穿套裤。女人不穿套裤，吴凤亭说：“女的没有，庄稼活女的一般不干，女人只收拾房前屋后的园子，在园子里干活不用穿套裤。”[④]

达斡尔族穿布鞋，女子穿的布鞋都是绣花鞋，鞋帮上有刺绣，都是心灵手巧的达斡尔族姑娘妇女自己绣制的，刺绣品的好坏也是考验姑娘妇女是否心灵手巧、

① 内蒙古自治区编辑组：《达斡尔族社会历史调查》，内蒙古人民出版社，1985年，第184页。
② 调查对象：多金方（1955年—）；调查地点：富裕县友谊乡登科村；调查时间：2016年7月11日。
③ 调查对象：多金方（1955年—）；调查地点：富裕县友谊乡登科村；调查时间：2016年7月11日。
④ 调查对象：吴凤亭（1943年—，鄂温克族）；调查地点：莽格吐村；调查时间：2015年7月20日。

是否贤惠的标准，每到结婚的时候新娘都要带着自己的绣品过来。“绣花的烟荷包是妇女在礼仪场合上不可缺少的装束，多以缎料为底，上绣各种图案。”[①]现在在工业品的冲击下，达斡尔族自己都不制作布鞋了，会绣花的人基本没了，

补袜子用的袜撑子

德新小时候愿意穿绣花鞋，都是姐姐给制作的，上学以后就不穿了，她说：“怕磕碜。”[②]何文录说：“现在也不弄了，都有现成的鞋。”[③]

如今长衫成为礼仪性服饰，每有民族集体性活动或者参加各种会议都穿礼仪性服饰，礼仪性服饰通常为三件套，头戴礼帽，脚蹬长靴，身穿长衫。上衣长衫面料考究，做工精良，在领子、袖口和下摆处绣有图案，此时的长衫已经成为符号。这些服饰多购自商店，买的是成品服饰。

3. 发型和配饰

达斡尔族女子注重头上打扮，在不同的年龄段和人生阶段，头饰有所不同，幼儿阶段，仅在头顶中心留发，并束一小辫垂于脑后。十五六岁时的头型是，前半部留发，两鬓角上的头发绕两耳上部与头顶发合束一条长辫。临近婚龄时留全发，仍束一辫。女子在未嫁之前无论何种头型都不得露出鬓发。结婚前一天家人用线绞脸上汗毛，并戴头饰。春节亦剪鬓发，服孝者除外。[④]已婚妇女平时将发束于头顶，插银替，若是出门参加重要活动，则在额前围一圈带子，带子多为布制，上面刺绣有图案和镶嵌银制饰品，现在这种脑缠带子头饰成为达斡尔族代表性头饰，在各种集会中，达斡尔族无论已婚未婚，女子头部都是这种打扮。

---

① 内蒙古自治区编辑组:《达斡尔族社会历史调查》，内蒙古人民出版社，1985 年，第 184 页。
② 调查对象：德新（1936 年—2020 年）；调查地点：齐齐哈尔市梅里斯区；调查时间：2019 年 2 月 21 日。
③ 调查对象：何文录（1945 年—）；调查地点：莽格吐村；调查时间：2015 年 7 月 21 日。
④ 内蒙古自治区编辑组:《达斡尔族社会历史调查》，内蒙古人民出版社，1985 年，第 184 页。

鱼肠纹头钗

玉雕莲花配饰

达斡尔族的配饰还有头钗、耳环、耳坠、手镯等。黑龙江省博物馆1984年在黑龙江省讷河市团结乡（现兴旺鄂温克族乡）百路村征集到一套大步摇头钗和小布摇头钗，“大步摇头钗，鎏金，长14.2厘米，花枝上拴有5串玻璃珠，桃形花叶蓝黄色相间，花上落有一只蝴蝶，花冠宽约13厘米。做工考究。佩戴时需两只，分别戴在头的两侧。小步摇头钗，鎏金，长19厘米。上端是4.5厘米长的蝙蝠，下坠3串玻璃珠，长22厘米，佩戴时亦需两只，戴在发髻的后边。”[①]很明显，步摇头钗肯定不是常服，也不是平常人家能置办得起的。可惜该头饰在黑龙江省民族博物馆展厅展出时被窃。

4. 穿衣服的规矩

达斡尔族有许多穿衣戴帽的规矩和规范。达斡尔族穿衣有季节之别，这是和地处寒温带气候密切相关的，这里四季明显，夏季炎热，冬季寒冷，随着季节性温度的转变，达斡尔族也更换与季节相称的服饰，寒冷的冬季一定穿棉服，达斡尔族之所以崇尚皮服，就是因为毛皮服饰的保暖性能强。

达斡尔族服饰有男女之别，服饰的性别界限非常严格，男女不能互穿对方的服饰。达斡尔族男子穿衣必须配条腰带，腰带或者皮制或者布制，平时不扎腰带，但是出门或者参加婚礼、丧礼、串门、拜年拜节、集会等非常正式的场合和重要的礼仪活动时必须穿长袍、扎腰带，表示重视和尊重，否则被视为不懂礼貌。何文录说：

① 黑龙江省地方志编纂委员会：《黑龙江省志·文物志》，黑龙江人民出版社，1984年，第405页。

"腰带平时不扎，只有出门，有礼节行动要扎。但是具体怎么扎腰带忘记了，我们这辈都没有了。"①腰带很长，系腰带是个技术活，要左面右面来回缠三圈之后，其两端吊掖于腰带背后两边。腰带上挂有烟袋、烟口袋和火镰，扎上腰带之后怀里可以存放饼、酒等吃的东西，出门在外随时饿了随时吃，到甸子上打围、到江边打鱼，随时可以喝酒。男人的帽子不能乱扔，禁止女人从男人帽子上面迈过。

过去，达斡尔族忌裸露，即便再热也不能裸露胳膊和腿，否则，老人见到会骂，有时候还会找鞭子抽。女人的内裤不能明处晾晒。在外面晾衣绳子上晾晒衣服的时候，男人不能从晾衣绳底下走过。

达斡尔族以穿破衣为吉，穿破衣能保命。达斡尔族少儿有穿百家衣的习俗，认为穿百家衣的孩子好养活。德新父母生了12个孩子，哥哥弟弟都不幸早夭了，就剩姐姐和她，因为姐姐和德新"站住了"，所以父母就不给德新姐俩穿好衣服，德新说："穿好衣服寿禄不长。"②德新直到土地改革时没有穿过新衣服，日常所穿的衣服都是老爷子老太太的破衣服，从别人家拿回来之后，稍稍改一下就是日常穿的衣服，而且这些旧衣服不能买，德新说："必须上人家去取衣服，不能花钱买，跟人家要，花钱的话就不灵了。"③叔伯爷爷去世之后，家里人还给姐俩用孝布做了一件衣服，这件衣服直到土地改革时仍然穿着。

婚丧服饰有别于常服。新郎新娘要穿一套崭新的服装，参加婚礼的人也会精心打扮一番。葬礼上，子女及其亲属按照亲疏远近的不同穿不同样式的孝服，"（1）死者之妻、亲子和亲侄穿全身白孝衣，其中长子外套白马褂，服孝期为3个月，脱下孝衣后，穿素服3年。女子头上戴白布条孝帽，穿白鞋。（2）死者的第三代叔伯侄子和弟弟服孝两个月，把白布叠为3层（约三寸宽）系于腰间，布头由背后跨

① 调查对象：何文录（1945年—）；调查地点：莽格吐村；调查时间：2015年7月21日。
② 调查对象：德新（1936年—2020年）；调查地点：齐齐哈尔市梅里斯区；调查时间：2019年2月21日。
③ 调查对象：德新（1936年—2020年）；调查地点：齐齐哈尔市梅里斯区；调查时间：2019年2月21日。

左肩（女子右肩）下垂至脚踵。（3）五代内的莫昆近亲服孝1个月，孝服只一白带，系于腰间，下搭前面，与衣服下摆相齐。”[①] 未成年人不服孝，否则影响身体发育。服孝期满要进行脱孝祭奠仪式，在为死者举行周月、二周月和百日祭奠的时候脱孝衣，祭奠完死者后将孝衣脱下在烧纸的火上晃一下，将孝服收藏起来。显然这些习俗是受汉族丧葬习俗影响所致，但是又有别于汉族的“五服”。服孝期间禁止理发、剪指甲、戴耳环、手镯。

五、交通工具

运输能力的大小是民族生产力水平、文化水平高低的主要标志，它是人类征服自然、改造自然、提高生存能力的具体体现。每一种交通运输工具皆和一定的生产力水平相适应，交通运输工具也会随着生产力水平的提高而不断进步。交通运输工具是自然环境的产物，一方面是对当地自然环境的适应，另一方面也是对当地自然环境的因应，达斡尔族地处平原又临江而居，所以既有陆路交通运输工具，也有水路交通运输工具。交通运输工具的使用在很大程度上也受周边其他民族影响，所以我们看到，达斡尔族的交通运输工具有许多是采借其他民族的交通运输工具，尤其现代，各民族联系加强，交通运输工具也开始趋同，达斡尔族的交通运输工具同其他民族已经没有了区别。

1. 畜力运输

过去达斡尔族依靠畜力运输比较普遍，主要的畜力有马、驴、牛、骡子。马、驴可用来作为骑乘工具，出门远行、放牧甚至下地干活都可以骑马、骑驴前行，“外出远行者如携带品不多或走崎岖山路时就骑马，可日行百余里。每个男子都有熟练的骑马技术。”[②] 牛虽然可用作骑乘工具，但是由于其行走速度慢而很少使用。马、驴、牛、骡子也是驮载物品的工具，马、驴、牛的背上可以驮载各种物品。

① 内蒙古自治区编辑组：《达斡尔族社会历史调查》，内蒙古人民出版社，1985年，第238页。
② 内蒙古自治区编辑组：《达斡尔族社会历史调查》，内蒙古人民出版社，1985年，第185页。

同时马、牛、驴也是牵引、拉拽工具，用来拉车、拉爬犁。清朝、民国年间，耕地使役畜为牛，到日伪殖民统治时期，随着卧犁的传入，马开始用作役畜，马较之牛作为役畜的好处在于，马在干活间隙就可以喂料，所以不耽误干活，整天都可以耕作。而牛则不然，牛不耐热，一到中午或者天气太热都必须停歇；牛是反刍动物，喂完之后要反刍，反刍期间既不能喂料也不能干活。

随着现代交通工具的广泛使用，除了牛倌、马倌、羊倌之外，没有人再用马、牛、驴做交通工具。

2. 草上飞：勒勒车

车是达斡尔族主要交通运输工具，其中最有名的车是大勒勒车，达斡尔语叫“大轱特了格”，意为达斡尔族车，以区别于汉族造的车，车名正好和车轱辘大的特点相吻合，“大轱特了格”于是就谐音为大轱辘车。大轱辘车又叫牛车、老老车，文献中又叫辐辐车，辐这个字在汉语字典上找不到，具体怎么读音不清楚。达斡尔族不仅自己造车、使车，也将自己造的车卖给蒙古、鄂温克等民族，造车业成为达斡尔族的一种创收手段之一。莫旗达斡尔族学会会长乐志德说，我们民族的文化是大轱辘车文化[①]，由此可见，大轱辘车是达斡尔族民族文化的精华，也是达斡尔族为之感到骄傲的伟大创造。它的源头是南北朝时期铁勒人的高车、辽宋时期契丹人的大轱辘车。

《黑龙江外记》有一段文字描述了大勒勒车的特点：“达呼尔随意造车，轮不求甚圆，辕不求甚直，轴径如椽，而载重致远，不资毂，惟山路崎岖，防损折，动以斧凿随之。”[②]大轱辘车轱辘高大，车轮直径 1.5 米左右，整个车体全为木质，通车没有一个铁钉。后来，大轱辘车的制作也开始用铁，主要在以下几个位置用铁，（1）车辋、车辕之上用铁丝、铁钉加以固定；（2）车毂两头用铁环加以固定，这

①调查对象：乐志德；调查地点：莫力达瓦达斡尔族自治旗达斡尔族研究学会；访谈时间：2005 年 10 月 7 日。

②［清］西清：《黑龙江外记》卷 4。《中国边疆研究文库初编·东北边疆卷十·吉林外记 黑龙江外记》，黑龙江教育出版社，2014 年，第 215 页。

新建的梅里斯达斡尔族区雅尔塞镇哈拉新村达斡尔族博物馆收藏的大轱辘车车轮

种铁环称之为“铁箍”；（3）车毂轴眼的内壁嵌入铁片或者铁销子，以增加轴心的抗磨性。大轱辘车行驶时必须携带一瓶油，或者大麻籽油，或者小麻籽油，随时给车轮轴心浇油，因为如果不随时浇油，容易把车轴和车毂轴眼磨坏。黑龙江省民族博物馆收藏一个大轱辘车，是1983年在鄂温克族自治旗巴彦托海镇征集的，该大轱辘车轮直径1.46米，车辕长达4.57米，车辕贯通全车，后半部分每隔26.5厘米嵌有81厘米长的横撑，共计8根横撑，这就是车的主体部分，由此得出，该车主体部分长5.6米、宽81厘米。车厢有两种底面，一种是铺木板子，一种是用柳条在车辕子后面的横撑上上下编穿。

大轱辘车因用牛拉拽，所以又称牛车，一头牛就可以拉拽整辆车。既可以一辆车单独使用，也可以多辆车连在一起组成车队，长长的车队只需一人御之，据说一个小孩就可以驾驭一个车队，“一童子尝御三五辆，载粮草类。”[①]“其为车也轻便，且能担运千斤重载，上下行走山谷、沟壑、草道，犹如平地，故别称曰‘草

①［清］西清：《黑龙江外记》卷4。《中国边疆研究文库初编·东北边疆卷十·吉林外记 黑龙江外记》，黑龙江教育出版社，2014年，第215页。

上飞’”①

大轱辘车既可载人，也可运物，应用于生活的各个方面，富人的大勒勒车还在车上搭建车篷，“车厢左右和后边用苇席做围子，车顶用苇席或棉毯作篷。”②“富者乘之，以毡毳为盖，蔽风雪，间亦用桦皮，式如棺，号桦皮车。”③有篷的车是高档车，乘有篷的车是经济实力的标志，嫁娶车都是有篷车。达斡尔族也用大轱辘车作灵车，不过用作灵车之后要停放三个月，而且在此期间要将车体倒扣在地上，何文录说：“过去老人去世就用大轱辘车运，运完死人之后的大轱辘车要在野外翻个个儿，扔三个月之后才能用。”④

大勒勒车的优点是，适宜于在草地、湿地、山地中行走。直至现在，当人们谈到大轱辘车的时候，其民族的自豪感仍然溢于言表，杜金彪说，小轿车走不了的山路，大轱辘车能走，任何车走起来打滑的路，大轱辘车能走。⑤缺点是载货数量有限，每辆大轱辘车只能拉三袋子米。

两个大轱辘车车毂丢弃在莽格吐村一家院子中

大轱辘车在中华人民共和国建立以后逐渐被弃用，各地弃用的时间不同，在嫩江平原地区在20世纪六七十年代就停止使用了，多永贵说：“生产队成立不久就没了，淘汰了，不使了。”⑥2017年笔者在莽格吐村的

①［民国］孟定恭：《布特哈志略·村落姓氏》。《辽海丛书》第四册，辽沈书社，1985年影印本，第2483页。
②内蒙古自治区编辑组：《达斡尔族社会历史调查》，内蒙古人民出版社，1985年，第185页。
③［清］西清：《黑龙江外记》卷4。《中国边疆研究文库初编·东北边疆卷十·吉林外记 黑龙江外记》，黑龙江教育出版社，2014年，第215页。
④调查对象：何文录（1941年—）；调查地点：莽格吐村；调查时间：2015年7月21日。
⑤调查对象：杜金彪；地点：莫力达瓦达斡尔族自治旗库如奇乡库如其村；访谈时间：2005年10月5日。
⑥调查对象：多永贵；调查地点：莽格吐村；调查时间：2017年10月5日。

一家院子里发现了两个大轱辘车的车毂，被主人用作绑牲畜的工具，轮毂的周边有四方的眼，这是用来插木辐条的。多永贵家保存着大轱辘铁箍，该车箍已经变成了小孩子溜圈儿的玩具。而处于丘陵地区的莫力达瓦达斡尔族自治旗消失的时间稍晚，大约在 1985 年左右。

从清朝末年开始，达斡尔族同其他民族联系加强，其他民族的车也伴随着交流的频繁而陆续传入。在达斡尔族历史上还用过以下诸种车：(1) 大样子车，也叫铁车、大辕车、连轴车，车辕子和车体相连，车辋上没有铁瓦。车辕子头有个横木，出车行驶的时候，将横木搭在牛的脖子上，在脖子下用绳子一勒，便可前行。这种车拐弯不方便，必须慢转弯，否则整座车都会侧翻，弄不好会把牛扭死。据多金方回忆，这种车在生产队的时候就没了①。(2) 木车，木车又称白楂车，民国年间开始使用，车体较轻，该种车车轴和车轮一体，行驶时车轴和车轮同时转，不同于汉族的软套，达斡尔族用硬套，虽然套车较之软套方便，但是转弯时容易翻车。该种车不结实，容易坏。(3) 大铁车，民国时期传入大铁车并逐渐取代白楂车，大铁车用软套，以牛马为拉拽工具，每辆大铁车套牛一匹或马两匹。(4) 钢轴车，日伪殖民统治时期传入，钢轴车自己不能制作，许多人买不起，所以钢轴车没有普及，大量使用的还是大铁车。(5) 栽胶车和汽跑车，中华人民共和国建立以后开始使用栽胶车和汽跑车，汽跑车就是胶轮车，胶轮里有内胎，需要打满内胎汽才能行走，有铁轴承，要经常往轴承里加黄油做润滑，是主要的运输工具。这些车虽然从外地传入，但是也成为达斡尔族文化的有机组成部分。

车不仅满足达斡尔族的日常交通运输需求，同时也用来出外拉脚，拉脚相当于现在的出租业，每到农闲季节，达斡尔族就组织车队到外面挣钱，“或选车徒，齐马力，载麦与豆输他境，穷日夕行，腾趋冰雪中，习以为常。”②

如今这些传统的车辆在各个村中已经不见了踪迹，成为人们的记忆，柴油电动

---

① 调查对象：多金方（1955 年—）；调查地点：富裕县友谊乡登科村；调查时间：2016 年 7 月 11 日。

②［民国］黄维翰：《黑水先民传・自序上》，黑龙江人民出版社，1986 年，第 7 页。

车、摩托、轿车、四轮拖拉机等现代交通工具成为乡村主要的运输工具。

3. 冰雪交通工具：爬犁

万里冰封的冬季，爬犁是主要交通运输工具。爬犁有大爬犁和小爬犁，大爬犁由两层木架组成，很大，用马拉，行于冰面、雪地，借着雪力、冰力行驶，速度快，坐在上面稳当，没有颠簸之感。小爬犁主要用于拉柴草，也是小孩的玩具。

4. 水上交通工具

船是达斡尔族重要的交通工具，也是打鱼工具。船有多种，独木舟是一种原始的水上交通工具，将一整根粗大的松木抠出木槽，木槽里边可以载人、载物。其优点是制作方便，缺点是载货量非常有限，每只独木舟只能乘坐两个人或者运载二三百斤的货物。独木舟容易倾覆。木头船，达斡尔语叫“介坂”，是达斡尔族常用的打鱼船，船舱较大。

木排是达斡尔族的主要水上交通运输工具，制作较简单，就是把一根根碗口粗的圆木并排系在一起。主要用于横江摆渡。这种木排在黑龙江以北时就有，圆木是用麻绳捆扎在一起的，在石勒喀河上用来运粮食、马匹等物资①。达斡尔族上山放木排时的木排就不仅仅是一种交通运输工具了，而是运输木材的一种手段，在上面可以休息、做饭，到目的地后就解开木排，一根根圆木便变成了商品。

①［苏］《俄罗人对阿穆尔的发现和边区开发的开端》，《阿穆尔州地志博物馆与方志学会论丛选辑》，黑龙江人民出版社，1978 年，第 34 页。

第八章　婚丧嫁娶：最受重视的人生礼仪

婚丧嫁娶是达斡尔族最为重视的两件人生大事，作为人生两个重要节点，达斡尔族通过一系列仪式化活动实现过渡。婚礼和葬礼也是村屯的一次聚合活动，每次婚丧活动都是全体村民共有的事情，活动体现了村民的一体性，在当前村落原子化的今天，婚丧嫁娶是两个仅有的集体化活动，对村屯共同体和民族共同体的凝聚和筑牢具有很大的作用。

一、婚礼：两性结合

结婚是人生大事，所以婚礼是最受重视的礼仪性活动。男大当婚女大当嫁，是任何社会不变的人生。两性结合组成家庭，通过一定的礼仪制度实现两性的结合，这些礼仪制度我们统称之为婚礼。婚礼有时代性，不同的时代婚姻礼仪是不同的，清代达斡尔族婚俗在《黑龙江外记》中有记载，“达呼尔、巴尔呼以牛马为聘礼，多多益善，礼不备，女不容娶。然婿既行噶喇扎发密礼，许来往女家，与女同寝处，称夫妇。故有聘逾数载，乃能备礼迎娶者，往往子女成行，随母入门，而翁姑受拜，仍以新妇称之。噶喇扎发密，译言执手。”[①] 这时的婚姻已经实行买卖婚，非常重视婚礼，但同时也信守诺言，一旦订婚就不悔婚，而且允许二人同居生子。允许婚

① [清朝] 西清：《黑龙江外记》卷6。《中国边疆研究文库初编·东北边疆卷十·吉林外记 黑龙江外记》，黑龙江教育出版社，2014年，第235页。

前同居生子习俗在有些达斡尔族民俗志资料中显示一直保持，不过在齐齐哈尔市一带的达斡尔族没有这一习俗，不仅如此，在齐齐哈尔一带的达斡尔族还禁止未婚男女见面说话。民国时期，文献记载的达斡尔族婚俗是“婚嫁则择适，使媒介绍，定亲，纳礼，结婚，悬红，合卺，新夫妇拜天地，认亲友。”[①]说明礼仪程序已经非常繁复。婚礼也具有地方性，各个地域的达斡尔族婚俗有所不同，我们发现书中记述的达斡尔族婚俗在齐齐哈尔市所辖区县的达斡尔族中不存在。以下所描述的婚俗流行于齐齐哈尔市所辖区县达斡尔族中。

1. 婚姻制度

达斡尔族婚姻类型多样，基本类型是一夫一妻制，男娶女嫁，从夫居。亦有一夫多妻婚、上门婚、代婚、租赁婚（拉边套）等几种特殊的婚配类型。

多妻现象虽有，但是并不普遍，而且达斡尔族不赞成多妻，仅见于过去的一些富户家庭，据20世纪50年代调查，只有妻子没生儿子才纳妾，纳妾的目的是续后代，妾多为奴隶的女儿，因为只要生活能过得去，达斡尔族就不会把自家女儿嫁给别人家做二房。在多妻家庭中，大媳妇掌管家庭的财务，妾处于从属地位。[②]莫景海说：“过去郭守信娶两个媳妇，他头房没生孩子，他到四十岁以后又娶了个年轻的寡妇，罕伯岱村就这么一家，他是富农。”[③]

上门婚就是俗称的倒插门，虽有这一婚俗，但是并不多，上门婚多发生在女方没有男孩而男方兄弟较多的家庭，于是，男子就倒插门到女方家里充当儿子的角色，负担起媳妇一家人的养家糊口、为岳父母养老送终的重任。各种达斡尔族的民族志和研究著作均将这种婚制称为入赘婚，但是它和汉族的入赘婚不同，“所生子女仍

①［民国］孟定恭：《布特哈志略·村落姓氏》。《辽海丛书》第四册，辽沈书社，1985年影印本，第2482页。

② 内蒙古自治区编辑组：《达斡尔族社会历史调查》，民族出版社，1985年，第227页。

③ 调查对象：莫景海（1929年—）；调查地点：齐齐哈尔市富拉尔基区罕伯岱村；调查时间：2012年10月6日。

然属于父亲的哈拉。”[①] 入赘婚有两种结婚方法，一种是女娶男，把小子当姑娘一样送来；一种是依然是男娶女，婚后到女方家居住，如多永贵就是入赘女婿，其岳母是个寡妇，有两个女儿，婚礼依然是在男方家举办，按照娶亲的正常流程进行，结婚七天后夫妻二人搬到女方家。所生子女仍然随男方姓，多永贵的两个子女均姓多。

达斡尔族有劳役婚，劳役婚发生在女方父亲体弱或者多病而儿子尚小，于是让女婿到女方家生活，负担起岳父母家养家糊口的责任。“女婿在岳父家只从事劳动，并无继承女方财产的权利。”[②] 一旦家中男孩长大能够养家糊口了，女婿就可以领着媳妇和所生子女自立门户了。有的民族志书和研究著作将该种婚姻称之为入赘婚，其实从其婚姻形式看，该种婚姻应该属于劳役婚。在岳父岳母家从事劳役往往有年限约定，或者娶三年姑爷，或者娶五年姑爷，或者八年姑爷，具体劳役多少年由双方商定，而岳父岳母家往往根据自家儿子成人的时间来要求女婿劳役多长时间，例如儿子十岁，还有八年成年，则要姑爷服劳役八年，八年以后，儿子十八了，姑爷就可以领着媳妇孩子回家了。

达斡尔族有定娃娃亲和指腹为婚现象。指腹为婚是在双方母亲都在孕期定下婚盟，所生子女若是同性则结为干姐妹、干兄弟，如果是异性，则订立婚盟，这种婚姻形式多发生在两家关系好，或者喝酒喝高兴了，就“拍巴掌”，目的是让这种友好关系世世代代传下去，一旦拍了巴掌，就不能更改。娃娃亲则是两家孩子在少儿时期便订立婚盟。达斡尔族还有未满月就结婚现象，这是一种特殊的婚姻，一般是前几个子女没站住，生一个死一个，如果这时候生了一个姑娘，那么出生不到一个月就给他找对象结婚，婚礼形式和成人婚礼形式相同，接亲送亲一如成人婚礼，女孩作为新娘在男方家住三宿，然后把女孩抱回家。德新见过一家娶了个不满月的女

①《中国少数民族》修订编辑委员会编：《中国少数民族》（国家民委民族问题五种丛书之一），民族出版社，2009 年，第 102 页。

②《中国少数民族》修订编辑委员会编：《中国少数民族》（国家民委民族问题五种丛书之一），民族出版社，2009 年，第 102 页。

孩，不幸的是男孩长大后死了，男孩母亲认为是女孩把男孩给克死了："白让这个姑娘给我当儿媳妇了，把我儿子给克死了。"①

达斡尔族表亲婚较为普遍，崇尚亲上加亲。表亲婚有姑表婚和姨表婚，姑表婚就是姑姑家的男孩娶舅舅的女儿为妻，姨表婚就是亲姐妹的子女之间结为夫妻，莫景海说："那时候亲戚里面做亲的多，什么姑舅亲啊，什么两姨亲啊，这个做亲的多，像这样的婚姻大约占百分之八九十吧。"②但是姨表婚必须是双方属于不同哈拉，若是同一哈拉，则不能结合。禁止回头婚，即舅舅家的男孩不能娶姑姑家的女孩，因为舅舅和姑姑是同一父母所生，血统相同，如果回头婚，则是骨血倒流，影响下一代健康。

达斡尔族有代婚习俗，若是婚期男子在外面赶不回来，就用公鸡代替新郎同新娘子拜天堂，德新姐姐的三小叔子就是这么结婚的，他三小叔子在外地念书，不愿意结婚，而家里已经把结婚的日子定下来了，就用公鸡代替新郎同新娘拜了堂。

达斡尔族也有双胞胎哥俩娶双胞胎姐俩的习俗，认为这种婚姻吉利，夫妻双方寿命长。

拉边套的习俗较为少见。这种婚姻形式通常发生在三种家庭，第一种家庭是家里孩子很多，生活困难。第二种家庭是男主人体弱多病无力养家。于是找个男单身过来过着共妻生活，帮忙养活孩子。孩子长大之后，依然像孝敬自己的亲生父母一样孝敬该男子，并为他养老送终。达斡尔族不认可这种婚姻，认为是不正常的婚姻，杨士清讲了一个真实发生的故事："丈夫本来膀大腰圆，后来有病了，而且还抽大烟，不能干活。媳妇就找了一个，他开始不同意，后来他不干活了，还需要钱，开始不上他家，后来那个男人干脆就过来了，他就认了，但是那个男的弟弟不干，土改那年他弟弟拿着斧头就给他砍了，把他嫂子也砍了，好在没砍死。法律一看这种

① 调查对象：德新（1936 年—2020 年）；调查地点：齐齐哈尔市梅里斯区；调查时间：2019 年 2 月 21 日。

② 调查对象：莫景海（1929 年—）；调查地点：齐齐哈尔市富拉尔基区罕伯岱村；调查时间：2012 年 10 月 6 日。

情况，就给放了，因双方愿意。”[①]第三种家庭是男主人没有生育能力，就找一个男人吃住在他家，帮助生孩子，所生孩子归男主人，不能随拉帮套者姓，“如果跟着他姓就不算拉帮套的，那就是驾辕马了。”[②]莫景海说，过去罕伯岱村有这种情况。没有拉一辈子帮套的，莫景海说：“拉一辈子帮套的很少，也就拉个十年八年的。老了以后，人家就不要你了，拉帮套是活的，不是死的，让你拉就拉，不让你拉就走了。”[③]

寡妇可以再嫁，但是必须在丈夫死了以后一百天以后才能结婚。不过过彩礼要给原男方家。婚礼虽然也如一婚一样的程序，但是要简单一些。嫁出去之后就不能再回原家庭了，德新说：“嫁出去之后就不能再迈这个门槛了。也不能回来看孩子。你说你想孩子了想回来看看孩子，不让你进屋。”[④]德新的爷爷去世得早，德新奶奶仅20多岁，德新父亲刚刚9岁，家族对德新奶奶发话说：“你要找主的话，孩子不给你。”奶奶舍不得丢下儿子，于是一辈子守寡（30多岁去世）。也有寡妇娶姑爷现象，姑爷给原来的公婆当儿子，这种现象多发生在遗孀有孩子家庭。丈夫死了之后，如果没儿没女，就回娘家；如果有孩子，则继续同公婆一起住。

2. 求婚

达斡尔族正常的婚姻形式是明媒正娶，禁止私定终身，传统婚姻缔结主要依靠父母之命，只要父母同意了，儿女就只能同意，1983年由登科村嫁到莽格吐村的敖来荣就是由父母做主订立的婚约，结婚前和丈夫并不认识，敖来荣说：“就听父母的，听老人的，不像这个年代，那个年代吧都是介绍的，之前没看过，也不认

①调查对象：杨士清（1935年—）；调查地点：齐齐哈尔市富拉尔基区罕伯岱村；调查时间：2020年6月24日。

②调查对象：莫景海（1929年—）；调查地点：齐齐哈尔市富拉尔基区罕伯岱村；调查时间：2012年10月6日。

③调查对象：莫景海（1929年—）；调查地点：齐齐哈尔市富拉尔基区罕伯岱村；调查时间：2012年10月6日。

④调查对象：德新（1936年—2020年）；调查地点：齐齐哈尔市梅里斯区；调查时间：2019年2月21日。

识。”[①]莫景海说：“婚事吧，你本人没有权利，都是老人办。过去都是封建婚姻，老人管，你想娶她，辈差了，做不到，人家打死你也不让你们结婚，你敢吗？你不敢。”[②]婚姻缔结方式是男方提亲，但是不是自己去提亲，而是依靠媒妁之言，媒人达斡尔语“找切”（zhaoq），如果看上哪家姑娘，便请一个两面关系都非常好的、能说会道的媒人上门提亲，莫景海说：“社会关系好一点儿，亲戚朋友多一点儿，联系面广，走南闯北的，前后村亲戚里道的多，像这样的人当媒人。”[③]也有热衷当媒人的人，热衷当媒人的人看到适龄男女合适就会主动上男方家问：“您那小子不急着娶媳妇啊？我给你当个媒人，某某村子某家有个姑娘挺好。”[④]擅长保媒的人如果成功率高并有了名气，那么会有许多人上门找他做媒。媒人的礼帽顶的正中间钉有一个红布条，这是媒人特殊的标志，“一看到有红布，就知道这是介绍人”[⑤]。媒人手里带两瓶酒，瓶盖上缠着红纸，对女孩的父母说：“借你家酒壶用一用。”女方一听这话就明白了来意。媒人交代说：“我今天是求亲来了，某家的儿子想娶你家姑娘，托我来的。”女方父母如果不同意，则会一口否决，“我们姑娘不着急嫁人，你别来了。”既不喝酒，也让把酒带回去。如果对男方满意，则说考虑考虑、再了解一下男方之类的话，莫景海说：“人家说我们打听打听吧，忙啥的？以后再说吧！这就是给你个话，以后再说，你还得来。”[⑥]媒人听到话里有活口，则再去一两次求婚，不过以后再次提亲就不能只带两瓶酒了，而要带六瓶或者八瓶酒，陶

① 调查对象：敖来荣（1959 年—）；调查地点：莽格吐村；调查时间：2017 年 10 月 6 日。
② 调查对象：莫景海（1929 年—）；调查地点：齐齐哈尔市富拉尔基区罕伯岱村；调查时间：2012 年 10 月 6 日。
③ 调查对象：莫景海（1929 年—）；调查地点：齐齐哈尔市富拉尔基区罕伯岱村；调查时间：2012 年 10 月 6 日。
④ 调查对象：莫景海（1929 年—）；调查地点：齐齐哈尔市富拉尔基区罕伯岱村；调查时间：2012 年 10 月 6 日。
⑤ 调查对象：莫景海（1929 年—）；调查地点：齐齐哈尔市富拉尔基区罕伯岱村；调查时间：2012 年 10 月 6 日。
⑥ 调查对象：莫景海（1929 年—）；调查地点：齐齐哈尔市富拉尔基区罕伯岱村；调查时间：2012 年 10 月 6 日。

文山说，禁止带四瓶酒，原因是“四”同“死”发音相近，不吉利[①]。一旦女孩父亲喝了酒，则表示同意这门亲事了，何文录说：“她爸爸（如果）喝了酒，就代表接受了（这门亲事），（提亲）至少要去两次。”[②]。敬酒的方式是，把酒壶拿来装上酒以后，拿个酒盅，将酒盅斟满酒，先给女孩父亲敬酒，女方为大，然后大家轮流喝酒，不管多少人都喝同一酒盅的酒。第一次男孩及其父母一同前往，因为要让女方看看男孩及其家庭，第二次第三次，男孩可以不去，但是父母至少去一个，或者父亲或者母亲。男孩不插嘴，只是到外面找活干，如果干不好，女方母亲不高兴。1960 年，多永贵家看好了李家姑娘，就找人提亲，李家的一个有威望的长辈对多永贵较满意，说：“行，小伙子不错，就是体格囊吧点[③]。”于是这桩婚事就这么定下了。达斡尔族有条规矩，一旦有人和该女子提亲了，那么其他人就不能在同一时间段内去求婚，直至确认两家没有订立婚盟才能去求亲。

婚配对象的选择标准是社会整体价值观的集中反映，也是人自身发展和完善的目标。尽管属于包办婚姻，但是每个家庭对男女双方和对方家庭有很高的要求。以下几条标准通常是选择对象要考虑的因素，一是看对方的人品，如是否通情达理，是否实在守本分，敖来荣说：“不管你长相好看赖看，你人实在就行，就是守本分。”[④]二是是否勤劳，达斡尔族崇尚勤劳，以勤劳为美，选对象的标准就看是否认干、肯干、能干，讨厌油嘴滑舌的人，莫景海说：“看小伙子能不能干活儿，能说会道的还不愿意要，滑不拉几的，没个准，竟能白呼，能干啥啊？”[⑤]三是看家庭，看家庭往往要看三辈，多永贵说：“要看三辈，爷爷那一辈怎么样，父亲那一辈怎么样，老少结合来看这三辈，上两辈都挺好，下一代也错不了。”[⑥]莫金海也说：“看看

①调查对象：陶文山（1953 年—）；调查地点：登科村；调查时间：2016 年 7 月 12 日。

②调查对象：何文录（1945 年—）；调查地点：莽格吐村；调查时间：2015 年 7 月 21 日。

③囊吧：东北话，身体弱。

④调查对象：敖来荣（1959 年—）；调查地点：莽格吐村；调查时间：2017 年 10 月 6 日。

⑤调查对象：莫景海（1929 年—）；调查地点：齐齐哈尔市富拉尔基区罕伯岱村；调查时间：2012 年 10 月 6 日。

⑥调查对象：多永贵（1941 年—）；调查地点：莽格吐村；调查时间：2019 年 2 月 18 日。

他三代人怎么样，看他爷爷怎样，问问他爷爷是不是忠诚老实啊、当没当过胡子、有没有偷摸儿习惯。”[①] 过去娃娃亲很多，生下来就定下婚盟，也有指腹为婚现象，娃娃亲和指腹为婚的订立的依据就是看中了对方的家庭。四是看属相和生辰八字，德新说：“这个东西可主要了。”[②] 属相、八字相合则成，否则即便对对方再满意也不能结合，这一习俗是受汉族文化影响所致。这种选对象标准对社会成员规范起到了一个引领和强化作用，婚姻代表了一种社会文明的风向标，以具体的行动强化了社会价值。

达斡尔族在婚配对象选择方面有三条禁律，（1）同一哈拉、莫昆的男女严禁结婚。(2)不同辈分的男女之间禁止通婚。但是现在这两条戒律有所打破，莫景海说：“现在不讲那个姓不姓，也不讲那个辈不辈，现在我们罕伯岱犯辈的有的是。”[③] 同姓不婚、不同辈分不婚的禁律尽管有所松动，但是仍然尽量避免。（3）严禁和汉族结亲，达斡尔族称汉族为“老客”，不和老客结婚的原因有两点，一是怕带走姑娘，事实上也确有嫁给汉族的女子被带到关里的，德新说：“汉人都是关里人，结婚之后就把你带走了，一辈子看不见娘家人。”[④] 事实上确有带到关里没回来的，另一个原因是达斡尔族对汉族具有戒备心理，认为汉族坏，德新讲了一个传说：“有一个老客把达族姑娘娶了，带到山东，后来给杀了，腌到大缸里。”“俺们屯的一个姑娘让汉人给钱之后领到富裕县去了，后来姑娘自己跑回来了。”[⑤] 同外族结婚必须经过家长、族长的同意。中华人民共和国建立以后，这种民族间的隔阂打破了，

① 调查对象：莫景海（1929 年—）；调查地点：齐齐哈尔市富拉尔基区罕伯岱村；调查时间：2012 年 10 月 6 日。

② 调查对象：德新（1936 年—2020 年）；调查地点：齐齐哈尔市梅里斯区；调查时间：2019 年 2 月 21 日。

③ 调查对象：莫景海（1929 年—）；调查地点：齐齐哈尔市富拉尔基区罕伯岱村；调查时间：2012 年 10 月 6 日。

④ 调查对象：德新（1936 年—2020 年）；调查地点：齐齐哈尔市梅里斯区；调查时间：2019 年 2 月 21 日。

⑤ 调查对象：德新（1936 年—2020 年）；调查地点：齐齐哈尔市梅里斯区；调查时间：2019 年 2 月 21 日。

现在和汉族通婚现象较为普遍，汉族也愿意同达斡尔族通婚，何文录说：“达斡尔族人老实、实在，可以多生孩子，所以都愿意和达斡尔族噶亲。”[①] 多永贵说：“不分汉族达族了，互相结亲，都挺普遍了，像俺弟妹都是汉族，他们的孩子愿意随哪头都行，随汉族也行，随达族也行，原先定啥民族就是啥民族，一家人好几个民族的挺普遍。我大小子报的鄂温克，他四老爷是鄂温克族的，就随他的民族吧，现在还那么称呼呢，完了俺们那个孙女也报鄂温克族。”[②]

达斡尔族包办婚姻在1950年新婚姻法颁布之后废除，实行婚姻自由，据莫景海回忆，新婚姻法颁布之后，凡是包办婚姻，政府都允许离婚，不需要任何理由就给办离婚手续[③]。但是婚姻自主真正实现是在改革开放之后，自从改革开放以后兴起自由恋爱，虽然如此，仍然要找个媒人上门求亲来确定婚姻关系，认为通过媒人介绍的婚姻才正规、正式，才具有效力，吴凤亭说：“不管自不自由都要有个介绍人在中间说好话。”[④] 范栓柱（汉族）和鄂玉杰是同学，虽然恋爱了四年，关系早已明确，但是在1983年结婚前仍然托媒人带两瓶酒、两瓶罐头上门提亲。

3. 定亲

一旦求婚成功确定婚姻关系，则选择一个良辰吉日举行定亲仪式，定亲仪式在女方家里进行，仪式很简单，就是男女双方邀请各自的三亲六故，双方亲属在一起简单吃点饭。男孩参加定亲仪式，女孩要躲到亲属家不露面。男孩给前来参加定亲仪式的女方三亲六故敬酒磕头，婚事就算定下来了。通过这种定亲仪式，双方的亲属关系便确定下来，其婚姻也得到全体亲朋的认可，前来参加定亲仪式的亲朋是双方婚盟的见证人。岳父拿着一个手绢，伸进男孩的腰带里，看看腰带紧不紧，此方式的用意是测试女婿有没有力量，莫景海说：“如果岳父给你夹手绢，看你有没有

---

① 调查对象：何文录（1945年—）；调查地点：莽格吐村；调查时间：2019年2月19日。

② 调查对象：多永贵；调查地点：莽格吐村；调查时间：2017年10月5日。

③ 调查对象：莫景海（1929年—）；调查地点：齐齐哈尔市富拉尔基区罕伯岱村；调查时间：2020年6月24日。

④ 调查对象：吴凤亭（1943年—，鄂温克族）；调查地点：莽格吐村；调查时间：2015年7月20日。

劲儿，这是表示同意了。”[1]

在此期间，男方和女方商议彩礼多少，彩礼多少因家庭而有差异。早年，彩礼时兴给实物，吴凤亭说：“最低要给姑娘一套衣服。也要给奶奶爷爷带东西，给长辈做布衣服。”[2] 在所有聘礼中，奶牛是不能少的，吴凤亭说：“我听老人说，过去是必须是奶牛。以后就没那个了。”[3] 后来，彩礼时兴给钱，但是达斡尔族彩礼始终不高，直到现在依然如此，这是达斡尔族的一个优良传统。

一旦订立婚约便不得毁约，而且是一生的坚守。德新说：“爹妈定的婚约，不好毁约。（如果毁约，那是）打爹妈的脸呢。”[4] 即便娃娃亲也是如此。婚姻守信也是达斡尔族信守承诺的一种体现。

一旦结亲之后，双方关系密切，走动频繁，有好吃的都想着对方。定亲之后，每到过年过节，未婚女婿都要提着东西前往女方家串门，在所带东西中有两样东西是不能少的，一个是酒，一个是糕点。

一旦确立了婚配关系，禁止男女两人见面、说话，据莫景海说，即便结婚以后也不好意思说话，尤其不能在老人面前说话，他说：“我结婚第三天（和我老伴）说话了，那风声很大，说什么老莫家那小子三天以后跟他老婆说话了。”[5]

4. 过彩礼和定婚期

过彩礼分两次，第一次是大礼，第二次是小礼，每次过彩礼都要请阴阳先生算一算，选择一个良辰吉日。第一次过彩礼是在订婚后几个月，这次彩礼称为大礼，达斡尔语叫“安不克瑞勒”（am beklg），意思是定准了、肯定了、不能改变了，

① 调查对象：莫景海（1929 年—）；调查地点：齐齐哈尔市富拉尔基区罕伯岱村；调查时间：2012 年 10 月 6 日。

② 调查对象：吴凤亭（1943 年—，鄂温克族）；调查地点：莽格吐村；调查时间：2015 年 7 月 20 日。

③ 调查对象：吴凤亭（1943 年—，鄂温克族）；调查地点：莽格吐村；调查时间：2015 年 7 月 20 日。

④ 调查对象：德新（1936 年—2020 年）；调查地点：梅里斯区幸福家园小区；调查时间：2019 年 2 月 21 日。

5 调查对象：莫景海（1929 年—）；调查地点：齐齐哈尔市富拉尔基区罕伯岱村；调查时间：2012 年 10 月 6 日。

莫景海说："过大礼的时候屯子里的人全来了，三亲六故都知道了你这姑娘和谁订婚了，你再改变的话，名声不好。"[①] 所过彩礼包括一头猪、两头牛（一头乳牛、一头犍牛）、一坛白酒（每坛酒大约五六十斤）。前去送礼的人都是男方的三亲六故亲戚朋友，赶着牛车，拉着酒和猪，牵着牛，酒坛盖上系着红布，送礼的车、牛上都系着红布。这次过礼规模很大，女方邀请全村的亲朋好友前来。媒人说："你们要的彩礼今天都给你们带来了，什么什么多少多少，什么多少多少，你还有没有什么意见，如果没意见，开始杀猪。"

小礼，达斡尔族语叫"感　库乐"（ganyukula），意思是"送礼"，当地汉族通常将其简称为"感　"（ganyu）。男方送给女方的彩礼通常为长袍、长衫、首饰、耳饰等物品，莫景海说："银手镯叫百赖，金耳环叫嘎日格，金溜子叫钻辘硕。那时候哪有金的？过去别的地方我不知道，前后这几个屯子大多数都穷，买不起金的，一般给铝的就完事了。"[②] 男方带口猪、一坛酒，在女方家摆宴，姑娘家把三亲六故招呼来。

一旦举行过小礼仪式也就意味着婚期确定了。在过小礼之前，男方找人选个结婚的好日子，达斡尔族结婚通常较早，男子通常十八九岁、女孩十五、十七岁。有几个时间点不能选为结婚日子，（1）女孩双数年龄，如十六岁、十八岁、二十岁时等都不能结婚，必须选择单岁，而男子单数和双数岁数均可结婚。(2) 服孝期间。(3) 单日子，达斡尔族以偶数为吉，也讲究好事成双，结婚的时间都选择在双日子。不过正月十五、正月十六是天然的好日子，在这两天娶媳妇不用算。选日子通常找人算一算，村中有明白人，结婚时间通常选在农闲季节。结婚日子确定下来后告知女方并征求女方意见，"我们结婚看日子了，哪年哪月。"如果女方同意，就在近日选择一个时间过小礼。过完小礼，马上就要结婚了，通常结婚的日子在过小礼后

① 调查对象：莫景海（1929 年—）；调查地点：齐齐哈尔市富拉尔基区罕伯岱村；调查时间：2012 年 10 月 6 日。

② 调查对象：莫景海（1929 年—）；调查地点：齐齐哈尔市富拉尔基区罕伯岱村；调查时间：2012 年 10 月 6 日。

的十天以内。

过小礼期间，女方父母说："今天安排的是结婚礼，我姑娘哪年哪月要嫁出去了，到那天你们都得来当娘家戚儿啊！"女方乘亲朋都在场的时机确定下来送亲的三男三女，男戚必须是女方同一姓氏的人，比如新娘子姓郭，则男戚都找姓郭的，禁止酒鬼、酒魔送亲。从求婚到结婚，未婚妻始终不露面，要选择一个隐蔽的地方或者到别的家藏起来，实在躲不过去，则要用被子蒙上自己。

过大礼、小礼的时候，男方父母、儿子、介绍人都去。男方只负责提供一头猪和一坛酒，整个宴席都由女方负责操办。吃饭规矩大，坐在一桌的人都必须是平辈，新姑爷跟着小伙子在一桌，绝对不能同老人坐一桌。席间，姑爷要给女方亲戚朋友磕头。大礼、小礼过完以后，媒人就完成任务了。男方要谢媒人，通常给媒人做套衣服或者给两只老母鸡或者两个猪羔子，逢年过节都去看媒人，给媒人磕头，把媒人当作亲戚。

5. 娶亲：亲属、邻里、天地作证

娶亲是婚礼的高潮，程式化的礼仪活动最为丰富，在此时刻男女双方的结合得到认可，双方的身份发生了转换，从此进入共同生活的家庭。

女孩出嫁的前一天，家人要为即将出嫁的女儿绞脸，将脸上的汗毛绞掉，妈妈唱着歌对女儿加以嘱咐："光阴似箭你已经长到了十八岁，离开父母就要嫁到婆家去。到那里要尊敬老人懂礼节，和同辈人要笑口常开和谐欢聚。你操持家务缝衣补扣要讲规矩，你做事一定要认真灵活多考虑。"①歌曲不仅曲调优美，而且生动感人。不光母亲，姨姨、姑姑也交代姑娘结婚之后怎么做，到人家如何守规矩，也会把自己的经验和教训告诉她。

男方和女方都要各自对自家供奉的各种神灵祭拜一次，摆上糕点、酒，烧香，给各种神灵磕头并祷告，女方说的祷告词是："姑娘出嫁了，保佑姑娘平安！"男

①《挖掘罕伯岱达斡尔族民歌》，https://qiqihar.dbw.cn/system/2007/40/10/050769090.shtml。2007 年 4 月 10 日。

方的祷告词是："我这儿子结婚了，咱们家添口人了，你应该保佑平安。"

结婚之日，新郎新娘打扮一新，新郎穿长衫，莫景海说，过去穿时令布大长衫。不过，过去生活贫穷，能做得起新衣服的不多，如果做不起新衣服，就将旧衣服毁了重做或者洗干净，莫景海说："达族过去一般都买不起新衣服。我小时候都困难透了，实在没有，把旧衣服好好洗一洗，穿上就不错了。我结婚的时候，我两姨哥哥拿钱给我做一套服装。那时候穷的嘎嘎响啊，吃不上，穿不上，哪有褥子，哪有裤衫，就一个破棉裤，里边什么也没有，里面单裤、线裤都没有，连裤衩都没有。两顿饭都吃不饱吧，这样的户在罕伯岱二百五十户能占到 200 户。"① 新娘子手里拿条红色的手巾，头戴红色围巾，莫景海说："我小的时候，"满清"② 的时候，有撑子，我十来岁的时候还有呢，我表哥、我两姨哥哥结婚都是那么整的。后来没有了，整不起了。"③ 莫景海所说的帽撑子，可能是大拉翅头饰的撑子，达斡尔族受满族影响头饰也做旗头。新娘子兜里揣着烟口袋，烟口袋的穗子耷拉在外面，经济条件好的家庭，新娘子烟口袋链都是银做的，银链上缀着红布条。

早年达斡尔族"办婚丧宴事，并无鼓乐。"④ 后来比较讲究的婚礼也请鼓乐班子吹拉弹奏以增加喜庆气氛，莫景海说："我们达族以前没有（鼓乐班子），汉族有，后来有的有条件的也有了，那是家底厚有钱，没钱你雇不起。"⑤ 多永贵 1960 年举办婚礼时就雇了个鼓乐班子。达斡尔族婚礼有两种形式，一种是送亲，一种是迎亲。送亲就是由女方将新娘送到男方家。女方准备两辆送亲车，一辆载男人，一辆载女人。送亲的人包括三男三女，六人的辈分必须是平辈，另加上两个赶车的，总计 9 个人。送亲车队到村口时，新郎带领几个人到村口迎接，向娘家戚敬烟敬酒。

① 调查对象：莫景海（1929 年—）；调查地点：齐齐哈尔市富拉尔基区罕伯岱村；调查时间：2012 年 10 月 6 日。

② 根据莫金海的出生时间推断，该时间应该是伪满洲国时期。

③ 调查对象：莫景海（1929 年—）；调查地点：齐齐哈尔市富拉尔基区罕伯岱村；调查时间：2012 年 10 月 6 日。

④［民国］孟定恭：《布特哈志略·村落姓氏》。《辽海丛书》第四册，辽沈书社，1985 年影印本，第 2482 页。

⑤ 调查对象：莫景海（1929 年—）；调查地点：齐齐哈尔市富拉尔基区罕伯岱村；调查时间：2012 年 10 月 6 日。

迎亲就是男方组织车队迎娶新娘。一大早迎亲队伍去迎接新娘，接亲队伍由介绍人、长辈、姑娘、小伙等组成，人数必须是单数，回来的时候人数就变成了双数，寓意着好事成双。寡妇和姑爷不能前去接亲。敖来荣家在登科村，登科村同莽格吐村仅一江之隔，据她回忆，1983 年新郎家赶着一辆胶轮马车接亲，接亲的人仅三个人。多永贵 1960 年举办婚礼时，由于和新娘家住前后院，两家距离不到二十米，所以结婚时没有用车接，鼓乐班子吹拉弹奏把新娘迎到家。陶文山 1978 年结婚的时候，生产队派出马车接亲，马头上挂着铃铛和彩绸。在娶亲的路上迎亲的车和送亲的车都不能停。新娘喜车如果经过水井，则必须用红布盖上井口，否则新娘的灵魂会坠井。

新娘子坐的车都搭建车棚，车棚上蒙上红布。上车的时候，新娘子由父亲背着送上车。男戚车在前面，女戚车在后面。不管从哪个方向进村子，婚车必须迎着太阳进院子，如果来自西面，那么可以直接把车赶进院内；如果来自东面，则必须多走一段路程再扭头把车赶进院子，范栓柱解释的含义是：以后会过得好、幸福[①]，

2017 年 3 月 18 日乌嫩库奇和胡敏在家乡罕伯岱村按照传统方式举行婚礼，不同传统婚礼的是以轿车为婚车。娶亲方式为迎亲，新郎到女方家迎娶新娘时先向女方长辈敬烟、磕头。

① 调查对象：范栓柱（1963 年—）；调查地点：莽格吐村；调查时间：2017 年 9 月 30 日。

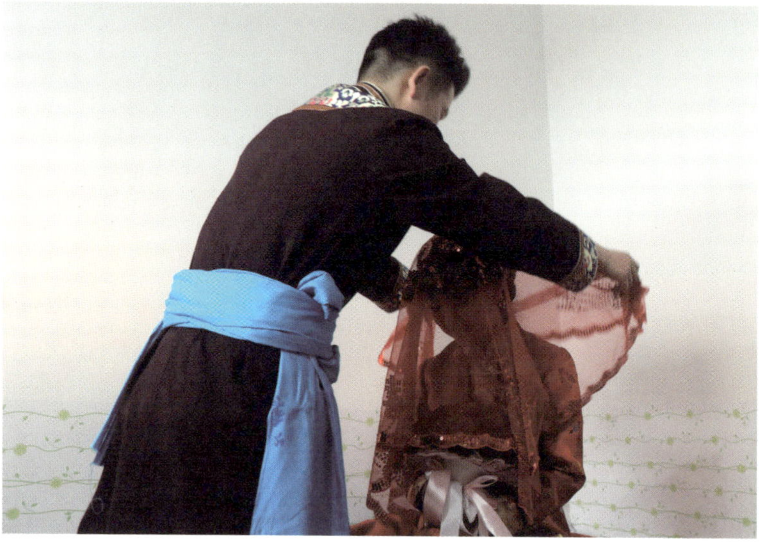

为新娘蒙盖头

男方的亲友盛装站立在大门两侧，等候迎亲车到来。

在鞭炮声中伴娘搀扶新娘下车。男方家几位女子把早已准备好的红绸布铺在地上，前后轮换，形成一条地毯路，进入新房前新娘不能沾土踩地，走红毯寓意纯洁和幸福。新娘在伴娘的陪同下，踩着红绸布走到院内天地桌前。

走红毯时，四个女孩两个一组来回倒红布，确保新郎新娘始终走红地毯。

院内摆放一个饭桌，谓之天地桌，桌上点燃一炷香，香两侧各燃一支红蜡烛，新郎和新娘跪在供桌前，按照婚礼主持人（司仪）的指挥行三叩首、拜天地之礼。

这一习俗至今仍然在保持。

婚车走到男方大门口时，新郎的亲戚给娘家戚的长辈、平辈的人敬酒，旁边有个年轻人负责给倒酒，敬酒的时候说几句客套话：“你们远道而来，天头冷，你们送姑娘来，受苦了。”新娘子下车有两种方式，一种方式是由丈夫抱着下车，敖来荣结婚时就是这样，一种方式由两个年轻漂亮的未婚女子搀扶着下车。地面铺着红布毯，在院子中间摆着天地桌，桌子上铺红布，夫妻二人在这里举行拜天地仪式。然后新娘由两个女子搀扶着走红布毯，如果没有红布，则将被子拆了用红被面做地毯，红地毯一直铺到门口。到门口时新郎用骑手用的马鞭挑下新娘的盖头扔到房顶上，新郎牵着新娘入洞房。室内有南北炕，新娘子有在北炕坐福的，也有在南炕坐福的，多数坐南炕。新娘子上炕的时候不能踩炕沿，莫景海给予的原因是：“按照我们的风气习惯来说，炕沿那是很重要的，一家之中炕沿是最主要的地方。”① 杨士清给予的解释是：“炕沿是放脑袋的地方，不是放脚的地方。”② 若是坐北炕，则新娘面北而坐；若是坐南炕，则坐在西南角上，面窗而坐，这里贴着一个春条，上写“新婚之喜”。炕上铺着被褥，新娘子就坐在被褥上，被褥之下放一把斧子。敖来荣结婚的时候还有个仪式，在进屋坐福之前，新郎家里人端来一盆水让新娘子洗手，水里面放有硬币、大葱。坐福期间有个小叔子或者表亲拽褥子，拽被子具体代表的含义，敖来荣也不清楚。

男方在自家摆宴席招待男女双方宾客，经济条件好的家庭杀猪、杀牛，何文录说：“过去最硬的菜就是肉菜。有能耐的、较为富裕的家庭会杀一口猪，条件再好的家庭还会杀牛。”③ 宴席菜品数量必须是双数，最为讲究的婚宴是八碗八碟，即16道菜，八碟都是炒菜，八碗都是炖菜。不过过去菜品很少，食材主要是自家

①调查对象：莫景海（1929年—）；调查地点：齐齐哈尔市富拉尔基区罕伯岱村；调查时间：2012年10月6日。

②调查对象：杨士清（1935年—）；调调查地点：齐齐哈尔市富拉尔基区罕伯岱村；调查时间：2020年6月24日。

③调查对象：何文录（1945年—）；调查地点：莽格吐村；调查时间：2015年7月21日。

拜天地之后新娘在伴娘的陪同下，踩着红毯走向新房，走到新房门前时新郎手拿鞭杆将新娘的红盖头揭起挑到房檐上。盖头上房寓意吉祥如意。

新娘进屋后，男方父母带人在房门前向“华达”“霍都格”敬酒，谓之进门盅，其中一个娘家戚代表送亲人和娘家，用带节骨的苇草或苫房草拌酒祭祀，祝男方家庭幸福平安，祝一对新人和睦恩爱、白头偕老。祭祀完毕后再喝酒，然后进屋。

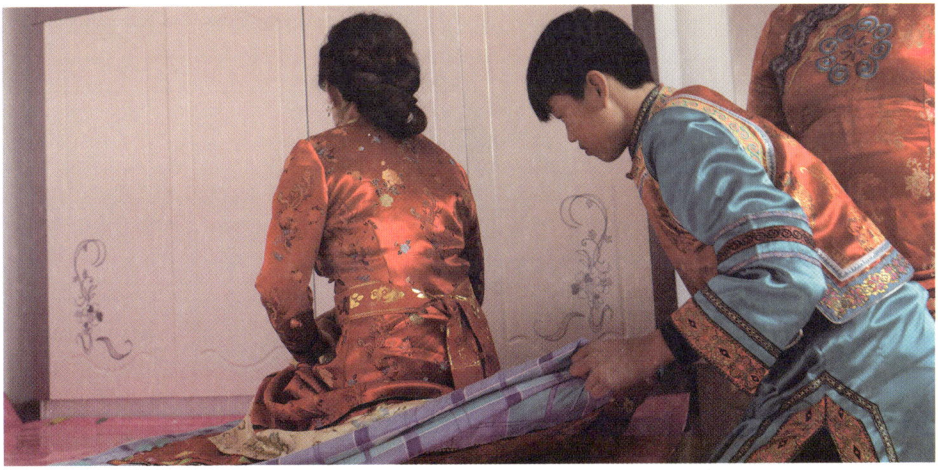

新娘进屋后，面朝里坐在炕的一角，无人过问。待宴席开始后，新郎弟弟拉一下新娘坐的褥子。

大地产的豆角、茄子、土豆、白菜、粉条子等。如果在冬天结婚，则主要用干菜做菜。八碟炒菜一般为炒鸡蛋、炒黄瓜、炒干豆腐、炒白菜等。八碗炖菜不是一菜一炖，而是一锅出，用木头做出八个格，每个格里放一种菜，或者白菜，或者萝卜，或者豆腐，或者茄子等，用一个汤在锅里炖，汤是一个汤，串汤不串菜。20 世纪六七十年代，受汉族的影响，开始走油，所谓走油就是制作一些油炸食品，但是过油的菜不会超过两道，主要是油炸丸子，丸子用小米饭团成，在油锅里炸，莫景海说："过油也有整的，但是必须是经济条件好的，整丸子就是比较不错的了，一般办事儿整丸子的很少。那个时候什么油多呢？小麻子油多，咱们种地不是有小麻子吗。豆油很少，没有加工豆油的，有的村子有油房，有的屯子没有，你要整点豆油挺困难。"① 过去都是占用左邻右舍家的房屋摆席，饭桌都是炕桌，一铺炕上摆一个炕桌。桌椅板凳、碗、筷子、饭盆等都借自村中各家。

娘家戚儿分别安排在西屋南炕和北炕，南炕坐女戚儿，新娘背对地面坐在西南角，旁边摆着两个小饭桌，该饭桌坐着的人除了三个娘家女戚儿外，还有五个男方的亲属，他们是陪戚儿的，所安排陪戚儿的人都是新郎的表亲、姨亲，必须是同娘家戚儿辈分相同的人，五个陪戚儿的人中有一人是待戚儿的，她能说会道，要陪客人吃好喝好，莫景海说："待戚的人能说会唠，还能喝酒，酒量还大。(如果）酒量不大，你陪不了人家，人家有酒量大的，你不喝酒，你光让人家喝酒不行

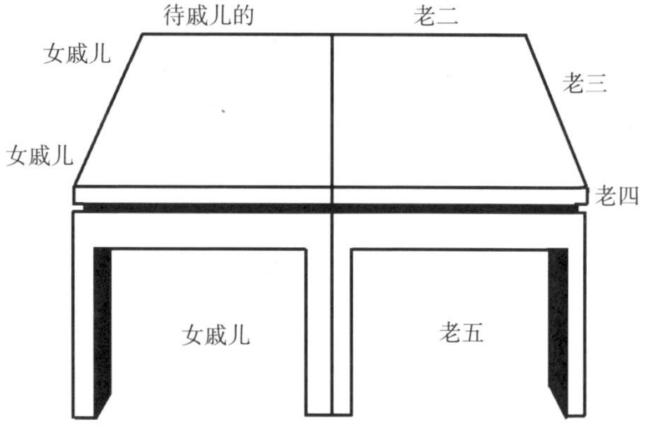

南炕招待娘家戚的餐桌座位示意图

① 调查对象：莫景海（1929 年—）；调查地点：齐齐哈尔市富拉尔基区罕伯岱村；调查时间：2012 年 10 月 6 日。

啊。”[1] 北炕同样并排摆着两个小饭桌，坐着娘家男戚儿 3 人，男方男戚儿 5 人，五个男方男戚是陪戚的，其中一人是待戚的。座次有讲究，虽然每铺炕上的两个饭桌并在一起摆放，但是每个饭桌上各摆一套饭菜。新郎要到娘家戚饭桌上敬酒、敬烟、行请安礼，但是娘家戚不给钱。新郎的父母不作陪，只是在吃饭期间到娘家戚饭桌上问候一下。与此同时，在其他房间和左邻右舍家里摆桌，安排男戚儿吃饭，老人和年轻人分开坐。如果新郎的姑姑、姨姨都在本屯子住，则要给他们家各送去一桌饭菜。

送亲的人吃完饭后回家，敖来荣说，娘家人走的时候，新郎家要送给两瓶酒、两个猪肋条、粉条。猪的两根右侧肋骨被视为离娘肉，必须是整根的才能代表真心实意。粉条长寓意不能断了路。娘家戚走出院门要敬烟敬酒，新郎要将娘家戚儿送到村外，在村口给娘家戚儿点烟、敬酒，施请安礼之后告别。

娘家戚送亲要吃三顿饭，进村之后，先拉到别人家吃顿便饭，喝点茶水，然后才进院子拜天地。吃完正餐之后，还要把娘家戚拉到东院或者西院吃顿便饭。

娘家戚儿走了以后，新娘下地洗手洗脸，然后认长辈，由嫂子领着，嫂子岁数比较大，熟悉各个亲属，嫂子介绍到谁，新娘子就称呼姑姑、姑夫、舅舅、舅妈，分别给磕头、点烟、敬酒，点烟敬酒依辈分大小、排行等情况，依次而行。给谁点烟敬酒磕头，谁就要把准备好的礼金给新娘，何文录说：“认亲的时候，不管条件好不好，大家都会给点钱。”[2] 通过点烟、敬酒、磕头，一方面认亲，另一方面改口，确立亲属关系。

当晚，炕上正中摆一小饭桌，桌上摆一个熟猪头，猪头上插着一把刀，新婚夫妇面对面坐在饭桌的东西两侧，这是两个人自从订婚以后的第一次见面。一个比自己母亲岁数大的老太太，坐在饭桌的南面。给夫妻二人做碗面条，面条切成一小段

① 调查对象：莫景海（1929 年—）；调查地点：齐齐哈尔市富拉尔基区罕伯岱村；调查时间：2012 年 10 月 6 日。

② 调查对象：何文录（1945 年—）；调查地点：莽格吐村；调查时间：2015 年 7 月 21 日。

娘家戚离开后，男方的一位年长的直近亲属把新郎的父母找来，让其坐在炕上，新郎、新娘拜父母，给父母敬酒点烟、叩头。

新郎、新娘入寝前，由平辈、儿女双全的一男一女主持举行夫妻对拜仪式，新郎新娘相互敬酒干杯，吃滚热的“尼结拉勒”粥饭（比粥干，比干饭稀，比较黏的一种饭），饭里拌点奶油和白糖，黏“拉勒”象征一对新人的夫妻感情，如胶似漆，形影不离；“拉勒”里加白糖和奶油象征新人和新的家庭和睦，日子过得甜甜蜜蜜。主持人用筷子挑些送进新人嘴里，然后新郎、新娘自己接过饭碗吃饭。没吃几口，就被跟前的男孩女孩抢过吃掉，孩子抢饭吃象征新婚夫妇子女双全、儿孙满堂。

一小段的，代表长寿，老太太说几句祝福的话，然后开始吃面条，当新娘子要吃面条的时候，早已经在旁边等候的小叔子（就是丈夫的弟弟）突然跑过来，抢过碗，把面条撒到地上，大伙哈哈一笑，寓意是让新媳妇放开一点，不要太拘谨。然后叫男女双方把猪耳朵割下来，新郎割左耳朵，新娘割右耳朵，新娘子不割，大家都撺掇她割："人家男的都割了，你不割，将来欺负你。"于是新娘子也把猪耳朵割下来。割猪耳朵代表夫妻二人平等的意思。把酒倒在酒杯里，用筷子搅动，搅完之后夫妻二人你一口我一口喝酒。

由于贫富的差异，婚礼的繁简和隆重程度家庭间各不相同，富者的婚礼要隆重，而贫者的婚礼则简单。根据笔者对几位老人的调查，过去都比较穷，婚礼通常非常简单，如吴海山，19 岁担任村支书，后来在乡政府任职，他结婚时，仅找了几个亲属、同事，摆了几桌吃了顿饭，婚礼就算完成了，没有嫁妆和婚服，这种婚礼发生在 1957 年，出现这种婚礼有以下几方面原因，一是吴海山是党员，新事新办。二是家庭困难，经济拮据，受经济条件所限而简单办婚礼。德新是 1960 年结婚，1936 年出生的她当时已经 24 岁，属于晚婚，结婚晚和家里的成分不好也有一定的关系，她家被定性为地主，加之自己不愿意早结婚。结婚的方式很简单，就是两个人到城里走了走，算是旅游结婚。

随礼也是婚礼的一个重要组成部分，参加婚礼的亲朋好友、左邻右舍均赠送礼品或者礼金，这是达斡尔族的日常的人情往来。礼品礼金因年代不同而有所差异，过去随礼都是送礼物，20 世纪六七十年代礼物多为一块布、一个褥面、一件被单、一双鞋、一条毛巾、一双袜子、一对枕套、香皂、手巾等，其中，被面、被单是大礼；20 世纪 80 年代，既有给礼品的，也有给礼金的，礼金一般为 2 元、5 元，其中，50 元是大礼，礼品多为枕套、被单等礼物；20 世纪 90 年代以后随着生活水平的提高，礼金逐渐增加，发展到现在，最低要随一二百元。

婚礼有许多禁忌，禁止寡妇参加婚礼；看日子的人说忌哪种姓，哪种姓的人就不能参加婚礼；也忌属相，如果看日子的人说忌属兔的、属牛的人，那么属兔属牛的人就不能看新媳妇的车。他们参加婚礼对新婚夫妇不吉利，会守寡。不过通常过了结婚的正日子之后要邀请其吃顿饭，补请吃饭的人还有没来参加婚礼的人，多金方说：“亲朋好友、长辈的如果有谁落下了，明天后天再找时间补一下子。”①

6. 婚后生活及回门

送亲队伍中娘家戚里面有三个女戚，其中一个是新媳妇的嫂子，她不随送亲队伍回家，而是留下来住三天，主要任务是教新娘怎么生活，晚上她给新婚夫妇铺褥子，早晨起来领着给老人装烟、点火、拿洗脸水。新媳妇三天以内不下锅灶，不干活。三天以后从娘家再回来就开始进厨房做饭了，正常干活了。

达斡尔人有婚后三天回门习俗，即在结婚后第三天同娘家嫂子回家看望父母，此次回门通常在娘家住三天。从娘家回来以后，新媳妇儿在丈夫嫂子的带领下分别到没参加婚礼的老人家拜访，带着两瓶酒，给长辈磕头。

以后如果再想回娘家住或者娘家来人接，则要跟婆婆请假，如果给十五天，那么十五天内必须回来。每次从娘家回来都不能空手，住娘家时，要给丈夫、婆婆、公公各做一双鞋。如果有可能，再给小叔子、嫂子、小姑子都做一双鞋。

7. 新式婚礼

现在婚礼多为新式婚礼，结婚女方仍然要彩礼，聘礼要的很多，但是相较于周边汉族地区，达斡尔族的彩礼较少，两三千、万八千，只有个别人要房、要车。现在经济条件好了，同时观念也变化了，婚宴都在酒店办，在家办婚宴的极少。接新娘的婚车由轿车取代了马车，迎亲的人多为年轻人，何文录说：“过去新郎接新娘都是骑马去的，现在都坐车；过去长辈陪去得多，现在都是年轻人了。”② 新郎新娘的婚服也开始模仿城市，新娘穿婚纱较为普遍，安成林说：“现在这条件好了，看见电视上什么样他就学什么样。”③ 以前都是同族结婚，现在由于村中汉族很多，

① 调查对象：多金方（1955 年—）；调查地点：富裕县友谊乡登科村；调查时间：2016 年 7 月 11 日。
② 调查对象：何文录（1945 年—）；调查地点：莽格吐村；调查时间：2015 年 7 月 21 日。
③ 调查对象：安成林（1950 年—）；调查地点：莽格吐村；调查时间：2017 年 10 月 6 日。

加之出外打工的渐多，所以异族尤其是同汉族通婚较为普遍。

尽管婚礼有许多陋习存在，如婚礼较为铺张、礼份子越来越高，但是它的积极作用是不可否认的，婚礼于今日村落共同体的保持和构建具有很大的意义。在村落空心化、空巢化非常严重的当下，婚礼是目前聚集村民的主要渠道之一。婚礼是达斡尔族最大、最隆重的礼仪性活动，其核心内容是帮助新人实现社会角色的转变和确认。婚礼的举办不仅仅自己家全力而为，全家族、全村都调到起来了，是全村、全家族、亲戚朋友聚集在一起人最多、最全的时候。婚礼有很强的人情味，人们在各自的忙碌中仅有在此刻才能坐在一起聊天、叙家常，在婚礼程序中，亲戚、朋友、乡邻之间的来往和友谊得到加强。

二、葬礼和祭奠

达斡尔族有祖先崇拜习俗，祖先崇拜思想源于灵魂不死观念，他们认为，人死以后，灵魂不死，从而形成了阴、阳两界观念，人死只是离开阳界而进入了阴界，而且仍然对阳间的生活有很大的决定作用，因此葬礼的基本观念是在送死者进入阴界，按照阳界的生活方式安排死者阴界的生活，同时也希望死者保佑阳界子孙。

达斡尔族忌讳说“死”，人死了不能说死了，而要用委婉的语言表达，认为说某某人死了是对死人的不尊重，也是对死者家属的不尊重，婉转性说死因不同年龄段、不同辈分、不同职业而有所不同，老人死称为“成佛了”“当神仙了”，中年人的死称“过世了”“少活”，少年死称为“没站住”，萨满死称“上尚德了”（意为上神坛了）。人死以后既有隆重的埋葬礼仪，也有逢年过节的祭奠活动。

1.葬式

达斡尔人的葬式有三种，分别是土葬、火葬和天葬，葬式的选择依据是死者的死因和身份。土葬是达斡尔族基本的丧葬形式，正常死亡的老人均采用土葬葬式，所谓正常死亡者即寿终正寝者。同一哈拉、莫昆、家庭的死者均埋葬在同一墓地上，早年，每个哈拉都有自己的坟地，凡是正常而终的人和有后代的人都埋入祖坟。达斡尔族游动性非常强，所以祖坟内的坟并不多。随着哈拉、莫昆组织的消失，公共墓地也就随之不存在了，现在多以家庭为单位进行埋葬，各家坟地的坟并不多，仅两三代、三四代而已。

非正常死亡者，不能入祖坟地。以下几种死者属于非正常死亡，一是未育而亡者；二是没有儿子的妇女；三是难产而死者；四是夭折的小孩；五是因被熊咬死、被枪打死等意外去世的人；六是因病而死的人；七是被雷击死者。多永贵说："入祖坟证明有下一代，没有下一代肯定不行"，"横死的不能入祖坟，会影响下一代。"①何文录的母亲就没有埋到家里的坟地，因为她是因病而死。

凡是非正常死亡者，皆不能正常埋葬，主要采取以下几种葬式，第一种方式就是深埋，将其深埋有两种寓意，一是防止在阳间为害，二是避免其转世。第二种方式是火化处理，因难产、恶病、雷击而死、未婚而死者都要对其尸体进行火葬。第三种方式是树葬，树葬又称风葬、挂葬，就是将尸体用树皮包裹挂于三角树杈上，因出天花、麻疹而死的孩童要树葬，死后百日再将尸体就地埋葬。不过，萨满即便是正常死亡也要进行树葬，萨满所葬的树不是普通的树，而必须是密林深处的树，而且是萨满生前自己选定的地方，树葬三年后再将尸骨埋入土内，萨满不能葬入莫昆公共坟地。第四种方式是扔到烂丧岗子，无儿无女的人死后尸体扔在烂丧岗子里，自身的香火没有接续者，自然就被排除在家族之外，失去了家族成员的地位。

土葬都是厚葬，制作一个精致的棺材是厚葬的具体表现。棺材因地域不同而有所差异。莫力达瓦达斡尔族自治旗达斡尔族的棺材都是梯形棺材，低矮。而在莽格吐村我们看到的棺材是一种特殊的长方形，棺盖的头部往前探，棺体和棺盖都是用厚木板钉制而成，用松木板子制作的棺材是最上档次的棺材，这种棺材抗烂，多永贵说："老两口错开死的话，后死的在下葬的时候，（如果）看到先去一方的棺

① 调查对象：多永贵（1941 年—）；调查地点：莽格吐村；调查时间：2015 年 7 月 20 日。

材没腐烂，都比较高兴，（会发出感叹）：‘哎呀，还是松木好！’”① 棺材上面喷红漆，比较讲究的人家还在棺板上面印有图案和吉祥文字，棺材的大小尺寸有一定之规，多永贵说，棺材内部必须六尺六长。过去木匠手艺高，用松木板做的棺材封闭特别好，水倒在里面都不会漏水。不过，过去穷人多，能制作这么好棺材的家庭不多。条件较差的家庭所制作的棺材非常简易，吴海山父亲去世得早，去世的时间大约在 1963 年，由于家庭贫穷，就用喂牲畜的马槽子做棺材，将生产队的马槽子拆开，用这些拆下来的木板订制一口棺材。两年之后，吴海山的母亲也去世了，这时候家庭条件好些了，于是请木匠制作了一口较好的棺材，虽然较马槽子板制作的棺材好些，但是依然很简易，有缝隙。何文录的母亲去世时也是用生产队的马槽子毁做成的棺材。也有的家庭将一根整木凿出凹槽做棺材。现在请木匠做棺材的家庭不多了，多买现成的棺材，在莽格吐乡政府所在地三间房有一个棺材铺，经营的就是传统棺材，这里的一口棺材 3000 多元。现在莽格吐村有用压缩板制作棺材的，虽然很好看，外表还画有二十四孝图，但是据说这种棺材不结实，而且内部非常空旷，棺材很轻。现在国家倡导火葬，但是村里仍然保持土葬，用大棺材装尸体，只有传染病死者才进行火化。达斡尔族有个传统，寿材一般在老人身体好的时候就准备好，直到现在有的家庭仍然保持这一习俗，2017 年 10 月在多永贵家发现，他已经把自己做寿材的松木准备好，下一步要找木匠做棺材，多永贵说：“我多少也懂点木匠活，但是我个人② 不能给个人做。”③

本着事死如事生的生死观，达斡尔族对正常死亡者要厚葬，举行隆重的殡葬仪式，“办丧事则着白衣孝服，择吉开吊、发引，对灵哀哭，奠祭。宴待亲友，均行下跪叩。”④ 送葬程序包括净身、穿装老衣服、停灵、出殡和埋葬等程式化过程。

① 调查对象：多永贵（1941 年—）；调查地点：莽格吐村；调查时间：2019 年 2 月 18 日。
② 个人：东北方言，自己的意思。
③ 调查对象：多永贵（1941 年—）；调查地点：莽格吐村；调查时间：2017 年 10 月 5 日。
④［民国］孟定恭：《布特哈志略·村落姓氏》。《辽海丛书》第四册，辽沈书社，1985 年影印本，第 2482 页。

2. 净身和穿装老衣服

咽气之前一定要给弥留之际的老人沐浴、剪发、剪指甲，多永贵说："要在咽气前理发、剪指甲、用温水擦身，洁净的归天。"① 以前咽气之前必须把寿衣穿上，但是这一观念有的家庭在延续，有的家庭则没有这一说道。以前，寿衣都提前准备好，在老人依然健在的时候就把寿衣做好，安成林说："如果岁数大了，怕到时候抓瞎②，就提前准备。"③ 寿衣是长布衫或长袍，吴凤亭说："老人过世的时候一定要准备一套大布衫。"④ 长衫由白布制成。要咽气时，全家都不能睡觉。

3. 停灵和殓尸入棺

咽气后，将尸体放在屋子地中央的一块木板子上，若是没有木板子，则将隔扇门板卸下来停放尸体。停放的方式是，仰面平放，头南脚北，用黄纸盖上脸部，为了防止脚变形，用红绳子绑上腿，据说以前没有绑腿习俗。头顶放一个供桌，供桌上摆放着供品。供桌前放一个垫子，供前来吊唁的人下跪。禁止猫、狗在灵前走过，不得在停灵的屋内擀面。一般尸体在室内停放三天，但是以下几种情况时间会发生改变，第一种情况是夏天，一般只停灵一天，因为天气太热，尸体容易腐烂。第二种情况是有亲人在远方，无法在短时间内回来，则停灵的时间要长些，四天五天六天，直到亲人赶回来了才发丧。第三种情况是富人家，过去富裕的人家停尸时间很长，据莫金忠说，富裕的人家会在室内停尸七七四十九天⑤。现在停灵时间很短，一般次日就出殡。儿女们都要为老人戴孝布，长子头上戴的孝布比别人长。

吊唁死者是人之常情，对于实在亲戚往往在弥留之际就前来看望，多永贵说："老人快去世，咽气以前都要通知到，近亲都要到场。"⑥ 一旦咽气，家人要派人

① 调查对象：多永贵（1941 年—）；调查地点：莽格吐村；调查时间：2015 年 7 月 20 日。
② 抓瞎：东北话，来不及的意思。
③ 调查对象：安成林（1950 年—）；调查地点：莽格吐村；调查时间：2017 年 10 月 6 日。
④ 调查对象：吴凤亭（1943 年—，鄂温克族）；调查地点：莽格吐村；调查时间：2015 年 7 月 20 日。
⑤ 调查对象：莫金忠（1937 年—2020 年）；调查地点：齐齐哈尔市富拉尔基区罕伯岱村；调查时间：2012 年 10 月 3 日。
⑥ 调查对象：多永贵（1941 年—）；调查地点：莽格吐村；调查时间：2015 年 7 月 20 日。

到亲属及村中各家报丧，每到一家，都要下跪磕头，不然会被认为没有家教，多永贵说："去人家家里要下跪磕头请人家来。不知道这个礼节的没事，如果老人说过你没做，人家会笑话你，说你没家教。"[①] 即便没接到直接通知，而是间接得到消息，也会前来。前来吊唁的人都要带着酒和黄纸，实在亲属除了带酒、黄纸之外，还给拿两瓶罐头。现在带黄纸和酒的习俗没有了，都给钱作为礼份子，礼钱一百二百不等。这是达斡尔族日常基本的人情往来，既是礼仪，也是人和人之间的情分。既是同死者的告别、吊唁，也是对家人的慰问。整个葬礼全村人参与其中并出工出力。

整个葬礼活动都听从一个人指挥，这个人明白活动的程式化过程，每家每次举办丧事都要请这个明白人来张罗，由他按照礼节完成丧事活动，安成林就是这样一个人，他生于 1950 年，曾经是大队书记，后来也曾经在公社当过干部（非在编的国家干部），2015 年开始担任丧事活动的张罗者，安成林说："原先张罗的早就死好几年了。像俺们这岁数大的，找你你就去呗。"[②] 由于有专人指挥，所以尽管人很多，程式很复杂，但是整个送葬过程亦是有序的。

客人前来祭奠，家人要跪着给客人点烟，即便来客是小辈也要跪着。停灵期间，进灵堂的人都要给死者点烟，小辈的人要给死者双膝下跪，平辈的人则要单膝跪地，长辈不用下跪只说哀悼的话。直系晚辈每晚都要守灵，每隔一段时间家中女性要哭灵，并且烧冥币、敬酒。如果有人进来哀悼，守灵人要给前来哀悼的人磕头回礼。如果是长辈或者平辈的人前来吊唁，守灵人还要跟着一起磕头，多永贵说："儿女守灵，人家施礼，你要还礼。也有陪着磕的，长辈、平辈要跟着磕。"[③] 在出殡之前，所有的儿女不能休息，用安成林夫妇的话就是"不能沾炕边"，安成林说："我父亲去世的时候，那三天儿女们孝子贤孙们炕沿不能沾，都在地上睡觉。"[④] 安成林说，到他母亲 2005 年去世的时候，规矩就变了，跪着点烟的习俗没有了。

① 调查对象：多永贵（1941 年—）；调查地点：莽格吐村；调查时间：2015 年 7 月 20 日。
② 调查对象：安成林（1950 年—）；调查地点：莽格吐村；调查时间：2017 年 10 月 6 日。
③ 调查对象：多永贵（1941 年—）；调查地点：莽格吐村；调查时间：2015 年 7 月 20 日。
④ 调查对象：安成林（1950 年—）；调查地点：莽格吐村；调查时间：2017 年 10 月 6 日。

停灵完毕后，敛尸入棺。在将尸体装入棺材前，人们绕着老人的遗体走两圈，边走边念叨别把孩子带走，多永贵说："去世的人入棺材以前孙辈有害怕的，大人会叫魂儿，围着尸体转圈，说别把小孩的魂带走。"[①] 达斡尔族抬尸体出屋方式是，头先出去，同汉族不同，汉族尸体是脚先出屋。家人把其生前得意的东西放到棺材里作为陪葬，最常见的陪葬品是烟袋，安成林说："原先都是大长烟袋，头和嘴都是铜的或者金的，有的真好，锃亮锃亮的，你得给装到棺材里面。"[②] 由于现在没有人抽烟袋了，也找不到烟袋了，所以没有陪葬烟袋的了，安成林曾看见有一家把一副麻将装在棺材里陪葬，因为死者生前愿意打麻将。

4. 出殡

殡礼不是一家之事，是亲戚朋友的事，也是全村的事，出殡时村民要前来帮忙。

起灵之前，要举行招魂仪式，一个老太太手里拿着一把锅刷帚、一把饭勺子，绕着棺材走一圈，嘴里叨咕着，具体说些什么，现代人都不知道了。

出殡的日期要避开农历初七、十七、二十七，因为这三天是人日子。出殡都在上午，禁止下午出殡。出殡仪式由一个明白人主持，莽格吐村安成林就是每次出殡的张罗人，抬棺材的人都准备好之后，起灵之前，安成林手里拿着酒对着棺材头用达斡尔族语叨咕，翻译成汉语大致的意思是：某某某，阴曹地府要你过去的时间到了，现在你娘家亲戚、村里边亲戚、这边亲戚（指丈夫一方的亲属）都来了，儿女们都来了，送你来啦，你不要牵挂啦，安心走吧！儿女们都挺好。叨咕完毕之后，把酒倒在地上。安成林说："咱们这边和汉族不一样，汉人要开光，我们不开光，就叨咕叨咕就完事。"[③] 灵柩抬起后，长子要在灵柩之前面对灵柩摔丧盆，所谓的丧盆就是停柩期间用来在里面烧冥币的瓷盆。过去棺材都由人抬，有二十四杠的，有三十六杠的，用多少杠由儿女决定，36 抬杠的是地位最崇高的象征，抬杠的人越多越好，证明死者在村里有威望、受尊重，家里有地位。先由儿子撬开棺材一角，

① 调查对象：多永贵（1941 年—）；调查地点：莽格吐村；调查时间：2015 年 7 月 20 日。
② 调查对象：安成林（1950 年—）；调查地点：莽格吐村；调查时间：2017 年 10 月 6 日。
③ 调查对象：安成林（1950 年—）；调查地点：莽格吐村；调查时间：2017 年 10 月 6 日。

然后由其他人合力抬起。儿女亲戚们都放声大哭，戴孝的子女在前面做阻拦状，不让棺材匆匆忙忙出去，这也是尽孝的一种方式。长子扛灵幡行走在最前面。棺材抬运期间不能落地，但是可以中间换人，有两种情况可以中间换人抬，一是参加抬扛的人很多，二是路途遥远。在达斡尔族的观念中，抬棺材能得福，能抬上棺材是自己的福气，所以抬棺材过程中没有偷懒的，何文录说："每个人都想表现表现，有福的人才能抬到棺材。"[①] 据何文录回忆，他爷爷去世时抬杠的人很多，因为距离坟地三里多地，所以中途多次换人抬。从 20 世纪六七十年代就出现用车拉棺材的现象，敖来荣的公公去世的时候用马车拉走的，现在，多用农用拖拉机拉棺材。用来运灵柩的车回来时不能进村子，过去使用大勒勒车或者马车运棺材，要在村外将勒勒车或者马车弄翻，三天后才能将车拉进村。送葬的人一边走一边要向路上撒冥币。如果从别人家家门口路过，则该家要在家门口拢火以保平安，人们的观念是"过火就太平。"[②]

送葬队伍在村中若遇到岔道口，扛灵幡的、戴孝的子女们要往来的方向跪下磕头。送葬队伍到屯边的时候，子女们仍然要往回磕头。以前，所有送葬的队伍都步行到墓地，而现在用车载棺材以后，走出村子，包括子女在内的所有人都坐车。

5. 入葬

到坟地后，挖坟坑，由长子挖第一锹土，之后其他人才动手干活。祖坟坟墓的排序是按照辈分由长辈到晚辈依次排列的，北为上，西为尊。填埋之前，张罗人先拿着酒对着棺材叨咕叨咕几句，安成林通常会这样叨咕：某某某，把你送到坟茔地来了，和你祖先碰一起了或者老伴聚一起了。边叨咕边往地上撒酒。

然后下棺材入坟坑，头北脚南，意思是向着太阳走。把棺材四角钉上钉子，安成林说："这和汉族不一样，汉族在家就把棺材钉上钉子了"[③]。在坟头整理出一块平地，在平地上铺上黄纸，在黄纸上摆上水果、糕点、酒、罐头等供品，燃着香，

---

① 调查对象：何文录（1945 年—）；调查地点：莽格吐村；调查时间：2019 年 2 月 19 日

② 调查对象：多永贵（1941 年—）；调查地点：莽格吐村；调查时间：2015 年 7 月 20 日。

③ 调查对象：安成林（1950 年—）；调查地点：莽格吐村；调查时间：2017 年 10 月 6 日。

儿女们给死者点烟、烧冥币。现在烧的东西多了，如纸扎的牛、马（女的烧牛，男的烧马）、别墅、电视、手机等东西，这些东西都是从冥衣店购买的，显然，这些东西具有特别显著的时代特征。最后，全体子女跪下磕头。

6. 聚餐

葬礼既是同死者“道别”，也是亲戚朋友、村民的一次盛大聚合。葬礼结束后，主人会准备红焖肉招待来参加葬礼的人，过去自家养猪，自家杀头猪，敖来荣所嫁的老何家在莽格吐村是大户，所以她老公公去世的时候亲戚朋友来的非常多，葬礼时，敖来荣的大伯哥家杀了一头牛，敖来荣家杀了一头猪。现在养猪的人家少了，所以请客的时候大多人家都不自家杀猪，而是在市场上买肉。因为人多，自己家坐不下，过去村中没有饭店，则占用左邻右舍的房屋摆桌。

客人们从坟地回来后进家门前每个人要洗手、喝口酒、吃点馒头或者糕点或者饼干，多永贵说：“回来后要洗手、喝酒。过去和现在都这样。这个习惯没有扔。”[①]

7. 圆坟和脱孝布

不仅仅送终，儿女们也要定期举哀。入葬三天以后，家人要到坟地圆坟，所谓圆坟就是子女们到坟地往坟头上填点土，烧冥币，把他生前用的东西、穿的东西都在坟地烧了。何文录说：“少数民族没有三七、五七祭祀的说法。”[②] 生活条件好的家庭在祖坟前立碑。如果家里有家谱，要将去世老人写到家谱里。

过去子女要服孝三个月，在这三个月内不能剪头，不能打扫房屋。入葬三个月以后，子女们到坟地脱孝布，脱孝布必须由外人帮助脱，不能家里人自己脱。有的人将孝布拿走，缝在自家孩子的衣服上，图个吉利，让孩子活到七八十岁。现在三天圆完坟后就不戴孝了。家有死人的家庭三年之内过年不能贴对联。

8. 上坟祭祖

人死以后，家人定期到坟地上坟烧纸，到坟地祭祀的时间为周年、七月十五、

① 调查对象：多永贵（1941 年—）；调查地点：莽格吐村；调查时间：2015 年 7 月 20 日。
② 调查对象：何文录（1945 年—）；调查地点：莽格吐村；调查时间：2015 年 7 月 21 日。

清明、过年。小年前后要给逝去的亲人上坟，上坟必须腊月二十五、二十七、二十九等单日子，也有个别人家上坟时间较早，从腊八就开始上坟了。德新说："在过年前一定要把坟都上完了，不然鬼魂就会找到家里来了。"[①]

现在，给已故的长辈上坟烧纸仍然是达斡尔族的风俗，不过上坟时间较以前灵活了，根据个人的具体情况选择上坟时间，出外打工的人常年不在家，他们什么时候有空回家就什么时候去上坟。以前元旦不算节日，现在也把元旦作为节日，所以有的家庭元旦也上坟烧纸。距离坟地较远的家庭则不上坟，而仅在十字路口或者村外的路边烧冥币，冥币上放一个信封，信封上写上收钱人的地址、姓氏，并带上一瓶没有开封的酒，同冥币一起烧给逝去的亲人，乔景春说："只给父母上坟烧纸，一辈管一辈。"[②]有些信奉基督教的家庭改信上帝了，这样的家庭不上坟烧纸了。

①调查对象：德新（1936年—2020年）；访谈地点：齐齐哈尔市梅里斯达斡尔族区；访谈时间，2014年7月25日。

②调查对象：乔景春（1947年—2021年）；访谈时间，2016年2月7日；访谈地点：齐齐哈尔市梅里斯达斡尔族区哈拉新村乔景春康淑珍夫妇家。

第九章 节日庆典：欢乐、祥和、祈福纳吉

节日是特殊的时日，节日及节日习俗活动是民众共享的文化模式，规范着人们的生活秩序和社会节奏。节日习俗体现着独特的时间认知，节日渗透的伦理情感是传统文化的神圣所在。在欢庆节日的过程中，寄予情感的交流与文化的认同。乡村社会作为承载传统文化最直接的载体，不仅对文化的传承起到重要的作用，而且对社会秩序的维持也发挥着重要的作用。

长期以来，达斡尔族同汉族满族交流交往频繁，节日文化的交融性很高，所以我们看到，达斡尔族普遍过春节、元宵节、五月节、八月节等节日，过节的程序和汉族基本相同，但是在这些节日中也融进了达斡尔族民族特色。有别于平常时日，节日是达斡尔族的重要时间点，每一个节日的活动都非常丰富而多彩。

一、腊月期间的年俗

腊月是农历的最后一个月份，由于东北地区寒冷，冬季处于猫冬阶段，所以，进了腊月就进入了年的序列，除了过各种节日之外，为年所做的各种准备工作也开始了。

1.腊月初八吃“拉拉”和稷子米干饭

腊月初八不是一个大的节日，但是达斡尔族仍然很重视，把它视为阿涅的序曲，从这一天开始就进入年的序列，置办年货和杀年猪。

腊月初八的重要活动是吃粥，达斡尔族称为“拉拉”（laal），腊八粥就是

黄米粘饭，或者用单纯的黄米熬粥，或者黄米中加些小米一起熬粥，二米粥黏度降低。粥里放饭豆，先将饭豆提前烀熟，黄米饭熬至七八分熟的时候加进饭豆同时熬。熬好的拉拉很稠，吃的时候通常伴以荤油或者黄油或者白糖。为什么腊八吃“拉拉”，多雪梅给予的解释说：“吃腊八粥暖和。”[①] 何凤珍给予的解释是：“这天早晨吃完腊八粥之后，一天都不会饿。”[②] 毅松给予的解释是，吃“拉拉”会长寿[③]。直至今日，达斡尔族依然保持腊八喝粥的传统，不过拌黄油、荤油的吃法少了。过去，达斡尔族在腊八这天也吃稷子米干饭，现在稷子米不种了，所以吃稷子米干饭的习俗也就没有了。

2. 购置年货

腊八以后就开始购置年货，需要备置的年货以食品、食物为主，鱼、豆腐、冻梨、冻柿子、糖块是各家都要购买的年货。由于生活困难，过年期间的年货数量非常少，如冻梨冻柿子按家里人口数量购买，安成林说：“那时候我就知道黑梨（冻梨），我们哥六个、姊妹两个，一共八个，一个人分了几个，三十晚上母亲拿出来，你几个，他几个。”[④] 每人都做件新衣服，如果不穿新衣服，会被人笑话，以前生活困难，平时穿不上好衣服，再穷也要买几尺布给家人做衣服。鞭炮也是必不可少的，但是由于困难，鞭炮购买很少，安成林说“炮仗也买不了多少，现在有小孩的家庭一买就一二百、二三百的买。过去不行，那时候有小炮仗，还有驴炮仗、牛炮仗，一个人就分几个。”[⑤] 祭祀用品也是过年期间要买的，因为许多家庭都供奉各种神灵，过年期间都要举行祭祀活动。以前物质不丰富，商品经济欠发达，所以准备年货要

① 调查对象：多雪梅（1970 年—）；访谈时间，2016 年 2 月 5 日；访谈地点：齐齐哈尔市梅里斯达斡尔族区哈拉新村多雪梅家。

② 被访谈人：何凤珍；访谈时间：2016 年 2 月 6 日；访谈地点：齐齐哈尔市梅里斯达斡尔族区哈拉新村何凤珍家。

③ 毅松：《达斡尔族》，辽宁民族出版社，2012 年，第 103 页。

④ 调查对象：安成林（1950 年—）；调查地点：莽格吐村；调查时间：2017 年 10 月 6 日。

⑤ 调查对象：安成林（1950 年—）；调查地点：莽格吐村；调查时间：2017 年 10 月 6 日。

延续很长时间，碰到什么就买什么，据城市较近的达斡尔族还到城里购买，如齐齐哈尔市周边的达斡尔族村屯都到齐齐哈尔市里购置年货。现在商品经济发达了，在村子中就能买到年货，村中除了有超市之外，也有定期的集市，如莽格吐村每月的5日、12日、25日是赶集日。由于购置年货方便了，由此导致购置年货的方式改变了，一是不再大量囤积年货，仅少量买一些，剩下的年货随用随买，二是购置年货时间短了，往往临近过年才买。

3. 杀年猪

过年只要条件允许每家都要杀头猪，杀猪通常在腊月以后，由于气温寒冷后无论怎么喂养猪都不长膘，所以再喂养就白费饲料了，而且天冷之后，猪肉在自然状态下也能保存住了。杀猪的时候绑上猪的四条腿，用刀捅心脏，把血放出来，等它死后用开水烫，然后褪毛。过年也杀牛，不过不普遍，仅是富裕的人家才能杀得起牛，杀的方法是，把牛的眼睛蒙上，用重铁器猛击牛的头，待其昏倒后砍它的头。杀猪当日请全村人吃猪肉，不过大村子不可能请全村人，只请实在亲属或者走动非常近的朋友。请客只吃猪肉，没有配菜。据德新说，过去吃杀猪菜之前要先敬神，要给祖先神、屯神、保家仙、灶王爷等各种神一一上供，供品为猪头、后鞧、肘子、尾巴等部位各取一块，摆在盘子里，放在神前，供神“享用”。[①] 来客吃完饭后还要带点肉，如果有没来的，则要把肉送到家。族中威望最高的人有格外的礼遇，要割一块最好的肉送给他，达斡尔族认为，后鞧肉或者肩胛骨上面的肉是猪身上最香的肉。余下的肉切成条状冻在外面，或者浇水冻住装入仓房大缸内；或者用雪埋在仓房内的角落里；也可以冻上后用冰块埋在室外窗户底下，浇水封冻。若是春天开化时仍没有吃完冻肉，就做成腊肉或者肉干。现在仍然杀年猪，不过不普遍，据多永贵说，村子里每年杀猪户占全村的百分之二三十。杀年猪仍然沿袭请客的传统，但是只有

① 调查对象：德新（1936 年—2020 年）；调查地点：齐齐哈尔市梅里斯区；调查时间：2014 年 7 月 25 日。

实在亲戚朋友才前来，康淑珍说："现在邀请也不去。都知道养猪不容易。"[①] 请客的菜较之以前丰富了许多，除猪肉、血肠、酸菜等传统的菜外，还会准备八到十个菜。要给老人、没养猪的人家送肉。余下的肉视情况卖掉一部分，其他留作自己吃。

4. 腊月二十三衣其庚阿涅

腊月二十三，达斡尔族和汉族一样也叫"小年"，达语称"衣其庚阿涅"，是送灶王爷上天向玉皇大帝汇报人间情况的日子。灶王爷神像供奉在灶台墙上，一早起来，家庭主妇用麻糖（也叫灶糖）抹灶王爷的嘴，目的是"用麻糖把灶王爷的嘴黏上，不让他告状。"[②] 将灶王爷的神像扔进灶坑烧掉，面对灶坑磕头，嘴里念叨："上天言好事，下届保平安！"打开房门以便灶王爷升天，每到此时，大人们都会让孩子们出去看烟囱，说能看到灶王爷坐轿子上天，其结果可想而知，这一记忆在每个人的脑海中都非常深刻。由于灶坑是灶王爷上天的通道，所以要提前用锅铲子将锅底灰戗干净。"文化大革命"期间破"四旧"，反对有神论，一切与宗教信仰有关的习俗都在禁止之列，灶王爷供奉由此出现了以下两种变化，一种是不供奉了，第二种情况是偷着供，由于此时买不到灶王爷神像，则没有了烧灶王爷像习俗，而是将旧灶王爷像保存好待年三十接神时重新贴上，鄂淑华说："不烧灶王爷像，要包起来放好，年三十再打开，贴上。"[③] 现在灶王爷供奉习俗有所恢复，但是不普遍了，供奉灶王爷的家庭在小年这天也祭灶，有的家庭烧灶王像，有的家庭不烧。让小孩出去看烟囱的仪式没了。

据德新说，过去达斡尔族供奉的神很多，从小年开始早晚都要上香、上供品，

① 调查对象：康淑珍（1949 年—）；访谈时间，2016 年 2 月 1 日；访谈地点：齐齐哈尔市梅里斯达斡尔族区哈拉新村乔景春康淑珍夫妇家。

② 调查对象：康淑珍（1949 年—）；访谈时间，2016 年 2 月 1 日；访谈地点：齐齐哈尔市梅里斯达斡尔族区哈拉新村乔景春康淑珍夫妇家。

③ 调查对象：鄂淑华（1958 年—）；访谈时间，2016 年 2 月 3 日；访谈地点：齐齐哈尔市梅里斯达斡尔族区哈拉新村鄂淑华家。

供品有馒头、酒，上供的馒头比平时吃的馒头大，馒头上点有一个红色的花。[①] 点花的工具有两种，一种是成熟的麻果头，第二种是将三根芦苇绑在一起。现在村里讲究点的人家在制作供品馒头时仍会点红花。

小年过后家家开始清扫房屋、院落，洗衣服。但是腊月二十三这天不能打扫卫生，这天打扫卫生爱起火灾，腊月二十三到腊月三十之间的双日子如腊月二十四、二十六、二十八是扫房的日子。要拆洗被褥，各种家具擦拭干净，大衣柜上代表五个太阳的大金色圆片擦的亮亮的。多雪梅说："姥姥说，如果不干净的话，人的魂看见室内不干净就不回来了。"[②] 鄂淑华说："把过去旧的东西都洗干净了，人就会聪明。"[③] 如今，年前仍然保持扫房、拆洗被褥的传统。不过，现在的扫房更具有象征意义，因为室内很干净，用康淑珍的话说就是"意思意思"。

人也要搞个人卫生，男人们一般会选择三、六、九的日子剃头，过去没有理发店，都是大家互相剃。达斡尔族也有正月不剃头之俗，认为，正月剃头死舅舅。

小年这天家家改善伙食，据乔景春说，酸菜炖粉条是达斡尔族最喜欢吃的菜，康淑珍说："这天要吃稷子米饭，弄点粉条炖猪肉、酸菜炖猪肉。"[④] 早年不吃饺子，后来受汉族影响开始吃饺子，早上起来要包饺子，早年饺子都是荞麦面的，做得很大，一个饺子相当于三四个白面水饺那么大，荞麦面饺子不能煮，只能蒸。现在荞面饺子没有了，只有白面饺子。

5. 换饭

从腊月二十三开始换饭，由吃粗粮改为吃细粮、肉菜，即从小年开始吃过年饭

① 调查对象：德新（1936 年—2020 年）；调查地点：齐齐哈尔市梅里斯区；调查时间：2014 年 7 月 25 日。

② 调查对象：多雪梅（1970 年—）；访谈时间，2016 年 2 月 5 日；访谈地点：齐齐哈尔市梅里斯达斡尔族区哈拉新村多雪梅家。

③ 调查对象：鄂淑华（1958 年—）；访谈时间，2016 年 2 月 4 日；访谈地点：齐齐哈尔市梅里斯达斡尔族区哈拉新村鄂淑华家。

④ 调查对象：康淑珍（1949 年—）；访谈时间，2016 年 2 月 1 日；访谈地点：齐齐哈尔市梅里斯达斡尔族区哈拉新村乔景春康淑珍夫妇家。

菜了，一直到正月十五。德新说：“二十三以后每户人家伙食都会有点改变了，该吃荤的了。”[①]康淑珍说：“我妈在的时候，从这天开始，苞米馇子、大饼子就不吃了，开始吃细粮，一直吃到正月末。”[②]从腊月二十三直到腊月三十，七天之内不仅要吃好的，而且吃不同的饭，饭菜不重样。

二、腊月三十

腊月三十是一年的最后一天，年三十达语称为“布图乌都日”，“完成”“封盖”的意思，即这一天过完之后这一年就结束了[③]。节日活动丰富，节日进入高潮。

1. 贴春联

腊月三十早饭之后开始贴对联、春条、福字、挂签和窗花。对联都为吉祥、祝福的词句，对仗工整。根据位置，贴相应词语的对联和春条，如贴在仓房的春条是“粮食满仓”，贴在猪圈、羊圈上的春条为祈求牛羊满圈、牲畜平安、下崽多之类的词句。在门板、衣柜、橱柜、门框、窗框、保家仙以及其他神位上都要贴上大小相匹配的福字和挂笺。必须在12时之前完成，否则不吉利。过去家家贴门神，门神贴在院门上。

早年，对联都为自写，随写随贴，如果自己家没有会写毛笔字的人，则拿着红纸找别人代写，会写毛笔字的人在这个时候非常受欢迎，他家往往这时候会聚集很多求字的人。窗花、挂签都是自己剪，图样皆为吉祥图案。现在对联、福字、窗花、挂签都从市场上购买，年前年货市场琳琅满目的对联、福字、窗花、挂签，给人们提供了更多的选择品种。如果家里有老人去世，则在连续的三年春节内贴蓝色的或者绿色的对联，贴素颜色的年画，德新回忆说：“我爷爷死那年我家贴蓝对联，我

① 调查对象：德新（1936年—2020年）；调查地点：齐齐哈尔市梅里斯区；调查时间：2014年7月25日。

② 调查对象：康淑珍（1949年—）；访谈时间，2016年2月1日；访谈地点：齐齐哈尔市梅里斯达斡尔族区哈拉新村乔景春康淑珍夫妇家。

③ 毅松：《达斡尔族》，辽宁民族出版社，2012年，第98页。

说：‘人家都贴红的，咱家咋贴蓝的呢？’我妈说：‘不是你爷爷死了吗？’”[①]如果买不到蓝色、绿色的对联和素色年画，就三年不贴对联、年画。

2. 修补窗户盛满水缸

年三十这天必须将窗户的破损之处堵上，目的是防止鬼进屋。现在都是玻璃窗户甚至是塑钢窗了，这一习俗自然就没有了。

水缸必须装满水，意为财源滚滚。现在家家都安装了自来水，水缸这种传统的盛水工具从生活中消失了，自然而然，春节打满水缸的习俗也就消失了。

3. 忌出喜入

在这个新旧交替的时刻，凡是装有粮食、财物的地方都要封住，意为守住财富。衣柜要用红纸条将柜门封上，所穿的衣服必须在 12 点之前拿出来；粮仓门必须用红纸条封上，将过年要吃的粮食和食物拿出来。直到初四才能打开柜门和仓门，德新解释此举的含义是“过年了，总开门总开门，财源就出去了”[②]。不过，家里的小仓房和小衣柜则不必加封条。

过年期间忌讳从家里往外拿东西，包括水、垃圾、各种东西都不能往外扔，寓意是“财不外流”，如果在此期间倒垃圾、倒水，就会把财带走，康淑珍说：“把这一年吉祥的东西都倒出去了。”[③]从年三十开始直至正月初三都坚守这个禁忌，有的人家甚至到正月初十才往外倒东西。

4. 祭祀神灵

家中供奉的各种神灵都要在腊月三十这天加以祭拜，打扫神位、神庙，在保家仙神位、小庙等地方摆上供果、点心，上香。如果家里有过世的老人则要在三年期

---

① 调查对象：德新（1936 年—2020 年）；调查地点：齐齐哈尔市梅里斯区；调查时间：2014 年 7 月 25 日。

② 调查对象：德新（1936 年—2020 年）；调查地点：齐齐哈尔市梅里斯区；调查时间：2014 年 7 月 25 日。

③ 调查对象：康淑珍（1949 年—）；访谈时间，2016 年 2 月 7 日；访谈地点：齐齐哈尔市梅里斯达斡尔族区哈拉新村乔景春康淑珍夫妇家。

间将死者生前用过的褥子、枕头铺在南炕炕头，摆上供桌，上面放猪头、点着的烟、酒等供品，燃香，全家人面对铺位磕头、祷告，前来拜年的人都要先拜这个铺位，死者的儿子要陪着客人一同磕头。该铺位直至正月初一晚上才收起来。

傍晚，在院门外燃起一堆火，把饺子、酒等供品扔进火堆里，上香，不同的人对其寓意有不同的解释，毅松的解释是，家庭兴旺、子孙有续，新的一年像火一样兴旺，人畜安康，五谷丰登[①]；德新的解释是，过年这天过世的家人会回来，但是不能让他们进屋吃饭，要在外面吃，火堆里的饺子就是给他们准备的，德新说："吃饭前在大门外放一堆火，把饺子、供品、酒往火里扔，上香，意思是这家死的人在三十晚上魂会找回来了，魂回来了，就在这里吃点喝点，就走吧，别进家了。如果家里人谁若想死去的亲人，比如想死去的孩子或者妈妈，就上火堆边哭。"[②]

5. 吃年饭

腊月三十白天各家都吃两顿饭。早饭一般为黏豆包和酸菜汤，沾以奶油或者白糖的豆包据说味道更佳，不仅香而且甜。年三十白天的第二顿饭是主餐，是一年中最好、最丰盛的一顿大餐，菜品数量必须是双数，过去经济条件差，一般做 4 个菜或 6 个菜，人口多、经济条件差的家庭凑不上四个菜。多为炖菜，主要有牛肩胛骨肉拌奶油、手把肉、豆角干或茄子干炖肉，用煮手把肉的肉汤炖豆角丝、粉条是最受欢迎的菜。自 20 世纪 80 年代改革开放以来，达斡尔族的生活水平日益提高，菜品也因此越来越丰富，8 个菜、10 个菜、12 个菜、14 个菜不等，现在的年饭中鱼、鸡、肘子是不能少的，尤其是必须有鱼，吃鱼的寓意是"年年有余"。鸭肉和鹅肉不能上餐桌，因为他们属于大牲畜。主食过去是稷子米干饭，康淑珍说："稷子米饭是我们达族人最好的饭，平时很少吃，产量低，吃不起。只有过年的时候才吃。"[③]

---

① 毅松：《达斡尔族》，辽宁民族出版社，2012 年，第 98 页。

② 调查对象：德新（1936 年—2020 年）；调查地点：齐齐哈尔市梅里斯区；调查时间：2014 年 7 月 25 日。

③ 调查对象：乔景春、康淑珍；访谈时间，2016 年 2 月 7 日；访谈地点：齐齐哈尔市梅里斯达斡尔族区哈拉新村乔景春康淑珍夫妇家。

现在多吃大米饭。这顿饭一般在下午两三点时吃。

吃完晚饭后给家里的老人包括爷爷奶奶父母拜年，这一习俗直到现在仍然保持。

三、三十下晚儿布图喔日克

腊月三十晚上，即汉族所说的除夕，达斡尔族称为“布图喔日克”(butuoriek)、“三十下晚儿”，节日气氛达到高潮。

1. 点天灯

家家门前挂灯笼，用一根绳子把灯笼高高吊在院子中的一根木杆上，整夜不熄灭，达斡尔族称之为“点天灯”。早年的天灯都是自己糊制的纸灯笼，里面放蜡烛，现在多数家庭从市场上购买大红灯笼，里面是电灯泡。经济条件好的家庭从年三十一直点到正月十五，没条件的家庭仅在年三十和正月十五两天通宵点天灯。

2. 接神

23时左右开始接财神，其方式是在院中摆放一供桌，在桌子上摆上供品，上香，过去没有香，用蒿子撮成的绳子代替，磕头，叨咕叨咕，感谢神灵在过去一年里所赐予的收获，祈望在新的一年得到神灵的保佑，求得平安、吉祥，没病没灾。[①]有的人家同时燃起一堆火，有的人家则不燃火。燃放鞭炮。打开家里的门以让财神进家来，德新说：“放炮仗的时候打开屋门，迎财神。小时候因为小，不懂，没开门就放炮仗，爸爸说，把门打开，不然财神没法进来。”[②]多雪梅家除了在外面放炮仗之外，还会先在室内放炮仗，同时打开屋门，她爸爸说：“这样是为了赶走家里的鬼。”[③]一同接回来的还有灶王爷，在新的灶王爷像前上香、摆上供品、磕头。

① 毅松：《达斡尔族》，辽宁民族出版社，2012年，第99页。
② 调查对象：德新（1936年—2020年）；调查地点：齐齐哈尔市梅里斯区；调查时间：2014年7月25日。
③ 调查对象：多雪梅（1970年—）；访谈时间，2016年2月5日；访谈地点：齐齐哈尔市梅里斯达斡尔族区哈拉新村多雪梅家。

3. 给家中长辈磕头拜年

接完神后，晚辈给长辈磕头拜年，拜年次序上有规矩，如果三世同堂，则爷爷奶奶端坐在炕上，接受儿子、儿媳、孙子、孙女等晚辈的跪拜。然后父母端坐在炕上，接受儿子、女儿、儿媳的跪拜。

长辈则给晚辈压岁钱，过去家庭经济普遍困难，压岁钱很少，一两块钱，或者没有。现在生活水平提高了，所以父母都给孩子们压岁钱，亲戚朋友来家串门也给孩子压岁钱。

4. 吃年夜饭

接完神、拜完年后全家围坐在一起吃年夜饭。过去贫穷，年夜饭菜品很少，安成林小时候也就是20世纪60年代，三十晚上母亲就做了一道菜，这道菜是豆角丝、粉条炖肉，而且即便这一道菜也不管够。早年吃稷子米干饭，后来吃饺子，这顿饺子必须是新包的，不能吃冻饺子，最早吃荞面饺子，后来吃白面饺子，饺子馅有猪肉粉条馅或者白菜馅或者豆角丝馅或者萝卜馅或者猪肉馅，具体做什么馅饺子视家庭经济条件而定，富裕的人家吃肥肉白糖馅蒸饺，肉是五花肉，馅里不放油只加葱花，直至现在，多雪梅家还偶尔用白面包肥肉白糖馅饺子，多雪梅说："这种饺子可好吃了！"[①]吃肥肉白糖馅蒸饺有"生活甜蜜"的吉祥含义。酸菜不能做饺子馅，德新说，吃酸菜馅人会酸性，即脾气不好。饺子的蘸料不能用蒜泥，而必须用韭菜花，人们的观念认为，吃蒜会算计，一年日子过的紧巴[②]。不过有这两个禁忌的家庭不多，在访问的对象中，只有德新家有这一规矩。现在年夜饺子馅多了起来，因为商品经济发达，菜的品种多了。受汉族影响，有的家庭开始吃素馅饺子，鄂淑华说："自从姑爷（汉族）来我们家后，我们家年三十晚上就开始吃素馅饺子，说是吃素

① 调查对象：多雪梅（1970年—）；访谈时间，2016年2月10日；访谈地点：齐齐哈尔市梅里斯达斡尔族区哈拉新村多雪梅家。

② 调查对象：德新（1936年—2020年）；调查地点：齐齐哈尔市梅里斯区；调查时间：2014年7月25日。

馅的饺子人会清醒。”[①] 饺子馅内加钱币、白线较为普遍，其寓意是白线代表长寿，钱币代表有钱花，这一习俗一直保持，尤其以包钱币最为普遍。三十夜里这顿饺子要求一样大小，所以禁止小孩插手，以免包坏了。

5. 守岁

达斡尔族年三十晚上有守岁的习俗，即整夜不睡，如果实在困、要睡觉，则不能正常睡觉，而是穿着衣服在炕的一个角落里睡，德新说：“不能大大方方铺着褥子、盖着被子的睡，而是找个旮旯睡，穿着衣服睡。”[②] 如今，老年人仍然坚持守岁，他们虽然仍然要求年轻人守岁，但是并不太严格了，一般接完财神吃完饺子后就可以睡了。

6. 占卜

占卜是三十下晚儿的重要活动，人们相信在这个时间点上预测最灵验，每到此时都采取各种方法占卜吉凶，预测来年的运气，均为自行占卜。笔者调查所获得的占卜方法有以下三种，一种占卜方法是看星星；还有一种方法是摆扑克，即摆十二月，哪一个月份先摆开，则哪个月新的一年最顺利；还有一种占卜方法是将不同作物的种子摁进秸秆瓤里扔进水缸里，哪个种子先发芽则预示这种作物新的一年收成会好。

7. 禁忌

年三十下晚儿禁忌很多，禁止说不吉利的话，有非说不可的不吉利的语言则用其他的词语代替，例如包饺子的面没了不能说“没了”，要说“馅满了”或者说“馅整多了”。禁止打架吵架。

接完财神上完香之后禁止妇女动针线、刀剪，在达斡尔族看来，动剪刀会剪掉龙须，动针线人会瞎眼睛。老人会对干活的晚辈嗔怪说：“一年干活还没做够啊？想把眼睛整瞎了啊？”

小姑娘和本命年的人年三十晚上禁止出家门。本命年的人不能看星星，若是看

---

① 调查对象：鄂淑华（1958 年—）；访谈时间，2016 年 2 月 4 日；访谈地点：齐齐哈尔市梅里斯达斡尔族区哈拉新村鄂淑华家。

② 调查对象：德新（1936 年—2020 年）；调查地点：齐齐哈尔市梅里斯区；调查时间：2014 年 7 月 25 日。

见星星全年都会不吉利、多灾多难。现在年三十晚上本命年的人穿红衣服、红裤子比较普遍，不过据德新说，以前没有这一习俗，扎红腰带、穿红衣服、红裤子是后来才有的①。

不许从室外向屋内喊人的名字；禁止照镜子，否则群魔附体，甚至被群魔摄去心神。

8. 祈福

在这新旧交替的时刻，要举行各种祈福活动。父母让儿子站在门槛上并揪他的耳朵往上提，目的是让他长高个儿。让孩子看书、写字，认为这天看书写字，学习好，乔景春说："大年三十那天写字学习好。"② 德新说："家里有念书人，晚上父母就督促：'写写字！笔体好，学习能上去。'"③ 德新是 1948 年才上学，三十下午吃完饭，母亲就会叮嘱说："三十了，别去玩了，写写字，看看书。"这一习俗至今仍然保持，李珊昆说："我妈就是，过年那几天初一初二让我早点起来，说是上学之后爱学习。"④

四、大年初一阿涅

正月初一，达斡尔族人称其为"阿涅"（anie），是最重视的日子的意思，是过年的正日子，所以许多文献都将达斡尔族过年称之为"阿涅节"，其实这种称谓不完全正确，达斡尔族的春节延续时间很长，而且就其高潮而言，在腊月三十和三十下晚儿已经进入了年的高潮阶段，年的主要活动内容在腊月三十和三十下晚儿，

① 调查对象：德新（1936 年—2020 年）；调查地点：齐齐哈尔市梅里斯区；调查时间：2014 年 7 月 25 日。

② 调查对象：乔景春（1947 年—2021 年）；访谈时间，2016 年 2 月 7 日；访谈地点：齐齐哈尔市梅里斯达斡尔族区哈拉新村乔景春康淑珍夫妇家。

③ 调查对象：德新（1936 年—2020 年）；调查地点：齐齐哈尔市梅里斯区；调查时间：2014 年 7 月 25 日。

④ 被访谈人：李姗昆（1994 年—），访谈时间，2016 年 2 月 7 日；访谈地点：齐齐哈尔市梅里斯达斡尔族区哈拉新村乔景春康淑珍家。

而正月的初一的主要活动是挨户集体拜年。

1. 纸马飞上天

放飞纸马是正月初一的一项重要祈福活动，尤其对发展不顺利的家庭更重视这项活动，纸马是用纸剪成的，总计要剪三个，用线串在一起，早晨煮饺子的时候，将纸马放在烟囱出烟口，纸马则随着炊烟飞上空中，以此期盼新的一年有好运、有财运。

2. 吃饺子

正月初一早上吃饺子，有的家庭将饺子同粉条子一起煮，寓意是“常胜”、“长长久久”，煮的方法是，先将粉条子煮熟，然后下饺子。饺子和粉条子一起吃。正月初一早饭必须尽早吃完，目的是早点儿出去拜年，也为了迎接拜年的人，如果来家拜年的时候还没吃完饭，则会被笑话。

3. 集体拜年

拜年是大年初一的核心内容，拜年活动将节日气氛推向顶点，体现出亲情、友情。初一是屯子里最为活跃的一天，是各家来往最为密切的一天，欢乐吉祥中表现出村落的一体性、亲密性。早早吃完早饭，年轻人们以家庭为单位出去拜年，每人手提一壶酒，拿着一个酒杯，哥哥、姐姐领着弟弟妹妹们以长幼尊卑的顺序依次走访各家，先给年岁最大、辈分最高的人家拜年。家里若是供奉神，则先向神位跪拜；若是家里有近三年去世的老人，室内南炕供奉有老人生前用过的被褥和枕头，拜年的人则对炕上的被褥行跪拜礼，当来客给去世的人磕头时，死者的儿子也要同来客一起跪拜；最后拜在世的老人，先给老人敬一杯酒，然后磕头，说过年好，老人则会回敬一些祝福的话，如“祝你一年平平安安！顺顺利利！健康不得病！”如果多伙拜年队伍同时涌到一个家庭，屋里容纳不下所有人，进不来屋的人往往就在门外请安，高喊一声“爷爷奶奶叔叔婶子给您拜年啦！”喊完就走了。但是直系亲属一定要进屋请安磕头。德新说：“拜年的时候要请安和磕头一起用，请安是两脚并拢，双手放在膝盖上，微微弯曲”[①]。还有一种说法，“三十磕头、初一请安”，多雪

① 调查对象：德新（1936 年—2020 年）；调查地点：齐齐哈尔市梅里斯区；调查时间：2014 年 7 月 25 日。

梅说："初一拜年只要单膝跪拜即可，男左女右。"[①] 离屋的时候，一定要倒退着走，以表示尊敬。正月十五之前一定要拜完年，到正月十五还没拜年就要受到责怪了。家中的老人不出去拜年，他们在家等着别人前来拜年，待晚辈拜完年后，这些老人才互相走动互相拜年。每家都准备茶水、瓜子、香烟、冻梨等食物，以招待前来拜年的客人，尤其糖块和零食是必不可少的，这是给小孩准备的。

现在达斡尔族集体性的、大规模的拜年方式见不到了，出去拜年多数仅限于直系亲属之间的互相走动，道远的、关系较远的也就不去拜年了。即便拜年，也没有繁缛的礼节了，仅说声"过年好"，既不请安，更不磕头。出现这种情况既有客观原因，也有主观因素。客观因素是多数年轻人都搬到县城了，而主观因素是年轻人没有这个意愿，何凤珍说："现在的年轻人都没有'礼貌'了，拜年也不请安、磕头了。"[②] 年轻人们更愿意待在家里看电视。近些年，随着互联网、无线通信的发展，用手机、电脑相互拜年普遍起来。

4. 新婚串新门

新婚头一年春节新婚夫妇在初一带着酒挨家去串门，给老人敬酒。现在虽然这种习俗仍然存在，但是拜年时不带酒了，而改成带礼品，一般送四合礼或者仅送水果。老人对新婚夫妇说些祝福的话，并给予新婚夫妇一定数量的钱，过去由于较穷，所以亲属给的钱往往较少，现在给的钱数往往很多，一百、二百，数量不等。

五、正月期间的年俗

正月期间年俗活动依然丰富，除了延续拜年、在人日畜日占卜天象外，还有两

① 调查对象：多雪梅（1970 年—）；访谈时间，2016 年 2 月 5 日；访谈地点：齐齐哈尔市梅里斯达斡尔族区哈拉新村多雪梅家。

② 被访谈人：何凤珍；访谈时间 :2016 年 2 月 6 日；访谈地点：齐齐哈尔市梅里斯达斡尔族区哈拉新村何凤珍家。

个达斡尔族最为看重的习俗，一个是元宵节，一个是抹黑祈福。

1.拜年

正月依然要拜年，所有拜年活动必须在正月十五之前完成。拜年都选择双日子出行，以双为吉。正月期间的拜年主要有两种，一种是老人间的走动拜年活动，因为除夕夜和正月初一的拜年活动中老人不出去拜年，他们在家坐等别人前来拜年，正月初二以后则要出去拜年；一种是到外村拜年，两地而居的表亲、伯亲和连襟在正月初八以后开始互相拜年，由于居于两地，每次拜年大多数人会在亲属家做客一两天。

2.正月初二回娘家拜年

正月初二是女儿回娘家拜年的日子，女儿女婿回来时要带酒和点心等礼物。拜年的当天不能住在娘家，日落之前一定要回去。现在依然沿袭初二回家看父母的习惯，礼物更加讲究实用性、实惠性。不过，当天必须返回的限制则没有了，愿意住就住几天。

3.初一到初十皆有所主

达斡尔族将正月初十之前的每一天都确定为某种动物、植物或人所主之日，并以此预测所主之物一年的发展状况和收成情况。从正月初一到初十的对应关系是：初一为鸡日、初二为鸭日、初三为猫日、初四为狗日、初五为猪日、初六为羊日、初七为人日、初八为马日、初九为果日、初十为菜日。每到所主之日，人们通过看天气预测新的一年所主动物或植物或人的好坏，如果天气好，晴空万里，则预示对应的动物或植物一年旺盛。如果刮风、阴天、下雪，则预示对应的动物或植物或人在新的一年发展不顺。正月初十是菜的日子，这天要吃饺子，寓意庄稼丰收，有收财的意思，这一习俗延续到现在一直保持着。

人日子最受达斡尔族重视，作为一个重要的日子过。初七、十七、二十七是人的日子，分别是小孩、中年、老人的日子，每到人日都特意观看天气，如果天气晴好则分别预示小孩、中年人、老年人一年顺当、无病无灾，如果阴天或下雪或风大则预示小孩、中年人、老年人一年不顺利。人日要吃面条，寓意绑腿、长寿。早期的面条是荞麦面条，后来都是白面面条。不过人日受重视的历史不长，据德新说，以前没有过人期日的习俗，也就是最近十年二十年才有[①]。康淑珍说：初七、十七、二十七也叫寡妇日，在这一天，禁止妇女动针线，否则会眼瞎[②]。

4. 破五

达斡尔族过去没有过破五的说法，近些年随着汉族人口的增多，受汉族的影响，也开始每逢正月初五要破五，破五的方式就是吃饺子，放炮仗。但是也有的家庭一直没有破五之说，如德新家便是，德新认为，达斡尔族不过破五[③]。

5. 阿布嘎力

“阿布嘎力”（abugal）是达斡尔族正月期间具有恶作剧式的游戏活动，该种游戏以拜年之名行劝导之实。发现某家在为人处世等方面有毛病，又不好意思直说，“直接数落人家、埋怨人家、责备人家不好，所以用这种游戏的办法，对一些有劣迹的或者家庭有不轨行为的进行劝导。”[④]游戏由两个人合作完成，其中一人扮演仙鹤，达语“托古拉日”（togular），另一个人扮演赶仙鹤的人。扮演仙鹤的人毛朝外穿羊皮袄，蒙上脑袋，右胳膊扮作仙鹤的脖子，手扮作仙鹤的头，手拿一双筷子扮作仙鹤嘴，筷子须用同样颜色的布条缠好。领鹤拜年的人是一为人正直、口才较好、受人尊重的人，到谁家都会受重视。进屋哈下腰，把右臂举起如真鹤一样，向主人们逐一点头以示拜年。主人拿出糖果招待仙鹤，但是仙鹤一般不接受，右手腕一抖似仙鹤摇头，表示拒绝。每到仙鹤摇头时，领鹤人就说仙鹤生气了，于是开始数落这家人，把这家在为人处事方面不尽如人意的地方一一道来，要求改正，这家人赶紧答应改正。如果仙鹤又用嘴敲打桌子或者炕沿，那么领鹤人会继续数落说，你家

① 调查对象：德新（1936 年—2020 年）；调查地点：齐齐哈尔市梅里斯区；调查时间：2014 年 7 月 25 日。

② 调查对象：康淑珍（1949 年—）；访谈时间，2016 年 2 月 8 日；访谈地点：齐齐哈尔市梅里斯达斡尔族区哈拉新村乔景春康淑珍夫妇家。

③ 调查对象：德新（1936 年—2020 年）；调查地点：齐齐哈尔市梅里斯区；调查时间：2014 年 7 月 25 日。

④ 调查对象：杨优臣（1951 年—）；调查方式：微信；调查时间：2021 年 8 月 21 日。

在某某件事情上办的不对，你家的谁谁办的事情大错特错，家里人赶忙应承，立即改正。事实上，两个拜年的人已经掌握了这家的缺点，借游戏拜年之机加以批评教育，诙谐幽默，寓教于乐，具有警示作用，有利于邻里间、亲属间、朋友间和谐相处。

6. 哈嘞本塔坞

正月十五是达斡尔族的“哈嘞本塔坞”(harbn taau)，达斡尔族称其为“小年”，是达斡尔族最为重视的节日，节日持续三天，从正月十四一直到正月十六。正月十四便在大门口立起高杆，高挂灯笼，也有的家庭从年三十一直点到正月十六，灯整宿亮着。父母给孩子们制作一些小灯笼，最为简易的小灯笼就是一个罐头瓶子，瓶口处系根儿拎绳，瓶里面底部点根蜡烛，孩子们拎着灯笼到处玩。

正月十四早上吃饺子和杀猪时剩下的猪骨头。主要食物是吃蒸豆包，正因如此，所以快到十五的时候，人们见面经常会说“快到十五了，要吃豆包了”，从中能看出人们对正月十五的热盼，也能看出这一天的饮食特点。过去，富裕的人家在这一天吃手把肉。早年，达斡尔族没有元宵节的概念，元宵节的叫法是 20 世纪 80 年代以后才有的，元宵节概念的产生和吃元宵习俗的形成同汉族人口的增多有着直接的关系，更与广播、电视等媒体的宣传密不可分。自从有了元宵节的概念以后，也在这一天吃元宵，达斡尔族的元宵都是在市场上购买。

吃饭之前都要给家里供奉的各个神上供。晚上要祭祀北斗七星，用面做成类似酒盅形状的容器 7 个，里面放油，即成为油灯，在室外摆放一个方桌，将用面做成的 7 个油灯放在桌子上，燃着，上香，面北斗七星祭拜。禁止小孩儿参与祭拜活动。

正月十四、十五的夜晚，家家燃放烟花。

受汉族影响，达斡尔族晚上也出去走一走，这就是正月十五走百步的习俗，通过走百步，祛除疾病。据说，走百步习俗并不普及，仅有几家有这一观念和习俗。

达斡尔族认为过完十五年走了，鄂淑华说：“老人都这么说，放炮仗、吃饺子，年就走了。”[①]

7. 阔德格·乌都日

正月十六是达斡尔族的传统抹黑驱邪祈福的日子，达斡尔语叫作“阔德格·乌都日”（kuedg udr），意思是祈福平安的意思，杨优臣认为，这是达斡尔族的平安节[②]。其主要活动就是给对方抹黑脸，达斡尔族认为从除夕到正月十五是阳气逐渐上升、阴气逐渐下降的时期，而正月十六以后阴气逐渐上升，外出或者走夜路就越来越不安全，抹黑的目的就是驱邪避害，保人平安。莫金忠对抹黑原因的解释是：“抹黑好，来年种地不出牟末（umma），人体格健壮。”[③]所谓牟末就是玉米、谷子、糜子等作物不长粮穗，而长一个类似黑炭的东西。

父母一般在子女起床之前在孩子们的脑门上抹上一个十字，寓意着吉祥、驱邪，一年不得病。天蒙蒙亮人们就带着锅底灰各家串，往对方脸上抹锅底灰，如果将锅底灰拌以豆油，则很难洗掉。这天不管大人小孩都要早早起床，否则被堵在被窝里，一点还手之力都没有，那就惨了，整个身子都会被抹黑。嫂子是重点被抹的对象，谁都想给她抹灰，所以嫂子会早早起来赶紧做完早饭，然后躲藏起来，但是即便藏到仓房里也会把他“薅”出来，最安全的地方就是老人的身后，嫂子若是躲在老人身后，老人一发话，就没人敢动手抹了。德新说：“我嫂子她们老早就起来把饭做好，然后藏起来，猫起来，但是人们不会放过她的，藏到仓房里头也会找到。”[④]本来上午就该结束，但是往往没人遵守这个时间，有时整天抹，有时候白天没尽兴，晚上接着抹。但是晚辈不能给长辈抹，儿媳妇不能给老公公抹，兄弟媳妇和大伯哥之间不能互相抹黑。若是给长辈抹黑需要征得老人的同意。抹黑的人还掀开锅盖拿

① 调查对象：鄂淑华（1958 年—）；访谈时间，2016 年 2 月 3 日；访谈地点：齐齐哈尔市梅里斯达斡尔族区哈拉新村鄂淑华家。

② 调查对象：杨优臣（1951 年—）；调查方式：微信；调查时间：2021 年 8 月 21 日。

③ 调查对象：莫金忠（1937 年—2020 年）；调查地点：齐齐哈尔市富拉尔基区罕伯岱村；调查时间：2012 年 10 月 3 日。

④ 调查对象：德新（1936 年—2020 年）；调查地点：齐齐哈尔市梅里斯区；调查时间：2014 年 7 月 25 日。

抹黑习俗已经被发展为一个民族节日和民族盛会“阔德格·乌都日”

“阔德格·乌都日”盛会上延续抹黑传统

干粮吃，德新回忆说："抹完了，还掀开锅盖，把新蒸的一锅饺子，这个拿走一个，那个吃一个，都给你吃没了。我嫂子就磨叨，我妈就说：'哎呀，都不是外人，外人能这样吗？吃就吃去吧，你们再做吧。'"[①]

现在这种热烈的抹黑场面见不到了，虽然也抹黑，但是仅仅是父母给自家的孩子抹，在孩子没起床之前给他在额头上抹点灰。虽然抹黑气氛没有过去浓了，但是政府很重视这项活动，把其作为传统文化加以保护，梅里斯达斡尔族区已经把"阔德格·乌都日"确定为一个节日，每到正月十六晚上政府都举办联欢会，截止到2021年已经举办了三十七届。届时，现场表演抹黑，无论是达斡尔族还是汉族都参与。同时还有罕伯舞表演，唱歌跳舞。

8. 祭祀笊篱姑姑

正月十六要祭祀笊篱姑姑。笊篱姑姑达语叫"笊篱巴尔肯"，它是保护牛羊的神，牛要下崽的时候要祭拜一下笊篱姑姑，若是牛没奶，也要祭拜一下笊篱姑姑。祭祀的方法是，在锅台上摆上笊篱，上香，面对笊篱叨咕叨咕，牛就能出奶了，鄂淑华说："我们家老太太老爷子在的时候，就这么整了。"[②]牛下来奶之后，点上香，把出嫁的姑娘都请回来吃奶油饭，奶油饭就是稷子米干饭拌牛奶。笊篱姑姑也是舞蹈之神，用一把笊篱做她的脸，横绑一根木棍为她的手臂，竖捆两根分开的木棍为她的腿，穿上女孩的衣服，便是笊篱姑姑。请笊篱姑姑时男子不能参加，要由寡妇带着大家去请笊篱姑姑。传说笊篱姑姑生活在牛粪下面，必须翻牛粪饼才能找到笊篱姑姑。将笊篱姑姑请到屋子里，由两个姑娘各扶神偶的一条腿，笊篱姑姑立在方桌子上，前面摆上供品。神偶开始跳动，谁也扶不住，大家就和笊篱姑姑一起跳舞，唱着歌，歌词大意是："莎拉腾格、绍莎勤金。她俩把笊篱姑姑请来了，请来了！快用糖饼来祈祷，快在糖饼前跳舞，请来了！请来了！莎拉腾格，绍拉勤金，她俩

① 调查对象：德新（1936年—2020年）；调查地点：齐齐哈尔市梅里斯区；调查时间：2014年7月25日。

② 调查对象：鄂淑华（1958年—）；访谈时间，2016年2月4日；访谈地点：齐齐哈尔市梅里斯达斡尔族区哈拉新村鄂淑华家。

把笊篱姑姑请来了，请来了！牛粪已经都抹好，马粪已经都摆上了，请来了！请来了！莎拉腾格，绍拉勤金，她俩把笊篱姑姑请来了，请来了！九位姑娘快舞蹈，九位老太太快舞蹈，请来了！请来了！”①舞蹈一直跳到深夜。1945年东北解放以后，笊篱姑姑舞蹈渐渐没有人跳了，即便有人跳，仪式也简化了很多。1970年出生的多雪梅曾经看过大人们祭祀笊篱姑姑，她回忆说：“那时候大人们会用一张纸把笊篱糊起来，画上眼睛、鼻子、嘴，弄上两条辫子，然后拿扫把扫地，一边扫地，一边说：笊篱姑姑快下来，笊篱姑姑快下来。”②

9. 滚冰

正月十六晚上无论大人小孩，男男女女都到冰面上打滚，谓之滚冰，多雪梅解释说：“让江水把这一年的病痛都带走。”③其实这一习俗源于汉族，其意义也是汉族赋予的，冰的谐音是病，滚冰的意思是把病魔滚走，一年保健康，这一习俗在东北地区非常普遍。现在，达斡尔族仍然有滚冰的习俗，晚上人们都出去到冰面上滚一滚。

六、二月二龙抬头

农历二月初二，是龙抬头的日子，达斡尔族也非常重视这个节日。

1. 吃猪头

吃猪头肉、啃猪骨头是农历二月初二的主要活动，这些肉和骨肉是杀年猪时特意为二月二留下的。过去，这天还吃稷子米鸡肉粥，如今由于稷子米产量低而没人种了，所以稷子米鸡肉粥也就不再吃了。

2. 祭祀神灵

吃饭之前先供奉自己家里的所有神，包括祖先、保家仙、屯神等，这些神灵的

---

① 安家寰：《达斡尔族妇女请笊篱姑姑游戏的比较研究》，《民间文化》2000年第8期。

② 调查对象：多雪梅（1970年—）；访谈时间，2016年2月5日；访谈地点：齐齐哈尔市梅里斯达斡尔族区哈拉新村多雪梅家。

③ 调查对象：多雪梅（1970年—）；访谈时间，2016年2月5日；访谈地点：齐齐哈尔市梅里斯达斡尔族区哈拉新村多雪梅家。

神像摆放在仓房或者屋子的西面。供品就是猪头肉，有的人家将猪头肉烀熟之后上供，有的人家直接用生猪头供神。

这天不能手拿着盆子往地面上撩水浇地，否则会生虫子和跳蚤。康淑珍说："不能掸水[①]，说会长虫子、跳蚤。"[②]

如果家里养牛，在二月二这天要往牛角上抹点红颜色。

3. 剃头

在二月初二这天必须剃头，叫剃龙头，如果实在忙抽不出身去剪头，也要象征性地剪两根。也有人认为，二月初二不能剃头，德新给出的说法是："我们二月二不剃头，要过了二月二才剃头，说这天动剪刀就会把龙须剪了。"[③]康淑珍和德新的说法相同，她说："二月二那天不行剪东西，剪子干脆不能动，都藏起来，说动剪子了虫灾就多，就会把你栽的庄稼吃了。"[④]

二月二一过，春节就结束了，新的一年的劳动就要开始了。大门前粪堆开始冒烟，这是达斡尔族用阴火燃着粪堆冒出的烟，目的让粪发酵。缓慢升腾的粪烟预示着新的一年农业周期开始了。

4. 尽情娱乐

过年的主要活动是娱乐，邻里之间、亲戚之间走动最为频繁，走西家串东家，一起玩、一起听故事、一起跳舞，常玩的游戏有嘎拉哈、棋摞等。

过去不论穷富，每家都会邀请村里的人到自己家里玩，今天去你家，明天到我家，如果两家距离较远，甚至坐车去。女人们跳舞，男人们则喝酒、打牌、讲故事、听"乌钦"。每次都玩到深夜，甚至天亮。在谁家玩，谁家都要用豆包、饺子招待大家。

① 掸水：就是用手撩水往地面上浇。

② 调查对象：康淑珍（1949 年—）；访谈时间，2016 年 3 月 10 日；访谈地点：齐齐哈尔市梅里斯达斡尔族区哈拉新村乔景春康淑珍夫妇家。

③ 调查对象：德新（1936 年—2020 年）；调查地点：齐齐哈尔市梅里斯区；调查时间：2014 年 7 月 25 日。

④ 调查对象：康淑珍（1949 年—）；访谈时间，2016 年 3 月 10 日；访谈地点：齐齐哈尔市梅里斯达斡尔族区哈拉新村乔景春康淑珍夫妇家。

扭秧歌也是正月期间的主要娱乐活动，秧歌队有本村自发组织的，也有外地秧歌队来村里表演的，据说哈尔滨秧歌队还曾来过哈拉新村表演过呢。外来的秧歌队由村里的大户人家负责吃喝。秧歌花样很多，有老汉跑旱船、青蛇、白蛇等扮相，德新说："那时候的秧歌可漂亮了。"① 现在秧歌队基本都没有了，最常见的娱乐活动是在村中的小广场跳跳舞。

七、五月节

农历五月初五是达斡尔族的五月节，即端午节。其节俗同汉族端午节的过法基本相同，节日活动很丰富。

1. 到江中洗澡

达斡尔族认为农历五月初五日是水复活的日子，江河之中可以游泳。人们早早起来用露水洗脸，去河边洗澡，认为这样可以祛除疾病。

2. 采集艾蒿、蒲旺草、棒槌草

早早去草甸上，乘露水还没消失之前采集艾蒿、蒲旺草、棒槌草，采集回来之后遍插房檐、门窗、室内各处。用艾蒿叶塞进耳朵里或插在耳边、帽子上。认为艾蒿能保证一年之内无病无灾。

吃完饭后，妇女们成群结伙到野外采集柳蒿芽。

3. 插纸葫芦、小笤帚，扎五彩线

制作纸扎葫芦、小笤帚，将其插在房檐和门窗之上。小孩的手脖子、脚脖子上都系五彩线。所有这些东西都具有避邪的作用。

4. 改善伙食

饮食则有家庭差异。有的家庭吃韭菜盒子，有的家庭则吃糕饼或馅饼，喝牛奶，吴凤亭说："端午节我们家一般吃年糕饼，熬奶子，烙苏子饼，吃奶皮。一般是早

① 调查对象：德新（1936 年—2020 年）；调查地点：齐齐哈尔市梅里斯区；调查时间：2014 年 7 月 25 日。

上吃的多。”[①] 有的家庭吃饸饹。煮鸡蛋较为普遍。20 世纪六七十年代，由于达斡尔族地区汉族的增多，受汉族的影响，吃饺子和粽子开始多了起来，吴凤亭说：“很多东西都不种了，想吃也没有了，学着汉人的习惯。”[②] 吴凤亭家的习惯是，早上吃饺子，饺子馅一般是韭菜或者白菜的，下午吃粽子。

如今端午节习俗虽然依然有，但是原有的象征意义没有了，有些人将这些活动变成了娱乐，如多永贵的老伴每年都扎葫芦、插艾蒿、给孙子、孙女系五彩线，但是主要是为了逗孙子、孙女玩，让他们高兴。

八、中秋节

八月十五是达斡尔族中秋节，也叫八月节，该节日举家团聚，祭月拜月，吃好吃的饭菜。达斡尔族传说，汉族曾经在这一天屠杀达斡尔人，流传着“八月十五杀鞑子”的故事[③]。

1. 祭月拜月

八月十五要祭拜月亮，祭拜的方式是在院子中间摆一饭桌，饭桌上摆西瓜、月饼等供品，面对月亮叩头，祈祷。

2. 举家团聚

八月十五中秋节是一家团聚的日子，无论居住于何地都尽量回家团聚，过去都是自己家过节，多永贵说：“那前儿[④] 聚的人也少，实在亲戚也不咋聚，个人[⑤] 过个人的，（因为）普遍都穷。”现在聚的范围扩大了，往往直系亲属都在一起过，由一个人张罗，在一家聚。2017 年八月节时，多永贵一家都在大儿子家过的，在

① 调查对象：吴凤亭；调查地点：莽格吐村；调查时间：2015 年 7 月。

② 调查对象：吴凤亭；调查地点：莽格吐村；调查时间：2015 年 7 月。

③ 林耀华等：《达呼尔族氏族、亲属和风俗习惯的调查报告》，《中国民族问题研究集刊》第一辑，中央民族学院研究部编，1955 年，第 81 页。

④ 那前儿：东北话，过去的意思，或者是交流双方共同知道的一个时间点或者时间段。

⑤ 个人：东北话，自己的意思。

一起过节的还有小儿子一家、大儿媳妇的父母和兄弟姐妹，总计 19 人。

3. 吃好吃的饭菜

过节改善伙食，过去吃的食物很简单，条件好的家庭吃白面饼、馅饼、饺子、饸饹，多永贵说："那时候白面挺缺呀，吃上白面就不错啦，吃饺子，烙个饼呀，蘸个奶油啥的，吃个饸饹饭呀，那就比较不错啦。"① 吃西瓜和月饼是八月节的习俗，不过以前没有吃月饼这一习俗，吃月饼是 20 世纪 50 年代以后才出现的，用多永贵的话说就是生产队以后才有月饼，他说："生产队的时候就有月饼了，有的是从供销社买，有的是让别人上市里给捎点，还有串屯子卖月饼的。"②

九、其他节日

达斡尔族除了以上诸节之外，还有七月十五、七月二十五千灯节等节日，只不过这些节日活动较少，现代已经没有人过这些节日了。而新兴节日库木勒节则表现出非常强的生命力，在政府的强力推动下，库木勒节每年的规模都很大，成为全民族欢庆的节日。

1. 七月半

七月半就是农历七月十五，是鬼日，是孤魂野鬼、冤魂活动的日子，所以这天都上坟烧纸。

2. 千灯节

农历七月二十五是达斡尔族的千灯节。达斡尔族要用面做一千盏面灯，拿千盏灯去庙里点燃，认为点的灯越多越吉利。

3. 库木勒节

1987 年 5 月，黑龙江省齐齐哈尔市梅里斯达斡尔族区创立了民族节日"库木勒"节，并于当月在梅里斯区文化馆举办了第一届库木勒节。而后每年五月的第三个星

① 调查对象：多永贵（1941 年—）；调查地点：莽格吐村；调查时间：2019 年 2 月 18 日。
② 调查对象：多永贵（1941 年—）；调查地点：莽格吐村；调查时间：2019 年 2 月 18 日。

期日为“库木勒”节，迄今已举办 34 届，其中 2020 年和 2021 年的库木勒节因疫情影响而在线上举办。该节日的创办宗旨是通过品尝柳蒿芽纪念祖先，以此体现达斡尔人之间团结一致、永不分离的民族凝聚力。届时，达斡尔族同胞穿着节日盛装，聚集在草原，举行丰富的节日活动。自己带着食物，在草原上支起锅灶做柳蒿芽、鲫鱼、鲇鱼等传统食物，欢聚在一起把酒言欢。

节日期间既有民族歌舞表演，也有民族体育游戏比赛。富有民族特色的乌钦、民族舞蹈、摔跤、曲棍球比赛等都会在节日会场进行展演，夜晚要举行篝火晚会。许多学者、文化爱好者、游人也慕名前来。盛况空前，到处一派喜气洋洋、欢乐祥和的景象。库木勒节对于凝聚人心，增加达斡尔族的民族认同、文化认同有着很大的作用。

这个节日是根据达斡尔族以柳蒿芽为食的习俗创建的。和其他习俗不同的是，这一习俗是 1987 年由 16 位达斡尔族人商议创建的，后来由达斡尔族学会主办，政府全力支持和参与。过节的方式不是以家庭为单位，而是全民族的盛会，是集体娱乐活动，传统文化在这一活动中得以传承、宣传，对于保护和传承民族文化具有很大的作用。

每次库木勒节规模很大，除了有市、区等各级领导到会发表讲话外，还有各种文艺表扬和体育游戏比赛。

库木勒节期间，四面八方的人涌到草原，不仅仅有达斡尔族，也有其他民族参加。

十、传统节日的传承

在城镇化背景下，村落出现空心化、空巢化、老龄化，传统节日文化场域遭到了严重破坏，传统节日习俗在现代化冲击下，有的淡化，有的消失，有的简化，有的失去了原来的意蕴。但是传统节日在当代依然具有价值，在凝聚人心、汇聚人气等方面具有其他文化所无法比拟和替代的作用，所以在当前乡村振兴背景下要挖掘传统节日的价值，探讨节日文化场域修复的路径和方法，以推动乡村文化建设和经济建设。

1. 仅有吃是不够的

在传统节日节俗方面唯一得到大发展的就是节日饮食文化，这一点在各民族中具有共性特征。节日变成了吃节，各家生活水平的普遍提高使得节日食品非常丰富，各家节日餐桌非常丰盛，这些都是经济发展给人们生活水平带来的改善，由此导致人们对年节的渴望和期待的心情没有了，平时就吃的很好、穿的很好，所以过年就缺少了过去那种新给人们带来的喜悦心理，鄂淑华说："以前我们这有啥啊？苞米面大饼子都不够吃，那时候，就盼过年，现在孩子哪有盼过年的？都不盼了，平常就吃大米白面，肉啥的都不断，都不盼过年了。"[①] 目前，饮食中既有对传统的继承，

① 调查对象：鄂淑华（1958 年—）；访谈地点：齐齐哈尔市梅里斯达斡尔族区哈拉新村；访谈时间，2016 年 2 月 4 日。

也有新的成分的加入，如出现了海鲜、青菜，过年的饺子也出现了素馅水饺，等等，所以节日的现代性非常显著，人们的满足感、幸福感也溢于言表。

但是吃仅仅是节日的一部分，传统节日文化丰富多彩，内涵丰富。丰富的内容和内涵需要我们传承、丰富和发展，为此必须加强政府的作用，政府在节日氛围的营造、活动的引导等方面要狠下功夫。

2.仅有家庭聚会是不足的

举家团聚一直是节日的主要内容，不管身居何地都要回家过年过节，所以过年过节期间是村中人口最多的时候，但是，现在的相聚多数仅限于自家团聚，互相走动、互相拜年拜节的情景很难见到了。互联网、手机的广泛使用使人们不再登门拜访，而更愿意通过手机和电脑拜年。电视、广播节目的丰富多彩使人们更愿意选择在家里过年过节，这种过年过节方式使得村落原有的生机和活力下降。

当前，节日是加强村民联系、增加民族凝聚力的最好时机。借进城务工村民回村过年过节之机，政府要发挥传统节日凝聚人心、团结民族的作用，在举家团聚的时候增加族人之间、村民之间的联系和走动，以此增进家人、族人、村民之间的感情，在交流中互通信息，思想碰撞，寻找机遇，为家乡的发展献计献策。为此，政府一方面要加强宣传和引导，另一方面也要发挥组织协调作用，给各个家庭的联系和走动创造环境和机会。

第十章　体育游戏

体育游戏是最有活力和张力的群体性活动，具有娱乐、智力开发、技能学习、合作精神的培养等多方面的功能。它内涵丰富，是道德观念、思想理念、行为准则的具体体现。

达斡尔族体育游戏活动是达斡尔族自己创造、自己编制的以娱乐休闲为目的的活动，世代相传，尽管具有变异性，但是基本上形成了固定的文化模式。达斡尔族体育游戏不受时间和场地的限制，随时随地都可以玩，参与性、趣味性很强。体育游戏器材不限，就地取材。参与人员不限，既可以自己玩，也可以两个人玩，也可以多个人一起玩。既具有地方特色，也具有民族特色，是优秀的传统文化。达斡尔族民间体育游戏形式多样，种类繁多，概括起来可分为游戏、竞技、棋类三种类型。

一、游戏

达斡尔族游戏多种多样，不仅仅是娱乐，也是智能的锻炼和提升。经常玩的游戏活动有欻嘎拉哈、哈尼卡、捉迷藏、老鹰抓小鸡、猜谜语、丢手绢、跳房子、跳皮筋、翻绳、弹玻璃球、滚铁环、打出溜滑、打爬犁、扔大钱、掷坑、陶力棒、踢毽子、捉迷藏、摸瞎乎、打冰尜等。选择几种民族特色特别显著和具有多种玩法的游戏活动介绍如下：

1. 萨克

萨克（sak）也叫嘎拉哈、羊拐，是达斡尔族非常喜欢的一项游戏活动，男女均可玩，以女人玩居多，大姑娘、小媳妇都爱玩嘎拉哈，康淑珍说："炕上坐得满满的，一圈一圈地都在玩噶拉哈。"①

萨克是牲畜和野兽的距骨，达斡尔族经常玩的萨克以猪、羊、狍子的距骨为主。宰杀这些动物的时候，将距骨取出，去掉上面的肉，即可做玩具，越玩表面越光滑。有时将距骨加以染色，红、黄、绿、蓝等五颜六色使得嘎拉哈更有观赏性。过去，每个达斡尔族家庭都珍藏很多嘎拉哈。萨克共有六个面，其中四个面能站立，这四个面分别叫"汗辽"（立）、"他嘎"（反立）、"穆库"（背）、"楚库"（坑）。萨克玩法有多种：

（1）弹碰。随意将捧在手中的数十个萨克撒在炕上，选择其中一个萨克，用手弹该萨克击打仰面形态相同的萨克，击中则为赢，击不中或者击打到不同形态的或者碰两个以上的萨克，则为失利。赢则继续击打，失利则由下个人撒萨克、弹碰，如此循环，直到没有萨克可撒为止，以赢多者为胜。

（2）扔同面。将所有萨克按照参玩人数平分，出四个萨克作为骰子，轮流掷骰子，掷骰子时口喊"包斯"或"筷"。若四个萨克呈同一种形态，称为"包斯"，若呈现四种形态，称为"瑟斯"，若掷出"包斯"或者"瑟斯"，则参玩者争抢骰子，抢到手的骰子为赢得的萨克。如果四个骰子均被掷者抢到，则每人出一个萨克，凑足四个。如果掷者抢到不足四个时，则自己补足四个后，继续由他扔。如果掷出的萨克呈现出两对萨克面，称为"筷"，则四个萨克由掷者赢得。轮到下个人补足四个骰子后继续如此掷。输光手中萨克者退出比赛，赢得所有萨克者为胜。

（3）翻手背。双手捧所有萨克高抛空中，用手背接住落下的萨克，一只手两只手均可，然后手背继续高抛接住的萨克，用手心接住，手心接住的萨克为赢得的。然后根据每个人接住的多少决定先后，接多者先玩，她将余下的萨克撒在炕上，与此同时高抛一个萨克或者一个装有粮食的小方形布口袋，用扔萨克或者口袋的手快速将散落炕上具有相同形态的萨克抓在手里，再迅速接住下落的萨克或口袋，抓时

① 调查对象：康淑珍（1949 年—）；访谈时间，2016 年 2 月 7 日；访谈地点：齐齐哈尔市梅里斯达斡尔族区哈拉新村乔景春康淑珍夫妇家。

不能碰旁边的萨克。如果在抓的时候没有接住掉下来的口袋或者碰到了不抓的萨克，则轮下个人抓。每次尽量多抓为好，直到把所有萨克抓完，多者为胜。还有一种玩法是抓的数量的奇偶同本人翻手接住萨克的奇偶相同，即翻手接住的是偶数只能抓偶数，翻手接住的萨克数是奇数则只能抓奇数。

(4) 猜样数。取十到二十个嘎拉哈，抛于炕上，抛前先约定噶啦哈的形态样式，以预测正确形态多者为胜。

(5) 猜数量。每人分得同样数量的嘎拉哈，藏在各自的大腿下，然后从自己的嘎拉哈中选择若干（也可以是零个）握在手中，手背朝上伸向中间，口中喊着所猜的数量，然后大家翻开手心亮出各自手中嘎拉哈的数量，如果几个人手中嘎拉哈的数量相加之和同自己所喊的数量一致，则赢，所有的嘎拉哈都归她。如此反复进行，以赢得嘎拉哈多者为胜。

(6) “萨克 · 玛勒特贝”。每人出等数的嘎拉哈，将所有的嘎拉哈堆成一堆，大家围坐在嘎拉哈堆旁，每个人从嘎拉哈堆里选一个嘎拉哈做“俄金”（主嘎拉哈），先由一人往空中抛掷“俄金”，从嘎拉哈堆里挠出若干个嘎拉哈，挠出的数量根据自己手能抓住的数量而定，然后接住“俄金”。再次把“俄金”抛掷空中，用抛掷“俄金”的那只手迅速抓挠出来的嘎拉哈，然后接住“俄金”，如果接住“俄金”，则手里的嘎拉哈归己，如果没接住“俄金”或者即便接住“俄金”但是手里没有握住嘎拉哈，则为失败。挠出的嘎拉哈重新放到堆里。轮到下一个人抛掷“俄金”抓嘎拉哈。直至堆里的嘎拉哈抓尽为止，以多抓者为胜。

(7) 弹嘎拉哈。玩者人数不限，坐在炕上轮流进行。先由一人捧一堆嘎拉哈往炕上一摊，嘎拉哈在炕上形成不同形态。然后用中指弹嘎拉哈击打相同样态的嘎拉哈，击中归己。如果没弹到或者击打到其他样态的嘎拉哈则为失败，改由第二个人玩、第三人玩，其他人也要捧一把嘎拉哈摊在炕上，也如此这般弹。最后以嘎拉哈获得多者为胜。

2. 哈尼卡

哈尼卡是达斡尔族女孩玩的游戏活动，玩具就是一个个人物造型，叫“哈尼卡”（hanieka）。哈尼卡有两种，一种是简易型的，一种是精致型的。简易型哈尼卡就是剪纸做成的人偶，制作简单，容易操作。剪纸分两个步骤，首先用白纸剪出圆形脑袋，通过对折纸的方式每次能剪出多个脑袋。第二步是将彩纸剪成一个圆锥形，为哈尼卡的身体部位。然后进行粘贴，将“圆脑袋”粘贴在一根木棍的头部，再将木棍插于圆锥形的“身体”部位，粘贴好即制作完毕，上部窄小，下部宽大。哈尼卡有性别、年龄的差异，女性哈尼卡的服饰的边缘处都粘贴有各色装饰花边，男性哈尼卡则戴礼帽、扎腰带。而精致型哈尼卡则用多种材料制成人偶，人偶造型大而生动，立体性强，工艺较为复杂，制作材料有软布、桦树皮、兽皮、鸡蛋壳。鸡蛋壳用于制作脑袋，蛋壳上画上人的五官。用彩纸、金银纸或布加工成帽子、头饰，用黑丝线做成头发，用棉花、绸布做服饰，人物栩栩如生，不足之处在于不容易保存，怕挤压，一旦挤压就会变形和损坏。精致型哈尼卡在过去生活贫困的年代并不普遍。

哈尼卡的玩法类似汉族的过家家游戏，先用纸盒或者纸摆出房子和院落，然后玩者手持哈尼卡，组成一个家庭，根据赋予其的角色特征，在房子和院子里从事着各种活动，这些活动都和日常生活紧密相关，模仿做饭、挑水、哄孩子、伺候老人等，游戏中的角色和情节均是日常生活的礼仪礼节和生产生活的内容。在游戏中，一人多能，一个人在游戏中最少要拿十几个哈尼卡，最多的要拿几十个哈尼卡。这种游戏既可以一个人玩，也可以几个人一起玩，参与的人数越多越有趣。如今，这种游戏逐渐没人玩了，吴凤亭说：“哈尼卡是纸偶，都是大人给做的。我小时候平常就能看见，中间等到‘文革’以后还有，但是渐渐地就没了。”①

3. 扔大钱

扔大钱是小孩最喜欢玩的游戏之一。扔大钱的玩法很多，其中一种就是看谁将

① 调查对象：吴凤亭；调查地点：莽格吐村；调查时间：2015 年 7 月。

大钱儿（古钱币）打出的多。每个人手里都拎着一串大钱儿，在地面挖一个浅坑，将几个大钱儿放在里面，每个参赛的人每次放钱币的数量相同。手持一个类似于铅饼样式的铅坨子，铅坨子一面是平面，一面鼓肚，站在坑边扔铅坨子抠出坑里的大钱儿，谁将里面的钱币抠出坑外，大钱儿就归谁所有。如果抠出大钱儿则继续抠，如果一个大钱儿也没抠出则轮到其他人抠，直到将坑里的大钱全部抠出为止。多永贵说："有时候，嘣可脸都是土。"① 现在村里的小孩都不会玩这种游戏了，甚至连听都没听说过。

4. 掷坑

在地面挖两个浅圆坑，两坑相距 10 多米，玩具是一个铅砣子，参赛人数不限，参赛者每人手持一个铅砣子，站在一个坑边往另一个坑里扔铅砣子，以投进坑里为赢，未投进者以距离坑的远近排列名次，距坑越近越好。

5. 弹玻璃球

弹玻璃球有多种玩法，一种玩法是以准确弹到泥球为赢，泥球归

库木勒节上的陶力棒比赛

① 调查对象：多永贵（1941 年—）；调查地点：莽格吐村；调查时间：2019 年 2 月 18 日。

已。一种玩法是在地面上画一个圆圈，将泥球放在圈内，以用玻璃球准确击出为赢。

6. 陶力棒

使用一个木棒击打远处的木桩子，木棒长约1尺左右，木桩设在30尺远处。以击中木桩为胜，比的是准确的击打能力。这种运动据说是源自击打兔子的狩猎活动。该种比赛同蒙古族的布鲁比赛类似。

7. 踢毽子

踢毽子是达斡尔族儿童喜欢的游戏活动。毽子用三四个大钱叠放在一起，几个大钱的孔对应上，把马鬃或兽毛穿入铜钱孔中，然后在孔里面嵌入木楔加以固定。踢毽子有多种玩法，或者盘腿踢，或者用脚尖、脚外侧踢，均以次数多为优。

8. 哈库麦勒舞

达斡尔族能歌善舞，无论大小庆典皆以舞助兴，以歌舞自娱自乐，最喜欢跳的舞蹈是罕伯舞。罕伯舞因为跳舞到达高潮时不断发出罕伯罕伯的喊声而得名，齐齐哈尔市一带达斡尔族称其为哈库麦勒舞，莫力达瓦达斡尔族自治旗的达斡尔族称其为鲁日格勒舞，鲁日格勒的意思是燃烧或者兴旺的意思，由此可以看出，这种舞蹈最早应该是篝火舞。罕拜舞具有广泛的群众性、群体性，只要有场地、有时间，都会自发地跳上一段，劳动之余跳，结婚时跳，过年过节时跳，“及其妇女，亦于大块烟景之春，烛光月明之夜，邀会数十姐妹和歌共舞，以娱天真，而歌之词，亦颇顺耳。遇有庆贺、节日，则亦有歌舞之举，以表祝贺之忱，及其他跳舞（汉泊、鲁如格勒）以偶为准，式各有名。也有独唱的，都能表现达族之艺术方面之特色，但无鼓乐而和其形式。”①

齐齐哈尔市和莫力达瓦达斡尔族自治旗的罕伯舞虽有区别，但是区别不大，这种舞有两人对舞、有三个人跳八字、四人对穿等多种形式。舞蹈分为三段，第一段以歌为主、以舞为辅，歌曲悠扬；第二段边歌边舞，以舞为主，歌曲欢快；第三段

① 孟希舜：《莫力达瓦达斡尔族志略初稿》。莫力达瓦达斡尔族自治旗政协文史资料委员会编：《达斡尔族自治旗文史》第2辑，1990年，第37页。

2016 年 7 月 16 日，登科村村委会特意组织几个人为笔者表演哈库麦勒舞。

是打斗，进入了舞蹈的高潮，几回合后就收场了。陶贵水说：“如果有外屯的人参加，本屯人就要特别卖力气了，不能让外屯的人看不起。”① 所有的舞蹈动作皆来源于生产和生活，模仿采集、渔猎、野兽打斗、提水、挤奶、照镜子、梳头等动作，动作粗犷、奔放。歌词多是模仿鸟兽的鸣叫，惟妙惟肖。

二、竞技类体育

竞技类体育是体力、技巧、技能等方面的综合比拼，既可以是两人比赛，也可以是群体分组赛。达斡尔族竞技体育种类很多，有包靠、射箭、赛马、投掷、拔河、摔跤、滑雪、游泳、颈力、骑马跤、拉棍、掰手腕、踢毽子、跳绳等。

1. 包靠

包靠（boikoo），汉语音译有毕阔、包考、波一阔、贝阔等多种写法，是达斡尔族传统体育项目，类似于现代的曲棍球，但同曲棍球比赛有一定的差异。

① 调查对象：陶贵水；访谈地点：齐齐哈尔市梅里斯达斡尔族区哈拉新村村委会；访谈时间，2016 年 2 月 3 日。

贝阔球杆

比赛所用的球与球杆都是自己制作的，球杆达斡尔语叫“包靠”（boikoo），一般用带根节的榆树杆或者柳木杆或柞木杆制作，根节自然弯曲的部分为球杆的头部，笔直的木杆部分为握杆。据研究，球棍是从过去打兔子的木棍演变而来的。球称“颇列”（poo-lie），有多种，（1）用杏树根或者榆树根削成的球；（2）用毛毡做成的球；（3）牛毛球，牛毛球所用的材质是春天牛褪毛的时候梳下来的牛毛，牛毛或者用黏土粘连或者用米强糊粘连，以用黏土粘连为多；（4）火球，火球是夜晚的玩具，火球就是在树根球或者牛毛球的球体上抠出若干孔洞，把松木明子、磷粉、松油等易燃品填进孔洞，而毛毡球则直接浸沾易燃物，夜间玩时将其点燃。

包靠的传统玩法在孟希舜的《达斡尔族志略初稿》中有详述：“其打球之方式，球场两者相距半里之遥，队分2组，各十数人，置镇营1人，即守营门，达语谓‘义日萨尔’，即洞口之意。守二人，即看大门，余者以人数之多寡分配前锋及后援队。球由中场发，打进营门为胜。”[①] 比赛分成两个队，人数不限。比赛场地通常就是村中的街道或者一块宽阔的场地，两头各设一个门，设一个守门员把守。用球棍往对方球门打，打进得一分，在规定的时间内打进球多者为胜。晚上玩的火球更加具有趣味性。吴凤亭说：“过去也没什么规则，两个门，没有正反，就是两队，几个人都可以，过去多到10多个也能一伙，少到3个也能一伙。现在不这样了，有规则了。”[②] 每次召集玩伴的方式都具有挑战性，如果要叫小伙伴们出来玩曲棍球，就在街上喊：“有种你就出来！”比赛的规则是，禁止左侧击球，除守门员外其他队员禁止用手、脚抛球踢球，禁止用球棍绊人、打人。过

① 孟希舜：《莫力达瓦达斡尔族志略初稿》。莫力达瓦达斡尔族自治旗政协文史资料委员会编：《达斡尔族自治旗文史》第2辑，1990年，第49页。

② 调查对象：何文录（1945年—）；调查地点：莽格吐村；调查时间：2015年7月21日。

去玩包靠具有一定的危险性，“击球时飞鸣空中，如不小心则即有撞头、流血之虞。”①

达斡尔族聚居的梅里斯达斡尔族区、莫力达瓦达斡尔族自治旗被誉为“曲棍球之乡”，市区中重要景观就是曲棍球，2006 年曲棍球被列入第一批国家级非物质文化遗产名录，曲棍球俨然成为达斡尔族的标志性符号，每逢重大节日曲棍球的表演和竞赛更是不可或缺的项目。目前，在曲棍球开展方面，内蒙古自治区莫力达瓦达斡尔族的曲棍球开展明显好于黑龙江省，因为内蒙古达斡尔族出了很多曲棍球国手，对达斡尔族刺激很大，许多农家子弟将玩好曲棍球作为改变自己命运的途径，一有空闲大家就自发组织进行曲棍球比赛，自家的院子、村中的空地都是玩耍的场地，2005 年 10 月，笔者在杜拉尔村看到五个小男孩正在自家院子中进行曲棍球比赛，图片所显示的场景不是摆拍，是在孩子们不知道的情况下拍摄的。不过，旧式的包靠球杆和球已经没有人再玩了，取而代之是标准的曲棍球。据陪同笔者入户调查的乡干部说，现在玩曲棍球的孩子很多，已经形成了非常浓厚的曲棍球热。他们已经不满足于自己家的院子、场院以及空地上比赛，他们已经把走出本乡本土、走向世界作为了自己的奋斗目标。而黑龙江省仅在省市县举行民族体育运动会时才临时组队参加比赛，如莽格吐村平时基本没人玩曲棍球，只在进入赛季的时候临时组建球队参加比赛，吴凤亭是退休老师，是莽格吐村曲棍球教练，他说：“其实我们曲棍球捡的比莫旗早，但是组建队伍费用太大，装备也很贵，所以很难组织起来。”②由于舍不得花钱购买曲棍球，所以莽格吐村每次练习曲棍球都使用自制的木球和球杆，自制的曲棍球太重，很难

院子成了曲棍球的比赛场地

① 孟希舜：《莫力达瓦达斡尔族志略初稿》。莫力达瓦达斡尔族自治旗政协文史资料委员会编：《达斡尔族自治旗文史》第 2 辑，1990 年，第 49 页。

② 调查对象：吴凤亭；调查地点：莽格吐村；调查时间：2015 年 7 月 20 日。

适应比赛需要。现在在莽格吐村曲棍球已经没有了群众基础，偶尔的曲棍球比赛则完全作为一种政治任务来完成。

2. 颈力

库木勒节上的颈力比赛

颈力比赛，两个人面对面而坐，双脚相抵，将一面长布系成一个圈，将圈套在两个人的脖子上，一声令下，各往自己一方使力，臀部离地面一方为负。

3. 拉棍

拉棍比赛又叫拔杆子，比赛器具就是一根木棍或者锄杠，比赛的两人面对面坐在地上，双脚相抵，四只手握住中间的木棍，一声令下，各自拉木棍往自己一方使

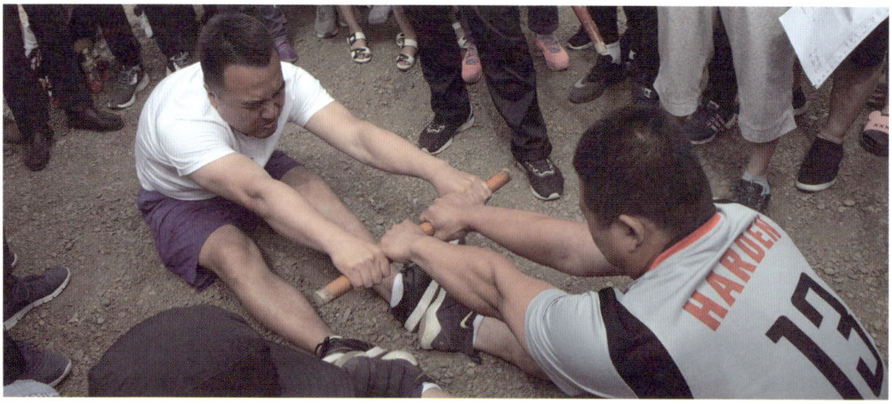

库木勒节上的拉棍比赛

力，若一方被拉起，或者松手，则为负。随时随地就可以比赛，炕上、平地之上都可以进行这种比赛，比赛器具和比赛程序都非常简单，所以拔杆子比赛非常普及。

4. 骑马跤

骑马跤是综合能力的比拼，只有力量、技巧、平衡能力等各个方面都强，才能最后取得胜利。抢马跤有三种玩法，一种玩法是，一个人充当“马”，另一个人充当骑手，骑手骑在“马”的一侧肩部，比赛双方的骑手用推、搡、拉等手法竭力将对方拉下“马”或者对方“马”不胜拉扯倒下，则为胜。另一种玩法是，两个人相对而立，双手交叉握在一起，充当“马”，一个人作为骑手，坐在二人四肢手臂交叉形成的两个口中，比赛双方骑手互相拉扯推搡，竭力将对方骑手拉下“马”，只要骑手被拉下“马”或者“马”被拉到，则败。第三种玩法是四人马跤，三人在下，中间一人为马头，两边人将内侧手臂搭在马头的肩膀上，即为马鞍，外侧的手与马头的手指相握成马蹬。另一人为“士兵”，两腿伸到两边人的怀里。交战时，底座和士兵要互相配合，底座的人要驮住士兵，双方士兵拉扯推搡，哪方被推下马或者

库木勒节上的骑马跤比赛

拉下马或者底座散了则为败。比赛双方胜负的决定性因素有两个方面，一是充当底座的“马”力气大，能够经得住拉扯，二是骑手力量大，会掌握时机。

5. 射箭

射箭是达斡尔族传统体育项目，源自他们的狩猎生产和八旗兵的军事生活。过去多在祭祀敖包期间举行射箭比赛，现在则多在库木勒节和敖包节期间举行。

传统弓箭多为自制，做弓的材质或桦木或榆木或藤木，长1.7米左右，揻成弧形，内侧刮削成扁平。如果用于征战或者打野兽，则将两片弓粘合成一体，以增加弓力。弓弦为鹿、犴的筋线或者皮条。箭杆为硬质的树条或藤木，箭镞为铁制或骨制，箭尾嵌上两排对称的雕或鹰的羽毛以保持平衡。小孩子玩的弓箭为游戏弓箭，一般用稠李子树枝做成，箭镞为柳条切成的两厘米长的空心木段，不具有杀伤力。

比赛用的靶子为直径约0.6米的圆形毛毡，共五道环，红、白二色相间，射程30米至50米不等。比赛分骑马射和立地射两种，中环多者为胜。过去射箭比赛是莫昆非常重视的一项体育运动，族众无论男女都来观看助兴，赛前要杀口猪，所有射手共食之，败者承担买猪的钱。如果加赛一场，则要杀头三岁乳牛，其费用依然由败者承担。儿童射击游戏则通常以嘎拉哈为靶子，射中为赢。

库木勒节上的摔跤比赛

6. 摔跤

摔跤是达斡尔族传统体育项目，摔跤手没有特殊的服装，在比较正规的比赛场合如祭祀敖包或者库木勒节期间，比赛选手在腰间扎一红布带。比赛没有固定的规则，勾、绊、压、背、晃、旋、踢、抬等各种技巧均可以使用，倒地为败。也有两队较量的，两队人数相同，摔倒者出局，直至对方队员全部出局为止。

三、棋类游戏

达斡尔族棋类游戏活动有鹿棋、下五道、围棋、棋搩等，具有简单易行，随时随地可以玩的特点。

1. 鹿棋

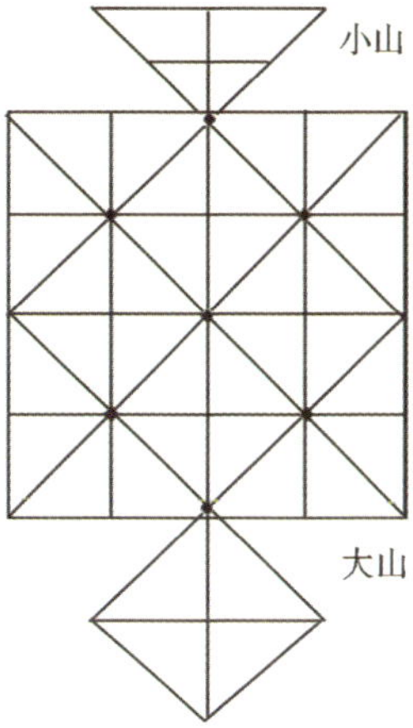

老虎棋棋盘

鹿棋，达斡尔族语称包颗（bog），包颗是达斡尔语对狍子、鹿等的统称，因为虎是山中之王，该棋又称老虎棋。鹿棋是一种老少咸宜的游戏活动。

鹿棋棋盘或者在地面上画道，或者画在木板上、树皮之上，棋盘为正方形，纵横各五条线，棋盘内画有相互交叉的三道对角线，棋盘的其中一头画有一个内画十字线的菱形，叫大山，相对的另一头画有内画十字的三角形，叫小山。棋盘内各条线的交叉点为布子点。日常下棋所用的棋子多为就地取材的土块、石块、木棍，个别家里也有精制的棋子，精制的棋子是用木材精雕成鹿和虎的形状，在莫力达瓦达斡尔族自治旗博物馆中就保存一副精致的鹿棋。棋子共计 26 枚，其中 24 枚代表鹿，两枚代表老虎。行棋时，先在棋盘正中间的八个交叉点各布一个鹿，两个老虎布在山脚处。老虎先行，一步一格，吃子只能跳吃，鹿一方手持 16 个字，每次只能布一子，每布一子，老虎走

库木勒节期间的老虎棋比赛

一步，当16个子布完之后，盘中的8个子才可以行棋。鹿要围住老虎，避免让老虎跳吃，当鹿把老虎围得寸步难行时，则鹿胜；当老虎把鹿吃得没有足够的兵力围住老虎时，则老虎胜。

鹿棋直至今日仍然有人玩，不过已经不普遍，自从有了象棋后，鹿棋就很少玩了。

2. 下五道

下五道是达斡尔族喜欢的一项游戏活动，它不择场地，家里、室外、田间地头，随时随地都可以玩。在地面上用木棍画一个棋盘，棋盘为一个正方形，纵横各五条线，各条线的交叉点为行棋点。棋子就是土块、石块、木棍、庄稼秆等，比赛双方的棋子通过不同质地或者大小加以区分。比赛双方面对棋盘相对而坐，在己方一侧的棋盘边缘处的交叉点各布一子，即各在己方一侧布下五子。棋子只能走到相邻的四个点上，棋子不可重叠，不可跳跃行走。当一方一条线的两个子同对方的一个子相邻且成一条直线时，则对方的一个子被吃掉；如果两个子和对方一个子成一线不是主动成线，则不可吃子；如果两个子与相邻的对方一子已经成一线，但是对方的一字的后面有自己的棋子，则不能吃子。当某方只剩一子时，判负。

3. 围棋

棋盘为正方形，纵横各六条线相交，形成格子状，或者画于一木板上，或者纸板上，也可以直接画在地面上。双方各持18个子，双方棋子的样式不能相同，必须分出彼此，土块、石块、木棍、秸秆等都可以作为棋子。轮流摆子，如果在棋盘上能将自己的棋子摆成四方形，则吃掉对方一个棋子；如果将自己的六个棋子摆成一条直线或者竖线，则吃掉对方三个棋子。所以互相竭力阻止对方摆成四方形和一条线。如果一方剩子过少，不超过4子，构不成吃子的条件，则失败。

4. 棋摞

玩具是象棋，将象棋洗乱，把象棋的棋子按照四个一摞摆成一溜，掷骰子决定谁先抓牌，四个人玩，每人分两摞，依次抓完为止。然后像打扑克一样出牌，先抓牌者先出牌，每次出单个的抑或是成对的还是多个的，由先出牌者决定，其他人随着出相应数量的牌，所出的牌要扣着，避免让其他人看见，否则对自己不利。

“帅”和“将”最大，从大到小依次是将（帅）、士、相、车、马、炮、兵（卒），兵卒最小，四个人同时亮牌，谁的棋子大，谁就赢得其余三人的棋子。赢得本轮者有权主导出下一轮。理想的结果是用最小的棋子输给对方最大的棋子，用最大的棋子赢得对方次大的棋子。所以准确地判断对方出什么牌至关重要，判断正确就能以弱胜强，若是判断错误，则即使是好牌也会输掉。

四、体育游戏的功能

任何文化的产生和存在都是以满足人类的需要为基本条件，达斡尔体育游戏活动亦是如此，它在达斡尔族日常生活中占有重要地位，是达斡尔族的休闲娱乐方式、教育方式，客观上也具有益智、锻炼体魄等作用。体育游戏活动是达斡尔族优秀文化，应该继承传承，发挥其应用的价值和作用。下面仅就体育游戏所具有的娱乐功能、教育功能、益智功能、团结功能、锻炼身体功能加以简要阐释。

1.娱乐功能

达斡尔族从事体育游戏的基本目的是娱乐、愉悦身心。自娱自乐是体育游戏的源头，也是其存在和传承的动力所在，如果没有了娱乐色彩，体育游戏活动便无存在的可能。达斡尔族喜欢玩游戏，为的就是从中找到快乐。趣味性是体育游戏的基本特点，由于有了趣味性才有了娱乐性，跳皮筋、翻绳、弹玻璃球、滚铁环、打出溜滑、打爬犁、扔大钱等所有的游戏活动都非常有趣，所以达斡尔族爱玩。摔跤、骑马跤、包靠等比赛虽然都消耗体力，但是在比赛中没有劳累感。

娱乐性对达斡尔族身心健康具有特别重要的意义。生活不仅有日出而作日落而息，也要有节奏的改变和调节，体育游戏活动便具有调节生活的作用，是生活的缓解阀。生活中需要缓解阀，体育中的宣泄、放松赋予枯燥乏味的生活以乐趣，在体育游戏中打闹、戏耍，舒缓了心情，消解了疲劳，愉悦了身心，体育游戏是生命中最快乐的时光。

2. 教育功能

体育游戏具有教育功能，通过体育游戏活动能够获得以下几方面的知识，一是生产技能，二是生活知识，三是社会知识。

任何体育游戏都源自生产生活，以生产生活为蓝本形成的，其技法、战术等都是生产生活方式的再现和模仿。儿童玩游戏能实现两个目的，一是学习生产技能和生活技能，二是对生产生活技能的熟练掌握。射箭、陶力棒、鹿棋、下五道等体育游戏均和狩猎生产密切相关，是狩猎技术、战术等在游戏中的具体体现。哈尼卡就是现实生活中的演练，每一个哈尼卡都代表家庭生活中的一个角色，按照生活固有的生活方式演示，并按照习惯法要求的方式处理人和人之间的关系。因此，这些游戏活动可以说都是实践教学活动，潜移默化中熟练掌握了劳动技能和生活技能以及做人、做事的方法和规范。通过体育游戏，人实现了社会化和社会融入，每个人应该具有的道德规范、角色担当都在游戏过程中确立起来，体育游戏活动塑造了每个人的性别特征。

3. 团结族人功能

体育游戏活动具有团结族人的功能。绝大多数体育游戏活动都是集体性活动，体育具有纽带链接作用，通过体育游戏活动，族人成为一个整体。

体育游戏活动有利于健康人际关系的养成。体育游戏具有参与性，每一次活动都不局限于一个家庭，共同的爱好和需求促使人们走到一起，共同的集体活动有利于达斡尔族群体间的交流、交往和情感的沟通，进而促进民族的归属感和认同感。在集体游戏过程中遵守统一的规则，遵守规则是健康、和谐、有序社会的必备条件。

体育游戏培养人的合作精神。骑马跤需要“骑士”和“马”相互配合，任何一环不协调都不能取胜。包靠比赛中有守门、进攻、防守等不同分工，只有相互协力才能胜利。社会是个整体，合作才能共赢，体育中的合作精神的培养对达斡尔族的发展至关重要。

4.锻炼身体和益智的功能

虽然民间体育游戏活动主观上不以锻炼身体为目的，但是客观上起到了锻炼身体的作用。在体育游戏中，力量、耐力、速度、灵敏度、柔韧性、协调性等各方面技能得到增强，走、跑、跳跃、投掷、攀援等身体基本活动能力得到提升，从而增强了人们战胜自然的能力和水平。

体育游戏对达斡尔族儿童智力开发具有重要作用，游戏之中既有知识，也有智慧，需要游戏者开动脑筋、认真思考才能完成。体育游戏锻炼孩子的动手动脑能力，有助于培养人的空间想象、逻辑思维和数学分析能力。

如今这些体育游戏活动只能在库木勒节、敖包节等集体活动中看到，日常生活中极其罕见了。作为优秀的传统文化，如何在当代传承并发挥其固有的作用也是我们要重点探讨的问题。

第十一章　民间口承文学

达斡尔族口承文学丰富多彩，有说唱、故事、传说、神话、歌谣、谚语、谜语、戏曲等形式。他们是达斡尔族生活的调节剂，给达斡尔族带来身心快乐、情操陶冶、心智提高。他们是达斡尔族人和人之间的融通剂，共同的娱乐生活加深了群体之间的感情，增进了彼此的友谊。他们是达斡尔族人生观价值观的塑造剂，其中寄寓着达斡尔族的世界观、道德观、社会理想，起着观念培育和道德教化的作用。达斡尔族口承文学尽管具有创作性，但是来源于生活的属性没有变，在一定程度上是民族历史、文化、生活的写照。达斡尔族口承文学前人搜集很多，并出版了很多文集，在民间依然有许多传统作品的记忆，尽管记忆不全面，但是从中能看出这些文艺作品在达斡尔族精神生活的影响至深。

一、说唱文艺：乌钦

乌钦，又写作舞春、乌春、午春，源自满语，歌曲的意思，泛指所有的韵律诗，后演变成说唱文艺。乌钦是达斡尔族的艺术瑰宝，文学性、艺术性均很强，代表了达斡尔族传统文艺的最高水平，体现了达斡尔族在艺术方面高超的造诣。

1. 乌钦表演形式

关于乌钦的体裁问题有不同的说法，有人界定为叙事诗，有人界定其为说唱文学。其实，其题材有个发展演变过程，最初是由清朝达斡尔族文人用满文创作的叙事诗。后来，民间艺人将其改编成说唱作品，乌钦于是成为民间口头表演艺术形式，表演形式是说唱结合，边说边唱。早年仅有吟诵调，后来演唱的曲调逐渐丰富起来，出现了叙事歌曲调和小唱曲调。乌钦音乐不同于扎恩达勒，其音乐的叙事性非常强，如同讲故事一样娓娓道来。

乌钦歌手有男有女，他们有两个共有的特点，一是记忆力超强，能够过目不忘、过耳不忘，看一遍、听一遍就能记住故事基本内容，二是具有现编现唱的能力，他们能够根据演唱现场的情况、听众的反应以及现场气氛即兴发挥。早年乌钦为徒口吟唱，后来乌钦歌手用本民族的传统乐器“华昌斯”（四弦琴）伴唱，自拉自唱。

乌钦深受达斡尔族人民喜欢，每有闲暇都请乌钦歌手演唱乌钦，尤其过年过节和吉日庆典期间。演唱不择场地，随时随地就可以演唱，田间地头、屋里屋外、炕头上都是舞台。

2. 乌钦题材

乌钦蕴藏着丰富的文化内涵，达斡尔族的生活文化都在乌钦中有所体现和反映。乌钦的创造题材有三个，一个是根据本民族历史进行创作，二是根据汉族的小说、演义等进行再创作，三是歌颂党和社会主义制度。

基于自己民族历史的创作是乌钦的主要类型，在这一类型中，《巡边记》是流传甚久并且非常广泛的乌钦。《巡边记》是清代黑龙江佐领敖拉昌兴写的自己的亲身经历，反映的内容是清代定期派人巡逻边疆、查验界碑的制度。咸丰元年（1851年），敖拉·昌兴奉黑龙江将军之命，巡查北部边境，他用满文书写的《巡边记》详述了这次巡边经过，所见所历尽收该诗之中，文中充满了爱国之情和报国之志，具有很高的史料价值，该乌钦只有文本，传于世上有多个文本。1977年10月，黑龙江省博物馆在呼伦贝尔盟鄂温克族自治旗巴彦托海镇首次发现《额尔古纳河、格尔必奇河巡查记》，简称《巡边记》，目前该文本藏于黑龙江省民族博物馆，共计9页，340行，择其汉译文开头录之于下：明君即位。／咸丰元年，奉从皇帝御旨，去额尔古纳·格尔必齐巡边。／省将军禀奏朝廷，差遣三名官员，先观察罗刹动向，再探明乌第河源。/初夏出发，深秋始返，一心为国为君啊，家事个人抛置一边。/象添翅的猛虎，翻过了三座“吉登”，像离群的仙鹤，跋涉了万里路程。/全面描绘不易，删去枝枝节节，简要叙述经历。[①]

生活中常人故事、英雄莫日根的事迹都是乌钦演唱的内容。传唱最为广泛的乌钦作品是《少郎和岱夫》，该乌钦根据发生在罕伯岱村的真人真事创作，是一部具有史诗性质的长篇叙事诗，在罕伯岱村、莽格吐村中的年长的老人都曾经听过《少郎和岱夫》，吴海山说：“这屯子，到岁数的基本都知道，五六十岁的，六十多岁都听过。”[②]。

乌钦创作题材不限于本民族的故事，汉族古典名著《三国演义》《水浒传》《大八义》《小八义》等也被改编成乌钦传唱。

中华人民共和国成立之后，乌钦歌手开始创作歌颂社会主义、歌颂毛主席的作品，比较著名的作品有色热自编自演的《歌唱英雄黄继光》《祖国母亲》《祖国颂》、何日格图自编自演的《一只铁桶的来历》《自从见到毛主席》等。

乌钦作品长短不一，长者可说唱几天几夜，短者几分钟到数小时不等。情节曲折、生动，扣人心弦。

3. 乌钦传承现状

目前搜集整理出来的乌钦作品不到 20 部。尽管现在依然有乌钦歌手在传唱乌钦，但是他们只是作为非物质文化遗产保护传承的手段和方式而存在，尽管有新创造的乌钦作品，但是这些新作品同传统乌钦已经有了很大的不同，现代乌钦表演事实上是乌钦歌手的自娱自乐形式或者是满足政府的文化保护和创作的需要。

二、民间故事

达斡尔族民间流传的故事非常多，从目前几个达斡尔族民间故事集所搜集的故

① 吴文贤，李士良：《清代官员巡查东北边疆的记录》。东北考古与历史编辑委员会：《东北考古与历史》（丛刊）第一辑，文物出版社，1982 年，第 58 页。

② 调查对象：吴海山（1938 年—）；调查地点：莽格吐村；调查时间：2017 年 10 月 6 日。

事看，其主题主要有以下几种类型，人物故事、动物故事、植物故事、神鬼故事、怪诞故事，除此之外还有根据汉族典籍形成的故事民间叫讲大书。每一类故事都情节曲折，生活气息浓厚。

1. 人物故事

人物故事以英雄莫日根的故事居多。莫日根是英雄的意思，在生活的各个方面都有英雄。

有关于打猎能手的故事。《贵莫日根》主人公贵莫日根足智多谋，同熊瞎子搏斗，在狗的帮助下躲过一劫[①]。《库楚尼莫日根》中的主人公库楚尼能骑善射，勇敢机敏，同姐姐一起过着无忧无虑的生活[②]。

有关于大力士的故事。《在饭馆里》中的主人公德布库力大无比，在饭馆里吃饭时偶遇到一个飞贼、惯偷，他不仅凭着自己的力气刹住了飞贼在饭馆中的嚣张气焰，而且将飞贼夹在胳肢窝下满街跑，打得飞贼满脸是血。[③]故事歌颂的是德布库的一身正气。《比力气》中，腾克迪是个大力气，能将松树连根拔起，媳妇送的两桶米汤被小伙子全喝了，腾克迪对他非常不满，于是找小伙子算账，小伙子也是大力士，能将牛和犁杖夹在胳肢窝里，两个人比武不分上下，于是选择其他比武地点，在路上他们俩发现有人背着一个大榆树锄地、有人一跺脚就打出一口泉眼、一个老太太用一只手能将又大又厚的磨盘拿进屋里，老太太对他们说："孩子们，你们的力气还小着哩，别再乱跑了，赶紧回家去，好好练练本事吧！"[④]故事的寓意是人外有人天外有天。《绰凯莫日根》中，主人公绰凯莫日根是个神箭手，力大无比，为全部落守护有 70 万牲畜的畜群，可是有一天其中的 70 匹白驹丢失，他告别乡亲带领哈尔迪踏上找马征程。天老爷告诉他马在西方纳日勒托莫日根那里，必须通过比武战胜纳日勒托娶了他的女儿安金卡托之后才能要回马。哈尔迪听到有这种好事，

① 娜日斯：《达斡尔民间故事百篇》，内蒙古文化出版社，1992 年。
② 孟志东：《达斡尔族民间故事选》，上海文艺出版社，1979 年，第 63-72 页。
③ 孟志东：《达斡尔族民间故事选》，上海文艺出版社，1979 年，第 329-331 页。
④ 孟志东：《达斡尔族民间故事选》，上海文艺出版社，1979 年，第 256-258 页。

于是在中途吃饭时乘绰凯熟睡之时杀害了他，骑着绰凯的坐骑斑马、拿着绰凯的弓箭奔西。来到城堡，同纳日勒托莫日根比射箭，结果输了，但是他狡辩说比赛的日子不对，要择日再比。斑马挣脱了绑绳和绊绳从马圈逃走，载着安金卡托飞到了绰凯莫日根尸体旁，安金卡托救活了绰凯莫日根，绰凯乘着斑马飞回城堡，杀死哈尔迪，战胜了纳日勒托，娶了安金卡托为妻。[①] 该篇故事属于长篇，具有史诗特质，故事反映的是达斡尔族诚实守诺的品质，也反映善有善报、恶有恶报的因果报应思想。

有傻女婿型故事。《傻姑爷学话》讲的是，因儿子傻，岳父岳母要退婚。父亲给了儿子三个元宝让他出外闯一闯，他用了三块元宝学会三句话。钱花完了回家了，去见岳父岳母，岳父岳母有三个女儿，大姑爷二姑爷都是有文化的人。吃饭的时候故意没给傻女婿放筷子，傻女婿说："这河里鱼虽多，但没叉子就叉不上来。"姐姐们马上送上筷子。看见岳父弯着腰歪着脖子在抽烟，傻女婿说："这间房子的房梁都弯了，过不了几天就塌了！"岳父一听在说他，马上直起腰来。临走的时候傻女婿说："今天，我们暂时离别，明天在衙门门口相见吧！"岳父家一听这是要经官，马上让他把媳妇领回家。[②] 傻子花钱学会的三句话用的非常恰当，从而挽救了这门亲事。这一类型的故事在各民族中普遍存在，结构基本相同。

有关于反抗压迫、剥削的民族英雄的故事。《少郎岱夫的故事》至今在达斡尔族流传，不过能够把故事完整讲下来的人不多，以下所录的少郎和岱夫的故事是莫景海讲给笔者的，他是少郎和岱夫的同乡，论起来两家还有亲属关系。

我们罕伯岱有个少郎、岱夫，现在叫民族英雄，在"中华民国"那时候叫当胡子。少郎给大地主扛活，十多岁的时候给地主放猪、放牛，让地主打得挺狠，少郎接受不了，就不正经干了，他同叔伯哥几个偷了地主家的牛，被抓住以后被整到劳改队（按照现在的说法），在扎龙那里割苇子，扎龙在罕伯岱的东北角，劳改队总计有八十多人，他把两个警卫维护得挺好，少郎和岱夫脑子够用，给两个警卫烧水沏茶

① 孟志东：《达斡尔族民间故事选》，上海文艺出版社，1979 年，第 18–42 页。
② 萨音塔娜：《达斡尔民间故事选》，内蒙古人民出版社，1987 年，第 340–342 页。

水，整来整去，警卫不防备他们俩。乘晌午睡觉的时候，少郎叫来岱夫，他们俩是叔伯哥俩，他们俩一起打死了警卫。打死警卫之后，他们俩把八十多人召集在一起说，你们能逃就逃，逃不了，你们就老老实实割苇子，我们已经反了，我们要走了。少郎和岱夫跑到红高粱地，达族叫好咧该。他们的手和脚上都有脚撩子，无论干啥都出血，不能随便动，跑到这来以后不知怎么整的，把腿上的脚镣打开了。第二天回到罕伯岱，把手镣也打开了。他们在家待不了，就得逃，人家抓他不是吗。这哥俩就当胡子，过去叫土匪。“中华民国”时挣钱纳税，年底按照土地征年税，“中华民国”的钱是毛钱，一大堆一大堆的。两个征税的骑着马来到罕伯岱村，马身上有钱搭子，钱在那里面装着，一个背着枪。过去的饭勺子是铁的，有库。少郎拿起饭勺子，用红布缠上，在灶房坐着，他们过来以后，用红布勺子往身上一怼，岱夫把枪刷下来，把两匹马抢过来。少郎把饭勺子扔给那两个人说，你们抢人去吧。说完就跑了。从此以后，少郎和岱夫就有了名气。最多达到十七个人。

少郎岱夫不在屯子里住，进屯子怕被抓住。在屯边上，再不在老龙头那待着，屯子里给他送羊肉送牛肉。那个时候齐齐哈尔吴督军的军队就打他，打不着。我们这里有个老爷庙，那个老爷庙不大，现在房子那样大小，三平方米。少郎和岱夫在老爷庙喝酒的时候，军队就从后下坡摸上来。军队里有个连长姓白，是个蒙古人，少郎对他说，我们一无仇二无怨，你为什么把我追着不放，我今天不给你别的，给你一个教训，把猪耳朵给你打下来，他一枪把猪耳朵打下来。从那以后，吴督军的军队就不撵他们了，他们在罕伯岱东门待着。后来沈阳派军队来了，沈阳军队来了以后，打得很严，少郎和岱夫就跑到嫩江，安家落户了。①

关于少郎和岱夫的故事有多种异文，本段是笔者在少郎和岱夫的家乡罕伯岱村亲自采录的。故事中的少郎和岱夫更具有平民色彩，把其认定为“胡子”“土匪”也是当地人当时人的看法。

---

①调查对象：莫景海（1929年—）；调查地点：齐齐哈尔市富拉尔基区罕伯岱村；调查时间：2012年10月6日。

《呼兰索木莫日根》中，清朝官吏陶将军到地方征兵，规定家里有两个儿子必须出一个儿子当兵，独生子或者母亲为寡母则不用当兵。呼兰索莫日根是个打猎能手，和寡居的母亲相依为命。按理，呼兰索莫日根不该当兵，而嘎辛达有三个儿子应该出一人当兵。陶将军贪财，接受了嘎辛达的贿赂，免除嘎辛达家的兵役任务，而强迫呼兰索木服兵役。呼兰索木在母亲和邻居喜华姑娘配合下射杀了陶将军和嘎辛达，出逃到深山[①]。这篇富有传奇色彩的故事，揭露了清朝贪官污吏横征暴敛、腐败堕落的本质，表现了达斡尔人民不畏强暴、伸张正义、富有反抗性的英雄本色。

有关于萨满的故事。达斡尔族信奉萨满、崇拜萨满，民间有许多关于萨满神术的描述，在故事中将萨满的神术鼓吹的神乎其神，《雅德根的本事》中，一个雅德根神通广大，治好了谁也治不好的女孩的怪病。

2. 生活故事

生活类故事丰富多彩，主要反映婆媳、妯娌、媳妇和小姑子等家庭关系，《阿尔塔尼莫日根》讲述的是猎手阿尔塔尼有两个媳妇一个妹妹，两个媳妇嫉妒丈夫对妹妹的好，乘丈夫出外打猎之机将小姑子陷害了，丈夫得知实情后将两个媳妇杀了[②]。也有反映家庭成员之间斗智斗勇的，如《聪明的媳妇》说的是三儿媳妇用智慧博得公爹好感，而大儿媳妇和二儿媳妇则对公爹的智力测试一筹莫展，无法应对[③]。

3. 动物故事

马是达斡尔族的坐骑，在民间故事中以马为题材的故事很多，在故事中，坐骑不仅通人性，而且有灵性，不仅是莫日根的坐骑，而且是莫日根战胜各种敌人的助手、参谋。《铁青马》讲述了一匹心爱的马带伤为主人效力，在一次战斗中腹部受伤，小伙子舍不得骑，但是铁青马不顾受伤，像离弦的箭一样载着主人赶上了马队，到达目的地后断气而亡[④]。《公马斗群狼》《公牛斗群狼》分别讲述了一匹公马、

① 娜日斯：《达斡尔民间故事百篇》，内蒙古文化出版社，1992 年。

②《达斡尔族社会历史调查》，内蒙古人民出版社，1985 年，第 273–274 页。

③ 孟志东：《达斡尔族民间故事选》，上海文艺出版社，1979 年，第 259–263 页。

④ 娜日斯：《达斡尔民间故事百篇》，内蒙古文化出版社，1992 年。

一匹公牛为保护群马群牛同狼群勇敢搏斗，保住了家畜[①]。

达斡尔族围绕着兔子、蜜蜂、熊、狐狸、雕、虎、狼、驴、鹰等动物也创作了很多故事，故事中的动物都赋予了人的思想，许多动物也具有神力。《群蜂斗野猪》中，野猪侵占了蜜蜂的地盘，且飞扬跋扈要吃蜂蜜，蜜蜂们在蜂王的带领下驱除了野猪，保住了地盘。[②]《狗熊与狐狸》中，小山羊从容应对狗熊和狐狸，先是欺骗狗熊说自己的尾巴是扁斧、犄角是宝剑、胡子是擦熊油的细布条，吓退了狗熊。当狐狸将狗熊领回来要吃小山羊时，小山羊则夸奖狐狸守信用，提前将预定的狗熊送上门，狗熊感到受到狐狸欺骗，把狐狸打死了。[③]这两个动物故事带有浓厚的童话色彩。《小白兔》中，小白兔被苍狼咬伤，敖力胡打中苍狼，救了小白兔，小白兔为了报恩，使用计策骗过了雷公和莽盖，为敖力胡娶了雷公的女儿，并在雷神的宫殿内办了一场豪华的婚礼，利用雷公的力量打死了三头莽盖[④]，这一动物故事以知恩图报为主题。

4. 幻想故事

故事中莫日根、好人不仅具有神功，而且都有神助，依靠这些神力战胜各种妖魔鬼怪。《昂格尔莫日根》中，昂格尔刚出生时父亲就被妖魔莽盖掳掠为奴，母亲一直隐瞒没有告诉昂格尔实情，直到看儿子长大、武艺高强时才告诉他。昂格尔莫日根依靠自己的力量和高超的武术在坐骑银白马的帮助下战胜了妖魔莽盖，解救出了父亲[⑤]。

5. 怪诞故事

达斡尔族的怪诞故事很难同具体的生活实践相联系，没有生活基础。如《拇指孩儿》中，一对老夫妻一直盼望有个儿子，妻子将拇指剁下来，拇指变成了儿子，老爷子非常害怕就离家出走了，走在路上暗自庆幸离开了鬼儿子，可是鬼儿子在粮袋子里说话了，老爷子于是扔掉了粮袋子。再次庆幸离开鬼儿子时，鬼儿子说在胳

① 娜日斯：《达斡尔民间故事百篇》，内蒙古文化出版社，1992 年。
② 孟志东：《达斡尔族民间故事选》，上海文艺出版社，1979 年，第 297-298 页。
③ 孟志东：《达斡尔族民间故事选》，上海文艺出版社，1979 年，第 306-308 页。
④ 孟志东：《达斡尔族民间故事选》，上海文艺出版社，1979 年，第 299-305 页。
⑤ 孟志东：《达斡尔族民间故事选》，上海文艺出版社，1979 年，第 8—17 页。

膊上呢，老爷子把自己的胳膊砍掉了。如此这般，老爷子又分别砍掉了自己的脚、心脏，最后死了。拇指孩儿回到家同母亲过起了幸福生活。[①]

6. 说大书

说大书是一种特殊的民间口头文学形式，同其他民间故事不同，民间故事都是老百姓自己创造的文学作品，而说大书是讲述现成的文学作品，多为中国古典名著改编而成，这些古典名著有《三国演义》《红楼梦》《西游记》《水浒传》《西厢记》《隋唐演义》《大八义》《小八义》等。

达斡尔族说书艺术形式出现于清代，当时达斡尔族出现了私塾，私塾先生用满文讲课，私塾培育了达斡尔族早年的知识分子。在这些知识分子中产生了说书人，他们将满文的汉族典籍口头直译成达斡尔语，以口语化的形式声情并茂地讲述给大家。也有一些讲书人是转述型的，他们其中有些人甚至大字不识一个，仅凭记忆记住了所有听过的故事情节。

说书人深受达斡尔族群众的欢迎，过去，娱乐活动很少，听说书是主要的休闲方式，每到夜幕降临之时，都聚集在讲书家里。讲大书的人也可能在别的人家讲书，在谁家讲谁家都会准备茶水，有的还会在半夜给讲书人做顿饭。

三、传说

传说与故事的区别在于，传说往往以现实社会中的人、事物、风物、风俗或者拟定的神、人、物为依托所产生的叙事性故事，兼具真实性和虚构性。按照主题，传说可以分为历史传说、人物传说、风俗传说、风物传说四大类。

1. 历史传说

本民族历史传说包括民族的起源、迁徙分布情况、哈拉莫昆的来历、村屯的起源等等。达斡尔族没有文字，许多民族的历史就隐含在这些传说之中，有些传说就是民族的历史，因此，传说具有很高的史料价值。

① 萨音塔娜：《达斡尔民间故事选》，内蒙古人民出版社，1987 年，第 176-178 页。

有关于民族分布的传说。《黑龙江达斡尔族的来历》中说，满族人的皇帝老罕王在北京当皇帝，有一天他要下去私访，便将皇宫交给一个汉人管理，私访回来时金銮宝殿被汉族人夺去。老罕王派人到黑龙江以北找达斡尔族帮忙，达斡尔族派兵帮助老罕王夺回皇位后，拒绝了老罕王的挽留，执意回去。当他们走到黑龙江边，正是五黄六月，只能等到黑龙江封冻时再开拔。头领派人去查看江面是否封冻，前面去的两个人都如实禀报，结果被头领杀了，第三个人心里嘀咕：头两次探子说没封冻被宰了，这五黄六月的江根本也不能封冻啊，不如就说封冻了。头领一听，特别高兴，下令拔营起寨，深夜到江边一看，江里的王八排在一起形成了一条浮桥，头领感谢老天照应，下令过江。因为天太黑，什么也看不着，也不知过完没有，头领着急，就向对岸喊了一声：哎！过完没有？不知谁回了一声：过完了！王八一听过完了，哗地一下子全沉下去了。已经过去的就到了黑龙江那边，还没有过去的就留到黑龙江南边，这部分人就是现在黑龙江的达斡尔族人[①]。该一母题的故事在赫哲族也有流传，不过故事的主人公和情节稍有不同[②]，赫哲族故事中的主人公是金兀术和岳飞。该故事对达斡尔族分布黑龙江两岸做了同历史真实不同的解释。

有一则传说记录了达斡尔族留居嫩江流域的经过，清光绪二十六年（1900 年），俄人炮轰齐齐哈尔城，城内小吏程雪楼挺身出城抱住俄军炮口，救了全城人民，并因此功升任黑龙江将军。程将军上奏皇帝说：齐齐哈尔地区达斡尔族遭疫病，死亡甚多，幸免者大部要迁去布特哈地方，故此地人烟稀少，要求由内地移来汉人垦耕。皇帝不知内由批奏后，程便迫使达斡尔人迁移。达斡尔人不愿离乡远徙，索协领和厢黄旗第三佐全佐领等人去京请求。皇帝得知内情后，传令召回程将军。这样达斡尔人才得以继续住在齐齐哈尔地方。[③]

---

① 崔捷主编：《齐齐哈尔市民间文学集成（少数民族部分）》，齐齐哈尔民间文学集成办，第 1–3 页。

②《中国少数民族社会历史调查资料丛刊》修订编辑：《赫哲族社会历史调查》，黑龙江朝鲜民族出版社，1987 年，第 129 页。

③ 内蒙古自治区编辑组：《达斡尔族社会历史调查》，内蒙古人民出版社，1985 年，第 272 页。

有关于姓氏来源的传说。《罕伯岱村莫姓的来历》中，罕伯岱达族都姓莫，杜尔门沁、前水后水的达斡尔族都姓孟，少郎、岱夫姓孟。为什么孟改成莫呢？少郎和岱夫起义后，吴督军派人到罕伯岱村抓人，问你姓啥，只要说姓孟，就拉出去打，逼问少郎岱夫在哪。后来实在没招了，有人出了个道儿，改姓吧，就这样改成姓莫。①

有关于村落来历的传说。《“鄂嫩哈拉”的传说》记录了鄂嫩哈拉分布在七个村子中的原因是，大轱辘车辕子坏在哪里就在哪里安家②。

2. 人物传说

人物传说就是依托于历史中的人物或者传说中的人物而形成的故事，故事中的主人公有原型或者拟定的原型。《齐琶告状》中，故事主人公齐琶是达斡尔族头人之一，为人和善，并娶有一个貌若天仙的妻子，而另一首领巴尔达齐不守规矩，横行霸道，调戏齐琶的妻子。齐琶同巴尔达齐较量失败，巴尔达齐霸占其妻子，将齐琶变为自己的奴隶，齐琶受尽了苦头。一天巴尔达齐参加婚礼喝醉了，昏睡不醒，齐琶乘此时机在其妻子的帮助下乘马逃跑，经过千辛万苦到达穆古敦城，向皇帝告状。皇帝将巴尔达齐叫来处死，齐琶被封为达斡尔族的世袭佐领。③

3. 风俗的传说

此类传说是以风俗习惯为依托的叙事性故事，内容包括生产、生活、婚姻、丧葬、宗教、体育游戏等方面的来源、寓意等的阐释。

有关于婚俗的传说。从夫居习俗在《关于男子嫁到女家的传说》给予了解释，“在很早的时候男子出嫁到女家居住。后来男子不愿住在女家，经常跑回来，才不得不改为女子出嫁到男方。起初出嫁的女子也经常跑回娘家。为了使姑娘在婆家长住下去，娘家陪送大立柜给出嫁的姑娘。这样，女子因舍不得陪嫁的立柜，就不轻

① 调查对象：莫景海（1929 年—）；调查地点：齐齐哈尔市富拉尔基区罕伯岱村；调查时间：2012 年 10 月 6 日。

② 苏勇：《达斡尔族神话故事》，内蒙古文化出版社，1998 年。

③ 孟志东：内蒙古自治区编辑组：《达斡尔族民间故事选》，上海文艺出版社，1979 年，第 320-324 页。

易跑回娘家了。”[①]

有关于生产的传说。五谷的产生在《狗尾巴和五谷穗》中给予了解释。以前达斡尔族靠打猎捕鱼采集为生，肉、鱼、野菜吃厌烦了，于是派一条狗到五谷杂粮山，狗身上沾满了五谷，回来时游水过江，只剩下狗尾巴上的五谷，达斡尔族就用这些五谷做种子发展起了农业，正因为如此，荞麦、燕麦、小麦、谷子的穗子都像狗尾巴。[②]《小燕衔来南瓜籽》讲的是一个穷人救了一只小燕子，次年小燕子叼来一粒南瓜种子，穷人种在地里，秋天收获的全是金子。富人听到这个消息后，把自家燕窝的小燕子折断腿，然后用线缠上，次年小燕子也带来一粒南瓜种子，富人种在地里，可是秋天收获的时候，切开南瓜，里面冒出熊熊烈火，把富人一家连人带房都烧光了[③]。该故事一方面说明了达斡尔族南瓜的来源，另一方面也是好人有好报，恶人有恶报的思想的反映。

有关于居住习俗的传说。达斡尔族为什么开西窗，《八月十五杀鞑子》给予了解释。在莽格吐村和登科村调查时，民众流行着八月十五杀鞑子的传说。他们认为，鞑子是指达斡尔族，达斡尔族骁勇善战，皇帝心存忌惮，于是相约八月十五杀鞑子。达斡尔族听到消息后都从西窗逃走，这就是达斡尔族房屋西面开窗户的来历。[④]汉族也有八月十五杀鞑子传说，汉族流传的杀鞑子故事是杀蒙古族，元代蒙古族是统治民族，汉族是最下等的民族，汉族在八月十五相约在月饼里夹纸条发动起义，中秋节这天吃到月饼时看到纸条，揭竿而起，推翻了元朝蒙古族统治。

有关于十二生肖来历的传说。《十二生肖的传说》解释了十二生肖的形成：各种动物商定依见到日出的先后来安排生肖顺序，老鼠先到，而大象又大又笨，没有看见日出，所以，老鼠排第一，而大象没有排上[⑤]。

---

① 内蒙古自治区编辑组：《达斡尔族社会历史调查》，内蒙古人民出版社，1985年，第272页。
② 苏勇：《达斡尔族神话故事》，内蒙古文化出版社，1998年。
③ 孟志东编：《达斡尔族民间故事选》，上海文艺出版社，1979年，第274–275页。
④ 调查对象：安美元（1952年—）；调查地点：登科村；调查时间：2016年7月11日。
⑤ 满都尔图主编：《达斡尔族百科词典》，内蒙古文化出版社，2007年，第422页。

有关于信仰习俗的传说。达斡尔族有祭天习俗，有一个人因为老母亲久病不愈，就对天许愿说，如果老母病好，一定杀一头牛“祭天”。其母病果然好了，但家里却没有牛祭天。他就偷了一头小牛，偷牛时，他怕牛的蹄印被人发现，就给牛穿上了靴子。到家以后，把靴子挂在房门外，关紧大门，把牛杀了，在正房西南角立根横杆，为了防备被人发现，用被子盖上横杆。这就是为什么祭天杀牛的时候在门外挂一双“齐卡猊”（即靴子）、在正房的西南角架一木杆并用被子盖好、念诵“祭天”祷词的习俗的来历。有的地方不挂靴子，而是一位男子拿着弓箭站在房顶上，其来历也是源自偷牛的故事，含义也是防止别人看见。[①]

有关于鬼魂的传说。达斡尔族信奉万物有灵，相信鬼的存在，所以民间故事家有许多关于鬼的故事，每讲到鬼故事时，人们都不敢出去方便。《路上鬼》《马上鬼》《林里鬼》《树上鬼》《洞里鬼》《黄鼠狼精》《精灵附体》[②]等都是关于鬼的传说，讲述的是鬼附体、鬼仙灵、鬼敲门、鬼骑马的故事，活灵活现，绘声绘色，听起来让人起鸡皮疙瘩。

4. 地方风物传说

地方风物的传说很多，山川、河流、动物、植物、特产、林木、怪石等都被当地人附会有动人的故事，使得这些地方风物具有了特殊的含义，是达斡尔族对当地各种风物来历和内涵的解读。《关于胡哈达的传说》中，莫旗哈达阳屯附近有座山崖名胡哈达（意即人崖），远望有两个石人屹立山上。相传九仙女下凡，触犯天怒，雷神追击至此。“七仙触雷而死，其中二仙化为人石，中有一仙，头已被劈落。自此以后，哈达阳屯疫病蔓延，医药无效，求巫问神，云是被劈之仙女精灵作祟。居民遂供仙女佛，疫病乃除。”[③]

① 崔捷主编：《齐齐哈尔市民间文学集成（少数民族部分）》，齐齐哈尔民间文学集成办，第 45-46 页。

② 娜日斯：《达斡尔民间故事百篇》，内蒙古文化出版社，1992 年。

③ 内蒙古自治区编辑组：《达斡尔族社会历史调查》，内蒙古人民出版社，1985 年，第 273 页。

四、神话

神话是有关神　、人类始祖、文化英雄或神圣动物及其活动的故事，它解释宇宙、神　、人类（包括特定族群）和文化的最初起源。达斡尔族神话有创世神话、始祖神话、洪水神话、发明创造神话等不同母题。

1. 创世神话

创世神话主要解释世界的来历。对世界的产生问题是各民族共同关心的问题，为此而形成了许多相关的创世神话。

《天体是圆的》称：天体是圆的，像一口大锅倒扣在大地上，天边称天际，天际不断地一张一合，当它离开地面张开时人就可以钻出去，就到天上了。《仙鹤顶地球》说：地球由一单脚站立的仙鹤顶住，仙鹤三年换一次脚，每次换脚大地便地震。《太阳和月亮》认为：太阳是男性，光焰强烈，威力无比，每天从东边出来，一天就走到大地的尽头。月亮是女性，温弱淡雅，走得慢，一个月才能走到大地的尽头。《莫日根射太阳》认为，古时天上有 9 个太阳，大地热得使人无法生存。力大无比的神箭手“莫日根”拿起弓箭射下了 8 个太阳。于是，天上只剩下了一个太阳，从此人们再也不被太阳晒得难忍，地球变得冷热适中。《尘寰浩劫》称：人类世界经过多少万年以后便发生一次大的浩劫，洪水泛滥淹没一切，大地上万物全部灭绝。再经过多少万年之后，一切生命和人类又重新开始一点一点地繁衍起来。[①]

2. 始祖神话

始祖神话是关于人类起源的神话传说。一则《关于人类起源的传说》说到：“开天辟地的时候，天神造人是用泥土捏成的，所以人出汗时往身上一搓，泥垢就掉下来了。泥人捏成后，男人都是跪着的，由于地面湿冷，所以男人的膝盖骨都发凉。泥人刚做完，天上卷起黑云，眼看要下雨了，天神慌忙用耙子把泥人耙在一起，不慎将有的泥人的腿弄断，将有的泥人的眼睛弄坏，所以人间有瘸子和瞎子。”[②]这

① 满都尔图主编：《达斡尔族百科词典》，内蒙古文化出版社，2007 年，第 421 页。

② 内蒙古自治区编辑组：《达斡尔族社会历史调查》，内蒙古人民出版社，1985 年，第 272 页。

一神话在汉族、满族等民族中也广泛流传，同女娲造人神话相似。

3. 洪水神话

洪水故事类型在世界范围内普遍存在，其基本结构是，洪水过后世界上就剩兄妹二人，兄妹结合繁育后代。达斡尔族的《大洪水的故事》中讲：母子俩日子过得好。一天，来了一位穿着破烂衣服的讨饭人，母子热情款待了他。离去时，他嘱咐母子俩，把房子拆掉，做只船，把牲畜宰了晒成肉干。发大洪水时带上肉干上船。路上不能救人，但可以救动物。果然，没隔多长时间洪水爆发，母子俩坐着船漂游了不知多少天，救了一窝蜜蜂、一窝蚂蚁、一窝老鼠，还救了一个小伙子，两个孩子就以兄弟相称。洪水过后，兄弟俩玩时拾到一块宝石，原来宝石是一位住在远处的皇帝丢的。他们看到皇帝贴的寻物告示，告示许诺谁交回宝石就让谁当驸马。母亲让哥哥送去，于是他当了驸马。哥哥忘恩负义，对公主竟然说自己没有亲人。当弟弟去找他时，不但不相认，还将他抓进牢里。在救上来的三个小动物帮助下，弟弟得救。哥哥的阴谋被揭穿，最后被皇帝处死，弟弟当上驸马。[①]显然这一故事是变异了的洪水故事，沿着洪水神话固有的结构进行思维，最后的结果应该是母子结合繁育后代。故事中还暗含着人不如动物可交的悲观心理，是人类对自己人品持悲观态度的具体体现。

4. 发明创造神话

达斡尔族的创造和发明被赋予神秘色彩，形成了相应的神话。《关于人类早期生活的传说》："达斡尔人在很早很早的时候住在深山密林里，因身上有毛，不穿衣服。把硬木杆削出尖做矛，猎获野兽肉生吃。以后渐渐会做弓箭了，所打的野兽也多起来了，活动范围也扩大了，也有少数人分散居住了。然后搬到河沿，开始吃盐，经很长很长的时间，人们身上的毛逐渐减少，因而用兽皮做衣服穿了。"[②]这则传说基本反映了人类童年阶段的发展历程。

① 萨音塔娜：《达斡尔民间故事选》，内蒙古人民出版社，1987 年，第 222 页。

② 内蒙古自治区编辑组：《达斡尔族社会历史调查》，内蒙古人民出版社，1985 年，第 272 页。

五、民歌

达斡尔族有“无歌不开头，开头必先歌”之说，可见歌在达斡尔族生活中的作用。达斡尔族喜欢唱歌，而且能歌善舞。对达斡尔族来说，歌是达斡尔族生活中的一部分，生活中不能没有歌，一首流传甚广至今在传唱的达斡尔族民歌《映山红花满山坡》反映了达斡尔族对歌的热爱，敖来荣用达斡尔语演唱，汉语歌词如下：

映山红花满山坡，达斡尔姑娘爱唱歌，山歌一代传一代，嘹亮的歌声震山河，讷依耶尼依耶，讷耶耶 尼呀耶／嫩江流水荡清波，达斡尔世代唱山歌，山山水水唱不尽，盛世迎来幸福多，讷依耶 尼依耶，讷耶耶 尼呀耶／太阳一出照山河，映山红开在咱心窝，达斡尔人民齐歌唱，好山好水好生活，讷依耶 尼依耶，讷耶耶尼呀耶。

达斡尔族只要一有空就唱歌，高兴时唱，悲伤时也要唱，劳动时唱，停下来更要唱，每到年节的时候都要相约到某一个家庭中举行家庭集体歌舞晚会。吴海山说：“老歌唱不完，有的是[①]，唱一天也唱不完。俺们达族人过去逢年过节就好唱好跳，跳那个罕伯舞，吃吃喝喝，可高兴了，下地就唱跳。”[②]

关于达斡尔族民歌的分类有多种学术观点，（1）民歌就是扎恩达勒；（2）民歌包括扎恩达勒和雅德根（萨满祭词）；（3）达斡尔族民歌包括扎恩达勒和哈库麦勒；（4）达斡尔族歌曲分为扎恩达勒、哈库麦勒、雅德根；（5）达斡尔族民歌包括扎恩达勒、哈肯麦歌曲、午春、萨满歌曲[③]；（6）达斡尔族民歌包括达奥、扎恩达勒、哈肯迈勒，“达奥接近普通歌曲，格律稍严，有四季歌、士兵歌、情歌、逃难歌、反抗歌等”[④]；（7）达斡尔族歌曲分为扎恩达勒（长调）、道（短调）、鲁日格勒（歌

① 有的是：东北方言，很多很多的意思。

② 调查对象：吴海山（1938 年—）；调查地点：莽格吐村；调查时间：2017 年 10 月 6 日。

③ 何今声：《达斡尔族民歌浅析》。《达斡尔族研究》第 2 辑，内蒙古达斡尔历史语言文学学会，1987 年，第 214 页。

④ 姜彬主编：《中国民间文学大辞典》，上海文艺出版社，1992 年，第 839 页。

舞一体）、民谣[①]。笔者认为，就唱法、唱腔、唱调而言，达斡尔族民歌分为扎恩达勒、道、仪式歌、哈库麦勒·呼苏姑、雅德根、乌钦，这六种类型民歌在唱法、唱腔、唱调、场域等方面各不相同。仪式歌仅限于婚丧嫁娶等重要礼仪性场合，以祈祝词为主；雅德根仅限于萨满跳神时演唱，是仅萨满才具有的技能，因此仪式歌和雅德根不是大众歌曲。乌钦尽管具有群众性，但就其演唱而言则是个别人的技能，所以本著作将其单列一个艺术曲种。民歌的主流是扎恩达勒、道、哈库麦勒·呼苏姑。扎恩达勒是长调，句式整齐，四句为一段，反复咏唱，曲调节奏感强，既高亢奔放，又婉转悠扬。也有的扎恩达勒没有歌词，就是娜依耶娜依耶反复哼唱，不过，哼唱时有音调、曲调上的变化。道是短调，"'道'在音乐方面曲调简洁、音域适中、装饰音较少、旋律线起伏不大。其结构短小，以上、下句构成的乐段居多。以其深刻的哲理性和完美的艺术性将达斡尔族音乐向前推进了一步，成为达斡尔族民歌的主流和代表。'道'的内容丰富，题材更加广泛，形式更加多样。无论是重大的社会事件，还是日常生活中的亲情、友情、爱情，在歌曲中都有充分的反映。诸如婚礼歌、祝寿歌、摇篮曲、儿歌等都属于'道'。爱情歌曲在'道'中占有很大的比重，如：《忠实的心呐想念你》《回娘家》《摇篮曲》《皇上的马鞍子》等。"[②] 哈库麦勒·呼苏姑是罕拜舞的伴奏歌曲，每次先唱，再跳舞，进入高潮时舞蹈动作加快，来回穿插，动作紧促，用来伴舞的歌曲仅剩下衬词反复急促咏唱，衬词一般为"罕拜罕拜""嘿哟来""秀哲""哲嘿哲"。据音乐学家研究，达斡尔族音乐的音阶较为简单，只用五声音阶（宫—商—角—徵—羽）中的4种调式，即宫、羽、商、徵。尽管如此，表现力、艺术感染力仍然很强。其音乐的突出特点是旋律明快，

---

① 赛音塔娜：《论达斡尔族民歌"扎恩达勒"和"道"》。载于于学斌主编：《达斡尔族文化及其传承问题研究》，黑龙江美术出版社，2020年，第65-71页。

② 赛音塔娜：《论达斡尔族民歌"扎恩达勒"和"道"》。载于于学斌主编：《达斡尔族文化及其传承问题研究》，黑龙江美术出版社，2020年，第70页。乌嫩库奇认为，"道"（dao）是歌曲的统称，并不是单一的演唱形式。达斡尔语、蒙古语中"道"都是"歌曲"的意思，泛指歌、歌声。

雅尔塞镇哈拉新村退休教师德新弹奏口弦琴

节奏感强，吐字清晰，因此表意性非常强，不仅朗朗上口，而且容易学唱，尾音都用无意义的衬语娜依耶结尾。各地的达斡尔族音乐风格有所不同，莫力达瓦达斡尔族自治旗的达斡尔族深处深山之中，音乐风格较为古朴，音调高亢厚重。而松嫩平原的齐齐哈尔周围地区的达斡尔族受汉族影响较多，音乐曲调细腻，唱词委婉，表演性强。达斡尔族唱歌都为徒口唱，他们民族乐器仅有两种，一种是“华昌斯”（四弦琴），一种是口弦琴。

达斡尔族民歌自编自唱，即景生情，直抒胸臆，具有浓厚的民族特色。题材非常广泛，有歌唱家乡的，有歌唱劳动的，有歌唱英雄的，有歌唱爱情的，也有反抗封建包办婚姻的。就思想内容而言可分为以下几种，即劳动歌、思乡歌、思恋歌、时政歌。

1. 劳动歌

扎恩达勒就是通常所说的劳动歌，有些劳动歌是歌唱劳动的，有些劳动歌是在劳动时歌唱的，达斡尔族在上山砍柴、伐木、农耕生产、放牧、采集、骑马、赶车行进途中，随时歌唱。多金方说，过去种地撒种子时边撒种子边唱歌，有时还互相对唱[①]。

《母子打猎对唱》唱道："妈妈，妈妈，你的耳朵为什么这样大呀，妈妈，妈妈？／儿啊，儿啊，因为要从响声里辨别那野兽，儿啊，儿啊。／妈妈，妈妈，你的眼睛为什么这样的明亮，妈妈，妈妈？／儿啊，儿啊，因为要从很远看清逃窜的野兽，儿啊，儿啊。／妈妈，妈妈，你的两腿为什么这样的弯哪，妈妈，妈妈？／儿啊，儿啊，因为打猎天天骑马才弯的呀，儿啊，儿啊。／妈妈，妈妈，你的脸上为什么有这么多的伤疤，妈妈，妈妈？／儿啊，儿啊，因为跟熊搏斗受过重伤呀，儿啊，儿啊／妈妈，妈妈，咱们还要走多远，走到什么地方，妈妈，妈妈？／儿啊，儿啊，沿着这山间小路走啊，走到前边的那座山哪，打野猪，又打狼啊。儿啊，儿啊。"[②]这首歌既反映了打猎的智慧，也体现了猎民的艰辛。

《装排号子》是装载木排时喊的劳动号子，目的是鼓劲和使劳动步调一致："大家一齐来呀，讷牙那呀嘿哟／使上一把劲儿，讷呀那呀嘿哟／编成排，讷呀那呀嘿哟，放下山，讷呀那呀嘿哟。"[③]

《农夫打兔》是一首哈库麦勒·呼苏姑，唱词幽默诙谐。"老婆子呀，老婆子（努嘎哟　德木德木）　你快快呀起来吧。（努嘎哟　德木德木）／你赶快下地把锅涮，做上一顿"拉勒"饭。（努嘎哟　德木德木）／"拉勒"做得真好吃，一连吃了五大碗。（努嘎哟　德木德木）／套上我的大黑牛，赶上牛车去搂柴禾。（努嘎哟　德木德木）／带上我那十齿耙，顺手把它放在车里。（努嘎哟　德木德木）／牛车来到蒿子地，一只灰兔跳出来。（努嘎哟　德木德木）抄起耙子打过去，只差两指没打着。（努嘎哟　德木德木）／拣起耙子我又打，又差三指没打上。（努嘎哟　德木德木）／搂柴耙子都打断了，没打掉兔子一根毛。（努嘎哟　德木德木）／灰心丧气往家走，

---

①调查对象：多金方（1955年—）；调查地点：富裕县友谊乡登科村；调查时间：2016年7月11日。

②《中国歌谣集成·黑龙江卷》，中国ISBN中心，2007年，第12页。

③《富裕县民间文学集成》，富裕县民间文学三套集成编委会，1988年，第269页。

还是回家去吃饭吧。（努嘎哟 德木德木）”[1]

2. 思念歌

思念歌在达斡尔族民歌中占有很大比例，思念的对象主要有家乡、亲人。思念歌多是由远嫁到他乡的女儿唱的，由于长期离开家乡、离开父母，再加之有的媳妇遇到了恶公婆，所以非常想家。敖来荣为我们唱了首传统民歌《想念的家乡》，据敖来荣说，这首歌几乎每个达斡尔族都会唱，歌词反映的是远嫁到他乡的姑娘对家乡的思念，先唱树，由树起兴，咏唱家乡，开头押韵。“松树在摇晃，为想念娘家而唱；榆树在摇晃，为想念故地海拉尔而唱；白桦在摇晃，为想念故地齐齐哈尔而唱。”[2]

3. 情歌

达斡尔族尽管包办婚姻，禁止自由恋爱，但是男女之情依然难以掩饰，形成了以谈情说爱为主题的爱情歌曲，这部分歌曲在达斡尔族民歌中占有很大比例，如《想情人》《海德哥哥》《何时我们才能相见》等均是情歌。吴海山为笔者用达斡尔族语唱了一首达斡尔族传统情歌《迎面吹来的风》：

迎面吹来的风，迎面吹来的风，呐耶呐耶耶　呐耶呐耶耶/清清的江水，清清的江水，流呀流下来。呐耶呐耶耶　呐耶呐耶耶/小小的船儿哟，小小的船儿哟/飞快划下来。呐耶呐耶耶　呐耶呐耶耶/小船的上面，小船的上面，坐着三个人。呐耶呐耶耶　呐耶呐耶耶/坐在中间的，坐在中间的，就呀就是你。呐耶呐耶耶　呐耶呐耶耶/请你上岸来，请你上岸来，敬你一袋烟，我们共品尝。呐耶呐耶耶　呐耶呐耶耶/你若到城里，买回黑布来。呐耶呐耶耶　呐耶呐耶耶/为了办喜事，再买回一块花布来。呐耶呐耶耶　呐耶呐耶耶/你一定要记住，买回黑布来。呐耶呐耶耶　呐耶呐耶耶/我要用黑布，做条裤子穿。呐耶呐耶耶　呐耶呐耶耶/你我俩个人，坚决不离分。呐耶呐耶耶　呐耶呐耶耶/请你再买一尺，云纹花洋布。

① 何今声编：《达斡尔族传统民歌选》，黑龙江省民族研究所，1987 年。
② 乌嫩库奇（汉名吴明晨）根据笔者的调查录音翻译。

呐耶呐耶耶　呐耶呐耶耶／我要用云纹布，做双花鞋穿。呐耶呐耶耶　呐耶呐耶耶／挺直的柞木，容易被折断。呐耶呐耶耶　呐耶呐耶耶／你我俩个人，谁也拆不散。呐耶呐耶耶　呐耶呐耶耶／小小的白杨树，你要快快长。呐耶呐耶耶呐耶呐耶耶／我们的未来，充满希望。呐耶呐耶耶呐耶呐耶耶／高高的松树，四季永长青。呐耶呐耶耶　呐耶呐耶耶／你我俩个人，永远不分离。呐耶呐耶耶呐耶呐耶耶。[①]

吴海山还为笔者唱了一首老歌《老舍勒[②]阿卡[③]》，之所以吴海山印象如此深刻，就是因为父母们跳罕拜舞的时候就唱这首歌。在其他的调查报告中该歌被翻译为《老舍勒哥哥》，吴海山所唱的《老舍勒哥哥》同其他文本的《老舍勒哥哥》曲调虽然相同，但是歌词有很大差异，可视为异文。达斡尔族有即兴填词的能力，利用固有的曲调唱不同的内容，所以异文很多。《老舍勒哥哥》是一首爱情歌曲，反映的是包办婚姻给家庭造成的痛苦，歌词唱的是丈夫和情人的比较，她的丈夫不如老舍勒哥哥，老舍勒哥哥各个方面都好，而他的男人各个方面都很差。

老舍勒阿卡

lao xiao le ge ge bei yi nei

老 肖 勒 哥 哥 的 身 段 啊

wundur baiga saken ke

高大又俊俏

mani gakure bei yi nei

我家那位的身段啊

bogan baiga doglan tie

个矮又腿瘸

① 何今生编：《达斡尔族传统民歌选》，黑龙江省民族研究所，1987 年。

② 老舍勒：老西子，指山西商人。

③ 阿卡：达斡尔语哥哥的意思。

lao xiao le gege xari nei

老肖勒哥哥的脸蛋啊

hulan baiga qigan tie

红润又白嫩

mani gakure xari nei

我家那位的脸蛋啊

har baiga maas tie

黝黑又麻子

lao xiao le gege nidi nei

老肖勒哥哥的眼睛啊

xig baiga shuang yan pi

大眼睛双眼皮

mani gakure nidi nei

我家那位的眼睛啊

hulan baiga loog tie le

红眼八叉又有眼屎。[①]

4. 时政歌

时政歌主要反映社会现实，在中华人民共和国建立以前，时政歌以反映旧社会黑暗、腐朽为主要内容；中华人民共和国成立以后，人民当家做主，过上了幸福生活，此时的时政歌多是反映达斡尔族的幸福生活，并从内心深处发出了对党的感激之情。《只逼得穷人走投无路》控诉了旧社会的黑暗，反映了穷人在恶劣的社会环境下的无助："穷人的生活多么苦，满腹的愁来无处诉（哪伊耶呀呀耶）/ 没有吃穿来没有房子住，求求神仙佛爷来帮助（哪伊耶呀呀耶）/ 神仙佛爷都是溜须拍马

① 乌嫩库奇根据笔者的录音注音并翻译。

的，逼得穷人走投无路（哪伊耶 呀呀耶）”[①]

六、口承文学的价值

口承文学是达斡尔族传统社会的主要文学样式，其在现实生活中的价值是多方面的，是生活中不可或缺的精神文化，首先它是达斡尔族日常生活的精神食粮，是达斡尔族日常的休闲方式，其次，口承文学对达斡尔族世界观、价值观、人生观有巨大影响。这些口承文学是优秀的文化遗产，需要继承发扬、创造性转化、创新性发展。

1. 口承文学在传统社会中的价值

口承文学在达斡尔族传统社会中具有重要作用，概括起来有以下几种功能和价值，即艺术价值、娱乐休闲价值、认识客观事物价值、了解历史知识价值、价值观塑造价值。

艺术价值是达斡尔族口承文学的基本价值，每一作品都有一定的艺术性，无论是语言表述、还是叙事节律都有很高的艺术性，故事生动，情节曲折，引人入胜，并由此也有很高的欣赏性。

口承文学中包含着大量的历史知识、历史信息，也有许多关于历史的看法，达斡尔族没有文字，直到清朝时才有学校教育，所以绝大部分历史知识都是从听故事中获得的。

口承文学是达斡尔族闲暇时的娱乐方式，在没有广播、电视、互联网的时代，口承文学是人们的主要消遣方式。恩格斯说，民间故事“使一个农民作完苦难的日间劳动，在晚上拖着疲乏的身子回来的时候，得到快乐、振奋和慰藉，使他忘却自己的劳累，把他的硗瘠的田地变成馥郁的花园。”“使一个手工业者的作坊和一个疲惫不堪的学徒的寒碜的楼顶小屋变成一个诗的世界和黄金的宫殿，而把他的矫健

① 杨士清编：《达斡尔族民歌选》，内蒙古人民出版社，1980年，第62-63页。

的情人形容成美丽的公主。”①

传统口承文学是达斡尔族世界观、人生观、价值观、英雄观等的集中反映，同时反过来对达斡尔族人生观、价值观、世界观具有很大的形塑作用。恩格斯说：“民间故事书还有这样的使命：同圣经一样培养他的道德感，使他认清自己的力量、自己的权利、自己的自由，激起他的勇气，唤起他对祖国的爱。”② 口承文学是达斡尔族自我教育的手段和方式，达斡尔族在各种类型的文学作品中塑造了许多好人、善人、英雄、老实人，这是理想主义人格的具体体现，也是人们追求的目标，同时通过讲述传达给广大达斡尔族群众，于是故事中的好人、善人、英雄就成为人们学习的榜样、楷模，人们听了这些生动的故事和传说后自然树立起了人生的目标。为了强化这种人生追求，故事中还设计了许多好人自有好报、恶人自有恶报的事例，从而做好人、做善事成为一种近乎宗教上的追求。

2. 传统口承文学的当代价值

传统口承文学具有很强的民族性，是达斡尔族文化的体现和反映，于今天而言依然具有现实意义。这些传统口头文化是宝贵的精神财富，是民族文化的瑰宝，是今天文化创作的土壤和基础，需要继承和传承。传统口承文学所宣扬和倡导的核心思想在当代并不过时，同社会主义核心价值观相吻合，这些思想概括起来包括以下几个方面：（1）从善而行，口头叙事文学的主题就是要做善事、做好事、做好人。（2）英雄主义思想和尚武精神，故事的主人公都是大力士、劳动能手、战斗英雄，他们依靠自己的能力和才艺养家糊口，保护着家庭和村屯。（3）和谐和睦观念，在达斡尔族口承文学中宣扬的主题是妻贤子孝、婆媳和睦。（4）诚实守信，诚实是达斡尔族做人的基本准则，也一直信奉“诺言就是债务”的信条，这些在口承文学中都有反映。以上诸种思想是达斡尔族的基因，在当代社会主义精神文明建设中

① 恩格斯：《德国民间故事书》，《马克思恩格斯论艺术》第四卷，人民出版社，1963 年，第 401 页。

② 恩格斯：《德国民间故事书》，《马克思恩格斯论艺术》第四卷，人民出版社，1963 年，第 401 页。

要发扬光大。

习近平总书记指出：“要推动中华优秀传统文化创造性转化、创新性发展，以时代精神激活中华优秀传统文化的生命力。”实现口承文学的创造性转化和创新性发展的关键是发挥专业团体的潜力，组建一支创作队伍，这支队伍既懂得传统，又要有现代思维、现代思想，了解现代人的审美需求和现代表达方式，创作出的文艺作品要适合现代人审美需求。要端正思想，创作的目的不是为了政绩和拿大奖，而是要回到民间、回到人们的生活，服务大众，这是文艺的基本属性，也是我党一以贯之的文艺方针。

第十二章 具有杂糅性的信俗

达斡尔族信仰包含着五个方面的内容，一是多神崇拜，包括自然神、祖先神、图腾、鬼魂；二是崇信萨满；三是巫术；四是禁忌；五是信奉风水先生、算卦先生等灵媒人员。五个方面内容共同构成了达斡尔族的宗教体系。尽管也信奉喇嘛教，但是达斡尔族没有当喇嘛的，也没有建喇嘛庙[①]。

达斡尔族宗教具有杂糅性，不仅有着丰富的原始信仰，也融进了许多现代宗教因素，在他们供奉的神灵中包括如来佛、观音、关公等佛教、道教等神灵。尽管杂糅了现代宗教内容，但是基本的宗教思想仍然具有原始性。达斡尔族民间信仰直接源自人类童年阶段的原始信仰，但是已经融进了现代的思维，随着社会生活的变迁，人们赋予神更多的功能，起初的神灵可能一神一“职守”，而现代神则一神多“职守”，成为万能的神。

一、神灵崇拜和祭祀活动

达斡尔族的神灵崇拜源自原始社会的自然崇拜、天体崇拜和灵魂崇拜，并一脉相承。达斡尔族相信万物有灵，大自然的万事万物、一草一木、动物、山石、林泉以及日月星辰等天体都是崇拜的对象。达斡尔族也有祖先崇拜和图腾崇拜习俗。直至今日很多信仰仍然不同程度的传承，如娘娘神、祖先神、保家仙、河神等至今仍

①［日］池尻登：《达斡尔族》。《达斡尔资料集》第2集，民族出版社，1998年，第287页。

然在供奉和祭祀，不过对他们的祭祀礼仪和相关神灵的具体内涵则淡忘或者记忆模糊了。下面将达斡尔族比较常见的神灵介绍如下：

1. 腾格尔

达斡尔族信奉天，称天为“腾格尔”，没有与天相对应的神偶，也不称其为神“巴尔肯”，而是以“父天”“母天”“公主天”“官人天”等称呼称之①。若是家人久病不愈就祭祀腾格尔，祭天为大型祭祀活动，祭品为牛或者猪，全家人都参加。达斡尔族祭天的时候在大门外挂一双靴子，紧闭大门，如果没有木板大门，则在大门木框上挂鱼网或网状的绳子，目的是禁止从大门进人，进出的人只能跳墙出入。在正房的西南角横置木杆，用被子盖住木杆，目的是挡住“吉雅其”神的眼睛，防止它看见杀牲畜。讷谟尔河流域达斡尔则不用被子盖横木杆，也不挂靴子，而是由一个男人拿着弓和箭站在房顶上，一直站到祭完天为止，在院内置一座圆形包。祭天的方式是，把牛或猪剥皮，在院内煮内脏，在屋内煮骨肉。由“巴格其”或“巴尔西”主祭、咏念祭词。祭祀完毕后全家一起吃肉，把骨头啃干净，用簸箕收拾好，扔在院外，把脖颈骨插在木杆尖上，挂在大门旁边②。齐齐哈尔一带达斡尔族对天神非常重视，富人从腊月三十一直到农历二月初二，每晚都祭拜天神，穷人从腊月三十到正月初三、正月十四到十六、二月初一到初二每晚祭拜天神③，祭祀的方式是在院中摆放一个方桌，上放香炉，烧香磕头祭拜天神。

目前在各地达斡尔族中，保持祭天习俗的家庭极为罕见。

2. 灵魂崇拜和祖先神崇拜

达斡尔族根深蒂固的崇拜就是灵魂崇拜和祖先神崇拜。达斡尔族尊崇祖灵，认为灵魂不死，且具有很大的威力，对阳间的人类具有统治力，所以要善待死者尸体，人死以后要举行隆重的葬礼，送死者到另外的世界。遵循事死如事生的原则安排死

①《达斡尔族社会历史调查》，内蒙古人民出版社，1985 年，第 243 页。

②《达斡尔族社会历史调查》，内蒙古人民出版社，1985 年，第 243 页。

③ 林耀华等：《达呼尔族民族、亲属和风俗习惯的调查报告》，《中国民族问题研究集刊》第一辑，中央民族学院研究部编，1955 年，第 86 页。

人的后事。每年年节尤其过年的时候要上坟烧纸祭祀亡灵。达斡尔族认为，死者魂灵三年之内不会离开家，魂灵的栖居之地为生前睡卧的被褥，所以，老人死后，被褥一定保存好，存放在烟囱根处。每到过年的时候都将其生前铺盖的被褥铺在他生前睡的地方，连续三年，以此显示自己孝顺，这一习俗至今仍然保存，但是现在这一习俗有弱化现象，有的家庭没有这一习俗了，有的家庭缩短了时间，由三年改为一年。

达斡尔族称先世祖先为“霍朝日 · 巴拉根”，也写作霍卓尔 · 巴日肯，霍朝日达斡尔语“根”的意思。“达斡尔族神系中的最高神是腾格里（天）。但在他们信仰生活中起着现实的最强有力作用的是霍卓尔。莫昆信仰的中心对象是霍卓尔，依据该霍卓尔的意志，为满足本莫昆宗教性的要求而被派遣到人间的人是莫昆萨满，所以莫昆萨满信仰的中心对象也是霍卓尔。”①20 世纪 50 年代达斡尔族社会历史调查显示，达斡尔族每个莫昆都有各自的祖神，“霍卓尔神多以莫昆为单位，但一个哈拉的几个莫昆，都有同一的‘霍卓尔’。两个不同的哈拉，有同一‘霍卓尔’的较少。也有一个莫昆同时有两个‘霍卓尔’的。有的‘霍卓尔’同时由两个莫昆供祭。如鄂斯尔哈拉杜尔塔拉莫昆的‘霍卓尔 · 巴尔肯’，同时也是敖拉哈拉敖拉莫昆的‘霍卓尔 · 巴尔肯’。”②每个莫昆所供奉的祖神都是特指曾经非正常死亡的某个女性，或淹死，或雷击而死，所以每个家庭所供奉的祖神都有特定的名称，把非正常死亡者立为祖神是为了防止其祸害阳间家人。由此可见，达斡尔族的祖先崇拜由对死去先人集体的崇拜，变为对某个个体先人的崇拜。

我们目前在民间和文献中所见到的祖神都是神偶或神像，神偶神像是祖灵的具象化，祖神以神偶、神像的形式出现在日常生活中，或者做成布人、皮人等神偶，或者在纸上布上画神像。祖神的形象有多种，就笔者所知和所见，大致有如下几种：(1) 草人。“达呼尔家父子兄弟如干人，其西壁草人亦如干，微具眉目，囊其半身。死，

① [日] 大间知笃三等：《北方民族与萨满文化：中国东北民族的人类学研究》，辻雄二、色音编译，中央民族大学出版社，1995 年，第 58 页。

② 内蒙古自治区编辑组：《达斡尔族社会历史调查》，内蒙古人民出版社，1985 年，第 250 页。

王亚军绘制的祖先神神像

去之；生，增之。岁时祭祀，所谓祖宗也。”“其祖宗最忌动摇，触之主人必病，病则祭以肉，举家分肥。”[①]（2）用布做的小人偶。供于西屋的西窗墙下，平时不摆设供品，过年过节时敬一炷香，农历腊月三十晚上供一盅酒[②]（3）画像。神像为一男一女两个老人并排端坐，前面摆放一个案桌，案桌前面桌角处分别站着一个男童和一个女童，这是笔者在莽格吐村登科村看到的祖神画像，由王亚军绘制。（4）两个皮人偶。这是笔者在登科村看到的祖先神，是用皮子做的两个小人偶，一男一女，其中一个怀中抱着婴儿，这是女祖先，另一个是男祖先。供奉在西墙棚顶下面的木板上。（5）两个皮人偶。笔者 1986 年在黑河市坤河达斡尔族满族乡征集

坤河满族达斡尔族乡祖先神偶

①［清］西清：《黑龙江外记》卷 6，《中国边疆研究文库初编·东北边疆卷十·吉林外记 黑龙江外记》，黑龙江教育出版社，2014 年，第 237 页。

②林耀华、王辅仁、阿勇绰克图：《达呼尔族氏族、亲属和风俗习惯的调查报告》，《中国民族问题研究集刊》第 1 辑，中央民族学院研究部编，1955 年，第 86 页。

登科村供奉的祖先神偶，一男一女，女的祖神身上背着个孩子。

女祖先身上背着个孩子

到一对祖神皮人偶，皮人偶用兽皮里面裹以棉花缝制而成，具有人的模样，约3厘米长，一个胸前绑有铜币者是男祖宗，另一个胸前无物者为女祖宗。平时放在僻静地方，每逢过年才拿出来挂在西墙上祭祀，平时杀猪的时候也要在皮人偶的嘴上抹一口肉。有病有灾的时候，拿来祭祀求祖宗保佑。2005年在莫力达瓦达斡尔族自治旗库如奇乡孟宝永屋内的东南角供有两个皮人偶，他们自己已经说不出是什么神，笔者猜测应该是祖神偶。(6) 9人画像。一块红布上贴九个人，其中五个是金色的，四个是银色的。这是满那莫昆的祖神，祖神的名字叫“乌兰·巴尔肯”，传说满那莫昆的一个男子被俘入狱，施行法术逃脱，在中途饿死，他的灵魂变成一只粟雀飞回家中，向其父母提出想当祖神的意愿，最后莫昆同意了，就成为保护满那莫昆免遭病灾的祖神[①]。(7) 多人神像。多永贵家的祖神像就是画像，他家供奉两个祖神，一个是家族祖神，里面画有的人像18人，人物分上下两层，

王亚军家西墙上供奉的奶奶神（左）、祖先神（中）、娘娘神（右）。

① 萨音塔娜：《达斡尔民间故事选》，内蒙古人民出版社，1987年，第74页。

多永贵家供奉有两个祖先，一个是家族祖先，一个是家祖先，供奉在仓房的一角。

显然这种上下分布代表的是上、下代，一对夫妇领着两个孩子代表一个家族支系；一个是家祖先，画有 7 个人像，人物形象平行排列，显然这是表示一个家庭的成员。

3. 图腾崇拜

达斡尔族有图腾崇拜习俗，图腾是和人类具有拟定血缘关系的非人生物。熊是达斡尔族的图腾，达斡尔族称公熊为“额特尔肯”，即老爷子，称母熊为“阿提尔堪”，即老太太，因此达斡尔族把熊视为同类，并有血缘纽带联系。平时有许多禁忌，如不能直呼熊，如果在林中发现熊洞，则禁止向同猎者明说熊洞，只能作暗示，如果打到熊，则禁止妇女靠近。

4. 娘娘神

娘娘神是达斡尔族非常重视的一个神灵，在 20 世纪 50 年代达斡尔族社会历史调查报告里对娘娘神有如下的记载：这个神的来源是封神演义的三个姐妹，分别是云霄、琼霄、碧霄娘娘，他们和姜子牙打仗时战死，后被封为神，供在屋内佛龛里面，主宰天然痘和小孩疾病，很少对成年人作祟，用猪、鸡、酒、果食等供献（不病不祭）。[1] 现在达斡尔族家庭供奉娘娘神较多，不过多数家庭对这种神灵只知道名字，而说不出它的作用，有的家庭禁止外人看神像。根据笔者的调查，各家娘娘

① 内蒙古自治区编辑组：《达斡尔族社会历史调查》，内蒙古人民出版社，1985 年，第 256 页。

王亚军家西墙上供奉的娘娘神

王亚军绘制的娘娘神像

呼伦贝尔博物馆收藏的娘娘神像

神的神像各不相同，就笔者所见娘娘神有以下几种形象：（1）2005 年 10 月在莫力达瓦达斡尔族自治旗库如奇村，满都呼家让笔者看了他家的娘娘神，他家娘娘神的形象是，在一张长方形的黄纸上画若干个人。（2）在库如奇村很多家庭房棚下面的墙上钉一个托板，托板上面放一个很小的瓷瓶，瓷瓶里装的神灵是什么样式的不知道，主人说供奉的是娘娘神。（3）2017 年在莽格吐村看到王亚军画的娘娘神形象是，在一张纸上画有五个女人，王亚军介绍说，中间三个女人，胸前背后有小孩的女人是送子娘娘，胸前画有一只眼睛的为眼光娘娘，另一个娘娘是谁王亚军没有给出答案，三个娘娘的两侧是两个丫鬟。不过在王亚军家西墙上供奉的娘娘像中没有丫鬟，而她自己画的娘娘神像中则有两个丫鬟，而且胸前多了具有象征意义的图案。王亚军说："按佛道上讲，娘娘就是观世音菩萨，有三十二化身的观世音菩萨，咱们整个人间，她都想帮助。有保眼睛的娘娘，有保孩子的娘娘。保孩子的娘娘就是送子娘娘；那个远观娘娘就属于保眼睛娘娘。一旦眼睛有毛病，就求娘娘，小孩有病啦，你求求也好使。"[①]（4）20 世纪 30 年代日本人池尻登记载的娘娘神形象是："达斡尔人最崇敬的是娘娘神。一般祭祀的神像是刻印有 3 个女神的粗劣版画。这个神是管求子、主分娩、治眼病的。传说经常祈祷的话，能结美满姻缘，能授子、攒钱财、除病灾、保长寿。"[②]

5. 保家仙

达斡尔族崇拜保家仙，达斡尔语叫"敖雷 · 巴尔肯"，该神由成精的狐狸和黄鼠狼、三太爷等多个神灵组成，三太爷中的大太爷在"木格敦城"（沈阳），二太爷在吉林[③]。一旦作祟于人就会使人神经错乱。供在院中小庙内或者仓房内，祭祀时以猪、羊、鸡、酒、果食等为供物。[④]

直至现在，达斡尔族供奉保家仙的家庭仍然很多，不过每家供奉的保家仙形象各不相同，王亚军家供奉的保家仙形象是在一张纸上画四个人，其中两个人是老人，

① 调查对象：王亚军（1962 年—）；调查地点：莽格吐村；调查时间：2019 年 2 月 18 日。

②［日］池尻登：《达斡尔族》。《达斡尔资料集》第 2 集，民族出版社，1998 年，第 290 页。

③《齐齐哈尔市郊达斡尔族情况 达斡尔族调查材料之五》，内蒙古少数民族社会历史调查组编，油印本，第 76 页。

④ 内蒙古自治区编辑组：《达斡尔族社会历史调查》，内蒙古人民出版社，1985 年，第 255 页。

一男一女，端坐在案桌的后面，两个小孩一男一女分别站在案桌前面的左右两侧，老人的后面画有山、庙宇、炼丹炉、山洞。案桌的正前方画有卧着的狐狸、黄皮子。在王亚军家我们看到，祖先神同保家仙的形象基本相同，不同点是，祖先神两个老人后面没有山、洞、炼丹炉、庙，前面没有狐狸和黄皮子。王亚军说："如果生病，大仙看过之后说是被黄皮子迷住了，就要请大仙给送一送。"[①] 每年过年王亚军都要给娘娘神和保家仙磕头，摆上鸡、鱼、水果等供品，不过家里其他人没有磕头的。打猎时一般不打黄皮子，多永贵说："黄皮子排泄物熏人，闻那味确实不好，放骚，迷信说法会迷人，都不敢整他。"[②]

6. 奶奶神

王亚军画的奶奶神是在一张长方形的纸上画三个人，中间是一个岁数大的女人，端坐在案桌的后面，案桌前面的左右两角处分别站立着一个男童和一个女童。王亚军说，奶奶神是保孩子的。

王亚军绘制的保家仙神像

德新供奉的保家仙

登科村苏红家供奉的保家仙

7. 山神崇拜

达斡尔族崇拜山神，称山神为"白那查"，这一山神称谓同鄂伦春、鄂温克两个民族对山神的称谓相同，不仅称谓相同，而且山神的形象也相同。达斡尔族打猎时选择一根粗树削掉皮之后，用炭灰在上面勾勒出一个有胡须的人脸形象，这就是

① 调查对象：王亚军（1962 年—）；调查地点：莽格吐村；调查时间：2019 年 2 月 18 日。
② 调查对象：多永贵（1941 年—）；调查地点：莽格吐村；调查时间：2019 年 2 月 18 日。

王亚军绘制的奶奶神神像

王亚军家供奉的奶奶神（左）和祖先神

山神。只要是山里的事情山神都管，所以无论是进山打猎还是放排、烧炭都要先拜山神爷。对山神爷不能有亵渎的行为发生，如在山神爷附近禁止便溺。

达斡尔族认为奇异的山洞或古树都是山神栖息之地，所以入山狩猎者和放排者每次遇到山洞和古树必须叩头祭拜。在山中吃饭喝酒也要首先请白那查尝食。达斡尔族认为白那查是善神，日常生活中也把好人比作“白那查”。①

莫力达瓦达斡尔族自治旗库如奇村满都乎家西墙上供有一种神，满都乎告诉笔者是山神，该神是用木块刻成的包括蛇、狼、虎、人脸等形状的神偶，装在一个木盒子里。

直至今日有些人对山神仍然崇信，在库如奇村南面有个山神遗址，2005 年 10 月在这里调查时，当地人告诉笔者，谁也不敢在这里盖房子，谁在这里盖房子谁遭殃。

8. 吉雅其神

吉雅其神是主管牲畜之神，吉雅达斡尔语为命运的意思。这个神在蒙古族、鄂温克族供奉普遍，达斡尔族供奉该神是受蒙古族影响。吉雅其神像是在一块长方形的蓝色或者黄色布上粘贴白布剪成的一男一女，供奉在房外。在马群中选一匹良马作为吉雅其的坐骑，称为“温古”马，禁止女人乘骑“温古”马。当牲畜有病时便祭祀吉雅其神，祭品为羊。祭祀时要将房屋扫除干净，用黄油或香油做“卓拉”（照明灯）点燃，面向吉雅其神祈祷。如果牲畜发生疫病，则请雅德根在野外跳神祭祀，

① 内蒙古自治区编辑组：《达斡尔族社会历史调查》，内蒙古人民出版社，1985 年，第 257 页。

并把牲畜从吉雅其神像下面赶过去，以此祈求吉雅其保护，消除病灾。①

9. 河神

临江而居的达斡尔族崇拜河神，认为河神掌握着渔业的丰歉、雨水的供给，也掌握着江中的各种鱼类。河神没有神像神偶，祭祀的方式就是面江而祭。干旱少雨时要祭祀河神，求河神赐雨。打鱼要敬河神爷，用猪头做祭品。每逢喝酒时要先敬河神爷。对河神不敬的话不能说，禁止孕妇上渔船，如果要上船，必须洗身子，女人不能压到船头，女人上船只能从船帮上。

10. 老爷庙

达斡尔族祭祀老爷庙，在中华人民共和国建立前，音钦屯有个非常大的老爷庙，是汉族建立的，里面供奉的是关公、张飞等，塑像栩栩如生，德新说："老爷庙里供奉的张飞像真人似的，挺高，挺大的。"② 老爷庙香火很盛。久旱不雨时村民都到老爷庙求雨，因为关老爷也是水神，牛羊作为求雨祭品都要在老爷庙杀。土地改革时该老爷庙被毁坏，"文化大革命"的时候全部被毁掉。

11. 玛漏神

1986 年 12 月，笔者在黑河市爱辉区坤河达斡尔族满族乡沃福锁家征集到一个玛漏神偶，目前收藏在黑龙江省民族博物馆。该神底部是整齐排列的圆木块，其中中间的八个圆木块短，高约 6 厘米，左右两侧各一个长圆木块，高约 12 厘米。圆木块两侧各立一个直径约 0.5 厘米的小细木杆，高约 40 厘米，两个细木杆之间拉一根绳子，绳子上面挂着三个画有人面的厚木片、四个薄木片，四个薄木片分别是元宝形、人体形、鸟形（2 个）。每当腰疼、腿疼都拿出来祭祀。祭时要在地上铺条褥子，把玛漏摆在正当中，然后杀猪宰羊，烧香膜拜。

据主人说，玛漏神是从鄂伦春族偷来的。传说，从前有一个达斡尔族妇女到鄂伦春家做客，发现睡铺上有个桦皮盒，禁止任何人动它，这个达斡尔族妇女感到好

① 内蒙古自治区编辑组：《达斡尔族社会历史调查》，内蒙古人民出版社，1985 年，第 255 页。

② 调查对象：德新（1936 年—2020 年）；调查地点：齐齐哈尔市梅里斯区；调查时间：2019 年 2 月 21 日。

奇，走的时候就把它偷着拿走了，回到家以后这个妇女得了一场大病，经萨满跳神，才知惹怒了神仙，从此就将这个神供了起来。之所以叫玛漏神，笔者猜测，可能因为鄂伦春族仙人柱北、东、西各一个铺位，其中北侧的铺位叫玛路，玛路铺上面是供奉神灵的地方，玛漏神就源自玛路铺位。

12. 龙神

1986年12月，笔者在黑河市爱辉区坤河达斡尔族满族乡沃福锁家征集到一个龙神神像，目前收藏在黑龙江省民族博物馆。该神像分别绘制在宽42厘米、高3.5厘米的白色和灰色布上，每块布的底部各绘制两条龙，两条龙头部相对，龙的上部各贴纸人2个。据沃福锁说，该神平时放在房檐下，只有闹耳、眼病的时候才请下来挂在窗户上，祭祀的时候，在神像底部放两只木狗（木狗也一同征集到），长1.75厘米，要杀猪、烧香，求之保佑。

龙神

13. 敖包

达斡尔崇奉敖包（obo），敖包也写作斡包，就是石块垒砌起来的土堆，顶部中心种植一棵树，建在水草丰美、林木茂盛之地。达斡尔族敖包有多种，有莫昆敖包，有各莫昆合祭的敖包，有各旗（相当于县一级的行政单位）合祭的敖包，也有旗敖包、苏木（相当于乡一级的行政单位）敖包、埃勒（屯子）敖包、“花然·斡包”（即墓地斡包）。作为崇奉的神灵，不能有任何亵渎敖包的行为发生，每当经过敖包时都要下马，敬烟敬酒、添加石块。每年春秋两季各举行大型的祭祀敖包活动，届时达斡尔族同胞集聚在敖包前，以牛、羊、猪、水果、酒等作为供品，共同祭祀敖包，

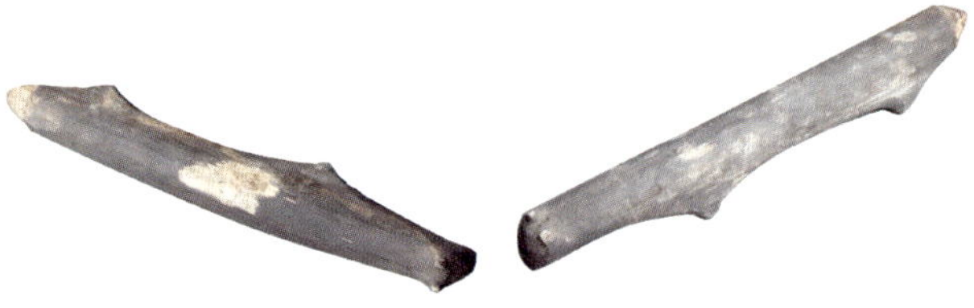

木狗

祈求风调雨顺，五谷丰收，牲畜兴旺。达斡尔族也向敖包求雨，用牛羊作为供品，祭祀现场宰杀，由主祭人念祭词，全体面向敖包磕头[1]。祭祀完毕，在敖包前畅饮，唱歌、跳舞，还要进行赛马、摔跤、扳棍、颈力等体育比赛活动。

雅德根死以后要进行风葬或者火葬，其遗骨用石块埋葬，在坟茔的北面高处建一个敖包，这个敖包称为“尚德”（Xande），所以雅德根死雅称“上尚德了”，后继雅德根每隔数年祭一次尚德。

如今达斡尔族把传统的敖包会定为斡包节，每年七八月举行，届时参加节日活动者绕斡包 3 圈，给斡包添石块，敬酒，举行野餐，进行文体娱乐活动。达斡尔族每有重大民族集会时都要举行祭祀敖包活动。在新的历史时期，祭祀敖包被赋予了新的内涵，成为民族文化展示的窗口，增进民族友谊、联络民族感情的桥梁和纽带，振奋民族精神、增进民族团结、促进社会和谐进步的途径。

14. 霍列力 · 巴尔肯

霍列力 · 巴尔肯是各地达斡尔人普遍供奉的神，不过各地对其称谓各不相同，海拉尔地区称为“达 · 巴尔肯”，爱辉地区称为“麻罗 · 巴尔肯”。

霍列力 · 巴尔肯包括 9 个莽盖、1 个九个头的耶尔登给尔莽盖、9 个得勒格第、2 个塔卡该尔、2 个布阔该尔、2 个喀拉尼 · 喀恰尼、 2 个阔勒托尔迪 – 塔勒塔尔

库木勒节上的集体祭拜敖包活动

①［日］池尻登：《达斡尔族》。《达斡尔资料集》第 2 集，民族出版社，1998 年，第 289 页。

库木勒节上的集体祭拜敖包活动

迪、1个库力、2个阿勒坦书·卡毕勒、2个蒙究书·卡毕勒、2个色莫尔肯－肯特勒、1个毕尔吉·毕奇古·毕切心、2个那林·格库·串嘎朗、9个依斯勒－霍列、1个瞄枪（乌枪）、2个特利·穆都尔·特格－珠如·穆都尔·珠格特勒根、9个耶松·扣克尔·玛尔西朗－耶松·乌给尔·鲁尔格楞等17种神，前15种神为木刻神偶，后两种神为布上绘制的神像。

对霍列力·巴尔肯的祭祀有大祭、小祭之别，大祭时的祭品是牛，小祭的祭品是羊，大祭时要请雅德根和巴格其跳神，并由9个男子献烟和献酒，九男九女献舞，小祭时则只请巴格其主持祭祀即可。①

15. 莽盖

莽盖是恶神，神偶形状像人，有手、脑、脚等肢体。在达斡尔族的民间故事中，莽盖有三个、七个、九个等多个脑袋，即便被砍掉若干个脑袋仍然不死，莽盖杀人如麻，嗜血如命，人们都害怕莽盖。莽盖神在鄂伦春族、鄂温克族中也有，均是恶魔形象。

① 内蒙古自治区编辑组：《达斡尔族社会历史调查》，内蒙古人民出版社，1985年，第244—249页。

二、崇信萨满

达斡尔族信奉萨满教，这是一种原始宗教，将世界分为上、中、下三界，上界为天，是天神所在之地，下界为地狱，是地神所在之地，中间是人类。萨满作为神职人员具有同天地各路神灵建立联系的本领，所以崇拜萨满。信奉萨满的宗教就叫萨满教。在中华人民共和国建立以前各地有萨满，中华人民共和国建立以后就逐渐没有了，所以关于萨满的记忆极少，而现代新出现的萨满同上代萨满的继承性很小，从其从事萨满的经历来看，许多神事活动也是依据文献所做的复原性活动，笔者曾经征集的萨满衣也是复制品。基于此，本部分的内容主要依据文献记载撰写而成。

1. 雅德根的种类

达斡尔族称萨满为“雅得根”（Yadgen），达斡尔族雅德根有两种，一种是霍卓尔 · 雅德根，一种是一般雅德根。霍卓尔 · 雅德根是哈拉或者莫昆雅德根，领本哈拉或者莫昆的祖神。早年每个哈拉（氏族）都有一个萨满，霍卓尔 · 雅德根只能从本哈拉或者莫昆中选任，其他哈拉或者莫昆的人无权利担任。一般雅德根是领外神的雅德根。

达斡尔族雅德根所领之神都是具体的神，无论是霍卓尔雅德根还是一般萨满均是如此，萨满所领之神有主神，也有副神，一旦有神事活动，就请自己所领之神下神。

雅德根有级别，级别大小从神帽上的鹿角枝杈多少可以看出，枝杈越多，级别越高。新雅德根级别最低，三年之内没有资格戴神帽，做神事活动时只用红布裹头，三年之后经过奥米南仪式后就可以戴初级神帽，初级神帽只有三个枝杈的鹿角，再经三次奥米南仪式，就能戴六个枝杈的鹿角神帽，六角枝杈的雅德根是最高级别的雅德根，叫“神灵‘通达’了的雅德根”[1]。

雅德根做神事活动没有报酬，平时不脱离生产劳动，由于所有神事活动都是尽义务，所以在某种程度上，雅德根家庭反倒较为贫穷，所以很多人不愿意当雅德根。

① 内蒙古自治区编辑组：《达斡尔族社会历史调查》，内蒙古人民出版社，1985 年，第 266 页。

而现代雅德根则与原来有所不同，做神事活动时都收费。

日常生活中，人们对萨满往往采取“敬而远之”的态度，杨优臣说：“不敢惹她，但也不一定接近他，需要的时候求他。在民间，他也没有特权，也没有特殊地位，跟老百姓一样。”“如果一个萨满频繁地往来于一个家庭，那么也就意味着这个家庭有事情了，人们对这个家庭就比较膈应。”①

2. 雅德根的选择

同其他民族一样，达斡尔族的雅德根的选择方式是神抓。神抓的对象为久病不愈、神经错乱者，请萨满诊治，萨满对他说：“外面有仙家跟着你，要领你做‘雅德根’了。”② 如果经萨满诊过病愈了，则要还愿当雅德根。

萨满必须经过学习才能成为萨满。学习时间通常选择春季或者冬季农闲季节，学习的时间很长，短则两三个月，长则两三年。要选一个老萨满做自己的师傅，向老萨满学习萨满必须具备的基本技能，这些技能包括跳、唱，最为关键的是要领神，只有神灵附体了才算学成了。神灵附体的标志是跳神跳到神志不清，每到此时便认为所领的神“温果尔”（达斡尔语“神灵”的意思）附体了。“萨满教共有三十六个神，最大的神是狐、鼬、蟒。这三个大神手下各有若干兵马，但是所有的神兵神将完全听从萨满教祖的差遣，所以当‘萨满’祷告请神的时候，总是叫他的‘祖宗根’指派神佛。”③ 萨满所领的最大的神是祖先神，《黑龙江外记》记载：“达呼尔病，必曰祖宗见怪，召萨玛跳神禳之。”④ 最后，师傅领着徒弟到埋藏其上一任雅德根的护心镜的地方，取出护心镜授给徒弟，师徒一前一后边跳神边前行回到屯里，新

① 调查对象：杨优臣（1951 年—）；调查方式：微信；调查时间：2021 年 8 月 28 日。

② 林耀华等：《达呼尔族民族、亲属和风俗习惯的调查报告》，《中国民族问题研究集刊》第一辑，中央民族学院研究部编，1955 年，第 84 页。

③ 林耀华等：《达呼尔族民族、亲属和风俗习惯的调查报告》，《中国民族问题研究集刊》第一辑，中央民族学院研究部编，1955 年，第 85 页。

④［清］西清：《黑龙江外记》卷 6，《中国边疆研究文库初编·东北边疆卷十·吉林外记黑龙江外记》，黑龙江教育出版社，2014 年，第 237-238 页。

雅德根再在其上一代雅得根的神灵案前跳神，便正式成为新雅德根。[①]

呼伦贝尔市鄂温克族自治旗斯琴挂近些年非常活跃，2004 年在长春举办的国际萨满教学术会议上见到过斯琴挂，当时她给笔者的名片上写的名字是“斯琴高娃”，可能因为和电影演员斯琴高娃名字相同的缘故，所以后来汉名写作斯琴挂。据说，鄂嫩哈拉家族是萨满世家，祖上曾先后出过多个萨满。第六代大萨满是斯琴挂的曾祖父，叫拉玛拉萨满（又称为喇嘛萨满，简称拉萨满），是一位很有名气的大萨满，他的名字出现在 20 世纪 50 年代的《达斡尔族社会历史调查》中：“博斯胡浅莫昆的霍卓尔巴尔肯，叫卓日汗和卓林召。现在海拉尔地区该莫昆的霍卓尔雅德根，名叫拉玛，1957 年 79 岁，一般称他拉萨满。”[②] 据斯琴挂自己的陈述，她是神抓萨满，1963 年起神经时常出现异常，睡梦中又唱又闹。梦中一位穿灰色长袍的老爷爷对她说：“孩子，我终于找到你了。”才知道这位老人就是其曾祖父拉玛拉萨满，按照斯琴挂的说法，她的所有萨满本领都是在梦境中从其曾祖父拉马拉萨满那里学来的，习得了巴日肯 · 塔肯仪式、斡米南仪式、托若托利畏仪式、阿巴嘎拉岱仪式等十几种仪式。作为当代萨满，学界对其非常重视，成为学界重点研究的对象，每次国际萨满教研讨会都会邀请她参加。现在斯琴挂的神事活动很旺盛，每次的奥米南仪式都能吸引很多人参与和参观。

3. 雅德根的神衣和神具

雅德根跳神时穿特定的服饰，帽子、衣服、裙子都有别于常服，是雅德根特有的标志，一旦穿上这些神衣便实现了身份的转变，同时这些神衣自身也具有神性。跳神时的神具有神鼓、鼓槌。

雅德根的神帽以铁或者铜条做帽架，以黑绒布套做帽衬。帽顶两侧各立一个铜片，铜片上各有一个仿鹿角，鹿角枝杈或三或六个。两个鹿角之间立一个金属鸟，这个鸟是雅德根所领之神的象征物。帽子前面安装一个小铜镜，为照妖镜。帽子前

①《达斡尔族社会历史调查》，内蒙古人民出版社，1985 年，第 259 页。满都尔图主编：《达斡尔族百科词典》，内蒙古文化出版社，2007 年，第 240 页。

②《达斡尔族社会历史调查》，内蒙古人民出版社，1985 年，第 259 页。

面帽架下面钉有长约 1 寸的黑色丝绥，丝绥挡住双眼。鹿角上有许多哈达和绸绫，象征彩虹，做神事时，主人家里通常往鹿角上系绸绫以表谢意，通过绸绫也能看出雅德根资历的大小，绸绫越多表明神事活动多、资历老。

神衣由神袍、坎肩和神裙组成。神衣有两种获取途径，一是由自家莫昆制作，霍卓尔 · 雅德根的神衣由莫昆共同承担制衣费用；二是继承，新雅德根继承已死的雅德根神衣。神衣用料和工艺都非常考究，每个构件均具有象征意义，领口至下摆均匀地钉有 8 个大铜纽，象征八座城门；左右襟各钉 30 个小铜铃，象征城墙；背悬 5 个铜镜（1 大 4 小），大者为护背镜；胸前佩 1 中型铜镜，谓护心镜；左右袖筒及下摆各佩 3 条黑大绒，象征四肢八节；左右下摆的 6 条绒条上各钉 10 颗小铜铃，象征木城之墙；披肩上嵌有 360 只小贝壳，象征一年 360 天；两肩部各立一只小鸟，

男萨满服正面

男萨满服背面

女萨满服正面

女萨满服背面

一公一母，也有人认为这是两只鹰[①]，他们为雅德根的使者。神裙背面上下两层背裙，各有 12 条飘带，上层 12 条代表 12 个神树和飞禽，下层 12 条飘带象征 12 个月。[②]

雅德根跳神必持的神具是神鼓，为单面鼓，以榆树、杨树或者落叶松板条做鼓圈，直径 70 厘米左右，以山羊皮、牛犊皮、狍皮、狼皮做鼓面。单面鼓背面的中心处有三个铁环做把手，铁环用 3 根皮条连接鼓圈。鼓槌以细藤条做心，用哈达捆住，外套以毛朝外的兽腿皮，锤柄穿眼，系以皮条。神鼓的作用仅次于神衣，即便不穿神衣单独持鼓也可跳神。

① 孟希舜：《莫力达瓦达斡尔族志略初稿》。莫力达瓦达斡尔族自治旗政协文史资料委员会编：《达斡尔族自治旗文史》第 2 辑，1990 年，第 36 页。

② 内蒙古自治区编辑组：《达斡尔族社会历史调查》，内蒙古人民出版社，1985 年，第 266-267 页。

受佛教影响，念珠也是雅德根神具，念珠由 108 颗珠子串联而成。当雅德根不穿神衣祈祷时，将念珠挂在肩上是必备的装束。

4. 雅德根主要神事活动

雅德根有两个基本的功能，一个是负责为全氏族的人祈福，一个是为部族看病。为人治病是雅德根的主要职责，是雅德根经常性的神事活动。雅德根给人看病分为两步，第一步是诊病，第二步就是驱邪。诊病的方法有两种，一种是号脉，根据脉搏判断是哪种神灵作祟。一种是占卜，占卜的方法也有多种，一种是烧动物肩胛骨，根据裂纹判断作祟的鬼神；二是手握绑在一起的两把斧头，逐一诵念病人家供奉的各个神灵，每念一个神灵抬一下斧头，当能轻易举起斧头的时候，说明是该神灵作祟。如果以上两种方法都不能找到病源，则在睡前点香祈祷求助自己所领的神灵，神灵通过托梦的方式告诉他病源。

萨满驱邪的方法是跳神唱祈祷词，向作祟的神灵许愿。清代《黑龙江外记》记述达斡尔族跳神方式是“萨玛击太平鼓作歌，病者亲族和之，歌词不甚了了，尾声似曰‘耶格耶’，无分昼夜，声彻四邻。萨玛曰祖宗要马，则杀马以祭，要牛，则椎牛以祭，至于骊黄牝牡，一如其命。往往有杀无算，而病人死，家亦败者，然续有人病，无牛马，犹宰山羊以祭，萨玛之令终不敢违。”①20 世纪 30 年代，秋叶隆在呼伦贝尔看到过雅德根为人治病的场景，他描述道：“巫穿神衣后先拜四方，后坐于炕沿上唱神歌，彼每歌一节后则助手必复诵之，无何击鼓渐快而强且身体起立，先前后动其身而歌，渐次回旋，或左或右回转其身而舞，彼时在神衣上之镜铃等铮铮而鸣，将以为舞之将终，不意身突倒地，脸变色而闭目，手微振如痉挛，轻打鼓面，于是稍许，旋而突如吹口笛而猛然起立，走至进门处放下神鼓，手举在灶中之烧镘，摇腰中革纽而迫近病人，以手解开其衣纽后，舞其烧红之镘而跳，骤以口吹镘，且以舌舐之，令人害怕，于是行事至最后，将圣火抛出门外，急打神鼓而

①［清］西清：《黑龙江外记》卷 6，《中国边疆研究文库 · 初编 · 东北边疆卷十 · 吉林外记 黑龙江外记》，黑龙江教育出版社，2014 年，第 237−238 页。

毕其事，盖神火之抛于门外者，送神之意也。”[1]关于雅德根给人看病时的唱词在20世纪50年代林耀华等所做的调查报告中有所体现：“今天某家某人得了病，我来到这里就是为了病灾，实在是病家求到了我，我也没法推托，不管‘祖宗根’差派那位佛来此看一看，还是救人性命的要紧，‘祖宗根’呀！起紧派呀！……”[2]每次跳神都由二神配合，二神达斡尔语叫巴格其（Bagqi），黑河地区称为札列（Jariee），都为男性担任，他不领神，主要协助雅德根跳神，除此之外，巴格其也可以单独替病人祷告、念咒语送纸或举行小型祭神活动。经雅德根跳神，病人康复以后，要按期向神灵献祭牛、羊、猪等。莽格吐村的萨满在给人看病的时候主人要准备弓箭、三只鸡，鸡皮挂在祭祀的供台上。

为部族祈福活动主要有两个大型神事活动，一个是奥米南仪式，一个是伊尔登仪式。奥米南仪式在鄂伦春族、鄂温克族、达斡尔族中均有，仪式稍有差异。达斡尔族奥米南仪式每三年举办一次，时间在农历三四月，地点或者家里或者屯子附近搭建起的蒙古包或者用车辕搭建起来的帐篷。参加的人员有以下几种人，一是雅德根和陪祭雅德根，陪祭雅德根是外莫昆的人，他经验丰富且和主人来往密切，他在整个神事过程中指导莫昆雅德根；二是同一哎勒的莫昆的人；三是曾经被该雅德根治病的异姓或者他族的人。禁止孕妇及经期的妇女参加。同任何祭祀活动一样，奥米南仪式也要经历备祭、献祭、请神、祈愿、送神等环节。备祭包括备置祭品和选址，祭品包括牛、羊、酒、香、哈达，这些东西由参加祭奠的人带来。祭祀地点一旦选定要精心布置，在室中间立两棵桦树，为室内托若（神树），两树之间绑三个横撑，此为上天的天梯。室外立一棵桦树，此为室外托若。三棵神树均绑在下面的木桩上。托若之间拉红色彩绳，彩绳上面串一个铁环，铁环用五颜六色的布缠着。跳神要持续三天，每天要跳三次神，跳神时主雅德根和陪祭雅德根分别坐在托若的

①［日］秋叶隆：《满洲民族志》，党庠周译，（伪）满洲国图书株式会社，1938年，第85-86页。

②林耀华等：《达呼尔族民族、亲属和风俗习惯的调查报告》，《中国民族问题研究集刊》第一辑，中央民族学院研究部编，1955年，第85页。

左右两侧，击鼓念咒语请求雅德根所领神灵依次降临。然后起立跳神，陪祭雅德根在前面引领，主祭雅德根在后面跟随，绕室内托若忽左忽右跳动，众人附和。当主祭雅德根倒下，表明神已经附体。再次起来时，还愿的人和求雅德根看病的人则上供，汇报或者述说自己的情况和祈求。神灵则借助雅德根之口回顾三年来看病对错及其原因，今后如何预防。第三天举行库热仪式，两个雅德根用皮绳将前来参加仪式的人们围住并用力拉一下，如此反复三次，每次都量绳子长短，如果绳子变长则是吉兆，预示着要增丁进口。把皮绳分成三股，两个雅德根各拿一头围住所有的人，然后人们从绳子下面钻出来，据说经过这一仪式，可以避免疾病。最后主、陪祭雅德根一前一后由室内托若到室外托若来回跳神三次，用牛奶向四面八方的天地神和敖包、罗司（山、川）诸神献祭。然后，两个雅德根由人扶着，从室内托若树到室外托若树，来回打滚三次，意思是上升三层神殿，接着念诵祷词祭祀。当晚举行吃血仪式，在木碗里将牛血拌以牛奶、奶酒、九小块香和九小块牛肺子，主、陪祭两个雅德根跳神，请诸神降临吃血，吃血前把灯熄灭，雅德根效仿布谷鸟声，意思是神灵们变成布谷鸟来吃血，给主祭雅德根的温果尔诸神九个“依斯勒”、三个“曼嘎勒多儿”和十二个“杜瓦兰”的神像上涂抹牛血。把三个托若埋在他处。主祭雅德根把马或绸缎布匹等物送给陪祭雅德根做为酬劳。①

依尔登仪式是简化的奥米南仪式，举办时间、参加人员、所有的程式化过程均相同，但是仅举办一天，托若树是柳树，没有库热仪式，杀三岁羊，用羊头、胸骨肉及肝、肾脏和横隔膜肉等煮熟献祭，人们只献祭酒、香、哈达和布匹等。跳神分四个步骤，分别是请温果尔降临，请雅德根的主S祭神降临，请所有神灵降临，吃羊血。②

雅德根除了要为部族祈福而外，也要为自己祈福，每年年初雅德根要在自家为自己举行净身活动，这是一种小型的祭祀活动，祭品为羊、酒和果食，将护心铜镜

① 内蒙古自治区编辑组：《达斡尔族社会历史调查》，内蒙古人民出版社，1985 年，第262—263 页。

② 内蒙古自治区编辑组：《达斡尔族社会历史调查》，内蒙古人民出版社，1985 年，第 264 页。

和各种颜色的鹅卵石放在一锅水里烧开，这锅水就是神水，用锅刷帚沾神水往自己的身体拂洒，然后给参加者拂洒，以洁身去灾。①

如果家里有萨满或者近年曾求过萨满驱邪治病，那么只要经济条件允许就在正月十五之后选择一天请萨满到家里做一次神事活动，这种神事活动达语叫“托热托勒贝”，这一神事活动需要两个萨满同时做，两个萨满的级别、辈分和能力不同，有主次之分，主萨满叫长萨满或母萨满，次萨满叫子萨满。做神事活动时，备只活羊，将羊腿绑上，让小孩骑在羊身上，萨满拿着手鼓，胸前挂着神灵神像，跳神，待要结束时，把羊杀死，杀羊的时候要接一碗生羊血让萨满喝掉。萨满不能看到杀羊的过程，如果萨满看到杀生流血，其自带的神灵便会夺走祭品。神事活动的功能是保家庭平安，做了神事活动，一年之中就会得到萨满神灵的保护，尤其是孩子们会得到更好的保护。

5. 其他灵媒

除了雅德根，文献中所见的灵媒还有斡托西、巴尔西、巴列钦、奇彦其等，他们各具特点，各有所祭神灵，各有所司。这些灵媒均没有莫昆限制，每个莫昆可有可无，没有特殊待遇，同雅德根一样要参加生产劳动，地位比雅德根低，看病首选雅德根，尤其看大病。

斡托西（otox）是“娘娘神”的显灵者和代言人，多由女子充当。所穿神衣较为简单，穿裙子样的下衣，神具就是用各种颜色绸缎串成的小旗。能治天花或小孩子病，也能卜卦。

巴尔西（barx），是“娘娘 · 巴尔肯”或“敖雷 · 巴尔肯”的代言人，没有神衣，只有 108 颗粒的念珠，主治疥疮、红伤，也掌握接骨术。治病的方法是念咒语、吹吐沫。

巴列钦（barieqin），多由接产经验丰富的中老年妇女担任，主要为产妇接生，有的巴列钦自称是敖雷 · 巴尔肯的附体者。

① 内蒙古自治区编辑组：《达斡尔族社会历史调查》，内蒙古人民出版社，1985 年，第 264 页。

奇彦其（qiyaanqi），是成精的动物如狐狸、貉子、兔子、獾子、野雉等的主人（达语叫“额金”），当“额金”（ejn）的人就是“奇彦其”，能给病人扎针、占卜。

三、求雨仪式

农业生产离不开雨水，雨水对于依靠农业为生的农民来说至关重要，靠天吃饭的农民每年就盼着风调雨顺，只有风调雨顺才能五谷丰登。具有浓厚原始信仰的达斡尔族认为，雨水是神灵赐予的，所以每有干旱之时，则向神灵求雨。掌握水源有四个神灵，一个是树神，一个是河神，一个是敖包，一个是关公，所以每有干旱，就向这些水神求雨。求雨习俗在达斡尔族学者钦同普所著的《达斡尔民族志稿》中有记载，“每岁中夏，屯中老少妇人，按家出鸡一，并米，河岸大树下设锅，以巴哈奇（助巫）祷告求雨之意。宰鸡熟荐，众妇焚香叩拜，煮米饭同食。食毕，各用桶盆取河水，互相撒泼以为乐。”在 20 世纪 50 年代的社会历史调查报告中对求雨活动的记载是：“遇到干旱之年，由莫昆或屯落中之年长妇女发起，约集各家妇女各带一只鸡到河边，祭河神。这种集会男子不能参加，只能有一二人应邀前去帮忙。首先将供祭的鸡杀死，将带毛的鸡皮挂在插好的三角木架上，将鸡肉煮熟，由主祭的巴格其或通达祭文的男子致词，祈求降雨解除干旱，然后参加者共餐鸡肉，并各持桶或盆，在河边相互泼水，以示降雨。年富体壮者相互泼至全身湿透，尽欢而散。达斡尔族女子祭河神，既是一种宗教祭祀活动，也是他们集体进行泼水等体育活动的一个机会。”[①] 直至今日在莽格吐村仍然保持着完整的求雨仪式，较之以前，现在的求雨仪式规模有所扩大，何文录说：“过去求雨简单，就是杀鸡。鸡要扒皮，皮、血都抹树上。”[②] 现代求雨活动全村男女均可参加，祭祀内容不仅有河神的祭祀，还有对树神的祭祀。

2015 年 7 月莽格吐村举行了规模很大的求雨仪式，因为这一年入春直至 7 月

① 内蒙古自治区编辑组：《达斡尔族社会历史调查》，内蒙古人民出版社，1985 年，第 257 页。
② 调查对象：何文录（1945 年—）；调查地点：莽格吐村；调查时间：2015 年 7 月 21 日。

莽格吐村没有下一场雨，是少有的干旱之年。恰巧笔者正在该地调查，赶上求雨活动，目睹了全过程。求雨分为六个步骤：备祭、祭祀神树、江边祭祀、泼水仪式、全体享胙、分胙。

1.备祭

每次求雨都要成立一个临时性的组织，本次活动的主要组织者是沃春霞、李金祥、石铁银，他们热心此事，懂得求雨活动的整个仪式过程，而且办事牢靠，得到大家信任。他们的主要工作有，召集热情此项活动者建立一个十多人组成的工作组；逐家收集钱款，两个人一组，挨家挨户筹钱，每个家庭至少交20元钱，钱的多少没有固定要求，能给多少就给多少，谁家给多少钱都记录在账本上，做到账目清楚；用集资款购买猪、鸡、水果等祭品，本次活动共购置了两头猪、5只鸡、若干瓶白酒、若干瓶水果罐头、一把香。鸡的数量必须是奇数，过去条件不好的时候一般准备3只鸡，现在购买鸡的数量较多。如果资金最后有剩余，则给杀猪的人、杀鸡的人、烧火的人一点报酬，一方面原因，这些活比较辛苦，另一原因是，从迷信的角度说，杀猪杀鸡属于杀生，空手回家不吉利。

这次求雨是群众自发性行为。村委会既不鼓励，也不组织，村支书和村主任都是以普通群众的身份参加求雨活动。

2.祭祀神树

树涵养水源，所以每当久旱不雨，便祭祀神树，求神树赐雨。莽格吐村中有个又高又粗的古树，据说已经有百余年的树龄，曾经死过，但是后来又奇迹般复活，村民都将其视为神树，达斡尔族禁止触碰、损坏这棵树，认为一旦触碰或者损坏它，就会遭到惩罚，每年求雨都要在这棵神树下求雨。

2015年7月19日上午8：30，全村男女老少都聚集到神树下，每个人头上都戴一个柳条编织的环，李金祥解释说：“绿色代表着蓬勃向上，祈求神灵给我们下一场透雨，有了雨，无论树木还是大地都变成绿色。”

在树神前摆上供桌，供桌上摆放香蕉、苹果、桃、馒头各一盘，桌前（神树一侧）

的地上用空心砖做香炉，里面插着三炷香。一个铁鸡笼子里装着 5 只公鸡，旁边停着两台四轮拖拉机，其中一台拖拉机上装着一个大水罐，一台拖拉机上装着一头足有 400 多斤的大肥猪。

求雨仪式开始，有的人拎着刚杀死的公鸡往神树上甩血（据说，过去都是用动物的血直接喷在树上），有的人拿着白酒瓶子往神树上浇酒，有的人拿着猪血盆子往神树上撒猪血。李金祥拿着抹了脖子的鸡在树干、树杈上抹血，一边抹血一边做祈祷。

待树上挂上了鸡皮、布满了鸡血、供桌上放上了猪尾巴后，村民们在供桌前下跪，李金祥主持祭祀，他用达斡尔族语念叨着祈祷词，祈祷词的含义是：祈求我们的神灵老天爷在这个干旱的季节给我们下一场透雨，我们老百姓在这干旱的年头一场雨也没得，我们村里的老百姓为了祈求这场雨杀猪宰羊，祈求来场雨。然后带领着村民们给神树磕头。跪拜完毕后，男人们开始给古树浇水，有的用水盆子往树上浇水，有的人则扯着水罐车上的放水管子直接往树上浇水。按照村民的说法是，必须将神树浇透，否则不会下雨。祭祀树神结束之后，拉着祭品转移到嫩江边。

3. 祭河神

约 9 时许，全体来到嫩江边，猪、鸡、馒头等所有祭品都用车拉到这里。此时江面已经支起了五口锅灶，每口锅都是 12 仞的大锅，这是用来煮猪肉的。两台拖拉机装着两罐水，这是用来焊肉、做饭和泼水的。几个人在江边支起了案板，开始肢解两头猪，用来祭祀的猪要求严格，毛必须是全黑的，猪蹄子、尾巴尖必须是白

一大早为求雨大家都集聚在神树前

在神树前摆放供桌

往神树上扬鸡血

猪是向神树进献的祭品

全体面向神树祈祷，李金祥念祈祷词。

向神树浇水

色的。锅里烧着热水，用水舀子往猪身上浇热水，一边浇水，一边有两个人用刀刮猪毛，如此这般几个回合之后猪毛就刮净了，然后将内脏取出，进行清洗。将肉切成大块，分别放在五口大锅里，肉里放有豆角和土豆，烧柴是木样子。

9:30左右，李金祥带领若干人坐着拖拉机前往江的上游祭祀河神，带的祭品有猪头、猪尾巴、猪蹄、香、馒头等。到上游后，在一块较陡的岸边将猪头、猪蹄、

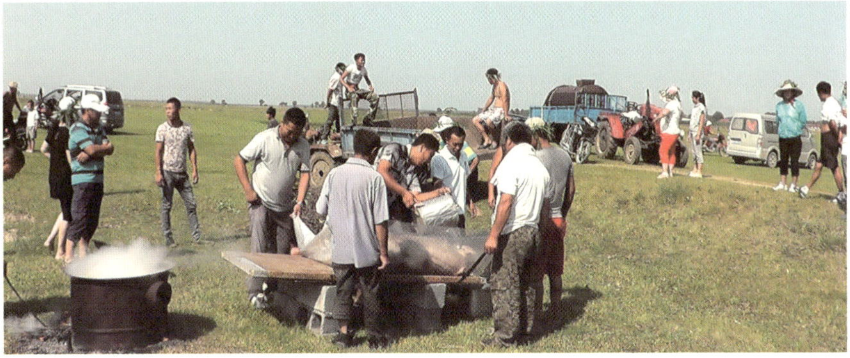

猪是向河神进献的祭品

全体村民转移到江边，众人合力宰猪和收拾猪肉，在江边摆上大锅，杀猪，切肉、炖肉。

猪尾巴、水果罐头、馒头、白酒等摆上。每人手里拿着一支香，在李金祥的带领下，面向江水跪拜。李金祥一边向江中洒白酒，一边念祭词，念毕祭词，大家一起磕三个头，待香烧完，李金祥再次念一遍祭词。李金祥用达斡尔语所念祭词大致意思是：我们已经祈求您了，让我们风调雨顺，让我们的族人平平安安，有一个丰收年。然后，李金祥拿着一个猪头，下到陡坎下面，将猪头摆好，向河神祈求，手里拿着燃香不停地挥舞。最后，李金祥将猪头等所有的供品都扔到江中，其含义是供河神享用。这时候如果有风吹过，则是吉兆，代表河神显灵了。

10 时左右，祭河神的人坐着四轮拖拉机返回。

来到江的上游祭祀河神，在岸边摆上猪头等祭品，向江里奠酒。

面江祷告，由李金祥念祈祷词。

面江叩拜

主持祭祀的李金祥独自来到坎地下面的江边，摆上猪头，独自面江祭拜，然后将猪头扔进江里。

4. 会饮

所有祭祀仪式完成以后，全体参加祭祀的人也包括交了钱而未参加祭祀的人要在一起喝酒吃肉。村民们三五个围成一圈，席地而坐，菜品有两道，一个是猪肉炖豆角和土豆，一个是凉拌菜。大家边吃，边喝，边聊，其乐融融。

5. 泼水嬉戏

还没等吃完饭，先前吃好饭的人就开始泼水了。过去泼水都是直接从江里提水，而现在则是从水罐车里接水。泼水不分男女老少，不分长幼尊卑。泼水既是一种仪式，也是一种娱乐活动。有些不爱玩的村民则在一起聊天或者打牌。

江边会饮

6. 分胙

吃完饭后，所有的祭祀物主要是食物都分给大家，分得的猪肉炖豆角土豆都用塑料袋子装着。

当天下午，莽格吐村刮起了大风，每一个人的脸上都露出了轻松的笑容。

江边泼水

沃春霞说："心诚则灵，我们只想以这种方式感动老天爷。"[①] 她还说，求雨应验率大约 50%，求雨过后三天到一周的时间肯定下雨，同时沃春霞也认为："这也说不清楚，是灵验了还是赶巧了。"[②]

四、巫术

巫术就是"企图借助超自然的神秘力量对某些人、事物施加影响或给予控制的方术。"[③] 人们通过施行巫术祛除邪祟，消灾解难。在达斡尔族民间存在的巫术大致有以下几种。

1. 白蒿子治病

如果有人在坟地等地方得了疫病，身体疼，就在盆子里点着白蒿子，人从火上

① 调查对象：沃春霞（1968 年—）；调查地点：莽格吐村；调查时间：2019 年 2 月 19 日。
② 调查对象：沃春霞（1968 年—）；调查地点：莽格吐村；调查时间：2019 年 2 月 19 日。
③ 冯辉编著：《文化概论》，中国言实出版社，2014 年，第 170 页。

跨过去，据说，一跨过去，身体就好了。

如果得了腰腿疼，就用白开水泡白蒿子洗脚。该种治病方法是偏方还是巫术无法判断。

2. 扎红线避邪

如果身体某处受伤，就在脚脖子上或者手脖子上扎上红线，阻止病情蔓延到身体的其他部位。

3. 镜子返晦气

达斡尔族认为镜子能够将晦气不吉利现象返回去，普遍的做法是，在房子的窗户框上或者门框上钉一个或者几个镜子。镜子是照妖镜，能避邪，能把没脸的、鬼神照回去。在莽格吐村的一个达斡尔族家庭的门上面钉有三面小镜子，问其为什么，说是因为前几年家里不太平，找人看了之后，按照“明白人”的指示挂上了小镜子，以辟邪。2005 年 10 月在莫力达瓦达斡尔族自治旗库如奇村金文清家，房门上面有一面小镜子，问他为什么，他说不知道，说是以前的主人安装的。

一般家里不太平、不顺利、不招消停，就找会看的人给看看，如果他说，犯着没脸的，犯着鬼神了，“挂个镜子吧！避避邪！”于是就在房屋的某处挂一面或者三面小镜子。

莽格吐村的一家门前挂着三面小镜子

4. 叫魂儿

叫魂儿是达斡尔族的一种巫术。一般在以下三种情况采取叫魂儿巫术，一种情况是孩子受到惊吓而得病，第二种情况是儿子外出很久无音信。第三种情况是在棺材起灵的时候，家人要给小孩叫魂儿，防止小孩的魂儿被带走。以下是笔者调查到的几种达斡尔族叫魂儿方法。

（1）用针线叫魂儿。王亚军会用针叫魂儿，其方法是，晚上孩子睡觉以后把针穿上线绳，针尖冲炕里，线绳从炕沿耷拉到地上。然后叫，所谓叫就是呼唤孩子的名字，"某某某，回来了回来了，回到爸爸妈妈跟前了！"连续叫三天，第三天如果针生锈了，就说明孩子魂回来了，然后把针从该孩子曾经穿过的衣服的左边衣襟上穿出来。

（2）用针叫魂儿。这是德新介绍的，其方法是，把针穿上线，针放到灶坑里，次日如果针头上锈了，就说明魂回来了，然后用这个上锈的针在孩子曾经穿过的衣服上来回穿插，边穿插边叨咕："魂回来了！魂回来了！"。王亚军小时候也曾看见过她母亲在锅台处用这种方法叫魂儿。

（3）用米叫魂儿。将米装在碗里，用布包上，在受惊吓的孩子的头部绕三圈，边绕圈边叨咕："魂回来了！回来了！"如果碗里的小米不平了，则要将小米填满，然后再用布包上之后再绕三圈，如果又发现碗里的小米有缺口，则再转三圈，三次之后，如果碗里的小米和碗口平平的了，则意味着小孩的魂回来了。

（4）用勺子叫魂儿。为出门不归且无音信的儿子通常采用这种方法叫魂儿，王亚军介绍的用饭勺叫魂儿的方法是，中午 12 点或者半夜 12 点，手拿着饭勺到大门外叫魂儿，因为孩子是在外面受到的惊吓。呼唤孩子的名字："某某某，回来！某某某，回来！"喊完之后，把饭勺子往墙上磕儿下。然后进屋，再用饭勺子往炕上磕三下说："我儿子回来啦，谁谁谁回来啦，回到家里来了，回到爸爸妈妈跟前来了。"德新也介绍了用饭勺叫魂儿的方法，把家门打开，用饭勺上下左右敲门框，嘴里喊着："谁谁谁，回来！母亲的声千万里都能听见，你听见了吗？听见妈妈的声了吗？"达斡尔族认为，母子连心，即便在千万里以外也能听见母亲的声音，传说，一个小子出门多日未归，有一天，外面下着瓢泼大雨，他走进一个空房子里避雨，他听到母亲喊他的名字，他心里纳闷：“这么大的雨怎么我妈过来了？”就跑出房子。他刚出屋，房子就塌了。另有一传说，抗美援朝的时候，有一天下着雨，一个达斡尔族士兵所在的队伍一次战斗结束后进了一个山洞避雨，他听到他的妈妈在叫他，里面的人说：“你出去干啥去？”他说：“我妈在那边叫我呢！”他一出洞，洞就塌了，其他的战士都拍死在里面了，就他一个人保住了性命。

小儿有病也用击勺的方法叫魂，《黑龙江外记》记载：“小儿病，其母黎明以杓击门，大呼儿名曰：‘博德珠。’如是七声，数日病辄愈，谓之叫魂儿，处处有之。‘博德珠’，家来之谓。”①

5. 开光

凡是供奉新的神灵，都要首先给神灵开光，如此神像神偶才能真正有灵气。王亚军说开光有以下步骤：准备一面镜子，这面镜子必须是新买的，从来没有照过人。准备一碗水，这碗水必须是早晨从井里打出来的第一碗水。另准备一碗酒、一双红筷子。在神像前摆放供品，供品包括点心、罐头、肉等，把提前准备的水和酒也放在供桌上。由请来的巫师主持开光仪式，他燃起香，用红筷子蘸水，分别点神像的眼睛、口、鼻子、嘴、耳朵等五官。然后用镜子在神像的四周照一下，嘴里反复叨咕：“给你开光了！”最后将酒泼在外面，给神仙开路，意思是仙界既能来也能走，家里供奉的神仙从此就有了灵气。

王亚军也会开光，她曾经给两家的神仙开过光，其中有一家的儿媳妇结婚十多年没怀孕，第二年真怀孕了，于是这家的婆婆非常感谢王亚军，认为这是老祖宗保佑的结果，并进一步强化了信仰，认为灵气是存在的，感觉供神之后的生活确实比以前好了。在同王亚军谈论有些神事活动时，她也直言，有些东西无法验证，病好了是因为神事活动所致还是其他原因。由于不能确定，所以有时候能得到报酬，有

①［清］西清：《黑龙江外记》卷 6，《中国边疆研究文库 · 初编 · 东北边疆卷十 · 吉林外记 黑龙江外记》，黑龙江教育出版社，2014 年，第 238 页。

时候则没有报酬。

6. 喇嘛跑凳术

喇嘛跑凳术是一种神判方式，有失窃时用这种方式寻找偷盗者，“喇嘛以绳系板凳，挽而咒之，凳自行如飞，止某家，曰盗也，搜之无获，则又咒，凳又自行，尝止数家，失物卒无迹，而数家倾筐倒箧，所失转多，然不过乡愚受其惑，近乃有行之官府，酿成重案者。”[①] 这种巫术见于文献记载，现实生活中是否有遗存不得而知。

五、达斡尔族俗信的特征

达斡尔族的俗信通常被定性为原始信仰、多神崇拜、信奉萨满教和喇嘛教。但是深入达斡尔族生活会发现，他们俗信还不能如此简单概括之，他们的宗教信仰表现出很复杂的特点，有着本民族的特征。

1. 多神崇拜

神，达斡尔族统称之为巴尔肯，达斡尔族过去供奉祭祀的神灵很多，德新说：“巴尔肯可多了，屋里供，仓房也供，还有小庙。”[②] 20 世纪 50 年代是信仰保持相对比较完整的时期，这一时期的两个调查报告对达斡尔族供奉的神灵有所记载，见诸 20 世纪 50 年代达斡尔族社会历史调查记载的神有腾格尔、霍列力 · 巴尔肯、霍卓尔 · 巴尔肯、博果勒 · 巴尔肯、吉雅其 · 巴尔肯、哈音、敖雷 · 巴尔肯、浩佟 · 巴尔肯、巫西 · 巴尔肯、娘娘 · 巴尔肯、斡哔 · 巴尔肯、温沁巫西 · 娘娘、阿巴嘎尔歹、翁胡尔 · 巴尔肯、苏木 · 巴尔肯、敖包、白那查、河神、北斗星、霍得 · 郭尔朗、谢加 · 达来勒等 20 多种，而每个神又由多个神构成，如霍列力 · 巴尔肯就由

① [清] 西清：《黑龙江外记》卷 6，《中国边疆研究文库初编 · 东北边疆卷十 · 吉林外记 黑龙江外记》，黑龙江教育出版社，2014 年，第 238 页。

② 调查对象：德新（1936 年—2020 年）；调查地点：齐齐哈尔市梅里斯区；调查时间：2019 年 2 月 21 日。

17 中神偶组成[①]；而在另一个由林耀华等人所做的齐齐哈尔市等地所做的调查中记载有 9 种神灵，分别是天神、地神、敖包、祖神、仙家佛、外界第二佛、娘娘神、檐下神、营神或城神[②]，这九种神灵中只有天神、祖神、敖包三种神灵同达斡尔族社会历史调查记载的神灵重合。在 20 世纪 30 年代池尻登的记述中，达斡尔族还有树神、主管天花的痘神、主宰牛、马、虫、瘟疫的“翁公”（二寸高的木雕偶像）、主管四方的年神，年神中包括太岁神[③]。除了以上几种调查报告中的神灵之外，据笔者所知达斡尔族还有火神、关公、门神、屯神、灶王爷、财神、寡妇神，达斡尔族日常到底崇奉多少种神灵无法统计，笔者调查征集到的几种神灵如玛漏、龙神、祖神皮人偶、奶奶神等在各种调查资料中均没有体现。

2. 神灵信奉具有多元性

达斡尔族既有本民族自古传承的信仰，也有从邻近民族接受的神灵，许多传说说明了达斡尔族神灵的来源，如吉雅其神、玛漏神、喇嘛教信仰都是从邻族传入的，体现了北方民族交流交往并形成了文化的交融。也接受了许多道教、佛教的宗教成分，如关公崇奉，弥勒佛崇奉。多元性也就意味着杂糅性强。在借鉴其他民族宗教信仰的时候，达斡尔族也赋予新的内涵，从而使得达斡尔族的俗信具有民族性，如达斡尔族也供奉财神，图片中的财神像是笔者 1986 年 12 月在黑河市坤河乡索玉英家征集的，这个财神同汉族财神像不同，不是神荼郁垒，而是一个案桌后面坐着两个人，一男一女，画像顶部写有“镇守仓库”四个大字。

3. 神灵与现实中的先人具有关联

显灵说是达斡尔族神灵产生的理论基础，许多神灵尤其是祖神都是某个具体的

① 内蒙古自治区编辑组：《达斡尔族社会历史调查》，内蒙古人民出版社，1985 年，第 243—258 页。

② 林耀华等：《达呼尔族氏族、亲属和风俗习惯的调查报告》，《中国民族问题研究集刊》第一辑，中央民族学院研究部编，1955 年，第 86—87 页。

③［日］池尻登：《达斡尔族》。《达斡尔资料集》第 2 集，民族出版社，1998 年，第 290—291 页。

财神

人死后显灵后被立为神，每个哈拉莫昆的祖神往往都特指某个非正常死亡者，所以都有名有姓，如“巫西·巴尔肯”是一个寡妇私通所生的私生子成精而成的神，画像左侧的小人便是这个私生子，两个大人是他的父母，专门治疗妇科病和儿童病[①]。莫热莫昆祖神“奶尼太提·巴尔肯”是娶来的女人从莫热屯娘家返回绰尔嘎拉屯婆家路上被雷击死，她母亲来看她姑娘时也被雷击死。莫热莫昆的人从此以后经常闹病，且死了不少人，于是就把母女二人当作祖神供祭了[②]。所以，达斡尔族的神灵多是死人或者动物显灵而形成的。

4. 俗信存在家庭间的差异

达斡尔族俗信不仅存在地区间的差异，也存在家庭间的差异。神灵信奉的统一性源自同根同源，具有同一文化源头，所以都信奉萨满教，都有多神崇拜，许多神灵如娘娘神、祖神、保家仙等具有共同的名称，都供奉在西墙上。但是神灵虽然名称相同，各家的神像却各不相同，这使得外人解释不了别人家的神灵。2010 年 8 月，笔者利用开会期间在登科村做了短暂的调查，拍了很多神像，但是 2016 年再到村中调查的时候，谁也不知道照片中的神像是什么神，这时笔者才意识到，每个家庭供奉的神是不一样的，即便供奉的是同一个神，神的形象也不相同。神灵各不相同可能是由两方面因素造成的，一是达斡尔族历史上动荡不定，屡次大规模、大范围迁徙使得文化具有地域性和家庭性的差异，对于神灵也有各自的理解；二是所请神像画匠各不相同，据说，登科村许多家的神像是请塔哈村的某某画的。在莽格吐村，王亚军也会画各种神像，但是她所画的娘娘神像同其西墙上供奉的神像也不完全相

① 内蒙古自治区编辑组：《达斡尔族社会历史调查》，内蒙古人民出版社，1985 年，第 254 页。
② 内蒙古自治区编辑组：《达斡尔族社会历史调查》，内蒙古人民出版社，1985 年，第 255 页。

同，据王亚军说，她家的娘娘神和保家仙是请库莫村的一个老太太给画的。

由于信奉神灵具有家庭间的差异，所以除非普查，否则弄清楚达斡尔族神灵崇拜的详细情况是不可能的。

5. 功利性强

根据笔者的调查，达斡尔族神灵崇拜的功利性非常强，神灵的信仰和供奉都是为了满足达斡尔族现实生活中的需要，所以我们看到，一方面达斡尔族各种神灵都有一定的功用，能够解决现实生活中的许多问题；另一方面许多家庭供奉娘娘神、保家仙是因为现实生活中有难，经灵媒点拨，供起了各个神灵。莽格吐村王亚军家供奉娘娘神和保家仙两个神灵的时间有十五六年了[①]，有三个原因促使她把娘娘神和保家仙供奉起来：（1）儿子小时候多病。"有一次我大儿子有病，搁梅里斯医院住了十三天，医院检查是支气管肺炎，支气管肺炎是很简单的一个病，小孩一般都有支气管。后来越来越严重了，大夫说，这个孩子不能动弹，动弹就死，因为心衰的厉害。每天我就这么远瞅着孩子，因为他不敢动啊。别人介绍说雅尔塞有个中医大夫，你上那嘎看看去。完了我就求人出了院，那时候客车也没有，找银行一个表哥，他找个司机，开银行的小车把我们送到雅尔塞。到雅尔塞后，大夫还是诊断为支气管肺炎，还是点那个药。""完了我就上老乡家，老乡家的儿媳妇跟我妹妹是同学，这个老乡说，有个会看病的，搁雅尔塞住。我就拿两瓶罐头去了，这个老头说你这孩子出麻疹，已经长痱子了，你赶紧买大麻籽，先给他搓一搓，出来了就好了。完了我就坐车，医院开的药也没要，开的两天的药都扔那了，抱着孩子我就回来了。我就按少数民族的习惯，又找我大姨扎针，也不知道怎么扎的，前后心都给扎了。扎完了，又求的娘娘仙仙，求娘娘仙仙是那个老头告诉我说的，你供个白鸡，说娘娘要吃白鸡。供了之后这孩子一天比一天好。"后来又给孩子叫了魂，这么一弄，孩子的病就好了。（2）自己总有病，刚有点钱，人就病了，所以家里很穷。"别人都说：哎呀，你这么有病，哪儿也不好，你就上库莫去看看去，库

① 调查对象：王亚军（1962 年—）；调查地点：莽格吐村；调查时间：2017 年 10 月 1 日。

莫有一个会看病的老太太。我就上那去了，老太太就说，你家供老祖宗、保家仙吧。”[①]（3）夫妻不和睦，往往不知道因为啥就打架。“以前我们两口人打了十八年仗，每到三十下午就干仗，也不知道因为啥，两人说说话，就打起来啦，这样式过了十八年，因为有两儿子，没招，就继续过下去吧，因为这个还离婚吗？就这么滴，我们就过了这么多年。”[②]据王亚军说，保家仙非常灵验，自从供上保家仙以后，家里变好了，不得病了，夫妇二人也不打仗了。在登科村也有和王亚军以同样的原因把保家仙供起来的。

随着时间的流逝，代际的更替，许多关于神灵功用的记忆模糊了，但是神灵的功用则变得多了，往往一神多能，一神全能，所以我们看到，目前各家供奉的神灵较之以前少了，但是每个神的作用很大，生活中的事情都在其“管辖”范围之内。

① 调查对象：王亚军（1962 年—）；调查地点：莽格吐村；调查时间：2017 年 10 月 1 日。
② 调查对象：王亚军（1962 年—）；调查地点：莽格吐村；调查时间：2017 年 10 月 1 日。

第十三章　城镇化对传统村落文化的影响

所谓城镇化，就是随着工业的发展农业人口不断向非农业人口转化并在城市里集中、城镇人口占总人口中的比例不断增长的过程。城镇化最直接的表现形式就是农村人口向城镇集中，而在此过程中，农村人口比重减少，农民转化成为产业工人或者以其他的方式成为城镇居民，农业人口非农化、农业转移人口市民化。城镇化是我国一直推行的农村发展目标，2001 年 3 月中华人民共和国全国人民代表大会九届四次会议通过的《“十五”计划纲要》提出了实施城镇化战略，2002 年 11 月中国共产党第十六次代表大会提出了加快城镇化步伐的发展目标。中央政治局会议提出“要积极稳妥推进城镇化，有序推进农业转移人口市民化”。在国家政策的推动下，人口城市化越来越高，根据公安部公布的信息，截至 2020 年底，我国户籍人口城镇化率达 45.4%[①]。

伴随着全国城镇化步伐，达斡尔族城镇化不可避免，达斡尔族的城镇化越来越高，走出乡村进入城市的达斡尔族人口越来越多，“达斡尔族已成为我国城市化较高民族，其城镇人口占总人口的比例，1982 年为 6.18% 、1990 年为 57.68%、2000 年为 52.52% 、2010 年为 57.58%，在全国各民族中排第八位。从这 30 年情况看，达斡尔族由 1982 年不足 10% 的城镇人口发展到了占一半以上的人口。

① 侯馨远：《截至 2020 年底 1.2 亿农业转移人口落户城镇》，《农民日报》2021 年 5 月 12 日第 4 版。

2010 年，除达斡尔族聚居的黑龙江省达斡尔族人口城镇化比例不到一半以上外，全国其他省、直辖市和自治区达斡尔族人口城镇化率均超过一半以上。”① 还有一些离乡不离土的达斡尔族，他们是隐性的城市人口，只不过户口不在城里而已，实际生活已经脱离了农村，这部分人在达斡尔族人口中也占有很大的比例。近十年的统计数据笔者没有搜集到，但是增长是必然的。达斡尔族城镇化率高的原因有两个，一是城镇化是国家推行的政策，人口城市化是发展趋势；二是达斡尔族是我国人口较少民族，国家有许多优惠的民族政策，达斡尔族在城市就业尤其是在国家机关事业单位就业相对较为容易。

城镇化对达斡尔族传统村落文化的冲击巨大，人们走向城市的同时传统村落文化的消失也必然相伴而生。

一、传统村落文化失去了赖以存在的基础

任何文化都是依据一定的环境和背景存在的，环境是生成文化的土壤，也是其存在和发展的条件。一旦文化赖以生存的环境不复存在，那么文化便失去了存在的基础和理由。城镇化的结果就是，达斡尔族村落文化的自然基础和社会基础丧失。

1. 离乡离土

城镇化使得达斡尔族分成两部分人群，一部分离乡离土，一部分本乡本土。对于离乡而居的达斡尔族而言，离开了生存的土壤，其承载的村落文化逐渐减弱。

传统村落文化是以当地的自然环境为基础产生的，嫩江流域的生态环境是达斡尔族村落文化得以存在的基础，它决定了达斡尔族经济发展的方向和类型，也决定了物质文化和精神文化的内涵和特色。城镇化即意味着传统村落文化的自然基础丧失。当达斡尔族人离开乡土，离开村屯，文化生成的根基便不复存在了，以村民为主体建立的村落文化便没有在生活中传承的理由，村落文化的消失便是自然而然的事情了。

① 毅松、娜仁其木格：《达斡尔族人口分布状况及特点》，《黑龙江民族丛刊》2015 年第 2 期。

村中定期集市不仅方便了村民购物，而且加速了文化传播和交流。

进城而居的农民的后代回村生活的可能性极小，和村落及其村落文化的纽带联系越来越弱，因此，离乡离土即意味着村落文化没有重拾和再生的可能。

2.社会环境的改变

城镇化的结果使达斡尔族的社会环境发生了改变，离乡离土的人脱离了原来的生境而进入了非乡村社会，这是不说自明的事情，即便是本乡本土的人，其社会环境也发生了巨大的变化。

城镇化造成乡村的开放性，传统村落文化的相对闭塞性被打破。尽管达斡尔族在传统社会中也同外界建立各种联系，但是总体而言村落是在一个相对闭塞的环境，无论人和人之间的往来、通婚圈、朋友圈的确立，还是物质生活、文化生活都具有相对独立性。而乡村相对闭塞的环境被打破以后，人们同外界的联系加强，同其他民族交流和学习的频次越来越高，由此必然冲击传统观念，前现代意识和知识被忽略和抛弃也就是时间问题了。开放性给人们的生活提供了多种选择，人们的追求自然要发生转变，两相比较，传统的乡土文化自然竞争不过现代文化。

城镇化就是现代化。现代化的结果是城镇化，而城镇化也加速了现代化。传统村落文化是基于传统农耕文化建立起来的，是面朝黄土背朝天式的劳作，是日出而作日入而息的时间规划。城镇化后，达斡尔族的现代化步伐加快，现代化在使村屯进步、人民生活水平提高的同时，也意味着破坏，传统的村落文化被格式化，传统村落文化在现代化背景下没有了生存的可能。

城镇化造成乡村空心化、空巢化。大量农村进城，使得农村人口流失，在莽格吐村调查明显感觉到，离乡离土的人很多，2017 年莽格吐村全村 680 个劳动力，外出务工者达 370 人，占比 54%，许多房屋空置，许多家庭老人留守。人的流失即意味着文化的流失，由此造成达斡尔族村落文化主体性缺失，文化所赖以存在的社会基础动摇，传统村落文化内生动力严重不足或者消失。

城镇化使得乡村原子化。传统村落文化的社会基础是熟人社会，大家生于斯，长于斯，共同生产，共同生活，往来密切，共同构筑了村落文化。而城镇化的结果是村屯失去了一体性，村屯的凝聚力和向心力减弱。往日走东家串西家、围着火盆唠家常的现象不见了，见到的是各忙各的，缺少交流、互动，村落秩序及整体规划由自组织为主导变为他组织为主导，由地域性变为行政统一性。而进入城市的达斡尔族则进入陌生人社会，个体化、个人化、个性化是市民的特点，由此村落文化便自然失去了主体。

二、传统村落文化遭到破坏

达斡尔族村落文化在城镇化的背景下发生了巨大变化，现代文化正在吞噬着传统的村落文化而成为村落文化的主流。传统村落文化处于濒危状态，无论是物质生活方式还是精神生活，达斡尔族和全国其他民族基本相同，民族性也随着城镇化的步伐而降低。

1. 村落景观发生改变

村落或者新兴城镇发生质变。传统景观被粗暴地格式化，乡村的村容村貌模仿城市，在物质建设方面向城市看齐，实行砖瓦化和道路硬化。

具有鲜明民族特点的土草房逐渐让位于砖瓦房。2005 年，在莫力达瓦达斡尔族自治旗，土草房依然存在，但是结构已经发生了改变，室内万字炕仅有三五家还保存着，其他家庭都变成南北大炕或者只有南炕，房侧的大烟囱已经很少有了，绝

旧房改造使得传统老房子失去了原有的特色

大多数变为房顶出烟囱。2017 年再次来到莫力达瓦达斡尔族自治旗，已经是整齐划一的砖房，所有的村庄都是同一种样子，屋顶均是蓝色的。不仅如此，走进村庄，各个家庭也是一样的。莽格吐村相对较为贫穷，即便如此砖瓦化已经非常高，全村 400 余户，2017 年粗略统计仅剩 80 余栋土草房，而在这 80 余栋土草房中常年住人的家庭不到一半。政府禁止再建土草房，新建房屋一律为砖瓦房，如此也就意味着，土草房已经退出了历史舞台。而在这一追求砖瓦化的目标之下，一味地模仿城市，彻底丢掉了传统。由于模仿的对象是相同的，所以出现了千村一面的现象，村落失去了固有的特色。

村里的路面实现了硬化。目前乡村与城市之间、村屯之间、村屯内部等的道路全面实现了硬化。这是国家大力推行并付重金实现的。

2. 传统风俗逐渐消失

在城镇化背景下，生计方式开始出现多样化趋势，除了农业、牧业等传统产业外，又出现了商业、运输业、车辆修理业、工程承包业、出外打工等多种挣钱门道。而但就传统生计方式而言，传统农业让位于现代农业，传统农具如抬犁、镐头、木磙、木耙、锄头、镰刀、二齿钩、铁锹、铁叉、木连枷、木箥、木杈、扇车、石臼、木臼、碾子等绝大多数退出了农耕生产。传统手工加工粮食工具让位于工业品和机

莽格吐村的一个土草房屋顶已经盖上了石棉瓦，这是依然坚守住土草房家庭的权宜之计。

械设备，土篮子、饸饹床子、石碾子、石磨等都没有了用武之地。基于传统农耕社会而形成的物质消费品都从生活中消失。

农作物由多样化变成单一化，目前，嫩江平原上的达斡尔族玉米是主要农作物，传统农作物没人种植或者仅有极少数人种植。农家主食食材都不是自己家庄稼地的产物，而全从市场上购买，大米、白面成为主要粮食，由此导致传统食物以及与之相适应的饮食习惯不复存在，稷子米干饭、饸饹面等食物在餐桌上见不到了。2005 年 10 月在莫力达瓦达斡尔族自治旗调查时，只有在莫旗所在地尼尔基镇和乡下的饭

木磙子已经没有了用武之地，主人将其立在了院中的一角，笔者为了拍照，将其平放在地面上。当然这个木磙子不是最好、最典型的木磙子，但是即便如此，依然保存已是非常难得了。

店才能吃到饸饹面、苏子饼等具有浓郁达斡尔特色的饮食。制作饸饹的饸饹机在达乡已经很难找到。

受现代传媒的冲击，传统口头文学在乡村没有了讲述的氛围和要求，传统的休闲娱乐方式被电视、电脑的观看和阅读所取代。笔者2017关于莽格吐村的一份问卷调查显示，接受调查的163个人中有159人没有听说过民间故事和传说，占比97.5%。

莽格吐村民间文艺的调查（2017年10月）

您听过或能讲村里的故事传说吗？		频率	百分比	有效百分比	累计百分比
有效	【1】听说过，自己会讲不少	4	2.5	2.5	2.5
	【2】听说过，自己会讲几个	12	7.4	7.5	10.1
	【3】听说过，自己不会讲	25	15.3	15.7	25.8
	【4】没听说过	118	72.4	74.2	100.0
总计		159	97.5	100.0	
缺失	系统	4	2.5		
总计		163	100.0		

3. 传统村落文化符号化

传统村落文化在新型乡村打造方面开始符号化。在乡村景观建设方面不仅仅注重功能的打造，也注重符号的提炼和景观的设计。目前乡村按照城镇的建设模式进行村落景观设计，出现广场、地标性建筑。传统村落文化以符号的形式零星出现在村落之中，被提炼成符号的传统文化主要有曲棍球、勒勒车、车轮、鹰等，这些符号通常以雕塑、绘画等形式出现在达斡尔族村屯中，并成为达斡尔族代表性标志，这是目前各地民族村的共性特色。

哈拉新村村口的曲棍球比赛雕塑

第十四章　传统村落文化保护和传承

以习近平同志为核心的党中央高度重视文化遗产保护传承，习总书记在多次讲话中做出重要指示，要加强中华优秀传统文化的保护和传承，并把文化的保护和传承上升到文化自信、增强民族自豪感和心灵归属感、提升国家文化软实力和国际影响竞争力的高度。2012 年 12 月 31 日《中共中央、国务院关于加快发展现代农业进一步增农村发展活力的若干意见》强调："制定专门规划，启动专项工程，加大力度保护有历史文化价值和民族、地域元素的传统村落和民居。"2017 年 1 月中共中央办公厅、国务院办公厅印发了《关于实施中华优秀传统文化传承发展工程的意见》，将优秀传统文化的传承与发展提升到治国理政的高度。2021 年 8 月中共中央办公厅、国务院办公厅印发了《关于进一步加强非物质文化遗产保护工作的意见》，提出要"保护好、传承好、利用好非物质文化遗产"，认为它"对于延续历史文脉、坚定文化自信、推动文明交流互鉴、建设社会主义文化强国具有重要意义。"

传统村落文化是传统文化的重要组成部分，在新型城镇化建设中要重视传统村落文化的保护和传承，一方面是对历史负责、对子孙负责，使这些传统文化永远传承下去；另一方面也为新型城镇化建设、乡村振兴注入动能。首先激活传统的文化传承方法，激发达斡尔族村民保护文化的自觉性、积极性，催生村落文化保护的内生动力；其次政府要采取切实可行的方法和路径对达斡尔族传统村落文化进行有效的保护和传承。村落文化有别于其他文化，既有活态，也有静态，既有生活化，也有遗产性，因此其传承、保护的方法和路径应该是多种多样，要针对不同文化的性质、样态、运行机制，采取不同的方法和路径，对此笔者认为主要有四种方式，即静态保存、活态传承、生产性保护和传承、嵌入式传承。

一、传统村落文化的当代价值

城镇化背景下有个问题需要回答，即传统村落文化是否过时。回答是否定的，传统村落文化依然具有价值，是宝贵的物质财富和精神财富，既是现代化建设中的软实力，也是硬实力，所以要重视传统村落文化，挖掘其固有的价值，为社会主义物质文明和精神文明建设服务，为乡村振兴和民族振兴做贡献。

1.硬实力

所谓硬实力就是具有经济价值、能够给人类带来经济效益的力量。村落文化尤其是已经退出日常生活的文化的经济价值是多方面的，需要挖掘和开发。

首先，传统村落文化是宝贵的旅游资源。民风民俗是一个民族的名片，也是一个地域的文化标识，是同其他地域相区别的文化边界，旅游资源的打造就是挖掘开发独有的标识，满足游客对异文化的观赏需求。达斡尔族村落中的传统民居、传统的农具、生活用具以及婚丧嫁娶、节日庆典、人生礼仪等都具有很强的观赏性，一旦展示必然能够吸引游客前来参观。

其次，传统村落文化具有商品开发价值。目前农家菜开发的比较成功，是全国各地开发最普遍的物质民俗，相对来讲开发起来较为容易，对此达斡尔族也非常重视，以柳蒿芽、饸饹、苏子饼为核心的食品开发很多。但是仅此还远远不够，还有许多待开发的内容，如刺绣、柳编、苇编、绘画等方面也很受市场青睐，已经有了很多成功的经验可资借鉴。

2.软实力

传统村落文化是达斡尔族千百年来的智慧性创造，是历史的见证，承载着丰富的历史信息和文化信息，需要我们认真去品读，在现实生活中仍然具有精神价值。

传统村落文化是民族的基因，是民族的根脉，是民族内部连接的纽带。文化是构成一个民族的基本要素，民族的维系要靠文化，只有文化认同才有民族认同，没有文化，一个民族的凝聚力便无从谈起。

传统村落文化是一个民族的精神动力。“文化是民族的血脉，是人民的精神家园。文化自信是更基本、更深层、更持久的力量。”①一个民族的自信心来自于自身的成就，没有本民族的文化便无法确立起自己的民族自信。千百年来传承的村落文化是一个民族的伟大创造，丢掉这些传统文化便无以自立于世界民族之林。

传统的村落文化有许多好的习俗和风尚在现代社会中需要发扬光大。如传统村落中重视亲情、友情，有良好的互帮互助的风气，亲戚朋友之间关系密切，走动频繁，有很强的凝聚力，这些风尚是新型城镇化建设中非常需要的，只有全体达斡尔族拧成一股绳才能推动城乡融合发展，推动乡村振兴。传统的村落文化是生态文明的典范，强调人和自然和谐统一，我们今天的城镇建设、城市建设、美丽乡村建设应该继承这一传统。传统村落中结婚彩礼很少、亲朋不随礼或者象征性随礼，多永贵说：“看得起你，给你帮个忙，有啥事我给你跑一跑，那就比较不错了，那时候也不提倡随礼，另外那时候各家都穷，也不拿起钱，”②这些好的习惯应该发扬。

传统村落文化具有社会治理价值。传统村落已经实现了自我管理、自我约束、自我监督，事实上已经实现了现代化，传统村落文化的治理方法、治理策略值得我们今天借鉴和继承。当前，国家要实现治理体系和治理能力现代化，乡村治理一方面要利用现代的治理手段和理念，另外一方面也需要从传统村落文化中寻找智慧。

总之，传统村落文化是宝贵的财富，文化创新必须以传统文化为基础，传统文化的传承是创新和发展的先决条件。在新型城镇化背景下，传统村落文化必须加以有效的保护、开发、应用、转化和创新。

① 中共中央办公厅 国务院办公厅印发《关于实施中华优秀传统文化传承发展工程的意见》，2017 年 1 月 25 日。

② 调查对象：多永贵（1941 年—）；调查地点：莽格吐村；调查时间：2017 年 10 月 5 日。

二、村落物质文化遗产的静态保护

静态保护是对物质文化的保存和传承方式，对已经退出历史舞台成为物质文化遗产的村落文化来说，这是必要的保护传承方法，也是最为传统的传承方法，要把这部分物质文化遗产的保护上升到国家珍贵文物的高度，对具有历史价值、科学价值、艺术价值的实物，加以全面征集和有效保存。

1.抢救性征集

征集是保存和传承的第一步，这一工作随着城镇化步伐的加快显得越来越迫切。社会发展，各地区联系的加强，商品经济的发展，物质生产方式的改变，传统的生产生活用具退出生活已经成为不可阻挡之势，这是社会发展引起的变迁，由此使得保护和传承工作刻不容缓。

各级政府尤其是文化主管部门要提高对传统村落文化的认识，将其上升到文化遗产的高度加以保护和传承。政府要在专家的参与下制定细致的搜集和征集计划，组建由业务能力强的科研人员组成的征集队伍。一方面征集依然存在于民间的老物件，另一方面也可采用复制的方法，寻找依然健在的人依靠他们的技艺将传统的生产生活用具制作出来，他们虽然是后期制作的，但是价值依然巨大，因为它是当时人制作的，其中蕴含的文化依然在。

哈拉新村达斡尔族展览馆收藏的斗，这种传统的量具退出了生活，绝大多数年轻人都不知其为何物。

政府要加大投资力度，把依然留存在民间的具有历史、艺术和科学价值的传统文化加以征集和保护。下面两表所列内容是笔者整理的传统生产工具，是必须征集的内容，但是不限于此，还有丰富的物质文化遗产需要征集和保护。

传统农具一览表

农具名称	农具作用	传入时间
抬犁	开荒、犁地、起垄。用抬犁蹚地深浅不一	
卧犁	蹚地，用卧犁蹚地深浅均匀马拉卧犁较牛优越	民国时期传入的，日本殖民统治时期广泛使用
圆犁	种地、蹚地均用，既可套牛，也可以套马，开始使用拉套，往往两边役畜为抬杠，中间役畜为拉套。	日本殖民统治时期
耲耙	犁地破垄工具，种子就播种在耲耙犁出的沟里谷子、高粱、糜子和稷子等作物播种时用于犁沟	民国十二至十三年
拉子	覆土工具早期用树枝子做拉子，后来用木板或者弓形木做拉子	
石磙	平整场地和打场的工具	
点葫芦	播种高粱、谷子、糜子	
木磙	压地用。黄豆、包米、小麦、荞麦、燕麦播种覆土后，要用木磙压一遍。	
连枷	用于打荞麦，因磙子会把荞麦秸压碎。 因庄稼潮湿，用磙子压不掉籽粒，则用连枷敲打脱谷	
木杈	打场工具，铺场和挑秸棵用	
木耙	打场工具，压完磙子后，把秸棵细卓搂出	
木锨	扬场工具	本地木材不能制
二齿钩	用来捣粪或和泥	
大镐头	开荒时用于刨地里的树根和春天用之刨粪	
小镐	用于刨高粱和玉米茬子	
铁叉	拉庄稼和羊草时，用它叉庄稼或羊草装车和卸车堆垛	
芟刀	用于打羊草和柴草	
铁锹	掘土工具	
风车子	利用风力实现籽粒同碎皮、大碴子和小碴子、粒和谷糠的分离	
锄头	铲地锄草工具	
镰刀	收割稷子、荞麦、燕麦、小麦、糜子、谷子、玉米秸秆的庄稼的工具	
绞棰、煞绳、平安架子	拉庄稼和柴草时用。平安架子能扩大车辆的装载面积，绞棰、煞绳是用来捆煞装在车上的庄稼和柴草。	
磨	用于破料，破苞米碴子、黄豆	民国七年
碾子	用于碾压黄米、小麦、荞麦等，使之成面	

续表

农具名称	农具作用		传入时间
碾子	用于碾压黄米、小麦、荞麦等，使之成面		
耙（又称捞子）	木排子	耙地工具	民国
	铁齿耙		日伪殖民统治时期

捕鱼工具一览表

捕捞工具	用途	
鱼罩		
鱼叉	冬季捕鱼用途较广，叉青棚、蒙被子捕鱼	
搅钩	冬季下到冰层下面捕鱼	
钝钩	用来钓鲤鱼	
快钩	头号的快钩可以钓鳇鱼	
大玛哈钩	专用于钓大玛哈鱼	
狗鱼钩	专用于钓狗鱼	
飘钩	用于钓刀子鱼	
甩钩	钓杂鱼	
拦河沟		
蹶达钩		
滚钩		
大拉网	冬季冰上集体打鱼时用，每节长 14 米多，宽 7 米多	冰镩子、串杆、拉绳、叉子、钩子
袋子网	形如口袋，又称兜网	
丝挂子网	又叫挂网，长 30 米，宽 1 米	
旋网		
圈网		
盖网		
花篮		
洞	是放在小河里捕小鱼的桦皮斗，盖子上用麻线织有小网眼。	

2. 有效保存和保护

我国物质文化遗产保护经验丰富，在长期历史发展过程中产生了许多行之有效的保护方法和措施，这些方法和措施可以运用到村落文化的保护和传承实践中。物质文化遗产按照其存在形态分为两种类型，一种是可移动文物，一种是不可移动文物。这种分类方法同样适用于村落物质文化遗产的保护，每一类型遗产的保护方法可参照国家文物局制定的文物保护法。

（1）原址保护。原址保护是文化遗产保护的重要方法，主要针对的是不可移动文物所采用的方法。原址保护要确保历史真实性、风貌完整性。这一保护方法在西欧、北欧一些国家很盛行，20 世纪 60 年代就开始从国家的层面对传统村落加以有效的保护，既保护传统村落的整体格局，也保护建筑的原有样式，即便内部格局也加以原汁原味的保存。这种方法确实适合欧洲，因为他们的传统建筑多为石头建筑，保存起来相对容易。对中国的砖瓦房、土草房建筑保护也有借鉴意义。在一个村子中要适度保留一些老房子、老仓房、老水井、碾坊、篱笆墙，这些历史的遗迹作为达斡尔族珍贵的文化遗存要加以有效的保护。在保护这些遗迹的同时，也要保护和传承内部的生活文化，这是村落文化的精髓和灵魂。

（2）博物馆收藏。博物馆是文物收藏、保护和宣传的专门性机构，在新型城镇化建设中要加强博物馆、展览馆、记忆馆、村志馆、陈列室、生态文化区、风情园等机构的建设，一方面增加乡村的文化氛围，一个地方是否有文化就看这个地方有没有博物馆、有多少博物馆；另一方面博物馆也是乡村一景，它是窗口，是了解

新建的梅里斯达斡尔族区雅尔塞镇哈拉新村非物质文化遗产体验馆

本地历史文化的主要途径。同时博物馆作为收藏单位，也对当地文化具有保护作用。

达斡尔族传统的生产生活用具、礼仪用品、宗教物品等作为民族民俗文物是博物馆收藏的对象。群众对此也有期待，2005 年 10 月在莫力达瓦达斡尔族自治旗达乡调查时，当问到有些民族物品以及风俗习惯的时候，许多人说："到莫旗博物馆去看，那里有。"莫力达瓦达斡尔族自治旗有个达斡尔族博物馆，对达斡尔族民族文化的保护发挥了重要作用，但是仅此一个博物馆还不足。目前村级达斡尔族博物馆不多，哈拉新村建有一个大型博物馆，莽格吐村仅建立了一个馆舍，是齐齐哈尔市某个机关单位的对口支援项目，仅有想法，但并未实施，里面什么也没有。达斡尔族博物馆还有很大的发展空间。

达斡尔族村落文化的保护博物馆不能没有。对已经建立起来的达斡尔族博物馆要不断完善、不断充实内容，加强规范管理，提升馆藏文物保护和管理水平。对未建立博物馆的地方要加快修建，在发展国有博物馆的基础上，扶持非国有博物馆的发展。

（3）注重档案建设。建立村落文化档案是文化保护的基础性工作，将村落文化的变迁情况及其实物做有效的记录和保管。

三、非物质文化遗产的活态传承

活态传承是非物质文化遗产的传承方式，活态传承是村落文化保护的最为有效的方法，也是最为理想的传承方式。但是由于传统村落文化绝大多数已经退出生活，在生活中的活态传承乏力或者近乎不可能，所以活态传承方法要依靠政府的力量，一方面要激活家庭和社会传承的动能，另一方面要借鉴当前国家非物质文化遗产的保护和传承方法，将非遗保护传承的思路和方法应用于当前村落文化保护之中。

1. 传承人传承

文化传承的主体是人，优秀文化遗产的传承必须有坚守阵地的人，没有传承人，文化便无法传承，因此建立一支传承人队伍是文化传承的基础。

2012 年 10 月国家级非物质文化遗产传承人莫金忠同笔者侃侃而谈，时隔 11 年阴阳两界，民族文化抢救的迫切性由此可见一斑。

设立传承人传承非物质文化遗产是目前非遗保护的主要方法。目前达斡尔族被列为国家、省（自治区）、市、县（旗）级的非物质文化遗产名录越来越多，据统计，省级（自治区）以上非遗名录 38 项，其中有 7 项被列入国家非遗名录之中。达斡尔族省（自治区）级以上传承人 57 人①。他们是传统村落文化传承的主力军，在村落文化的传承过程中要加强非物质遗产传承人的作用，他们既是传承人，也是老师，要发挥传承人的辐射作用，扩大传播范围。

同时要不断地增加传承的新生力量。目前 57 名省级（自治区）以上传承人已有离世者，如色热、那音太、图木热均已去世②，达斡尔族民歌传承人莫金忠也于 2020 年末离世，达斡尔族国家级传承人仅剩 3 人，所以传承人的数量较少，加强队伍梯队建设是当务之急，要“拓宽人才培养渠道，不断壮大传承队伍。”政府要加大投资力度，建立传承基地和传习所。开展授徒、展示、巡演等活动。

① 沃泽明：《达斡尔族非物质文化遗产的保护现状及保护对策研究》，载于学斌主编：《达斡尔族文化及其传承问题研究》，黑龙江美术出版社，2020 年。

② 沃泽明：《达斡尔族非物质文化遗产的保护现状及保护对策研究》，载于学斌主编：《达斡尔族文化及其传承问题研究》，黑龙江美术出版社，2020 年。

要加强各个级别尤其是国家级非物质文化遗产名录的申报工作。非物质文化遗产保护是国家文化工作中的一件大事，国家对此投入的人力和资金非常大，所以要利用好国家的政策，乘势而为。

对于村落文化保护传承而言，仅限于非遗保护名录中的项目是远远不够的。列入名录中的保护项目相较于达斡尔族文化，只是大海中的一滴水，大量的达斡尔族文化都在非遗保护名录之外，我们在注重保护列入非物质文化遗产名录的达斡尔族文化的同时，也要重视对未列入名录的达斡尔族文化的保护和传承。

2. 生活化活态传承

传统村落文化以活态的形式在生活中传承，这是最为理想的文化传统方式。为此必须激活传统传承方式，即家庭传承。家庭传承是非主流渠道的传承，这种传承分布范围广、自觉性强，传承效果最好。

家庭传承的关键因素是父母，教育方式是潜移默化、言传身教，随时随地进行，饭桌吃饭时，闲谈之中，以润物细无声的形式将传统村落文化浸润于子女的脑海之中。父母既是老师，也是榜样，以自己的言行身先士卒影响着子女，在这种耳提面命、耳濡目染的氛围下，一个人逐渐习得传统村落文化。所以家庭传承的关键是父母重视，实现村落文化家庭传承必须对父母加强教育。

3. 社会化活态传承

社会传承是最为传统的村落文化传承方式。社会是个大课堂，群体在这里学会做什么、怎么做，习得共有的行为规范、道德伦理准则。群体的生活方式无形中影响到每个人，个体服从群体，每一个人都必须和群体的行为方式保持一致。社会传承是文化传承的有效的方式和方法。

但是，如今若是把传统村落文化重新植入社会生活似乎已经不可能，传统村落文化的传承方式乏力。在这种情况下必须发挥政府的作用，通过举办活动，焕发群众参加集体活动的积极性，在群体生活中激发群众对传统生活的热爱，其中两种方式最为有效，一种是开展村史文化追忆活动，激活村民的历史记忆，唤起民众对过往生活方式的热情。另一种是通过传统节日或者新兴节日如库木勒节、敖包节、开江节、民族运动会等人员最为集中的时间点，宣传、重温传统村落文化。

办好节日，是传承文化的有效方式。节日传承文化的方式就是文化展演，所谓文化展演是指文化脱离原来的文化空间和语境而在另一环境和语境内的演出，这种展演是民族生活的复制，尽管并不是生活本身，但是它以“超真实”“超现实”的形态展示在人们的面前，原本碎片化的生活文化经过建构完全完整地展示出来。现代民族节日在宣扬、弘扬民族文化的基础上应深化功能，将保护和传承民族传统文化的功能赋予其中，使之成为传统文化延续的载体，为此，要加强节日期间的文化建构。节日的文化建构就是把民族传统嵌入节日文化的过程，增加节日期间的文化含量，使民族节日成为民族文化的百宝箱。目前，现代民族节日虽然有文化展演，但是文化展演内容过于简单，仅限于文艺表演、大型餐饮、民族体育、工艺品售卖。未来，要利用这一平台，将整个民族的传统文化作为展演内容。由此也决定了民族节日是一个动态发展的过程，虽然现代民族节日已经形成气候和规模，但是，节日的文化建构不能停留于此，还需进一步加强，在加强旧有节目文化含量的基础上，不断地以传统文化为内容推出新节目，将民族传统文化以有益的、有趣的方式充斥到节日文化展演之中。

许多现代民族节日被评选为国家级非物质文化遗产名录，如瑟宾节、乌日贡、古伦木沓节都是国家级非物质文化遗产保护项目，应该说，按照国家非物质文化遗产名录的标准要求，现代民族节日不够入选资格，入选国家级非物质文化遗产名录的基本条件是至少有80年的历史，有完整的谱系传承关系，这两点现代节日都不具备。但是，如果从文化保护传承的功能的角度出发，现代民族节日列为非物质文化遗产保护名录之中也是实至名归。因此，各个民族节日都要把保护和传承民族文化放在首位和头等大事来抓，如此才不辜负非物质文化遗产保护名录的称号。

由于功能增加、文化展演活动增多，因此节期要适时延长。现在，节期多为一天，有的更少，一上午就完成了整个会期，这么短的时间显然是无法完成如此多的文化展演活动的。为了增加文化展演的可观赏性、趣味性、参与性，有必要增强文化展演中的艺术性、竞技性，以生活文化技能比赛的方式进行文化展演更能提高文化传承的效能。节日期间的文化展演活动要达到三个目标，一、民族代表性文化得到强化，成为民族的符号。二、民族的集体记忆在活动中得到强化，通过节日的文化展演重温民族历史，捡拾历史记忆。三、节日起到窗口作用，民族节日不仅仅是本民族的盛会，同时也是各民族的聚会，每次民族节日，天南地北的各族群众汇聚到一起，共襄盛会，文化展演活动为人们认识、了解该民族历史和文化提供了便利条件。

政府和村民形成合力是保护和传承的关键，政府要激活村民的参与意识，增强全民保护和传承传统村落文化意识。只有政府主导，群众参与，上下齐动，共同推动，才能确保传承文化的事业得到发展。

4. 多媒体记录

现代科技的发展，记录手段多样化，要利用高科技手段记录活态文化。村落中的活态文化如口承文学、技艺技能、娱乐休闲方式等都面临消失，要用多媒体手段留其声，录其行，把许多传统的文化完整地保存下来。利用现代信息技术如动画片、纪录片、全景影像、虚拟影像等方式进行采集、记录、加工、数字化储存。

四、生产性保护和传承

生产性保护和传承是文化可持续传承和发展的最为可行的措施。利用传统村落文化的经济价值进行开发，村民在保护和传承过程中获得利益，获得快乐，进而提高保护和传承的积极性。

党的十九大报告提出“产业兴旺、生态宜居、乡风文明、治理有效、生活富裕”的乡村振兴目标，其中产业兴旺处于首位，只有产业兴，乡村才能兴，在发展产业方面，传统村落文化具有可开发的经济价值。长期以来，我们对传统村落文化的历史价值和文化价值以及潜在的经济价值认识不足，所以在新农村建设和小城镇建设中不能正确地处理保护和建设的关系，将旧村看成是落后的标志，大肆拆除，给民族文化造成了不可挽回的损失。其实，传统村落文化是宝贵的旅游资源，开发村落文化发展旅游业，能够带动一二三产业融合发展，促进资本、技术、人才等向农业农村流动，增加农产品附加值，保持农业农村经济发展旺盛活力。在开发应用的过程中实现文化的传承，两者相得益彰，互相促进，从而实现良性循环，健康运转。

1.观光旅游

传统村落文化是重要的旅游资源，其旅游价值表现在传统村落文化景观具有可观赏性，具有美学欣赏价值；它是村落的记忆，承载着无数人的乡愁情节；具有丰富的文化内涵，包含着先人的生存智慧，具有研究价值。发展乡村旅游是很好的文化保护路径，这是世界各国普遍采用的方法，英国、日本、韩国等国家均走乡村旅游之路，积累了丰富的经验，基本的思路是，在保护乡村文化的基础上发展旅游。我国在新型城镇化和美丽乡村建设中必须发展乡村旅游休闲和观光业，开发传统的具有民族特色和地方特色的村落景观，以此也能促进城镇化水平和美丽乡村建设，实现城乡融合发展。

为了防止同一地区旅游产品的同质化现象，要统筹规划，合理布局，学习日本、英国发展乡村旅游方面的经验，注重打造特色，实现“一村一品”。

2.开发创意产业

在观光业的基础上依托传统村落文化发展文化创意产业，使一些传统文化资源变成产品和商品，为此必须找到适销对路产品进行市场开发。目前农家乐是中国各地普遍的开发项目，因其绿色、乡土、美味而受到青睐，其开发促进了传统饮食文化的保护和传承。但是仅此还不够，还有许多具有商品价值的传统文化有待开发，将传统民居改造成旅馆供游人住宿是国内外通用的做法，如法国就是将无人住的民居收为国有以后将其改造成旅馆。这种方法也适用于达斡尔族，达斡尔族的传统民居也是有待开发的项目，不仅能够住宿，而且可以自己做饭。传统的手工艺品如刺绣、剪纸、柳编等对现代人来说也具有一定的吸引力，具有商品开发价值，山东柳编业开发值得借鉴，他们的柳编产品已经行销到国外。在开发的时候，要对传统工艺在保护的基础上进行创新性发展，丰富传统工艺的题材和品种，提升设计与制作水平，以适应当代人的审美取向和需求。要鼓励刺激村民积极参与，就地发财，从中获得效益，实现文化保护和利用的良性循环。

3. 文旅融合发展

文化是旅游的灵魂，旅游是文化的载体，二者只有融合发展，旅游才能提档升级，对于乡村而言，就是要将乡村旅游与传统村落文化有机集合，实现文化保护与乡村旅游共生共存，相得益彰。在文化保护 + 乡村旅游的基础上，进行转型升级，提高品质，如文化保护 + 乡村旅游 + 种植养殖，利用乡间绿色环境，将土地租借给游客，发展绿色种植和养殖，可以种植蔬菜、瓜果、庄稼，养殖猪鸡鸭鹅，满足城里人对绿色食品的需要。

在文化保护 + 绿色旅游的基础上，发展康养产业，使乡村变成养生之地，在这里不仅能呼吸到清新的空气，也能徜徉在花海、树丛、青山、绿水之间。

转型和升级以后的乡村才能留住人，留住客，一日游才会变成多日游，甚至能吸引南方客人在当地“半年游”，如此乡村旅游才真正成为当地经济发展的增长点、发动机。

五、嵌入式传承：村落景观的再塑

所谓的嵌入就是有意识地恢复、再造和复兴。在新型城镇和乡村建设中，景观的设计和规划要给传统村落景观留下一定的空间，在城镇或者村落中辟出一角建立传统文化区，以嵌入式的方式增加村落的传统文化元素，打造传统文化特色。嵌入式并不是造假，而是原汁原味地再建，因为工匠、技术、原材料等传统建房的诸因素依然存在。

1. 为什么选择嵌入式

根据目前农村的现状看，仅仅是保留保护现存的传统村落景观是不够的，嵌入式植入传统村落文化是最佳选择，原因有以下几点，一是目前村落中的传统景观呈破、旧、坏状态，有失美感，打造传统文化的目的是吸引人，而没有美观的景观是没有吸引力的。二是传统的村落景观呈现碎片化交错存在于现代砖瓦房之间，所以不够完整，这种现象在各个村落中具有普遍性，无法提供完整的印象。三是现存的传统村落景观已经进行了现代性改造，无论是外观还是内部结构都是如此，黑龙江省各地乡村的土草房的屋顶尽管零星存在，但是为了所谓的“美观”，政府都责令在草顶之上覆盖一层石棉瓦，室内结构也发生了改变。四是现代村落景观成为建筑的主体，在城乡一体化、“拆村建区”过程中，乡村模仿城市，照搬城市，对传统村落进行了格式化处理，消除传统房屋，实行砖瓦化。五是就传统的土草房而言，无法进行保护，只能是越来越破败。有鉴于以上诸种因素，未来的乡村建设中传统文化只能以嵌入式的方式植入现代乡村之中。

2.嵌入的内容

既然是嵌入，那么就涉及到文化选择问题。传统文化区内不可能面面俱到、事无巨细，传统文化区反映的内容主要是具有时代特点、地域特色、民族特色的文化现象、人文景观、自然景观。一些落后的、欠美观的景观要淘汰，如过去北方的毛楼（室外厕所）、室外垃圾堆就不宜呈现。由于乡村具有历史性，不同时期的景观不同，因此在打造的过程中要截取断面。由此我们工作的第一步是挖掘传统村落文化，挖掘记忆。

传统文化区的建立实际是一个文化建构的过程。在文化选择的基础上进行文化建构，文化建构实际也是一个文化打造，不能简单地文化展示，而要在尊重历史的基础上对传统村落文化进行升华和提升，将碎片化的、分散的文化现象进行整合、组合。如仅就家庭内部设置而言，现实生活中因贫富差异而存在房屋大小、家具、摆设等差异，那么，传统文化区的房屋样式应该是最为传统的、结构最为完整的。

景观建设过程中要坚持整体性原则，全方位地再现村落文化，避免简单化、碎片化，不能简单地认为建几座民房、开一个乡村菜馆、搞一个采摘园就是传统区了。传统文化区在保护、复原的过程中，也要注重符号挖掘，把能代表传统习俗的符号挖掘出来，真实、原汁原味地恢复一些传统民俗的风貌。

传统文化区要具有乡土性。乡土性的内涵是："某一社区共有的一种建造方式；一种可识别的、与环境适应的地方或区域特征；风格、形式和外观一致，或者使用传统上建立的建筑型制；非正式流传下来的用于设计和施工的传统专业技术；一种对功能、社会和环境约束的有效回应；一种对传统的建造体系和工艺的有效应用。"① 在传统文化区的打造过程中尽量避免土和洋结合、传统和现代结合等不伦不类的情况出现。

传统文化区的打造要统一规划，合理布局。既保护好具有特色的传统景观，又要针对传统文化遭破坏的现实，有意识地恢复、复原一些具有特色的景观。传统文化区既要有固态景观展示，也要进行活态传承，要调动村民积极参与其中，恢复传统的手工作坊，利用传统工艺技术加工制作豆腐、豆油、白酒、粉条等，古法制作和绿色食品是卖点，如此则既保存了文化，又增加了收入。要物质文化和非物质文化相得益彰，非物质文化遗产是地方的名片，要利用好这个名片，打造推出相关的产品，提高非物质文化遗产的标识意识、品牌意识。既要建立相应的文化景观，也要有相应的民俗展演，游客在这里有的看、有的玩。传统文化区建设要避免各自为政，重复建设，不能一哄而上，每个乡镇选择重点村屯进行重点打造。

传统村落文化注入现代城镇和乡村，实际是对传统村落文化的修复，既是对历史的继承，也是城镇血缘的历史延续，既是对过去的纪念，也是对未来的交代，也是城镇特色的具体体现。

3. 传统文化区是多功能文化区

传统文化区是多功能文化区，以传统村落文化为模板和底色，在实际运行过程中，要实现旅游、社会记忆、怀旧、商贸、乡土文化教育、娱乐休闲等多功能于一体。

传统文化区必须是旅客游览区。传统文化区的建立就是为了吸引游客，以传统

①1999 年国际古迹遗址理事会第十二届全体大会：《关于乡土建筑遗产的宪章》。联合国教科文组织世界遗产中心，国际古迹遗址理事会，国际文物保护与修复研究中心，中国国家文物局主编：《国际文化遗产保护文件选编》，文物出版社，2007 年，第 173–174 页。

村落文化为可视的旅游资源吸引游客，因此是否能吸引游客前来观光是传统文化区成败的衡量标准。

传统文化区是文化记忆之区。传统文化区就是历史文化区，就是对历史的保留，是历史文脉的延续。传统村落文化是基于农耕文明建立起来的文化，它强调人和自然、人和人的和谐统一，是村子的历史文化基因，能够唤起游人对其童年、青年的记忆，所以传统文化区的建立必须研究潜在的旅游者，研究他们的怀旧需求。

传统区是娱乐游玩、游憩区。作为旅游地，传统文化区要将传统的民俗娱乐项目开发出来，包括体育游乐、民间文艺活动，既要进行展演，也有参与性活动。提供给游客以美丽的环境、安逸舒服的设施。

传统区是田园养生之地。传统文化区是一片净土，这里空气清新，乡土气息浓厚，远离喧嚣，能够实现清心、养身的目的。

传统区是传统工艺品、传统饮食的消费区。要利用传统文化区平台和场域盘活传统文化资源，加强文化产业建设，使得传统文化成为创收的资源。如编织、刺绣、剪纸、雕塑、木制工艺品、陶艺等具有乡土气息的艺术品，其艺术价值、观赏价值并没有因岁月而淹没，反倒历久弥香。要充分挖掘传统文化中的精华及其经济价值，为今天的经济建设服务。

传统文化区要成为商品集散地。这就是我们通常所说的“文化搭台，经济唱戏”，利用传统区的场域，发展商贸活动，当地及周边农家农副产品在这里加工和销售。商贸活动和传统文化区相得益彰，共同促进。

传统文化区是乡土教育基地。前工业时代的文化是纯正的乡土文化，是人和自然的和谐统一。中小学生可以利用这一基地，感知传统乡土文化，领会传统文化，并自觉肩负起传承传统文化的重任。

总之，传统区的建立不是城镇的负累，而是品质的提升和经济的增长点。在此背景下，传统得以安放，传统有了实物寄托。在满足人们情感需求的基础上，实现经济效益，给当地百姓带来实实在在的利益。传统文化区是新型城镇和美丽乡村的魅力和活力所在。按照《国家新型城镇化规划（2014—2020年）》指示精神，做“文化传承，彰显特色……发展有历史记忆、文化脉络、地域风貌、民族特点的美丽城镇，形成符合实际、各具特色的城镇化发展模式。”[①]

①《中央城镇化工作会议在北京举行》，《人民日报》2013年12月15日第1版。

结 束 语

达斡尔族传统村落文化的变迁同全国各地村落文化变迁的速度具有一致性，村落文化的命运和急需解决的问题具有相似性，因此对它的保护和传承问题进行研究具有全国普遍意义。正确的方法、可行的路径、科学的理念至关重要，既要继承传统，也要创新。

一、坚持“保护为主，抢救第一”的原则

传统村落文化已经属于文化遗产，要充分认识传统村落文化保护传承工作的神圣性、紧迫性、迫切性，加大保护力度。首先立足于抢救，树立使命意识和担当意识，将保护传统村落文化作为一项重要政治任务落实、做实。增强紧迫感，时不我待，充分认识文化遗产抢救工作的紧迫性，和时间赛跑，为子孙后代留下更多更为丰富的文化遗产。

在保护和传承的基础上，进行合理利用。以社会主义核心价值观为引领，坚持创造性转化、创新性发展，传承民族文化基因，不忘本来、面向未来，汲取民族传统智慧、弘扬民族精神，不断增强优秀传统文化的生命力。[①]

① 中共中央办公厅，国务院办公厅印发：《关于实施中华优秀传统文化传承发展工程的意见》，2017 年 1 月 25 日。学习强国 https://www.xuexi.cn/770ca669666fb1558dba9c170b86dec6/e43e220633a65f9b6d8b53712cba9caa.html，2021 年 8 月 21 日。

二、科学研究 精准施策

村落文化的保护和传承要建立在科学的基础上，为此必须深入研究。村落文化的保护和传承有自身的规律性，也有其保护的特殊性。一方面，它有地域性特征，每一地区的村落文化都是基于其特殊的自然环境和社会环境产生的，人、自然、社会构成有机的整体，是一个大的巨系统，结构性强，每一个要素在其中都发挥着自己特有的作用，同时又相互影响，所以每一文化都要置于这一巨系统中去思考和阐释，因此，在村落文化保护过程中，简单化、孤立化、碎片化的保护都不是科学的保护态度，每一种文化的保护必须置于一定的地域文化中进行总体考量。另一方面，村落文化具有民族性特征，每一村落文化都刻有鲜明的民族烙印，因此在村落文化的保护和传承过程中必须注重民族性，挖掘民族性，为此必须将村落文化置于民族的历史中去理解和阐释。

由于村落文化具有地域性和民族性，所以在具体保护方法和路径的探索方面必须具有针对性，必须进行科学的研究，既要借鉴和采用国内外的先进保护传承的经验，也要具体问题具体分析，深入实地调研，探索出适合当地的可行性的路径和方法。

三、坚持保真性的原则

保真是文化遗产保护的原则，在文化遗产保护中禁止有赝品出现，只有真，才有价值。传统村落文化的保护和传承必须以真实性为基本原则，只有真实的，才具有保存和传承的价值，是否传承和保护就根据它是否具有历史、文化、艺术、科学等方面的价值。这一问题的提出并不是空穴来风、无病呻吟，确有造假行为发生，有些地区为了博取眼球，制作假民俗、附会假传说，这一不良倾向必须加以禁止，不能因为一时的经济效益，为了媚俗，而造假、传假。我们要怀着对子孙负责、对社会负责、对国家负责的责任感，把传统村落文化保存下来、传承下去。就物质文化而言，材质、样态、装饰、技艺、象征等均保持其本来的面目和内涵，就精神文化而言，其一招一式、一举一动都保持其本来的样式。

四、坚持整体性原则

整体性是文化的基本特点，村落文化是有机的整体，互为因果，互为背景，离开整体，其文化意义便丧失，因此村落文化的保护必须坚持整体性原则，首先，要物质文化与非物质文化保护并重，村落文化是物质文化和非物质文化的综合体，既要保护传统的民居、院落，同时也要保护与村落景观和生活有关的非物质文化成分，包括技术、观念、象征意义、符号特征。在物质文化方面，对村落的格局、肌理、空间形态、风貌、田园景观等进行总体保护。在精神文化方面，运用多种手段加强对民族歌舞、器乐、体育游戏、风俗等的挖掘、整理和保护的力度。

要静态和动态相结合。村落是个活体，一切文化都是在互动中形成和发展起来的，表现出活态性、动态性的特点，所以在保护过程中传统的静态文物保护方法不完全适合村落文化的保护，在静态保护的同时，也要动态保护，以保持其生活性文化的本质。在保护过程中注重民族精神的挖掘和提炼，把具有普世价值的民族精神同社会主义核心价值观相结合，推动乡村精神文明建设。

五、正确处理保护和建设的关系

保护和建设是一对矛盾。建设是为了发展，以推陈出新为主要特点，而保护是保持旧有，一方面要建设，一方面要保护，一方面要发展，一方面要“守旧”，保护和建设实际是传统和现代的矛盾问题。这两对矛盾直接制约了传统村落文化的保护和传承，直接影响了村落主动参与保护和传承文化的积极性。如何处理保护和建设、破和立的矛盾是传统村落文化保护传承过程中必须回答和解决的问题。

发展是不可阻挡的历史潮流，村落不能停滞不前。发展符合人民的利益和诉求，高质量的生活是人类的追求。村落要发展，必然对一些落后的、不合时宜的传统进行摈弃，如果以牺牲人民生活质量来换取传统文化的保护是不道德的。但是保护和建设并不是不可协调的，在建设过程中也能实现保护，发展不一定是对过去的全盘否定，传统村落文化是现代化建设的压舱石和前进的基础，联合国粮农组织（FAO）

认为，“农村与其所处环境长期协同进化和动态适应下所形成的独特的土地利用系统和农业景观，这种系统与景观具有丰富的生物多样性，而且可以满足当地社会经济与文化发展的需要，有利于促进区域可持续发展。”[①]2014年在北京召开的“两会”中李克强强调，我国应坚持走传承文化的新型城镇化发展道路，“保护历史文化和自然景观，避免千城一面”，“让我们的城镇各具特色、宜业宜居，更加充满活力”[②]。

村落文化的保护和传承是个长期的任务，因为村落文化在不断的变化之中，坚持经常是确保保护工作的一般性要求，为此要建立长效机制，各级政府重视、相关职能部门认真负责是这项工作可持续发展的保证，切实做到守土有责，守土尽责，不辱使命，把千百年来老百姓创造的村落文化世世代代传承下去。

①贾鸿雁，张天来编著：《中华文化遗产概览》，东南大学出版社，2015年，第11页。

②《李克强在十二届全国人大二次会议上作的政府工作报告》，《光明日报》2014年3月6日，第2版。

主要参考文献

[1] 钦同普．达斡尔民族志稿[M].1940年铅印．

[2] [日]秋叶隆．满洲民族志[M].党痒周，译．哈尔滨：(伪)满日文化协会，1938.)

[3]《达斡尔资料集》编委会，全国少数民族古籍整理研究室编．达斡尔资料集 第2集[M].北京：民族出版社，1998.07.

[4] 莫力达瓦达斡尔族自治旗政协文史资料委员会编．达斡尔族自治旗文史第2辑[M].1990.09.

[5] 中央民族学院研究部．中国民族问题研究集刊 第1辑[M]. 1955.09.

[6] 政协齐齐哈尔市委文史资料委员会．达斡尔族村屯录[M].1993.12.

[7] 巴图宝音编著．达斡尔族风俗志[M].北京：中央民族学院出版社，1991.08.

[8] 梅里斯达斡尔族区志编纂委员会编．齐齐哈尔市梅里斯达斡尔族区志[M].合肥：黄山书社，1999.07.

[9] 满都尔图主编．达斡尔族百科词典[M].海拉尔：内蒙古文化出版社，2007.07.

[10] 内蒙古自治区编辑组，《中国少数民族社会历史调查资料丛刊》修订编辑委员会编．达斡尔族社会历史调查[M].北京：民族出版社，2009.05.

[11] 滕绍箴，苏都尔·董瑛著．达斡尔族文化研究[M].沈阳：辽宁民族出版社，2014.06.

[12] 王文长主编.哈力村调查 达斡尔族[M].北京:中国经济出版社,2010.03.

[13] 毅松主编.达斡尔族文化变迁研究[M].呼和浩特:内蒙古大学出版社,2016.09.

[14] 祁惠君,丛静编著.传统与现代 达斡尔族农民的生活[M].北京:中央民族大学出版社,2006.09.

[15] 于学斌主编.达斡尔族文化及其传承问题研究[M].哈尔滨:黑龙江美术出版社,2020.12.

后　记

接触达斡尔族、认识达斡尔族较早，1986 年大学毕业之后的当年 10 月和 12 月作为黑龙江省民族博物馆文物征集小分队的一员深入齐齐哈尔市梅里斯区哈拉村、黑河市爱辉区坤河达斡尔族满族乡征集民族文物，对达斡尔族有了初步的了解。因是随队前往，自己的活动时间不多，除了征集民族民俗文物工作而外，基本没有进行调研。当时的我对民族及民族学刚刚接触，水平有限，留下的资料和记忆并不多，只记得在坤河乡时用大队广播喇叭找我，只记得坤河乡给我们炖的倭瓜很好吃。2003 年 8 月在哈拉新村做暂短的停留。真正对达斡尔族做较为深入调查是在 2005 年以后，2005 年 10 月在莫力达瓦达斡尔族自治旗的库如奇乡库如奇村和杜拉尔乡杜拉尔村做调查，可是当时的录音笔保存能力非常差，许多访谈资料没有保存下来。在此以后，对莽格吐村的调查有四次，分别是 2015 年 7 月、2017 年 10 月、2018 年 6 月、2019 年 2 月；对罕伯岱村的调查有三次，分别是 2012 年 10 月、2020 年 6 月、2020 年 8 月；对哈拉新村的调查有四次：分别是 2016 年 2 月、7 月、2018 年 6 月、2019 年 2 月；对登科村调查两次：分别是 2010 年 8 月、2016 年 7 月。笔者访问了许多达斡尔族人，通过挖掘记忆，达斡尔族村落文化渐渐明晰起来。在调查中深感迫切，达斡尔族传统文化呈式微状态，每一次都能感觉到这种变化，而且速度越来越快，留存在老年人的记忆也越来越模糊。调查中深感无能为力，因为绝大多数文化已经退出了生活，在生活中不可能再现或者表演，而凭记忆所做的描述很难在笔者的脑海中形成具象的形象。口述资料与文献的比对难度很大，文献中的名称和现实中人们回忆中所说的名称是否是同一种东西笔者有时无法确定，如果出现了两个名称而描述内容相似，有时笔者也很难确定是不是同一种东西。原本打算下乡再做补充调查，可是由于疫情所致未能成行。所以本书错误和不足在所难免。

本书资料主要来源于对齐齐哈尔市梅里斯区、富拉尔基区和富裕县的调查，其中梅里斯达斡尔族区莽格吐达斡尔族乡莽格吐村、雅尔塞镇哈拉新村、富拉尔基区杜尔门沁达斡尔族乡罕伯岱村、富裕县友谊达斡尔族满族柯尔克孜族乡登科村是调查的重点。

在调查和研究期间得到很多人的帮助和支持。每到一地，达斡尔族同胞都积极配合，他们所提供的田野调查资料是本著作的基础性资料，也是本书得以顺利完成的保证。受笔者之邀，黑龙江省达斡尔族研究会原会长、达斡尔族研究专家、齐齐哈尔市政协台港澳侨联络和民族宗教委员会原主任杨优臣先生、达斡尔族青年才俊、达斡尔族研究爱好者、黑龙江大学优秀校友、梅里斯达斡尔族区文体广电和旅游局乌嫩库奇先生通览了本书，提出了许多宝贵意见，使得本书避免了许多错误。黑龙江大学历史文化旅游学院历史学2018级苏巴提·艾尼瓦尔同学为本书的达斡尔族词汇用拉丁字母注音。黑龙江大学艺术学院环境设计专业2018级孙孝轩同学为本书绘制了线描图。在本书付梓出版之际，对各位的辛勤付出表示深深的谢意！我的研究生徐和青、耿帅、刘露露、马亚丽、王岚、王乾茹、许凤明、任建华、刘文文、杨梅、关维、何晶、余义泽、王威、刘君怡、朱思锦等同学参与了调查，罗列于此以对他们跟着我读研的一个纪念。

由于研究不够深入和田野作业不充分，书中所述可能存在很多不足甚至错误，恳请各位专家和达斡尔族同胞给予批评指正。

于学斌

2021年10月16日

作者简介

于学斌：黑龙江大学历史文化旅游学院教授、硕士生导师，主要研究方向为北方民族的历史和文化，著有《乌裕尔河畔五家子村柯尔克孜族研究》《草原毡帐文化研究》《中国节日志·春节（黑龙江卷）》《鄂伦春游猎文化》《赫哲族渔猎文化》等，论文曾被《新华文摘》全文转载。所著曾获第二届文化部文化艺术科学优秀成果奖三等奖、中国民间文艺山花奖·第二届学术著作奖二等奖、省社会科学优秀科研成果奖二等奖、三等奖多次。主持并按时完成了国家社科基金项目两项、国家社科基金特别委托项目子课题三项，黑龙江省哲学社会科学规划项目三项。目前正主持研究国家社科基金冷门“绝学”和国别史等研究专项《黑龙江流域渔猎文化的调查与研究》（项目编号 19VJX146）、主持编纂中宣部“中华优秀传统文化传承发展工程‘十四五’重点项目规划”项目《中国民间文学大系出版工程·传说（黑龙江卷）》。